FRANCESCO TOTTI

DER EWIGE KAPITÄN

PAOLO CONDÒ

egoth sport

Impressum

***

© der deutschsprachigen Ausgabe:
egoth verlag GmbH, 2020
Untere Weißgerberstr. 63, A-1030 Wien
ISBN: 978-3-903183-44-5
ISBN E-Book: 978-3-903183-85-8
Übersetzung aus dem Italienischen: Egon Theiner
Lektorat: Dr. Rosemarie Konrad
Grafische Gestaltung und Satz: Dipl. Ing. (FH) Ing. Clemens Toscani
Fotos: © Luciano und Fabio Rossi / RomaPhoto / AS Roma außer anders angegeben, Privatarchiv Totti
Coverbild: © Andreas Solaro / AFP / picturedesk.com
Printed in the EU

1. Auflage im November 2020

Für Ilary, Fiorella, Chanel und Isabel.

Für Enzo, Riccardo und Cristian.

INHALT

EINLEITUNG

Der in der zweiten Reihe sitzende Bursche verhält sich sehr unruhig. Ich glaube nicht, dass er den Worten des Gefängnisdirektors gelauscht hat, und ebenso wenig glaube ich, dass er nun meinen Worten folgt. Es ist nicht so, dass es etwas Unvergessliches wäre, was ich zu sagen habe, aber ich habe mich ein bisschen vorbereitet. Ach was. Er kann kaum ruhig sitzen, es ist offensichtlich, dass ihm der ersehnte Moment noch bevorsteht. Natürlich, das Foto. In der Ecke des Saales des Gefängnisses *Regina Coeli* in Rebibbia haben sie das übliche Prozedere vorbereitet. Sobald die Siegerehrung fürs Hallenfußballturnier abgeschlossen ist, werde ich mich dorthin begeben, um mit jedem, der es wünscht, ein Foto zu machen.

„Ich als Erster, he", sagt er mit aufgeregter, übertriebener Fröhlichkeit, die mich neugierig macht. Ich als Erster, warum? Ich beende meine Rede, werfe erneut einen Blick auf ihn, den es vor lauter Nervosität kaum auf seinem Platz hält. Er ist vielleicht 20, maximal 22 Jahre alt, im Vergleich zu den anderen Häftlingen etwas besser gekleidet.
„Ich mache das Foto als Erster", wiederholt er, und diesmal wendet er sich mir zu, die Daumen nach oben, als ob er mir einen organisatorischen Aspekt mitteilen wollte, über den ich Bescheid wissen müsste. Das Händeschütteln, die Blicke, die typisch, aber etwas zu intensiv für Fans sind. Ich bin nicht das erste Mal in Rebibbia: berührende Erfahrungen, von außen kann man es sich nicht vorstellen, was ein Gefängnis bedeutet.
„Hier bin ich, hier bin ich, ich als Erster."

Der generelle Aufbruch in Richtung Fotowand, wo einige Wärter mit der nötigen Entschlossenheit den Verkehr in meine Richtung

regeln, wird vom Drängen meines „Freundes“ geprägt, der nach vor will. Nun werde ich neugierig: Was ändert es für ihn, mit mir als Erster, Zehnter oder als Hundertster fotografiert zu werden? Ich habe ohnehin allen versprochen, so lange zu bleiben, bis auch der Letzte sein Foto hat. Der Bursche wiederum geht schneller als die anderen, schlängelt sich durch die Reihe, frei von Arroganz, aber mit Entschlossenheit. Das Schöne ist, dass es ihm die anderen auch gestatten. Denn er verfügt über keine einschüchternde physische Präsenz, ist mager und schmächtig, und dennoch wird er von den übrigen Häftlingen mit einer Mischung aus Respekt und Freundlichkeit behandelt. Er hüpft noch immer herum, wie ein Boxer, der seinen Gegner studiert.
„Hier bin ich, nun bin ich an der Reihe“, sagt er, als uns nur noch drei Meter voneinander trennen, zwischen uns aber noch immer zwei Häftlinge stehen. Er schaut sie mit einem etwas zahnlosen Lächeln an, und auch die beiden lassen ihn vorbei. Bitte, wer ist das? Am Ende vielleicht ein Boss? So jung?

Ich spreche ihn mit verstelltem, mürrischem Ton an: „Komm her, es ist Zeit, dass du dich beruhigst.“
Er kommt an meine Seite, legt seinen Arm um mich, während ich meinen auf seine Schulter lege, eins, zwei, drei, klick, mit erhobenem Daumen, voller Stolz. Er hat die leuchtenden Augen jener Fans, die mich über alles lieben, seine Fröhlichkeit ist ansteckend. Als er wieder gehen will, halte ich ihn am Arm zurück. Ich bin zu neugierig, muss es einfach wissen. Warum um Himmels willen als Erster?
„Ich sollte vor einer Woche hier raus, Strafe abgesessen, vorbei. Als ich aber davon erfuhr, dass du kommst, sagte ich mir: Wann werde ich wieder die Gelegenheit zu einem Foto mit dem *capitano* haben? Nie, da müsste ich 100 Jahre alt werden. Daher bat ich um ein Gespräch mit dem Gefängnisdirektor und flehte ihn an, bis heute bleiben zu dürfen. Da die Regeln so etwas nicht vorsehen, habe ich meinen Joker ausgespielt: ‚Schauen Sie, sollten Sie mich rauslassen, stelle ich den nächsten Scheiß an, nur, um sofort wieder hier zu landen, das würde keinem von uns beiden gefallen.‘ Und der Direktor hat

es verstanden. Aber jetzt will ich schleunigst raus, meine Schnecke wartet da draußen seit drei Jahren auf mich."
Ich hoffe, dass die Geduld seiner Freundin auch diese eine Extrawoche überdauert hat, besonders wenn der Kerl ihr seine Nummer erzählt hat. Sieben Tage länger im Gefängnis, nur um ein Foto mit mir zu machen.

Klar regt so eine Geschichte zum Lachen an. Wenn ich sie beim Abendessen Freunden erzähle, reißen sie zunächst die Augen auf, glauben, ich hätte sie mir ausgedacht, und zerkugeln sich am Ende vor Lachen. Aber nachdem ich mich von ihnen verabschiedet und zu Hause die Tür hinter mir verschlossen habe, denke ich vor dem Einschlafen öfter daran. Was habe ich getan, um so einer verrückten, übertriebenen Liebe würdig zu sein? Ich habe es ihn nie gefragt, und wenn ich euch das sage, hat es nichts mit einer Verantwortung, die ich gern abschieben würde, zu tun. Davor bin ich nie geflüchtet. Nein, ich habe es aus einem anderen Grund nicht gefragt. Weil ich schüchtern bin.

So, jetzt wisst ihr es. Ich weiß, dass es auf dem Spielfeld nicht den Anschein macht, ihr dürft es aber nicht nur auf diese eine Art sehen, denn das Spielfeld ist ein Dschungel, wenn du dort nicht rasch Zähne zeigst, hast du keine Chance. Es ist zunächst einmal eine Frage des Überlebens. Ich spreche vom innersten Francesco, von dem Jungen, der sich zu Hause – wenn Mama mich für 30 Minuten allein zurückließ, um Einkäufe zu erledigen – voller Angst unter der Decke verkroch. Um die merkwürdigen Geräusche aus den anderen Zimmern, die er sich einbildete. Um sie nicht zu hören, erhöhte er die Lautstärke von *CHiPs* – die beiden Polizisten unterwegs mit ihren Motorrädern auf den Straßen Kaliforniens, seine ersten Kindheitsfreunde. Ich war als Kind schüchtern und bin es auch heute noch. Verlegen bei jeder Form von Zuneigung, die mir wahnsinnig schmeichelt, mir aber auch einiges abverlangt. Es geschieht auch heute noch: Ich betrete mit der Mannschaft ein Stadion, einen Flughafen, ein Hotel, und alle stürmen auf mich zu. In jenen Momenten würde ich gerne ein Loch graben und darin verschwinden. Ich spiele nicht mehr, die Hauptdarsteller sind andere. Geht zu ihnen und ladet sie mit eurer Liebe auf, so wie ihr es mit mir 25 Jahre lang gemacht habt. Geht zu Daniele De Rossi, nun ist er euer Kapitän. Ach was! Ich tröste mich beim Gedanken, dass ich so den Druck von den Spielern nehme, sie sich damit aufs Spiel konzentrieren können. Aber es tut mir leid, unendlich leid!

Es ist immer so gewesen, vom ersten Tag an. Als Römer und zugleich Roma-Spieler werde ich als Teil der Familie betrachtet. Und folglich würden mich am liebsten alle Fans zur Erstkommunion ihrer Kinder einladen. Und das macht vielleicht den Unterschied zu den anderen aus: Der Spielmacher, der Beste einer Mannschaft, ist für gewöhnlich ein Idol, ein Vorbild, ein Poster in einem Kinderzimmer. Das ist eine tolle Sache, unterscheidet sich aber von einem Familienmitglied – ich bin mehr, der Sohn und der Bruder. Wunderbar, aber auch stressig. Die Idole wechseln, Poster reißen mit der Zeit. Söhne und Brüder hingegen verraten einen nie. Dieses spezielle Gefühl, das dermaßen verbreitet ist, hat mich für viele zum Symbol der römischen Welt werden lassen. Wohlgemerkt, eine weitere große Ehre. Aber auch darum habe ich nicht gebeten.

Eines Tages, nachdem der Film 2014 den Oscar gewonnen hatte, entschloss ich mich, *La grande bellezza* anzusehen. Nach nur 60 Sekunden, vielleicht auch weniger, war ich schon mittendrin in diesem anspruchsvollen Streifen. Kein Scherz! Es war niemandem aufgefallen oder zumindest hatte es mir niemand gesagt, ich habe es aber sofort bemerkt. Die erste Szene des Films spielt am Gianicolo, bei der Statue von Garibaldi, und auf der ersten Aufschrift, die man im Film zu sehen kommt, liest man: „Roma oder Tod“. Die Kamera wandert weiter in den Garten, fängt unter den Büsten der Patrioten einige merkwürdige Gesichter ein und hält bei einer nicht mehr jungen, stark geschminkten Dame, der eine Zigarette von den Lippen hängt. Sie liest eine Zeitung, es ist die *Gazzetta dello Sport*. Die Schlagzeile ist das zweite, was man im Film zu sehen bekommt: „Alarm um Totti!“ Das jagte mir einen Schrecken ein! Unter der Überschrift erahnt man ein Foto, das mich von Schmerzen geplagt am Boden liegend zeigt, der Artikel dürfte wohl eine meiner Beschwerden zum Thema haben, der Alarm bezog sich darauf, ob ich bis zum nächsten Spiel rechtzeitig fit werden würde. Eine Kleinigkeit, aber dieser Film, den sich die ganze Welt aus Liebe zu dieser Stadt anschaut, beginnt mit meinem Namen.

Rom ist wie eine Mutter, das wissen wir alle. Ihr auserwählter Sohn zu sein, ist wunderschön, aber manchmal jagt es mir auch Angst ein. Daher nochmals die Frage: Was habe ich getan, um so einer verrückten, übertriebenen Liebe würdig zu sein?

1

IL PRESCELTO

DER AUSERWÄHLTE

Mein Cousin Angelo ist ungeduldig. „Los! Los!“, flüstert er, aber mit einer Miene, als ob er schreien würde. Ich bin wie gelähmt, habe mächtig Gänsehaut, würde vor lauter Scham am liebsten im Boden versinken.

Aus dem Lautsprecher war eben mein Name ertönt, für den besten Torschützen des Turniers. Es ist ein schöner Sommerabend, und alle auf der Tribüne des Fortitudo-Platzes erheben sich, um zu applaudieren, gut 2000 Leute. Ich bin gerade mal sechs Jahre alt.
„Totti. Francesco.“ Kurze Pause des Sprechers. „Aber wo ist er hin? Francesco?“
Angelo klatscht mit den Händen vor meinem Gesicht, um mir zu deuten, wach auf, du bist an der Reihe. Angelo, der um zehn Monate ältere, liebste Freund meiner Kindheit, der Sohn des Bruders meiner Mutter.
„Francesco!“ Der Moderator hat mich entdeckt, ruft mich, zieht mich mit seiner großen Hand zu sich. „Komm, komm“, wiederholt er zweimal, als ob ich schwer von Begriff wäre.
Dabei bin ich bloß schüchtern. Sehr schüchtern. Ich atme tief durch, überwinde mich und steige die Stufen bis zum Ende der Tribüne hoch, wo die Preise überreicht werden.

Ich spiele seit gut einem Jahr bei Fortitudo, es ist der Platz vor der Haustür, im Herzen des Stadtviertels. Alle Kinder von Porta Metronia sind hier eingeschrieben, jeden Sommer wird ein Turnier organisiert, 18 Mannschaften zu je acht Spielern, wir sind das Team Botafogo und haben im Finale Flamengo besiegt. Kapitän ist ein anderer, folglich bin ich beruhigt zur Siegerehrung gegan-

gen, weil er den Pokal entgegennehmen würde. Dass es auch Pokale für individuelle Leistungen gab, wusste ich nicht. Der Sprecher überreicht mir die Plakette, von irgendwo schauen auch Mama und Papa, die ich nicht sehen kann, zu, während Angelo – der natürlich in meiner Mannschaft spielt – zufrieden lächelt und sich denkt, ich hätte meine Schüchternheit besiegt. Ach was! Ich würde am liebsten versinken, aber nachdem 2000 Augenpaare auf mich gerichtet sind, kann ich nicht mehr so tun, als wäre nichts passiert. Den Gedanken, übers Mikrofon meinen Dank auszusprechen, verwerfe ich schnell. Ich starre auf den Boden, und als ich feststelle, dass der Händedruck des Sprechers etwas nachlässt, mache ich mich aus dem Staub, in der Hoffnung, dass die Leute sich auf den nächsten Programmpunkt der Siegerehrung konzentrieren würden. Ich steige rasch die Stufen hinunter, lasse mich in die Arme meiner Teamkollegen fallen, verschwinde inmitten von ihnen. Ehe wieder die Stimme aus dem Lautsprecher ertönt: „Bester Spieler des Turniers: Totti Francesco!"
Oh nein!

Schüchtern, bestimmt. Vor allem ruhig. Es vergehen fünf Jahre, ehe ich vernünftig sprechen kann. Ich mühe mich ab, Silben aneinanderzureihen, meine Mutter geht mit mir regelmäßig zum Logopäden, um abzuklären, ob ein Problem mit dem Kehlkopf besteht.
„Seien Sie unbesorgt", versichert er ihr nach mehreren Tests. „Francesco muss einfach loslegen."
Ich stelle mir ein Auto mit angezogener Handbremse vor. Ich muss sie einfach loslassen. Er hat recht. Wie es bei allen Kindern vorkommt. Haben sie einmal losgelegt, denken sie nicht mehr daran. Wenn ich im Nachhinein an diese Weigerung, mich auszudrücken, zurückdenke, halte ich es für möglich, dass auch meine Trauer um Opa Costante mit eine Rolle spielte. Nach der Amputation eines Beines zog der Vater meiner Mutter bei uns ein, es ging ihm sichtlich nicht gut. Er war das ganze Leben mit der Instandhaltung von Gefriergeräten beschäftigt gewesen, die ständigen Wechsel

zwischen Wärme und Kälte hatten bei ihm eine Nekrose ausgelöst. Wir schliefen im selben Zimmer, und jeden Abend, wenn ich vortäuschte, bereits zu schlafen, verfolgte ich mit wachsender Aufmerksamkeit die Anstrengungen meiner Mutter, ihm die Prothese abzuziehen und neben den Heizkörper zu stellen. Denn in meinen Augen zog sie ihm das Bein weg, was mich sehr erschrak. Eines Nachts, nachdem ich abgewartet hatte, bis Opa schnarchte, stand ich auf und ging ganz vorsichtig auf die Prothese zu, um sie zu berühren. Dabei entdeckte ich, dass sie aus Holz war. Ich kehrte eilends ins Bett zurück und versteckte meinen Kopf unter dem Polster. Später, als ich bereits zur Schule ging, verschlechterte sich sein Zustand, und meine Mama fragte eine Nachbarin, Frau Schibba, ob sie mich für einige Zeit bei sich aufnehmen könne. Papa stellte ein Liegebett in ihrem Haus auf, ich ging gemeinsam mit Flavia und Roberta, den Töchtern von Frau Schibba, zur Schule, und folglich ging es mir gut. Nachdem Opa Costante das Zeitliche gesegnet hatte, zeigte mir Mama beim Aufräumen seiner Sachen seinen Roma-Mitgliedsausweis auf Lebenszeit. Er war sehr stolz darauf gewesen.

Es kommt oft vor, dass ich allein zu Hause bin. Und ich bin ein kleiner Angsthase. Etwa am Morgen: Papa geht in die Bank, um zu arbeiten, mein Bruder Riccardo – er ist sechs Jahre älter – zur Schule. Mama muss die Einkäufe erledigen. Ich bin noch im Bett, und zwei Minuten, nachdem ich das Schließen der Haustür und ihre Schritte die Stiege hinunter vernommen habe, kommen die Ängste in mir hoch. Ich spüre eine Anwesenheit in den anderen Zimmern, seltsame Geräusche, ein Knacken, etwas, das auf dem Boden herumkriecht, ein gedämpftes Geräusch, vielleicht etwas Metallisches. Ich verkrieche mich unter der Decke, stelle mich tot und hoffe, dass der Dieb – weil dort drüben ist sicher ein Dieb –, wenn er ins Zimmer kommt und ein totes Kind vorfindet, überrascht und traurig reagieren und wieder fortgehen wird. Es klingt wie eine etwas düstere Strategie, aber es funktioniert, denn es ist nie jemand zur Kontrolle in mein Zimmer gekommen oder es hat

zumindest niemand unter meine Decke geschaut. Mehr noch: Als ich sicher war, die Gefahr einmal mehr überstanden zu haben, und den Fernseher einschaltete – Papa hatte einen zweiten, kleineren als den im Wohnzimmer gekauft und in mein Zimmer gestellt, ein Riesengefallen! –, suchte ich meine Lieblingsserie *ChiPs* und drehte die Laufstärke voll auf, um keine beunruhigenden Geräusche mehr wahrzunehmen. Nach einigen Minuten stürmte Mama, deren Rückkehr ich nicht bemerkt hatte, außer Atem ins Zimmer und schaltete das Gerät umgehend leiser: „Bist du verrückt? So wirst du am Ende noch taub."
Ich schmollte etwas vor mich hin, aber in Wirklichkeit war ich froh, einen weiteren Einsamkeitstest bestanden zu haben, und vor allem darüber, dass sie zurückgekehrt war. Und unter uns gesagt: Diese Angst ist nie zur Gänze verschwunden. Heute noch, wenn bei uns zu Hause nachts der Alarm losgeht, stelle ich mich schlafend, sodass meine Frau Ilary aufstehen muss, um alles zu überprüfen.

Die Serie *ChiPs* gefiel mir, weil sie die Träume der damaligen Zeit beinhaltete: zwei Motorradpolizisten auf Streife auf den Straßen Kaliforniens. Was kann man sich mehr wünschen als eine Harley-Davidson? Nachmittags lief zunächst *Magnum* und dann natürlich *Holly e Benji*: Ich kenne keinen Kicker aus meiner Generation, der sich als Kind nicht die Cartoons von diesen kleinen japanischen Fußballern reingezogen hat. Es waren Jahre, in denen die Straße eine unglaublich starke Verlockung ausübte, im Viertel kannten sich alle, und die Mütter konnten ihre Kinder beruhigt nach draußen lassen, wissend, dass Dutzende Augen auf uns schauten. Zum Beispiel jene der Händler in der Via Vetulonia, die, wenn sie gerade keine Kunden zu bedienen hatten, nicht, wie es heute geschieht, hinter dem Ladentisch blieben, sondern sich zur Eingangstür oder auf den Gehsteig stellten, um sich zu unterhalten, mit Passanten oder auch mit uns Kindern. Ihre Kinder waren alle auch meine Freunde. Da gab es Antonio, aufgrund seiner Gesichtsblässe auch der Tote genannt. Dann gab es Bambino, die zwei Giancarlo, Pantano und Ciccacci sowie Marco und Sonia, die Kinder des Barkeepers. Und natürlich meinen Cousin Angelo, wir waren unzertrennlich. Eine echte Bande, aber lauter brave Kinder, die nie etwas Schlimmes anstellten. Fast nie.

Einmal, ich muss zwölf Jahre alt gewesen sein, sind Angelo, Bambino und ich auf der Straße unterwegs und sehen, dass im Hof der Schule zwei Brüder mit einem Ball hin und her spielen. Da man sie, weil ihre Eltern viel Wert auf ihre schulische Ausbildung legen, nur ab und zu sieht, zählen sie nicht wirklich zu unserer Clique. Aber man kennt sich, und daher halten wir es für selbstverständlich, uns ihnen anzuschließen. Es fehlte nur noch jemand für ein nettes Spielchen drei gegen drei.
Den beiden Brüdern passt das überhaupt nicht: „Der Ball gehört uns, und ihr spielt hier nicht mit."
Je mehr wir insistieren, umso weiter entfernen sie sich von uns, darauf bedacht, den Ball einander mit hoher Aufmerksamkeit zuzuspielen, damit er ja außerhalb unserer Reichweite bleibt. Bambino ist in solchen Situationen der reizbarste von uns, jener, der dann auch die Initiative übernimmt: Er schnappt sich die Kette, mit der er sein Fahrrad an der Stange befestigt, schlägt damit gegen das Tor der Schule und erzeugt so einen Höllenlärm. Aber die beiden sind Sturschädel, und letztlich beginnen die Rempeleien. Es gibt kein Match, in jenem Alter zählt, wie kräftig du bist und wie viel Zeit du auf der Straße verbracht hast. Letztlich flüchten die Brüder und lassen den Ball zu unserer Verfügung zurück. Glücklich darüber, diese Kraftprobe für uns entschieden zu haben, beginnen wir zu spielen, der Streit ist schnell vergessen. Von unserer Seite.

Blöd nur, dass am späten Nachmittag, als wir nach Hause zurückkehren, unsere Mütter bereits am Haustor auf uns warten. Völlig außer sich, wie wir sie noch nie zuvor erlebt haben. Sie sind eben vom Kommissariat aus der Via Cilicia zurückgekehrt. Um es kurz zu machen: Die Eltern der beiden Brüder haben Anzeige wegen unseres Angriffs und des Diebstahls des Balls erstattet. Die Polizis-

ten wiederum, die uns kennen, haben unsere Mütter aufs Revier gebeten, um die Angelegenheit ohne weitere Anzeigen zu regeln. Die Vereinbarung beinhaltet, nebst der Kostenerstattung für den Ball, die Zusage, eine ordentliche Strafe zu verhängen, und für einige Nachmittage können wir das Schlendern durch das Viertel nun abhaken. Und das ist noch nicht alles, der Rest erwartet uns tags darauf in der Schule: Ich sitze in der Klasse, als Frau Professor Paracallo – ein wahres Mannweib, das Musik unterrichtet – an der Tür klopft, den Kopf hereinstreckt, sich beim anwesenden Lehrer entschuldigt und mit verdächtiger Freundlichkeit in meine Richtung sagt: „Francesco, könntest du bitte kurz rauskommen?"
Ich kann nicht nicht gehen, auch wenn ich spüre, dass da etwas faul ist. In der Tat. Kaum bin ich aus der Klasse draußen, packt sie mich – völlig aufgebracht – mit dem Zwei-Finger-Griff an einem Ohr. Mit der anderen Hand hält sie Angelo auf dieselbe Weise fest und stellt sich auf unsere Proteste hin taub. So zerrt sie uns durch die gesamte Schule, ohne uns ein Stockwerk zu ersparen: In der Zwischenzeit ertönt die Glocke, und alle Schüler, die aus den Klassen kommen, beginnen, als sie uns sehen, loszulachen. Darunter auch jene beiden verdammten Brüder, die mittendrin höhnisch grinsen. Für uns die absolute, totale Blamage.

Natürlich ist es kein Zufall, dass die schlechteste meiner „Heldentaten" einen Ball zum Gegenstand hatte. Mein Vater hat mir erzählt, dass ich mit nur acht Monaten in den Ferien in Porto Santo Stefano für ein Spektakel sorgte, als ich auf dem Kieselstrand den Ball *Super Santos arancione*, den er mir geschenkt hatte, mit den Füßen vor mir her schubste. Ich will jetzt nicht als ein Phänomen dastehen, aber für gewöhnlich können Kinder mit acht Monaten noch nicht einmal gehen. Ich hingegen führte den Ball, und das noch dazu auf einem holprigen Untergrund. Ich schlief sogar mit dem Ball, erzählten sie mir: keine Spielsachen, nicht einmal *Jeeg Robot*, der zu jener Zeit reißenden Absatz fand. Einzig *Super Santos*, woran man sieht, dass ich spürte, welchen Einfluss er auf mein Leben haben sollte.

Ich war jeden Tag auf der Straße. Ich kehrte von der Schule zurück – was bedeutete, die Straße zu überqueren, denn die *Manzoni* war genau da, gegenüber von unserem Haus –, aß etwas und setzte mich auf den Balkon, um zu lernen. Aber nicht, um die frische Luft zu genießen, sondern um die Augen offen zu halten. Sobald ich ein bekanntes Gesicht erspähte, konnte ich mich hinunterstürzen, meiner Mutter zurufend, dass alle unten auf mich warteten. „Hast du gelernt?“, lautete die Vorankündigung ihrer Kapitulation, ich antwortete im Gegenzug mit *„Si, si, si!“* und war dann schon zu weit weg, um eventuelle Einsprüche wahrzunehmen.

Unsere Clique bestand aus zirka 30 Freunden, und wir nahmen unser Viertel so wahr, als wäre es das schönste von Rom: beliebt, nicht arm, voll mit Höfen, in denen man spielen konnte, und vor allem rund um die Uhr von Leuten belebt. Meine Familie war sehr weitverzweigt, sonntags kam es oft vor, dass wir die Verwandten in Trastevere oder in Testaccio besuchten. Es waren wohltuende Ausflüge, so richtig wohl fühlte ich mich aber nur in meinem Viertel, Porta Metronia. Viel Fußball, viel Laufen, viele unschuldige Streiche. Eine Zeit lang war es in Mode, bei den Gegensprechanlagen zu läuten, und anstatt zu flüchten, bestand das Vergnügen darin, zu antworten und dabei einen berühmten Namen zu verwenden. Ich war fixiert auf den Showmaster Gerry Scotti.
„Wer ist da?“
„Gerry Scotti!“, und dann haute ich ab.
Fußball spielten wir im Hof, aber auch auf der Straße. Durchgehende Öffnungszeiten gab es noch nicht, die Geschäfte ließen um 14 Uhr ihre Rollläden runter und schenkten uns damit, manchmal bis 17 Uhr, die besten Tore, die wir uns nur wünschen konnten. Die Leute waren darüber weniger glücklich, denn jeder scharfe Schuss gegen den Rollladen erzeugte extremen Lärm und darauf folgende Proteste, aber niemanden von uns kümmerte das. Wir spielten *alla tedesca*, sprich kurze, hohe Pässe, bei denen der Ball nicht den Boden berührt – eine klassische Übung für den Gehsteig, um zu verhindern, dass der Ball auf die Straße fliegt. Im

Jahr unseres Meistertitels mit AS Roma 2001 haben wir in Perugia auf diese Weise ein Tor erzielt – über mehrere Stationen direkt vor dem Tor, ohne dass der Ball dabei den Rasen berührte. Das größte Problem hatten wir, wenn der Ball im Schulhof landete, wenn dieser geschlossen war. Dann hieß es beim mürrischen Hausmeister anläuten, wir hofften aber seinen Sohn Gigi anzutreffen, der in unserem Alter war: ein Junge, der fast nie nach draußen ging, zugleich aber eine gute und sanfte Seele – ganz im Gegensatz zu den beiden Brüdern, die uns die Anzeige aufgehalst hatten. Er nahm stets die Mühe auf sich, für uns den Ball zu holen, ein-, zwei-, dreimal am Nachmittag. Ich liebte ihn dafür.

Es fällt mir schwer, den Moment in meiner Kindheit herauszufiltern, in dem ich mir meines Talents bewusst wurde, weil es immer schon vorhanden war, seit Porto Santo Stefano. Ich will damit sagen, dass es sich nicht um eine Superkraft handelt, mit der mich das Schicksal ausgestattet hat – wie es in Comics passiert –, sondern um eine angeborene Fähigkeit. Bewusst wurde mir das erstmals vielleicht bei *Paperelle*, dem Spiel meiner Kindheit. Dabei stellen sich ein paar Kinder oben auf einer breiten Treppe auf und laufen im Zickzack hinunter, sie sind also die *paperelle*, die Entlein. Ungefähr zehn Meter entfernt stehen einer oder mehrere Schützen, die auf die *paperelle* schießen müssen, bevor sie unten angekommen sind. Es ist nur dem Anschein nach eine leichte Übung, denn man muss schließlich eine Reihe von beweglichen Zielen treffen und dabei Ruhe bewahren, wenn sie immer näher kommen und die zur Verfügung stehende Zeit für einen Treffer zu zerrinnen beginnt. Und das noch dazu mit verschiedenen Bällen: Ein paar sind voll aufgeblasen, einige fast luftleer, andere sind aus Plastik, auch Volleybälle sind darunter. Da heißt es, für jeden Ball die richtige Kraft anzuwenden. Nun, das erste Mal, als ich es versuchte – ich muss fünf oder sechs Jahre alt gewesen sein –, traf ich das Ziel mit jedem Ball. Wenn ich daran zurückdenke, erinnere ich mich an die Unglaubwürdigkeit in den Gesichtern von Angelo und all den anderen.

„Mach es noch mal", sagt einer.
Ich wiederhole die Übung, verfehle einen Schuss. Ich fühle die Wut in mir hochsteigen, weil ich schon damals von Konkurrenzdenken geprägt bin und mich krankärgern kann, wenn ich verliere. Ich empfinde daher diesen Fehler, den einzigen von insgesamt zwölf Schüssen zwischen erster und zweiter Serie, als einen, der meine gesamte Darbietung versaut hat. Doch wie so oft ist es der Ausdruck in Angelos Gesicht, der mir signalisiert, dass die Verwunderung um keinen Deut nachgelassen hat. Ich verspüre eine Emotion zwischen Freude und Ungläubigkeit: Es scheint mir zu schön, um wahr zu sein, aber ich habe das Gefühl, das Spiel, das mich begeistert, gut zu können.

Im Laufe meiner Karriere kam es öfter mal vor, dass mir das Schicksal auf die Stirn küsste. Wenn sie zu jemandem Vertrauen aufgebaut hat, erzählt meine Mutter gern die Geschichte von einem anderen Kuss. Ich würde mir bis heute schwertun, sie zu glauben, wenn da nicht jenes Foto wäre, das ihre Erzählung stützt. Die Geschichte geht zurück auf die erste Klasse Volksschule, als die gesamte Schule zur päpstlichen Audienz in den Vatikan eingeladen wurde – in die berühmte *Sala Nervi*. Schubsend und rempelnd schaffte es Mama bis vor zur Absperrung, in unmittelbare Nähe zu Johannes Paul II. Als der Papst dann an ihr vorbeischritt, nahm sie mich in den Arm. Ich trug einen schreiend gelben Overall, dass man glauben konnte, es wäre die Sportuniform des Vatikans, und ich hatte strahlend blondes Haar – war somit in Summe ein wahrer Engel.
Als sie mich neben den Papst stellt, der die von den Müttern gereichten Kindern der Reihe nach streichelt und herzt, berührt er mit seiner Hand sanft meine Haare, und das scheint mir schon sehr viel zu sein. Er geht zwei Meter weiter, und dann plötzlich hält er inne. Ebenso meine Mutter, die gerade dabei ist, mich wieder auf den Boden zu stellen. Johannes Paul II. dreht sich um, kommt zwei Schritte zurück, geht vor mir in die Knie und küsst mich auf die Stirn. Ich weiß nicht, wie sie es schafft, aber gottlob

fällt meine Mutter nicht in Ohnmacht und ich somit auch nicht zu Boden.

Ihre Freundin, die sie begleitet, beginnt zu schreien: „Fiorella! Der Papst hat Francesco gewählt. Er ist zurückgekehrt, um ihn zu küssen!"

Und während unter den Müttern meiner Klasse das Chaos ausbricht, zieht ihr jemand die Brieftasche aus der Handtasche. Die kollektive Aufmerksamkeit richtet sich umgehend auf den Diebstahl, der quasi live aufgedeckt wird, und das ist gut so, denn die Kehrtwendung des Papstes hat in meiner Mama einen wahren Schock ausgelöst. Heute noch, wenn wir darauf zu sprechen kommen, vertritt sie die These, dass ich an jenem Tag zum Auserwählten geworden bin – wie in den USA der Basketballer LeBron James genannt wird. Meine Karriere sei der beste Beweis dafür. Die Geschichte ist beeindruckend und wird belegt durch das Foto, das jenen Moment festhält. Ich aber bin mir sicher, dass der Heilige Vater wichtigere Dinge zu tun hatte, als sich um die Verbreitung des fußballerischen Talents zu kümmern. Daher behaupte ich: Johannes Paul II. küsste mich auf die Stirn, weil ich blond war und einen schönen gelben Overall trug. Ende der Geschichte!

Beim Spiel *Paperelle* wurde ich schnell zum Unbesiegbaren. Ich ziele nie daneben, um Spaß zu haben. Müssen wir in Teams gegeneinander antreten, habe ich stets die Schwächsten an meiner Seite. Damit ich mich nicht nur darum kümmern muss, selbst das Ziel zu treffen, sondern zugleich auch ihre Fehler ausbessern kann. Meine Geschicklichkeit resultiert aus zwei Faktoren: Der erste betrifft den sauberen Schuss. Der Ball bleibt nur für den Bruchteil einer Sekunde am Spann haften, und sofort startet eine sehr straffe Flugbahn. Ich habe auf diese Weise vor einigen Jahren im San-Siro-Stadion ein Tor gegen Inter Mailand erzielt, nach Zuspiel von Gervinho: vom Strafraum ein trockener Schuss aus 18 Metern ins Eck, eines der wahrlich schönen letzten Tore, das erste bei unserem 3:0-Sieg. Der zweite Faktor betrifft die Fähigkeit, zurückprallende Bälle blitzschnell unter Kontrolle zu bringen. Fast alle vergeuden ihre Zeit damit, ihnen hinterherzulaufen, weil der Stopp misslungen ist und der Ball weit weg gesprungen ist. Mir passiert das dank meiner Technik nicht, in den Teamsportarten sind diese schnell eroberten Bälle entscheidend.

Siegen ist wunderschön, aber was mir wirklich gefällt, ist, das Vertrauen der Mitspieler zu spüren, die sich des Ergebnisses sicher sind, wenn sie mich an der Seite haben. Diese Verantwortung hat bei mir – seit den Tagen von *Paperelle* – nie zu Stress geführt, und ich erinnere mich an einige Elfmeter in wichtigen Spielen, bei denen meine Gedanken vor dem Schuss zum Schulhof zurückkehrten. Aber das erzähle ich euch später. Und ich schwöre, dass auch zu Zeiten der Via Vetulonia die Emotion sich meldete. Die Emotion und die Aussicht auf den finanziellen Vorteil: Papa streckte mir jeden Tag 1000 Lire für die Jause entgegen, und ich sparte sie mir auf, denn wenn wir um ein Eis spielten, gewann immer ich. Wenn ich aber einmal verlor, gab ich gleich ein Vermögen aus, damit alle davon profitierten: kein *Arcobaleno* und somit das billigere Eis am Stiel, dafür *Twister*, Sahne und Schokolade.

Ich denke, dass mein Vater Enzo der Erste war, der die Dimension meines Talents erahnte. Enzo ist die Verkleinerungsform von Lorenzo, aber sie riefen ihn Sheriff, weil er es liebte, alles unter Kontrolle zu haben, und was auch immer jemand brauchte, innerhalb einer halben Stunde beschaffte er es. Er bestand darauf, mich zur Piazza Epiro mitzunehmen, denn dort spielten die älteren Jungs, und folglich war es für mich ein härterer Test. Er begleitete mich zu besagter Piazza und, wissend, dass ich schüchtern war, fragte, ob ich mich der Gruppe anschließen könne. Anfangs gab es Vorbehalte, denn sie sahen in mir den Kleinen und fürchteten, mir wehzutun, aber als Erwachsene konnten sie schwer Nein sagen. Und so durfte ich mitspielen, doch nach kurzer Zeit wurde die Partie wieder unterbrochen, weil mein Eintritt zu einem Ungleichgewicht geführt hatte – was mein Vater mit einem grinsenden und zufriedenen Blick wahrnahm. „Stellen wir die Mannschaften neu zusammen", und unweigerlich war ich der Erste, der aufgerufen wurde. Sie nannten mich Gnom, mein Spitzname zu jener Zeit, denn ich machte keine Anstalten zu wachsen. Meine Mutter hatte, nachdem sie vom Arzt mit grimmigem Gesicht wissen wollte, warum zum Teufel ich noch so klein sei – als wäre es seine Schuld –, damit begonnen, mir *Pappa Reale* zu verabreichen. Das war damals in Mode, eine Art Zaubertrank des Druiden in „Asterix", aber am Gaumen ein wahrer Müll. Besser war da noch *Carnitin*, ein weiteres Wachstumsprodukt, das wenigstens den Vorteil hatte, nach Kirsche zu schmecken. Als ich von Messi und seinen Problemen las, die er in Argentinien zu überwinden hatte, fühlte ich mich solidarisch. Ich schoss schließlich mit zwölf Jahren in die Höhe, und der Gnom verschwand im Nu in der Truhe der vergessenen Wörter.

Wenn du viele Stunden auf der Straße verbringst, wirst du unweigerlich zu einem Kind des Viertels: Alle kennen dich, verzeihen dir deine Dummheiten – wie etwa die Wasserbomben auf die Fahrer der ATAC, die keine Klimaanlage im Autobus hatten und im Sommer mit heruntergelassenen Fensterscheiben durch die Gegend fuhren –, passen auf, dass du keine Schwierigkeiten bekommst, und behandeln dich mit Zuneigung. Zum Beispiel der Dekorateur, der sein Geschäft gegenüber meiner Haustür hatte, Herr Corazzza. Als wir schon größer waren, begann er, unsere Partien zu unterbrechen, indem wir er uns kleine, bezahlte Jobs vorschlug: 500 Lire dafür, dass jemand den Sessel ins Erdgeschoß trug. 1000 Lire für ein Sofa in den zweiten Stock, er machte es so, dass alle was davon hatten. Das Geld konnten wir sehr gut gebrauchen. Ich investierte es in erster Linie in den Flipper, denn in der Bar des Herrn Lustri war ich der Rekordhalter auf sämtlichen Geräten. Eine Serie von „FRA" für Francesco füllte die Bestenliste, und sobald es jemand wagte – ich erinnere mich an einen „PAO", der öfter im Ranking aufschien –, sich dazwischenzudrängen, musste ich ihn um jeden Preis da wieder rauslöschen. Selbst wenn ich dafür bis zum Abend spielen musste. Ich gab so mein erstes selbst verdientes Geld aus, während andere ein Mädchen ausführten oder sich davon Zigaretten leisteten – unterm Strich war es ein Segen für alle. Und da ich dann später zu den Ersten zählte, die ein Motorrad hatten, sammelte ich oft den kollektiven Notgroschen ein, um Lakritze beim Verkaufsstand vor dem *Maestoso*-Kino zu besorgen. Oder um Wasser von der Egeria-Quelle zu holen, denn jenes im Supermarkt schmeckte nach Plastik.

Die Straße fehlt den jungen Fußballern von heute. Man braucht nicht allzu viel nachzudenken, um zu verstehen, warum es in früheren Jahren so unglaublich viele Talente gab, während es heute schon schwierig erscheint, auch nur ein einziges zu finden. Wir verbrachten fünf Stunden am Tag, im Sommer sogar zehn, auf der Straße, um zu passen, zu schießen oder uns auch zu matchen – einfach eine unvergleichliche Weise, um Technik, Instinkt und die Fähigkeit zum Überleben auf dem Platz zu entwickeln. Heute ist es dagegen fast schon verboten, mit dem Ball zu spielen, außer in den Sportzentren, wo du sofort in einen Verein eingegliedert wirst und aus dem Vergnügen Training wird: Manchmal würde ich am liebsten auf all jene Trainer, die den Kindern die x-te Wiederholung anordnen, losgehen, aber ich muss erkennen, dass es heute überall so gehandhabt wird. Die Verbesserung der körperlichen Fitness ist vorherrschend, es würde merkwürdig klingen, was anderes zu machen. Mein Sohn Cristian zählt zu den Privilegierten, denn er hat ein Fußballfeld im Garten. Wenn er nicht gerade lernen muss, ermutige ich ihn, Freunde einzuladen, um das zu tun, was wir immer gemacht haben: eine halbe Stunde Aufwärmen mit Passen und Schießen, gefolgt von einem Match. Das ist der Fußball, in den du dich verliebst, der Rest ist eine notwendige Arbeit, wenn du dich altersmäßig einer möglichen Profikarriere näherst, nicht wenn du zehn Jahre alt bist. Denn wenn du zehn bist, musst du technisch überlegen sein, zum Beispiel beim Dribbling, um gegen einen größeren oder robusteren Spieler bestehen zu können. Es ist ganz einfach: Spieler wie ich, Del Piero, Baggio oder Mancini verbrachten als Kinder ihre Freizeit mit freiem Fußballspiel, peinigten die Garagentore mit Schüssen, wir machten uns aus dem Staub, wenn eine Fensterscheibe der Sakristei zu Bruch ging, verfolgt vom Priester, der dir aber, selbst wenn er dich stoppen konnte, nichts tat. Genau das war die Via Vetulonia für mich: mein wunderbarer Spielplatz. Wertvoll und schützend. Denn wahr ist, dass wir bis zu meinem 24. Lebensjahr dortblieben, es war die Saison vor dem Meistertitel, als es mir nicht mehr möglich war, ohne Vermummung auszugehen. Weil sich, vor allem nach einem Sieg, die Straßen im Viertel mit Menschen füllten, die mich sehen, berühren oder auch umarmen wollten. Doch sorgte Porta Metronia in der ersten Phase meiner Popularität auch für meine Sicherheit, wo ich, wenn notwendig, über geheime Pfade verschwinden konnte. Ich war schon Kapitän von AS Roma, und dennoch verbrachte ich meine Freizeit in der Garage, um mit alten Freunden Karten zu spielen. Wenn ich dann wegmusste, aber eine Menge Mädels auf meinen Mercedes warteten, lieh mir der Autoschlosser Catalani einen Schrotthaufen von Auto, nur um nicht aufzufallen. Und tatsächlich hat nie jemand, während ich langsam die Garagenrampe hochfuhr, den 500er Fiat, bei dem der Lack immer mehr abblätterte, eines Blickes gewürdigt, auch nicht den Golf mit der Beule an der Seitentür.

Die Zeit in der Via Vetulonia jedoch endet hier. Es gab nicht den einen Tag, an dem wir uns dessen bewusst wurden, dass wir aufbrechen müssten. Oder vielleicht doch. Ich erinnere mich an die ausgebreiteten Arme meiner Mutter, die signalisierten: „Was soll ich denn machen?“ Das war, als eine Nachbarin sie wissen ließ, dass zum dritten Mal in einer Woche die Fußmatte vor dem Eingangstor gestohlen worden war. Der Fetischismus der Fans kann sehr weit gehen, wobei ich damals eines nicht wusste: drei Fußmatten in einer Woche – also „Fußmatten von Totti“ – bedeuteten ein stillschweigendes Urteil zur Zwangsräumung, wenn auch widerwillig, weil uns alle liebten. Aber in den Eigentümerversammlungen war das Thema der Graffitis auf den Wänden des Gebäudes (der überwiegende Teil weichherzig und sportbegeistert, aber es fehlte nicht an ersten Beschimpfungen aus dem Lazio-Lager) zum Klassiker geworden. Ehe sich die Stimmung im Viertel in Feindschaft verwandeln würde, beschlossen wir, umzuziehen. Wir fanden eine ruhige Villa in Casal Palocco, nicht weit von Trigoria entfernt, auf dem Weg zum Meer. Obwohl aus Liebe geboren, war der Druck der Leute unerträglich geworden.

2

FUORI SCALA

JENSEITS VON GUT UND BÖSE

Als Bub erziele ich eine Lawine an Toren, weil ich den Ball mehr oder weniger dorthin schieße, wo ich ihn haben will, und weil ich es auf schlaue Art mache: Die Torhüter sind klein, schaffen es oft selbst mit einem Sprung nicht, die Latte zu berühren. Da genügt es, den Ball knapp unter die Latte zu platzieren – und drin ist er.

Bei Fortitudo bleibe ich zwei Jahre und lerne die Basis, oder besser, ich beginne etwas zu verfeinern, was ich offensichtlich in mir drinnen habe. Den Einsatz des Körpers zum Beispiel: Je nachdem, was du mit dem Ball machst – laufen, passen, schießen –, muss der Körper ihn begleiten, schützen, antreiben. Mir genügt es, die Anweisungen ein einziges Mal zu hören, um sie danach umzusetzen, die Trainer sind vom ersten Tag an von der Leichtigkeit meiner Ballkontrolle beeindruckt. Sie meinen, dass mir dies mehr Ruhe garantiere, um die richtige Entscheidung zu treffen, in der heutigen, modernen Fußballersprache spricht man von der „Spielzeit, die man sich erarbeitet". Das Geheimnis ist jenes alte, das ich nicht müde werde zu empfehlen, auch wenn ich fürchte, dass es aus den heutigen Fußballschulen verschwunden ist: die Mauer. Sie ist der fairste Partner, den du finden kannst. Talent und viel Mauer sind die Grundlagen für die Ballkontrolle. Und diese Kontrolle bildet die Eingangstür zum wahren Fußball.
Der technische Direktor von Fortitudo heißt Armando Trillò, und eines Tages bittet er mich, den Ausweis zu unterschreiben, als Nachweis für meine Klubmitgliedschaft. Zu Hause erzähle ich meiner Mutter davon, die sich nicht gerade wenig darüber aufregt.
„Aber was hast du unterschrieben? Du bist sechs Jahre alt!" Letztlich zerreißt sie ihn.

In Wirklichkeit gibt es nichts zu befürchten, die Unterschrift hat keine rechtliche Bedeutung, es ist bloß eine gelebte Praxis, um die Kinder emotional an den Klub zu binden, in dem sie aufwachsen. Herr Trillò will mich nicht binden, sagt dies auch meiner Mutter, die protestierend bei ihm auftaucht, mit tiefer Stimme und einem verschwörerischen Ton: „*Signora* Totti, Ihr Sohn besitzt etwas Spezielles. Wenn er Fußball spielt, ist er nicht ein Kind wie jedes andere, und er ist auch nicht bloß besser. Er ist wahrlich etwas anderes."
Er rät dazu, mich in einem Klub unterzubringen, der mehr wettkampforientiert agiert, die Fortitudo operiert nur im Viertel.

Die Gelegenheit ergibt sich, als ein anderer Verein, SMIT Trastevere, ein Probetraining für Jungs in meinem Alter organisiert. Wir schreiben Oktober 1985, ich bin eben neun Jahre alt geworden und *Esordiente*, Anfänger. Gemeinsam mit Angelo (auch er spielt noch bei Fortitudo) werde ich zum Test eingeladen. In der ersten Halbzeit sitzen wir auf der Ersatzbank, und ich frage mich, wozu wir eigentlich hergekommen sind. Nach der Pause kommen wir zum Einsatz, ich beginne sofort mit meinen Tricks, wohl wissend, dass die Zeit limitiert ist. Auch Angelo, der Mittelstürmer spielt, kommt gut mit seiner Rolle klar. Nach Spielende kommt der Verantwortliche des Castings auf uns zugelaufen. Er strahlt wie ein Junge, der unterm Weihnachtsbaum das erhoffte Geschenk erspäht hat: „Wir nehmen euch beide."
Meine Begeisterung schießt zum Himmel, jene von Angelo weniger. Wir gehen unter die Dusche, ich mache ihn darauf aufmerksam, dass die Schließfächer und Kleiderbügel aus Metall und nicht wie bei Fortitudo aus Holz sind. Ich suche einen Aufhänger, um ihn zu einem Ja zu bewegen, aber letztlich verzichtet er. SMIT trainiert auf Platz 65 San Tarcisio, unter der Marconi-Brücke, es ist also ein schönes Stück entfernt von zu Hause, aber mir genügte dieses Casting, um zu erkennen, dass damit der nächste Schritt vorwärts vollzogen war. Sollte Angelo nicht mitkommen wollen, müsste ich mich von ihm trennen. Natürlich nur, was die Mannschaft betrifft, ansonsten werden wir immer ein Team bleiben. Wichtig ist, dass es mir durch die Verlockung, die der Fußball auf mich ausübt, erstmals auch gelingt,

auch die Bremse der Schüchternheit etwas zu lösen. Angelo gibt mir mit seiner Unverfrorenheit an meiner Seite Sicherheit. Meiner Leidenschaft eine Perspektive zu geben, zählt für mich aber nun mehr. Mit neun Jahren bin ich noch ein Kind, aber ich erkenne zum ersten Mal, dass der Traum, ein großer Fußballer zu werden, realistisch werden könnte. Oder zumindest, dass vieles von mir abhängt.

Ich bleibe nur knapp ein Jahr bei SMIT – eine wertvolle Erfahrung, weil es für mich den Einstieg in den Hochleistungssport darstellt. Ich erinnere mich an alles. Das erste Spiel gegen Spes Omi, 0:0; der erste Sieg gegen Tre Fontane; das erste Tor bei strömendem Regen gegen l'Ina Casa, ein Schuss von Mitspieler Scano, den der Tormann zunächst abwehrt, ich reagiere am schnellsten, um abzustauben; die ersten Gratulationen des Gegners für ein erzieltes Tor gegen Agip Petroli, drei Verteidiger ausgespielt und den herausstürzenden Torhüter bezwungen. Schlicht, die Steigerung erfolgt schnell und heftig. Und mein Name beginnt die Runde zu machen.

In jenem Jahr betrete ich auch erstmals das Trainingszentrum in Trigoria, für einen jungen Roma-Fan wie mich ruft das Hauptquartier der *Giallorossi* enorme Emotionen hervor. SMIT wird zum Turnier *Primi Calci* eingeladen. Wir gewinnen zwei Spiele und verlieren das Finale, aber ich profitiere in erster Linie davon, jeden Winkel des Geländes erkunden zu können. Ein weiteres Turnier, das eine Erwähnung verdient, ist jenes von Maccarese, weil wir es gewinnen und ich zum besten Spieler gewählt werde. Es ist der letzte Erfolg mit SMIT – Lodigiani ist kurz davor, in mein Leben zu treten. Doch ich erinnere mich an die Feier mit unserem Trainer, Carlo Barigelli, der ein Freund meines Vaters ist. Er war es, der den Test bei SMIT organisiert hatte. Lodigiani war nach den beiden großen, AS Roma und Lazio, der dritte Klub in Rom, die Liste jener Spieler, die es aus der Jugend kommend bis in die Serie A geschafft haben, ist lang. Ich lasse mir sagen, dass es der Königsweg wäre, um herauszuragen. Beim Casting spiele ich keine einzige Minute. Es gibt schlicht keine Notwendigkeit. Sie lassen mich zum Aufwärmen einige Tricks zeigen, stoppen mich aber bald: „Sehr gut, Francesco, du bist der, von dem sie uns erzählt haben. Wir nehmen dich."

Die bestimmende Person ist Rinaldo Sagramola, während meiner Profikarriere war er später Sportdirektor bei zahlreichen Klubs der Serie A. Ich vertraue mich zwei Trainern an, Emidio Neroni und Fernando Mastropietro: Ich spielte zunächst mit den *Esordienti* und dann in der nächsten Altersstufe, bei den *Giovanissimi*, den 12- bis 14-Jährigen, in Erwartung einer anständigen physischen Entwicklung – denn ich bin noch immer der Gnom. Neroni postiert mich vor die Abwehr, als Spielmacher im Mittelfeld, in der Praxis ein kleiner Pirlo. Eine Rolle, die mir sehr viel Spaß bereitet, weil ich lange und präzise Bälle spielen kann und so pro Spiel zehn Torchancen vorbereite. Aber als ich letztlich zu wachsen beginne, beordert mich Mastropietro nach vorne, mit einer Miene, die dir zu verstehen gibt, dass die Spielstunde vorüber ist. Erste Spitze sogar: Ich erziele 40 Saisontore (und inzwischen berühren die Torhüter die Latte) und ahne, dass ich bald auch Lodigiani verlassen werde müssen, ich bin auch hier sozusagen jenseits von Gut und Böse. Nicht zufällig gaben mir weder Neroni noch Mastropietro die Nummer 10, wissend, dass ich sie gerne gehabt hätte. Immer und nur die 8. Der Grund, wie sie später erklärten, lag darin, dass der Druck auf mich einen derart schwindelerregenden Rhythmus annehmen könnte, dass es mir am Ende den Kopf verdrehen würde: Die Nummer 10 riskierte, das Werk zu vollenden. Neroni besteht darauf, dass ich lernen sollte, Fouls zu ertragen. Weil ich laut ihm bestimmt dafür sei, einige auszufassen, und nie war eine Prophezeiung zutreffender. Manchmal diskutieren wir darüber, denn die Tritte kommen auf eine Weise, dass sie mir geplant erscheinen, aber er behält recht: Ich werde weniger wehleidig. Einfach gesagt, beginne ich, mit meinem Talent zurechtzukommen.

In diesem Alter ist der Druck vor allem eine Frage von Erwartungshaltungen, aber ich hatte seit den Schulturnieren gelernt, damit umzugehen. Als das Motto der Trainer lautete: „Ball zu Totti und alle nach vorne." Gewiss, nach einigen Spielen wirst du dir sowohl der veränderten Manndeckung bewusst – ich hatte immer zwei Gegenspieler um mich, sollte ich ihnen entkommen, war zu jener Zeit auch noch der Libero zu überwinden –, als auch den missbilligenden Blicken der gegnerischen Eltern: Ein Mix aus der Zufriedenheit, Aktionen auf hohem Niveau im Spiel zu sehen, und der Wut, dass diese Aktionen nicht jene des eigenen Sohnes oder zumindest eines Mitspielers, sondern eines Gegenspielers waren. Und dann gab es noch unsere Eltern, die einen Höllenlärm erzeugten. Auf meine, ruhig und zurückhaltend, traf dies weniger zu, vielmehr auf andere: Der Vater von David Gubilato – ein Mitspieler aus jener Zeit, der später Profi wurde – zuckte wegen meiner Tricks regelmäßig vor Begeisterung aus. Man hörte nur ihn, und das sorgte allgemein für Heiterkeit. Nebenbei: Im Jänner 1988 gewinnt Lodigiani auf dem Ruggeri di Montesacro-Platz mit dem 2:0 über Lazio die *Trofeo Lenzini*. Ich spiele gut, der Kapitän des Gegners heißt Alessandro Nesta, und sein Name wird noch öfter vorkommen.

Es ist auch die Zeit, in der ich beginne, regelmäßig das Olympiastadion zu besuchen. Das erste Mal, als ich mit der Familie und Verwandten, die alle auf der *Tevere*-Tribüne ihren Platz haben, mit darf, bin ich neun Jahre alt. Mit den Onkeln, Cousins und meinem Vater sind wir gut zehn Leute, wir nehmen zwei Autos, ich bin ein glückliches Kind. Die Rucksäcke kann man damals noch problemlos mit ins Stadion nehmen. Und so füllt Mama meinen um zehn Uhr vormittags, denn man muss bereits drei Stunden vor Anpfiff auf der Tribüne sein – ich verstehe nie, warum –, mit Vorräten: Sandwich mit Spiegelei, ein hoffnungslos zu warmes Coca-Cola, Bananen, ein Kartenspiel und ein kleines Radio, um zu hören, was bei den anderen Partien passiert. Als die Spieler zum Aufwärmen auf den Platz kommen, berühre ich mit einem Daumen den Himmel. Als Sebino Nela und Bruno Conti vor die *Tevere* kommen, um sich aufzuwärmen, so nah, dass du sie fast berühren könntest, bin ich riesig stolz, dabei zu sein, für Roma die Daumen zu drücken. Bruno ist ein Weltmeister: Es erscheint mir unglaublich, einen solchen Star live beobachten zu können.

Ein anderer Umstand, den ich irrsinnig toll finde, ist der Kontakt zu Personen, die man nicht kennt – jene, die in deiner Nähe sitzen – und die Dinge von sich geben, die man nicht erwartet, über die Mannschaft und über das Leben. Manchmal frage ich meinen Papa, was sie zu sagen beabsichtigen, andere Male höre ich nicht zu, vor allem, wenn sie schlecht über Spieler reden.

Ein paar Jahre später, mit dem Ausweis von Lodigiani in der Tasche, der mir freien Eintritt ermöglicht, gehe ich mit meinem Bruder Riccardo und zwei Cousins erstmals in die *Curva Sud*. Eine völlig andere Erfahrung, denn dort ist der Fan wesentlich aggressiver, da sieht man keine Familien, nur harte Jungs. Ich blicke mit einer Mischung aus Bewunderung und Angst zu den Chefs der Kurve. Da sind auch Leute dabei, denen in den folgenden Jahren verboten wurde, Sportveranstaltungen zu besuchen, die im Gefängnis landeten oder auch starben. Denn wir reden hier von einem alles andere als einfachen Umfeld. Ich erinnere mich aber zu jener Zeit an eines: Sie scherten sich einen Dreck um die Politik – wie es heute der Fall ist –, waren einzig deshalb da, um das Team anzufeuern.

Den Schlussstrich unter das Kapitel Kurve ziehe ich einige Jahre später, als ich schon bei AS Roma spiele, am Tag einer Partie gegen Napoli. Ich gehe mit Riccardo ins Stadion, wir kommen beide auf Motorrädern an, parken außerhalb der *Curva Nord*, auf dem üblichen Platz. An jenem Nachmittag kommt es aber zu Zusammenstößen, und am Ausgang des Stadions sind wir auf einmal eingekreist von einem Heer von neapolitanischen Ultras und einem Bataillon von Bullen. Eine üble Sache. Molotowcocktails auf der einen, Tränengas auf der anderen Seite, unmöglich zu entkommen: Mich überkommt das Gefühl, dass es diesmal wirklich schlecht für uns enden könnte. Dann bricht der Kleinkrieg in 1000 Rinnsale auseinander, aber als wir zu den Motorrädern kommen, finden wir diese völlig zerstört vor. Die traurige Heimkehr endet mit drei Stunden Verspätung. Der Fehler ist, meinen Eltern den Grund dafür zu erzählen. Seitdem haben wir Stadionverbot, außer für den Fall, dass wir als Ballbuben für ein Spiel nominiert werden.

In meiner Karriere gab es drei Momente, in denen die Möglichkeit, Rom zu verlassen, konkrete Formen annahm. Ich erzähle euch von allen, beginnend bei der ersten, die sich an einem Sommertag des Jahres 1988 bot, als Ariedo Braida in der Via Vetulonia an die Tür klopfte.

Der Besuch, erst wenige Stunden zuvor durch ein Telefonat angekündigt, bringt die ganze Familie in Aufruhr. Braida ist der Generaldirektor des damals amtierenden Meisters AC Milan. Als rechte Hand von Geschäftsführer Adriano Galliani ist er der Fußballfachmann der von Silvio Berlusconi zwei Jahre zuvor eingerichteten Organisationsmaschinerie, die die *Rossoneri* wieder nach vorne bringen sollte. Die Tatsache, dass er uns sehen will, bezeugt offensichtlich sein Interesse an mir. Er wird ins Wohnzimmer geführt, ihm gegenüber nehmen Mama und Papa Platz, Riccardo sitzt an ihrer Seite, ich stehe in einer Ecke des Zimmers, als ob mich das Ganze nichts angehen würde. Und in der Tat wird mir klar, dass ich kein Stimmrecht habe. Im Alter von zwölf Jahren wäre dies auch etwas früh gewesen.
„Liebe Familie Totti", kommt Braida, der nicht aufhört, sich mit dem Knoten seiner Krawatte abzuquälen, zur Sache: „Präsident Berlusconi tätigt große Investitionen, um Milan wieder zu einer der besten Mannschaften der Welt zu machen. In den letzten beiden Jahren haben wir sowohl zahlreiche italienische wie auch ausländische Stars verpflichtet. Aber in unserer Tradition geht es auch um die Pflege des Nährbodens, die Entwicklungen von Stars von morgen im eigenen Haus. Denkt an Paolo Maldini, das Symbol unserer Politik. Milan setzt in Rom auf zahlreiche Beobachter, und alle haben uns auf die großen Qualitäten Ihres Sohnes Francesco hingewiesen. Wir wären glücklich, sollte er nach Mailand wechseln, um sich uns anzuschließen. Klar, er ist noch sehr jung. Aber was jene Personen betrifft, die ihn verfolgen und sich in den Schulen, welche wir bis zum Sportzentrum Milanello gemeinsam aussuchen werden, um ihn kümmern werden, da garantiere ich Ihnen persönlich die bestmögliche humane und fußballerische Ausbildung für Francesco. Ich wäre nicht hier, um Ihnen das vorzuschlagen, sollte ich auch nur den geringsten Zweifel

daran haben. Francesco hat enormes Potenzial: Kein Klub kann ihm bei seiner Entwicklung besser helfen als der AC Milan."

Ende des Vortrags, es ist der Moment der Verarbeitung des Gesagten. Braida zieht aus seiner Aktentasche ein Milan-Leibchen in meiner Größe und bittet mich, es zu nehmen. Ich warte auf ein Zeichen der Zustimmung von Mama, dann erhebe ich mich und hole es mir. Braida stellt auch klar, dass ich nicht sofort zu Milan wechseln müsse. Sollte die Familie befinden, dass ich noch zu klein dafür sei – und in der Tat war dies der Fall –, dann hätte Milan kein Problem damit, mich noch ein oder zwei Jahre bei Lodigiani zu lassen. Das Wichtigste wäre, eine Vereinbarung zu unterschreiben, womit alle anderen großen Klubs aus dem Rennen wären, die – so seine Worte – „unvermeidlich auch an eure Tür klopfen werden. Dank unserer Organisation sind wir von Milan nun als Erste hier, aber wenn Francesco so weitermacht, werden die anderen Klubs draußen bald Schlange stehen". Braida ist ein wahrer Gentleman, er versucht nicht, mich mit dem Argument nach Milan zu bringen, dass es die einzige Option wäre – aber die beste. Ferner liegt auch ein Scheck bereit, als Unterstützung für die Kosten, die durch die Besuche meiner Familie in Mailand entstehen würden. Bei der Summe von 150 Millionen Lire bleibt uns der Mund offen, dasselbe Angebot richtet Milan auch an Lodigiani. Als ich ihm beim Abschied die Hand reiche, bittet er mich, den Blick zu heben, weil ich ihn auf den Boden gerichtet habe: „Eines Tages könnten deine Augen San Siro beherrschen. Behalte sie immer schön oben, *ragazzo*."

Ich sage es nicht bloß, weil der Generaldirektor das Einfühlungsvermögen besaß, zu mir zu kommen, aber Milan war zu jener Zeit die einzige italienische Mannschaft, für die ich neben der AS Roma Begeisterung empfand. Lasst es mich erklären: Ich halte vom ersten Tag an, an den ich mich erinnern kann, zu Roma, es gab nie eine Alternative dazu, und die Tatsache, ihre Galionsfigur geworden zu sein, ist der größte Stolz, den ich empfinde. Dies vorausgeschickt, besuchte uns Braida sofort nach dem Meistertitel von Milan unter Trainer Sacchi, und in jenem Alter hatte sich mein fußballerischer Geschmack bereits ausreichend entwickelt, um die Qualität von Milans Spiel anzuerkennen. Und versteht mich folglich, wenn ich euch sage, dass die Mannschaft von Sacchi die aufregendste war, die ich je gesehen hatte, die einzige, von der ich träumte, einmal in ihr zu spielen. Wir sprechen hier von einer technischen Leidenschaft, nicht von einer sentimentalen, wie im Falle von Roma. Doch die Aussicht, in diese Schule einzutreten, berührte mich in meinem Innersten. Nachdem wir Herrn Braida verabschiedet haben, schaue ich in die Gesichter meiner Eltern, um zu erkennen, wie sie es aufgenommen haben. Ich könnte nicht mit letzter Sicherheit sagen, was ich gerne sehen würde.

Die Antwort ist jedenfalls *„no"* und wird ein paar Tage später geliefert: „Wir sind eine eng verbundene Familie, uns zu trennen, ist dabei nicht vorgesehen. Zumindest nicht so früh."

Ich bin noch zu klein und werde es auch zwei Jahre später noch sein, als Milan die Deadline setzt und mich auf jeden Fall verpflichten will. „Spiel eine weitere Saison bei Lodigiani, ohne Verpflichtungen einzugehen, und dann schauen wir", meint Papa.

Die Rechnung ist offensichtlich: Wenn Braida recht behält, treffen binnen eines Jahres weitere Angebote ein, darunter jenes, auf das wir alle warten. Ich habe es erst später erfahren, aber meine Eltern holen in jenen Tagen der Zerrissenheit Rat bei Stefano Caira ein, der als Manager beim italienischen Fußballverband arbeitet und der Sohn einer engen Freundin meiner Mutter ist. Er hört sich die Zahlen, die meine Eltern verständlicherweise verwirrt haben, an und antwortet mit großer Überzeugung: „Enzo, Fiorella … das ist viel Geld, aber vertraut mir, für Francesco wird das bald Kleingeld sein. Schickt ihn nicht von zu Hause weg und lasst mich einen Weg suchen."

Der Weg nennt sich Raffaele Ranucci, Vizepräsident von AS Roma und Verantwortlicher für den dortigen Nachwuchssektor.

Es ist ein Jahr der Veränderungen: Die Grundschule habe ich beendet, und in der *Pascoli*, der Mittelschule, gestaltet sich das Lernen um einiges anspruchsvoller. Mama holt mich jeden Tag mit dem 126er Fiat ab, reicht mir den Behälter mit der kalten Pasta, ein Schinkensandwich und einen Saft, und so brechen wir zum Francesca-Gianni-Platz in San Basilio auf, wo Lodigiani trainiert. Um diese Uhrzeit dauert die Fahrt mit dem Auto 45 Minuten, nach der Ankunft renne ich gleich in die Kabine, um 17.30 Uhr ist das Training wieder vorbei. Das Problem ist die Rückfahrt, mitten in der Stoßzeit: Zwei Stunden Fahrt im Auto, die ich mit dem Erledigen der Hausübungen verbringe und mit dem Wiederholen des Stoffs in Geschichte und Geografie, den Mama, während sie auf mich gewartet hat, gelernt hat. Und den sie mir nun herunterleiert, damit ich mit dem Lernen schneller vorankomme. Ich esse ein weiteres Sandwich, nicht selten schlafe ich auf dem halben Weg vor Müdigkeit ein. Zu Hause bin ich erschöpft, und das maximale Vergnügen, das ich mir dann noch gönne, ist eine Partie Flipper in jener Bar, wo immer mehr Punktestände aufscheinen, die nicht das Kürzel „FRA“ tragen.

In der *Pascoli* stelle ich zu unserem Lehrer in Leibeserziehung am schnellsten eine Beziehung her. Professor Scala ist ein sehr junger Doktorand. Er ist 24 Jahre alt, und in Wahrheit haben wir uns bereits zuvor gesehen: Er kümmert sich um das Leistungszentrum der Romulea, einen der wichtigsten Amateurklubs in der Stadt. Von meinen Freunden spielt Giancarlo Pantano dort, als ich mal bei ihm vorbeischaute, stellte er mich Scala gleich vor. Sein Name ist einer, der noch öfter in meiner Geschichte Erwähnung finden wird. Ah, fast vergessen: Professor Scala heißt Vito.

Eines Frühlingstages bittet Sagramola meine Eltern und Riccardo, im Klub vorbeizuschauen. Der Moment ist gekommen, aber dieses Mal bin ich nicht dabei. Lodigiani hat Angebote von Lazio und Roma erhalten und auch noch jenes von Milan in der Tasche, für den Fall, dass wir unsere Meinung seit dem letzten Sommer geändert haben sollten.

„Ihr müsst wählen“, sagt Sagramola und macht klar, dass, was seinen Klub betrifft, das Angebot von Lazio das bevorzugte wäre. Was nachvollziehbar ist: Denn Lazios Angebot beinhaltet Cash, während Roma aus Prinzip für Jugendliche nichts bezahlt.

Jetzt erzähle ich euch etwas, das zwar schon bekannt ist, aber nach wie vor für Lacher sorgt, wenn ich es schildere: Als Jugendliche war meine Mama ein Lazio-Fan. Obwohl sie von meiner Präferenz für Roma ausgeht – wir hatten vor dem Treffen im Klub natürlich darüber gesprochen, auch wenn es dies nicht wirklich gebraucht hätte –, packt Riccardo plötzlich die Panik, dass Mama die andere Option wählen könnte. Er versucht, sie bei der gerade herrschenden Stille mit seinen Blicken einzuschüchtern, und verpasst ihr unterm Tisch einen Fußtritt, der sie zwar bloß streift, aber doch einen Kratzer hinterlässt. Eine filmreife Szene, geeignet für eine Komödie, schade, dass ich sie verpasst habe.
„*Signor* Sagramola, Francesco will zu Roma gehen, und wir sind hier, um seinen Wunsch zu unterstützen."
Riccardo hört diese Worte seiner Mutter, und seine Beine bleiben wieder brav unter seinem Sessel.

Im Juni ist alles ausgearbeitet: Ich hole bei Lodigiani meine Sachen ab und verabschiede mich von den Freunden, denn Ende August, wenn es wieder losgeht, muss ich im Stadio Tre Fontane vorstellig werden, das ist die Anlage an der Via Cristoforo Colombo, wo die Nachwuchsteams von AS Roma ihre Trainings abhalten.

Machen wir hier mal kurz Halt, denn mit 13 Jahren und im Begriff, die entscheidende Abzweigung auf meinem Lebensweg einzuschlagen, begannen sich auch einige Facetten meines Charakters auszubilden, parallel zu meiner Entwicklung als Spieler. Mehr noch: Ich denke, dass die beiden Aspekte miteinander verbunden sind. Ich bin nicht mehr das naive Kind, das davon träumt, Tankwart zu werden, weil das aufgerollte Bündel Geldscheine in der Tasche puren Reichtum ausstrahlt. Nein, ich habe nun zur Genüge kapiert, dass meine Zukunft auf den Fußballplätzen liegt, und die immer stärker werdende Gewissheit, das Talent dafür zu haben, formt Tag für Tag meinen Charakter, der nun auch um einen ersten Ansatz von Leadership erweitert wird. Die Mitspieler beginnen mich in Momenten, wenn sie nicht mehr weiterwissen, fragend anzuschauen. Und ich sage mit großer Selbstverständlichkeit dem einen, er soll hinten bleiben, dem anderen, in meiner Nähe zu bleiben, um mich zu unterstützen, und einem dritten, schnell nach vorne zu sprinten, wenn er sieht, dass ich zu einem langen Pass ansetze. Gewiss, es sind jene Anweisungen, die uns die Trainer vor der Partie mit auf den Weg gegeben haben, aber auf dem Platz wird dann der stärkste Spieler eines Teams zur Bezugsperson. Und du wirst nie der Stärkste sein, wenn du diese gemeinschaftliche Verantwortung nicht auf dich nimmst.

Meine Verwandlung, wie ich schon sagte, geschieht auf dem Platz, aber auch außerhalb. Ich bleibe im Umgang mit Erwachsenen weiterhin schüchtern, daran muss ich noch arbeiten. Aber das Verhältnis zu den Mitspielern entwickelt sich weiter, sie hören auf meine Worte, meine Persönlichkeit entwickelt sich weiter. Der Sommer 1989 ist ein spezieller, denn die Tatsache, bei Roma unterschrieben zu haben, gibt mir eindeutig eine neue Form der Sicherheit. Nicht der Überheblichkeit, diese hatte ich nie. Dann passiert in jenem Sommer noch etwas Wichtiges. Abgesehen von unserem gewohnten Urlaub im Ferienort Torvaianica machen wir mit den üblichen Verwandten auch Ferien in Tropea, auf einem Familiencampingplatz. Ein schöner, gefahrloser Platz für uns Kinder, die Zahl an Cousins ist groß. Die Eltern lassen uns abends auch länger aufbleiben. Zu den Freundschaften, die wir schließen, zählt auch ein wunderschönes 16-jähriges Mädchen namens Giulia, das in den Ferien dieselben Freiheiten wie wir genießt. Riccardo und die anderen schwirren um sie herum, ich schiele immer wieder zu ihr rüber, denn sie ist wirklich schön, schade nur, dass sie schon so alt ist, drei Jahre älter als ich …

Eines Abends treffe ich vor den anderen an unserem Treffpunkt ein und finde sie allein vor. Sie lacht mich an, als hätte sie auf nichts anderes als diese Situation gewartet.

„*Ciao*, Francesco, gehen wir eine Runde am Strand spazieren?"

Sicher. Sie nimmt mich bei der Hand, wir lassen die ersten, von den Scheinwerfern angestrahlten Sonnenschirmreihen hinter uns, tauchen in die Dunkelheit ein. So schnell kann ich gar nicht schauen,

küsst Giulia mich plötzlich auf den Mund. Wir lassen uns auf den Sand fallen und hören nicht mehr auf. Die Überraschung macht der Zärtlichkeit Platz, Giulia führt meine Hände, und ich spüre, wie aus Verlegenheit Verlangen wird. Sie unterstützt meine Bewegungen, streichelt mir übers Haar, als es vorüber ist, das erste Mal passiert ist, das hormonelle Gewitter nachlässt und wieder der Verlegenheit und Überraschung Platz macht. Wir kehren, ohne ein Wort zu sprechen, Hand in Hand zum Platz zurück, unter den zunächst neugierigen, dann perplexen Blicken der anderen. Als wir nachts zu unserem Zeltlager zurückkehren, ergreift Riccardo für alle das Wort: „Eine Woche lang bearbeiten wir sie zu zehnt, und sie wählt dich! Ein Kind! Ich weiß nicht, ob ich lachen oder weinen soll."
Es tut mir leid. Nein, stimmt nicht: Es tut mir keinesfalls leid.

Mein erster Trainer bei der AS Roma heißt Franco Superchi: Als Einser-Torhüter gewann er einen Meistertitel mit Fiorentina, als Ersatztorhüter einen mit Roma. Das verleiht ihm ein großes Charisma. Er ist Trainer der *Giovanissimi provinciali* und hat klare Vorstellungen, was meine Rolle und meine Rückennummer betrifft. Er gibt mir die 10. Ich weiß, dass sie mich im Klub als reinen Stürmer sehen wollen, aber Superchi verteidigt seine Vorstellung: Er meint, dass es keinen Sinn mache, mich vorne auf Bälle warten zu lassen, ich müsse immer im Herzen des Spiels präsent sein. Die Verantwortlichen folgen ihm, und auch als ich zum nächsten Kader stoße, den *Giovanissimi regionali*, bleiben Rolle und Rückennummer ident. Meine Entwicklung setzt sich unter Trainer Mario Carnevale fort, und sie verläuft absolut unbeschwert, denn über mich wacht Gildo Giannini, der Vater meines Idols Giuseppe, gemeinsam mit Giuseppe Luppi für den Jugendbereich der *Giallorossi* zuständig. Giannini hat seit Jahren ein Auge auf mich geworfen, der Erste, der ihn auf meine Qualitäten aufmerksam gemacht hatte, war *Signor* Trillò – zu Fortitudo-Zeiten.
„Ehe der Ball nicht im Tor ist, hast du nichts erreicht", lautet sein Motto, das sehr gut die Effektivität beschreibt. Er liebt mich abgöttisch, denn ich erinnere ihn an seinen Sohn Giuseppe. *Il principe* – der Fürst. Der Kapitän von Roma.

Sonntags bin ich als Ballbube bei den Spielen der Serie A tätig. Es ist jene Saison, die in der Heim-WM 1990 gipfelt. Das Olympiastadion ist wegen der immer hektischer werdenden Arbeiten geschlossen, daher trägt AS Roma die Heimspiele in Flaminio aus, wo die Fans mangels einer Laufbahn ganz nah am Platz sind. Es sind für mich unter verschiedenen Gesichtspunkten Spieltage großer Genugtuung. Die italienische Meisterschaft sucht zu jener Zeit weltweit ihresgleichen, folglich kann ich vom Spielfeldrand etlichen Superstars auf die Beine schauen. Was die *Giallorossi* betrifft, war ich verrückt nach der Spielweise von Thomas Häßler, dank seines Vollspanns behält der Ball seine gerade Flugbahn bei. Jeder andere würde bei einem derartigen Versuch das Spielfeld umgraben, Thomas hingegen trifft den Ball mustergültig. Ich sprach vorhin von diverser Zufriedenheit: Da die Mannschaft in jener Saison nicht sonderlich gut abschneidet, zucken die Fans immer wieder mal aus und bewerfen das Team mit Münzen, welche die braven Ballbuben einsammeln. Und einstecken. Ein schlechtes Spiel ist somit pro Kopf zwischen 10.000 und 15.000 Lire wert. Wir drücken alle für Roma die Daumen, doch für den Fall, dass sie schlecht spielt und verliert, ist dies ein kleiner (kein großer) Trost. Die Erfahrung als Ballbube öffnet mir dann die Tür zur Weltmeisterschaft. 30 von uns werden ausgewählt, 15 Burschen von Roma und 15 von Lazio, und am Abend des Finales zwischen Argentinien und Deutschland wird der WM-Pokal in einem Golf herumgefahren, als wäre er eine Reliquie. Als das Auto direkt vor mir Halt macht, kann ich nicht widerstehen: Ich bringe all meinen Mut auf und strecke eine Hand aus, um den Pokal zu berühren. Der Kontakt ist förmlich elektrisierend, der Gedanke, ihn gestreift zu haben, berührt mich und all die anderen sehr – darunter auch Davide Lippi. Wenn ich da bloß schon gewusst hätte, dass ich den WM-Pokal 16 Jahre später gemeinsam mit seinem Vater Marcello in Berlin in Richtung Himmel strecken werde …

Meine Mama bringt mich jeden Tag zum Tre Fontane und behält ihre Gewohnheit bei: Sie lernt im Auto mein Tagespensum und versorgt mich auf dem Heimweg mit einer Zusammenfassung. Ihr Engagement ist rührend, umso mehr rege ich mich in der dritten Klasse auf, als ich völlig unverdient durchfalle. Die Geschichte ist folgende: Im Mai muss mein Team für einige Tage nach Sardinien, um an einem Turnier teilzunehmen. Das Problem ist, dass ich nicht der einzige Fußballer in der Klasse bin: Es gibt vier weitere, von Romuela, Almas und weiteren Klubs, und dies ist nun die Zeit der Turniere. Wir bleiben also alle fünf von der Schule fern, was zur Folge hat, dass der geplante Schulausflug nach Neapel wegen zu geringer Teilnehmerzahl abgesagt wird. Es kommt zu einem großen Aufruhr, der Klassenvorstand beruft die Eltern der betreffenden Spieler ein, um ihnen klarzumachen, dass die Schule Vorrang vor dem Fußball hat. Die Professorinnen in Englisch, Musik und Mathematik blasen zur Rache: Wir hatten vorab vereinbart, welche Themen bei den Prüfungen behandelt werden, stellen aber vor dem mündlichen Test fest, dass die Fragen ganz was anderes zum Inhalt haben. Die Professoren in Italienisch und Leibeserziehung (Vito gibt es nicht mehr), die die Perfidität durchschaut haben, treten dagegen auf, aber das ändert nichts am Ergebnis: durchgefallen wegen einer Überdosis Fußball.

Der Senator Dino Viola fungiert zu jener Zeit als Roma-Präsident, er gilt als Architekt des Meistertitels 1983. Wahrlich eine Legende, daher schlottern mir die Knie, als er bei der Weihnachtsfeier 1990 an jedem Einzelnen von uns vorbeischreitet. Als er mich erkennt, lässt er nicht mehr die Augen von mir. Der Senator schaut mager und krank aus, er hat daher stets zwei Personen an seiner Seite, die ihn stützen. Als ich ihm die Hand reiche, mache ich dies mit der größtmöglichen Sensibilität, aus Angst davor, ihm wehzutun. Er spricht mit tiefer Stimme, weiß sich aber sehr gut verständlich zu machen.

„Du bist Francesco, alle erzählen mir von dir. *Bravo, bravo*. Wie alt bist du, Junge?"

„Ich bin 14, *Presidente*."

„Also 14. Wenn du so weitermachst, werde ich dem Trainer sagen, dass er dich mit 16 in der Serie A debütieren lässt. Sofern es das Reglement gestattet."

Ich will meine Hand aus seiner lösen, aber er gestattet es mir noch nicht: „Francesco … Totti, richtig? *Bravo, bravo.* Die Roma wird dich brauchen."
Er lässt meine Hand los, verweilt mit seinen Augen aber noch eine Weile bei mir, auch als er bereits vor dem nächsten Spieler steht. Ich bin sehr beeindruckt, weniger als einen Monat später versammelt Gildo Giannini uns um sich, um uns mitzuteilen, dass Präsident Viola gestorben sei. Ich denke an seine Worte und an die Kraft, die er aufgebracht hat, um mir all das zu sagen, so als er hätte er mir die Zukunft von AS Roma anvertraut. Ich biete mich freiwillig als Sargträger bei seinem Begräbnis an, es war das mindeste, was ich für ihn tun konnte.

Ich springe von einer Mannschaft zur nächsten, bin stets der Jüngste in Teams, die über meiner eigentlichen Altersklasse angesiedelt sind. Mein ehemaliger Lehrer Vito Scala ist inzwischen bei Roma gelandet, mit ihm steigt nochmals das Vertrauen. Er sagt, dass mich die Trainer deshalb von da nach dort schleppen, weil mich alle einsetzen wollen. Sie sind in mein mit erhobenem Haupt geführtes Spiel verliebt, sie halten mich für ein Phänomen. Auf direktem Wege stoße ich von den *Giovanissimi* zur *Primavera*, den Spielern bis 18, und überspringe damit die *Allievi*, die 14- bis 16-Jährigen, abgesehen von einer Partie: das nationale Finale gegen Milan, das wir unter Trainer Ezio Sella in Città di Castello mit 2:0 gewinnen. Das erste, von mir vorbereitete Tor erzielt Daniele Rossi, einer der Burschen aus der damaligen Generation, der sich mehr verdient gehabt hätte. Doch in seinem Fall zerstörte das Knie alles.

Die sukzessive Annäherung an die Kampfmannschaft schreitet zügig voran, auch weil ich gewisse Anforderungen schnell verinnerliche. Wenn du Profi werden willst, musst du auch von Anfang an wie ein Profi leben. Dieses Gebot schließt eine Reihe von Dingen aus, die Jungs in meinem Alter schätzen zu lernen beginnen: Vom Alkohol über die Abende in der Diskothek, von den Zigaretten bis zum Motorrad – ich empfinde keine einzige dieser Entbehrungen als Verzicht. Ich scheitere nur ein einziges Mal und erzähle es euch, weil es auch sehr gut mein gestiegenes Selbstbewusstsein beschreibt, das ich dank meiner Erfahrung inzwischen besaß. Ach ja, und es hat sehr viel mit diesem wunderschönen Abend in Tropea zu tun …

Das hübscheste Mädchen in der *Pascoli* heißt Sara, sie besucht eine Parallelklasse, aber die Dänin Hengie, eine meiner Klassenkolleginnen, ist ihre beste Freundin. Eines Vormittags im Frühling machen alle dritten Klassen gemeinsam eine Fabrikführung bei Coca-Cola. Ich profitiere vom Umstand, dass Sara neben Hengie geht, dränge mich zwischen die beiden und ergreife mit einer Portion Unbekümmertheit Saras Hand. Sie schaut mich überrascht an, ich antworte mit einem Lächeln, worauf sie meine Hand nicht loslässt. Wir drehen so in der Fabrik unsere Runden, schauen uns selten an, verlieren aber nie den physischen Kontakt. Danach gehen einige von uns noch zu Hengie, um bei ihr zu Hause auf unsere Eltern zu warten, weil sie in der Nähe der Schule wohnt. Sara folgt mir auch dorthin, und im Nu verschwinden wir im Zimmer von Hengie, um herumzuknutschen. Während die anderen – so stelle ich es mir zumindest vor – im Wohnzimmer voller Neid auf ihre Eltern warten. Mama muss mich um 13 Uhr abholen, damit ich rechtzeitig zum Training komme, doch die Situation gestaltet sich dermaßen angenehm, dass ich völlig die Uhrzeit vergesse. Als mein Blick später auf die Uhr fällt, ist es bereits 14.20 Uhr. Panik. Vor Saras verwunderten Blicken („Aber wohin gehst du?") mache ich mich rasch zurecht, verspreche ihr, dass ich mich melde, und nehme im Stiegenhaus vier Stufen auf einmal. Meine Mutter wartet inzwischen vor dem Auto, erzählt, dass sie öfters vergeblich geläutet hat. Ich vermute, dass meine Freunde nicht wussten, was sie ihr sagen hätten sollen.
„Sorry, sorry, sorry, aber jetzt fahren wir."
Sie staucht mich zusammen, auch der Trainer staucht mich zusammen – abgesehen von der Knutscherei fällt die Bilanz jenes Tages desaströs aus. Und ich schwöre mir selbst, dass ich ab jetzt ein integrer Profi sein werde.
Auch deshalb, weil Sara, trotz all meiner Versuche, wieder Kontakt zu ihr aufzubauen, nichts mehr von mir wissen will.

3

SLIDING DOORS

Es ist ein schöner Samstag zu Frühlingsbeginn in Trigoria, die Temperatur ist bereits perfekt, und einige Spieler der Kampfmannschaft machen es sich nach dem Essen am Rande des Hauptspielfeldes in der Sonne bequem. Dort wo wir von der *Primavera* auf Ascoli stoßen, ein leichtes Spiel für uns, dem ich binnen weniger Minuten mit einem Doppelpack die erwartete Richtung gebe. Ich nehme auch zur Pause auf dem Weg in die Kabine Applaus wahr, achte aber nicht darauf, um wen es sich bei dem Bewunderer handelt. Vito, der mehr Kontakt zur Kampfmannschaft hält, hat mir berichtet, dass mein Talent dort bereits Thema ist und dass in der von Vujadin Boškov trainierten Mannschaft mehr als einer bereits vorgeschlagen hat, mich zu einem Auswärtsspiel der Serie A mitzunehmen, um mich Debütluft schnuppern zu lassen. Es sind nette Gedanken, aber noch ein Stück weit entfernt: Ich bin gerade mal sechzehneinhalb Jahre alt und spiele schon in der *Primavera*, vom Alter her müsste ich eigentlich noch bei den *Allievi* spielen.

Francesco Trancanelli, einer der Führungskräfte des Klubs, stoppt mich am Ausgang des Platzes: „Francesco, geh dich duschen, denn in der zweiten Halbzeit kehrst du nicht mehr aufs Feld zurück. Im heutigen Vormittagstraining hat sich ein Stürmer verletzt, du musst daher mit der Kampfmannschaft nach Brescia fahren."
Von all den Emotionen, die solch eine Nachricht in einem auslöst – in der Tat der Eintritt in den wahren Fußball –, empfinde ich zunächst vor allem Scham. Ich hatte zuvor nicht einmal mit der Kampfmannschaft trainiert, ich kenne niemanden, und mir verschlägt es daher beim Gedanken, sich ihr anzuschließen, den Atem. Ich verspüre keine Begeisterung, und es ist auch nicht der Zeitpunkt, um

von Freude zu sprechen. Ich schäme mich angesichts meiner eigenen Unzulänglichkeiten, die ich den Spielern der Serie A unweigerlich zeigen würde. Ich bleibe lange unter der Dusche, so als müsste ich mir getrockneten, verkrusteten Dreck wegwaschen, dann ziehe ich den Trainingsanzug an – zum Glück reisen wir mit einem solchen – und bin rechtzeitig aus der Kabine draußen, um die Sorgenfalten in den Gesichtern meiner Eltern zu sehen. Sie sind von der Tribüne herunter bis zur Tür der Umkleidekabine gekommen.
„Warum spielst du nicht mehr? Hast du dir wehgetan?"
„Ich muss mit der Kampfmannschaft nach Brescia fahren", antworte ich, die Arme ausbreitend, und sehe ihnen die Verblüffung an.
„Um zu spielen?"
„Was weiß ich … ich denke nicht."
Ich lege meine Tasche in den Gepäckraum des Teambusses, rolle mich ganz hinten auf einem Sitz zusammen, beobachte alles, versuche aber zugleich, mich unsichtbar zu machen. Einige der „Großen" lachen mich an, ein paar von ihnen machen Witze. Nach einer halben Stunde sind wir in Ciampino, um ein Flugzeug der Flotte von Giuseppe Ciarrapico zu besteigen, dem Präsidenten, der den Klub von Violas Witwe übernommen hat. Ich bin hungrig, aber selbst nach dem Start wage ich es nicht, mich dem Trolley voller Schokolade und Erdnüsse, der den Spielern zur Verfügung steht, zu nähern. Sie hatten bereits in Trigoria gegessen, während ich mit nüchternem Magen dasaß. Giannini und Tempestilli, die beiden „Alten" im Team, kommen schließlich zu mir und sind mir beim Ausweg aus dieser Sackgasse behilflich.

„Komm, iss was, du hältst es sonst nicht bis zum Abendessen aus."
Ich nehme eine Tafel Schokolade und stelle mich dabei wohl zu zurückhaltend an, sodass die beiden unisono klarstellen: „Vertrau uns, wir beißen nicht."

Dann lassen sie mich wissen, dass ich gerade Emotionen durchmache, die auch sie einst erlebt hatten, und dass alles gut wird.
„Du bist stark, Francesco", fügt Giannini hinzu, „mein Vater sagt

mir oft, dass Roma mit dir eine tolle Zukunft vor sich hat. Jetzt musst du bloß locker bleiben, lass dich von diesen alten Männern nur nicht einschüchtern."
Als er dies sagt, umarmt er mit einer Geste das gesamte Team: Die meisten schlafen – wie bitte, kann man in einem Flugzeug schlafen? –, einige spielen Karten, andere blättern die Zeitungen durch.
„Im Hotel stelle ich dich dem Team vor", sagt der Kapitän abschließend.
Ich antworte mit einem stotternden „*grazie*", zum ersten Mal wage ich eine Grimasse, die einem Lächeln ähnelt.

Die AS Roma von Mister Vujadin Boškov, der in der ersten Reihe döst, ist zu jener Zeit ein Team, dem seit längerer Zeit kein wirklicher Befreiungsschlag gelungen ist: In der Tabelle ist man nur Zehnter, meilenweit entfernt vom dominierenden Team jener Epoche, dem AC Milan. Generell ist es seit dem Doppelschlag 1983 mit Meistertitel und Europacup-Finale stetig bergab gegangen, und mit dem Platz im Mittelfeld können die Fans nur schwer umgehen. Das Auswärtsspiel in Brescia erfolgt nach dem Aus im Viertelfinale des UEFA-Cups gegen Borussia Dortmund, während das Team im italienischen Cup noch dabei ist, letztlich das Finale gegen Turin verlieren wird.

Das Hotel in Brescia wirkt auf mich luxuriös. Wir kommen am späten Nachmittag an, zum Glück haben sie für mich ein Einzelzimmer reserviert. Von den ursprünglich einberufenen Spielern fehlt Häßler, er muss somit derjenige sein, der sich verletzt hat. Fernando Fabbri, der uns begleitende Manager, stellt in der Lobby eine Tafel auf, auf die er die Treffpunktzeiten schreibt. Das Abendessen ist für 20 Uhr angesetzt, ich, aufgeregt und neugierig zugleich, bin aber schon eine Stunde früher unten. Nach wie vor finde ich jede Minute einen neuen Grund für Selbstzweifel – zum Beispiel das Handy: Ich habe eines auf dem neuesten Stand der Technik, möchte aber nicht wie ein Handyfreak erscheinen. Schnell rufe ich meine Eltern an, um ihnen zu sagen, dass wir gut angekommen sind, ich aber noch nicht

weiß, was morgen passieren wird. Ich beende das Gespräch rasch, um ja nicht von Boškov, der früher dran ist als der Großteil der Truppe, auf frischer Tat ertappt zu werden – wenn ich heute darüber nachdenke, kann ich aber nichts finden, was er in diesen Moment daran auszusetzen gehabt hätte.
Als sich unsere Wege kreuzen, spricht er mich an: „Ich schaue mir oft die Partien der *Primavera* an, Totti. Du bist schon zu stark für sie, erzielst zwei Tore pro Spiel. Wenn du zwei Tore pro Partie machst, ist es an der Zeit, das nächste Level zu erklimmen."
Eine großartige Lektion in wenigen Worten, klassisch für den jugoslawischen Coach: Nach jedem Sieg sollst du dich nicht auf den Lorbeeren ausruhen, sondern den Einsatz erhöhen.

Giannini stellt mich wie versprochen den Teamkollegen vor, ich habe Mühe, ihren Blicken standzuhalten, richte die Augen aber zumindest nicht auf den Boden. Bin ich dabei, weiter zu wachsen? Wenn ich die Angst hernehme, die mich daran hindert, ein simples *„buona notte"* zu sagen, würde ich meinen: Nein. Irgendwann, als die anderen Billard spielen, gibt mir Giannini ein Zeichen, indem er auf seine Uhr tippt, und es erscheint mir richtig, nach einem flüchtigen *„Ciao a tutti!"* schlafen zu gehen. Ich lege mich aufgeregt hin: Ich habe die Spieler immer und immer wieder durchgezählt, mit mir komme ich auf 16. Und daher – auch wenn es noch niemand offiziell verkündet hat – werde ich tags darauf auf der Ersatzbank Platz nehmen.

Am folgenden Morgen ist um 9 Uhr Frühstück, gefolgt vom Mittagessen um 11.15, um 13 Uhr teilt uns Boškov seine Aufstellung für die Partie mit, die mich natürlich nicht betrifft. Die Namen nennend bestätigt er, dass ich mit der Nummer 16 auf der Bank sitzen werde. Das Stadion ist ausverkauft, denn Brescia kämpft gegen den Abstieg. Die Stimmung ist feindselig, auch von der Tribüne schreien sie alles Mögliche runter, aber im Laufe einer halben Stunde ist die Partie entschieden. Ein Verdienst von Mihajlović: Zunächst verwertet Caniggia seine Flanke im Strafraum per Kopf zum 1:0, das 2:0 fixiert er mit einem seiner prächtigen Freistöße. Bei Brescia

spielt mit Hagi ein Ausnahmekönner, aber er ist zu sehr auf sich allein gestellt, als dass er die Mannschaft wieder auf Kurs bringen könnte. In der zweiten Halbzeit geht es nur noch darum, das Spiel zu verwalten, um ja keine unnötigen Risiken einzugehen. In der 83. Minute schickt Boškov Salsano anstelle von Giannini auf den Platz, dann dreht er sich plötzlich zu mir und teilt mir mit, dass ich mich bereit machen soll. Im ersten Moment realisiere ich nicht, dass er mich meint. Ich glaube, dass er sich an Roberto Muzzi, der neben mir sitzt, gewandt hat, und weise ihn darauf hin.
Roberto schaut mich vergnügt an: „Er hat dich gemeint, beeil dich."
Mich? Mein Herz klopft wie verrückt, ich beginne, mir meine Trainingshose auszuziehen, aber um noch schneller zu sein, ziehe ich mir die Schuhe nicht aus, was eine peinliche Situation zur Folge hat. Ich muss mich auf den Boden setzen, um mir die Hose mühsam von den Füßen abzustreifen, ein einziges Durcheinander.
„Schneller, schneller!" Fabbri signalisiert mir, dass ich mich beeilen soll.
Boškov platzt ob meiner Ungeschicktheit an einem gewissen Punkt der Kragen, er fährt mich an: „Was ist, Totti, hast du doch keine Lust aufs Debüt?"
Kurz bevor meine Zeit abgelaufen ist, bin ich dann bereit. Es ist die 87. Minute, ich betrete für Rizzitelli das Feld. Ich schaffe es rechtzeitig, einen Ball zu berühren, laufe damit in Richtung Eckfahne, um wertvolle Sekunden fürs Team rauszuholen. Kurz darauf pfeift Schiedsrichter Boggi das Spiel ab, und noch völlig verwirrt wird mir klar, dass ich eben in der Serie A gespielt habe. Das erste Mal an diesem Wochenende fühle ich mich glücklich.
„Bravo, Junge, und denk dran: Als Nächstes bringst du etwas Süßes, *pasterelle*, mit nach Trigoria!"
Wieder in der Kabine retour, streicheln mir einige Mitspieler über den Kopf, der Sieg ruft allgemeine Freude, mein Debüt einzig Gratulationen hervor. Die Gewissheit, einen wichtigen Schritt gemacht zu haben, gibt mir Mut: Auf dem Rückflug esse ich einige Tafeln Schokolade und eine Packung Erdnüsse. Ich fühle, dass ich es mir verdient habe. Zu Hause erwartet mich ein kleines Fest, die halbe

Verwandtschaft hat sich eingefunden, es war zu kurzfristig, damit alle kommen hätten können, war mir aber so sehr recht.
Tags darauf bringe ich Kuchen und Kekse nach Trigoria, und Fabbri teilt mir meinen neuen Fahrplan mit: „Francesco, ab sofort trainierst du zweimal pro Woche bei der Kampfmannschaft mit, abgesehen von den gewohnten Einheiten mit der *Primavera*. Ich informiere dich Tag für Tag."
Ich verlasse das Trainingszentrum überglücklich.

Am darauffolgenden Sonntag werde ich für Romas Partie gegen Fiorentina nominiert, komme aber nicht zum Einsatz. Die Reise nach Ancona mache ich ebenfalls mit, sammle weitere drei Spielminuten, diesmal beim Stand von 1:1 und somit zu einem Zeitpunkt, an dem das Spiel noch nicht entschieden ist, anstelle von Muzzi. Von da an bis zum Saisonende sitze ich nur noch einmal auf der Bank, zu Hause gegen den AC Torino, aber es sind vor allem die Trainingseinheiten mit der Kampfmannschaft, bei denen ich mehr lerne als in einer ganzen Saison mit den *Giovanili*. Mein Umgang ist stets ein sehr respektvoller, und das Bisschen an Scham, das mir geblieben ist, veranlasst mich dazu, mich in der Kabine der *Primavera* umzuziehen, allein, auch deshalb, weil es in jener der Kampfmannschaft keinen freien Spind gibt und ich niemanden damit belästigen will. Außerdem – lacht jetzt nicht – verspüre ich Scham bei der Vorstellung, mit ihnen gemeinsam zu duschen. In der Tat habe ich keine Lust darauf.

Meine Einstellung gefällt den Routiniers offenbar, beginnend bei Giannini und Tempestilli, die immer ein paar Worte mit mir wechseln, aber auch all den anderen, einschließlich der Routiniers Cervone, Carboni und Bonacina. Die Überraschung am Saisonende, die mich fast ohnmächtig werden lässt, ist der beste Beweis dafür: Vor dem Aufbruch in die Ferien überreicht mir Umberto Spada, der Kassier des Klubs, einen Scheck über 218 Millionen Lire.
„Es ist das, was dir für die drei überstandenen Runden im UEFA-Cup zusteht", sagt er.
„Aber im UEFA-Cup bin ich nie für ein Spiel nominiert worden", antworte ich.

Darauf Spada: „Nun, sag das nicht mir. Es waren die Routiniers, die sich dafür eingesetzt haben, dass auch du einen Anteil bekommen sollst. Du kannst sie dir, wenn du magst, gerne vorknöpfen."
Vorknöpfen? Ich würde sie küssen, wenn ich könnte. Indem sie mir ein Stück von der Torte – objektiv betrachtet unverhältnismäßig viel – zugestehen, wollen sie mir signalisieren, dass ich einer von ihnen bin. An jenem Tag kehre ich nicht nach Hause zurück, denn wir hatten uns bereits in Richtung unseres Ferienappartements in Torvaianica aufgemacht: Ich spaziere mit dem Scheck in der hinteren Hosentasche herum, ständig danach tastend, denn ich habe Angst, dass ihn mir jemand stehlen könnte. Am Ziel angekommen, fliege ich förmlich das Treppenhaus hoch, und vor den neugierigen Blicken meiner Eltern ziehe ich das wertvollste Stück Papier aus meiner Hosentasche, das ich je gesehen hatte: „Schaut mal!"
Phase eins, absolutes Erstaunen: 30 Sekunden mit offenem Mund. Phase zwei, überwältigende Freude: fünf Minuten singen und tanzen. Phase drei, wahrhaftige Angst: „Oh mein Gott, es ist Freitag, wir können den Scheck nicht vor Montag in der Bank einzahlen, und hier im Appartementhaus gab es einige Diebstähle. Wie können wir ihn davor schützen?"
Indem wir ihn Tag und Nacht bewachen, was wir tatsächlich auch das gesamte Wochenende tun. Montagmorgen steigen wir gemeinsam ins Auto, um den Scheck bei der Bank, in der Papa arbeitet, einzuzahlen. Den Scheck in Sicherheit gebracht, ruft meine Mutter Spada an, um ihm die Kontonummer zu geben. Sie sagt ihm, dass ich zu zerstreut sei, als dass ich mit gewissen Ziffern in der Hosentasche durch die Gegend laufen könnte, von da an bezahlt mich Roma mittels Überweisung.

Ab der darauffolgenden Saison 1993/94 bin ich fixer Bestandteil der Kampfmannschaft und unterschreibe einen Vertrag über 160 Millionen Lire. Eine ganz schöne Summe für einen 17-jährigen Jungen, die aber auch eine Klarstellung erfordert: Der Vertrag beinhaltet weder eine Ablösesumme noch eine Wiedergutmachung für die an Entbehrungen reiche Kindheit. Bei uns zu Hause hat es Papa an nichts fehlen lassen, es geht uns gut, wir fahren jedes Jahr auf Urlaub, was sich nicht alle leisten können. Unabhängig vom Geld – immerhin bekomme ich nun regelmäßig einen schönen Verdienst – bleibt aber die Leidenschaft mehr denn je mein „Motor". In der Tat spreche ich mit Verwandten und Freunden offen über mein Gehalt, bis zu dem Punkt, an dem Mama eingreifen muss, um mich daran zu erinnern, dass es bei gewissen Themen besser ist, sich auf ein Mindestmaß zu beschränken, um nicht hochnäsig oder gar arrogant rüberzukommen. Klar denkt sie auch daran, mich vor der Masse an Bekannten abzuschirmen, die sich, nachdem sie von meinem unerwarteten ökonomischen Glück erfahren haben, plötzlich nach vielen Jahren wieder blicken lassen.

Die neue Saison beginnt mit der Ankunft von Trainer Carlo Mazzone, und er sollte sich als einer meiner großen Glücksfälle in meinem Leben erweisen. Römer und Roma-Fan wie ich, nimmt er sofort die stetig steigenden Erwartungen rund um meine Person wahr. Da er die Gefahren, die im Umfeld lauern, bestens kennt, beschützt er mich, um mir das zu gewähren, was ich benötigte: eine Meisterschaft, bei der ich fernab der Scheinwerfer den nächsten Schritt vorwärts machen kann. Als ihn ein Journalist fragt, worauf er noch warte, ehe er mich in die Startelf beordere, antwortet er gereizt: „Je mehr ihr fordert, Totti zu sehen, umso mehr werde ich ihn vor euch versteckt halten."
Er verlangt, dass sich das rund um mich herrschende Fieber abkühlt. Ab und zu lese ich seine Interviews und fühle mich gekränkt. Es ist nicht meine Schuld, dass die Leute darauf drängen, mich in der Mannschaft zu sehen. Ich will nur zumindest ein paarmal in der Serie A auflaufen, doch bis Februar komme ich kein einziges Mal zum Einsatz. Mazzone behandelt mich wahrlich wie ein zweiter Vater, und man erkennt sehr gut, dass ich für ihn nicht bloß eine Aufgabe darstelle, sondern wesentlich mehr.

In diesem Zusammenhang blieb allen die Pressekonferenz vor dem Cupspiel im Dezember gegen Sampdoria in Erinnerung. In den letz-

ten Minuten des Trainings prallen Rizzitelli und Caniggia heftig mit den Köpfen zusammen, alles ist voller Blut, und alle sind in Sorge um die beiden. Beide bleiben am Boden liegen, Mazzone weicht nicht von ihrer Seite, die Ärzte ergreifen erste Maßnahmen, bis die Rettung eintrifft, das Tagesprogramm wird durch den Notfall durcheinandergewirbelt.
Ich war zu jenem Zeitpunkt schon fertig und allein in der Kabine, als ein Klubverantwortlicher vorbeikommt: „Totti, gut, dass du da bist. Du spielst morgen, richtig? Komm mit mir."
Ich folge ihm gehorsam und erkenne zu spät, dass er mich zur Pressekonferenz bringt. 50 akkreditierte Journalisten, Fernsehkameras und Mikrofone. Sie haben den Trainer erwartet und haben nun den Spieler vor sich, der ihnen seit Saisonbeginn vorenthalten wird. Ich fürchte, in eine Situation hineingeraten zu sein, der ich nicht gewachsen bin. Und natürlich rettet er mich. In jenem Moment, als der Pressebeauftragte den Startschuss zur Fragerunde geben will, hört man eiligst die Türen auf- und zuschlagen, und schließlich erscheint Mazzone völlig außer Atem: „Ach, Junge, geh du nur duschen, ich werde mit ihnen sprechen."
Ein Satz, der in die Geschichte einging und den ich gerne akzeptierte, obwohl ich ja gerade erst aus der Dusche gekommen war. Später, als wir allein sind, sagt mir Mazzone, dass ich noch nicht erfahren genug sei, um mit Journalisten zu diskutieren. Und wenn mich diese für einen starken Titel in ihren Zeitungen benutzen wollten, würden sie von mir binnen drei Sekunden das hören, was sie hören wollten.

Die erste Errungenschaft der Saison ist die Fähigkeit, in der Gruppe der „Großen" zu verbleiben, ohne dabei Scham zu verspüren. Ich bin noch immer sehr zurückhaltend. Wenn wir uns treffen, verbringe ich die Zeit damit, ihnen beim Billardspielen zuzuschauen, oder setze mich zu ihnen, um die Spiele im TV anzusehen und mir ihre Kommentare anzuhören. Auf dem Platz aber beginnt meine Persönlichkeit, weiter zu reifen, und es gibt kein einziges Training, bei dem ich nicht das Gefühl habe, mich auf taktischer Ebene weiterentwickelt und technisch verbessert zu haben. Ich probiere meine Tricks, und oft gehen sie auf. Es kommt vor, dass ich auch einigen älteren Spielern – Piacentini, Bonacina, Carboni – eine Gurke schiebe und dabei schief angeschaut werde, aber sie verzeihen mir rasch. Denn sie erkennen schnell, dass ich sie damit nicht auf den Arm nehmen will, denn dann hätte ich den einen oder anderen Tritt abbekommen. Wenn die Gurke der schnellste Weg ist, um an ihnen vorbeizukommen, versuche ich ihn auch.

Kapitän Giannini wird immer mehr zu meinem Bezugspunkt. Er nimmt mich unter seine Fittiche wie sein Vater, der mir Franco Zavaglia als Berater empfiehlt, er soll mich bei den ersten Schritten unterstützen. Bei Auswärtsspielen teilten der *principe* und ich ein Zimmer, und nicht selten – er ist einer, der den Kopf aufs Kissen legt und in der nächsten Sekunde eingeschlafen ist – schaue ich ihn voller Bewunderung an, ehe ich das Licht ausschalte. Oder halte das Pipi zurück, aus Angst davor, ins Bad zu gehen und ihn durch all den Lärm aufzuwecken. Ein anderer Spieler, den ich sehr mag, ist Torhüter Giovanni Cervone, der netteste Mensch auf Erden, der anstelle der Hände zwei Schaufeln hat. Wenn er sich mal aufregt, gilt es schleunigst, den Katastrophenschutz anzurufen, um ihn zu stoppen. Einmal gibt es ein Missverständnis zwischen ihm und Cappioli bezüglich eines Eckballs, und ganz im Gegensatz zu anderen Vorkommnissen beruhigt sich die Lage nach Spielende nicht. Tags darauf und nach einer Nacht voller Grübeln über das „F-Wort" würde Cervone Cappioli am liebsten an die Wand nageln – zu fünft gelingt es den Teamkollegen mit vereinten Kräften, ihn davon abzubringen. Da war es besser, ein Freund von gewissen Charakterköpfen zu sein, bei Roma gab es davon einige. Das wird mir auch im Cup-Spiel gegen Sampdoria Genua, bei dem ich von Beginn an ran darf, bewusst. Acht Sekunden sind gespielt, als mir Vierchowod von hinten grob in die Beine fährt. Der Schiedsrichter pfeift, ich stehe wieder auf, als ob nichts gewesen wäre – wenig später folgt die zweite Attacke. Ich bleibe erneut ruhig, mache weiter, und nach zehn Minuten folgt die dritte Grätsche. Dieses Mal bleibe ich am Boden liegen, der Knöchel tut mir auch wirklich weh. Als ich mich wieder aufrichte, kreuze ich den fragenden Blick von Vierchowod und sage ihm, er soll damit aufhören. Er legt den Zeigefinger auf die Lippen, als Geste des Schweigens – worauf ein Handgemenge ausbricht: Drei, vier Mitspieler schreiten zu meiner Verteidigung ein, und für einige Minuten kommt es zu einem ordentlichen Gedränge. Ehe sich alles beruhigt und Vierchowods Interventionen, was die Intensität betrifft, ein erträgliches Ausmaß annehmen. In mir reift das Gefühl, damit eine weitere Prüfung bestanden zu haben.

Nachdem ich in der ersten Phase der Saison bloß Zuschauer war, spiele ich in der zweiten einige Male von Beginn an, dazu kommen weitere kurze Einsätze. Roma verbessert sich im Vergleich zur Vorsaison vom zehnten auf den siebenten Platz, verfehlt aber erneut einen Europacup-Platz und kann folglich damit nicht zufrieden sein. Auch deshalb, weil das Plus an Punkten – gerade mal zwei – miserabel ausfällt. Für mich hingegen geht ein Jahr zu Ende, in dem ich große Fortschritte gemacht habe, die Achtsamkeit von Mazzone hat nicht ihre Wirkung verfehlt: Was das „Lesen" des Spiels betrifft, habe ich stark zugelegt, je besser ich die Spielzüge verstehe, umso mehr setze ich meine technischen Qualitäten ein, die in der Tat über dem Durchschnitt der Mannschaft liegen.

Ein Beleg dafür? Die Art und Weise, wie ich mein allerererstes Derby gegen Lazio bestreite, in einer sehr schwierigen Situation: Durch einen Drehschuss von Signori liegen wir zur Pause 0:1 zurück. Während ich mich auf den Weg in die Kabine mache, hält mich Mazzones Assistent Leonardo Menichini zurück: „Francesco, geh dich gut aufwärmen, wir werfen dich sofort nach der Pause rein."
In den folgenden 15 Minuten bereite ich mich intensiv vor, denn ich will wie eine Kanonenkugel loslegen. Das Stadion ist gerammelt voll, die Lazio-Fans singen, während unsere murren. Ich verspüre etwas Angst, habe aber auch das Gefühl, die Partie beeinflussen zu können. Ich ersetze Piacentini, womit sich auch unser System verändert: Ich komme, da wir den Rückstand aufholen müssen, als zweite Spitze aufs Feld, lege mit einem Sprint los, worauf Gegenspieler Ne-

gro gleich mal mit einem Tritt bei mir vorstellig wird – und damit den Startschuss zu einem Duell gibt, das giftig bleibt. In den letzten Minuten und nach einigen guten Aktionen, die aber nichts Konkretes ergeben, überwinde ich ihn auf der rechten Seite, dringe in den Strafraum ein und verspüre beim Versuch, den Ball von der Torauslinie quer zur Mitte zu spielen, eine Berührung von hinten. Ich gestehe, ich hätte auch auf den Beinen bleiben können. Da ich aber außer Tritt geraten war und auch den Ball nicht mehr kontrollieren konnte, ließ ich mich fallen. Denn den Kontakt hatte es gegeben, und der Schiedsrichter konnte dies unmöglich übersehen haben. In der Tat pfeift er Elfmeter, ich werde überflutet von den Umarmungen meiner Mitspieler. Ich wäre am liebsten selbst zum Elfer angetreten, doch als ich sehe, dass sich Giannini den Ball schnappt und zum Elfmeterpunkt aufbricht, halte ich den Mund und feuere ihn schweigend an. Das Happy End bleibt in meinem ersten Derby aber aus: Giuseppe visiert wohl eine Ecke an, schießt aber nicht scharf genug, Marcheggiano wehrt den Schuss toll ab. So verlieren wir das Derby, die gute Leistung tröstet mich nicht über die Niederlage hinweg.

Wenn dies der emotionalste Moment der Saison 1993/94 ist, so lässt jener der darauffolgenden Saison nicht lange auf sich warten. Am Vorabend des ersten Spieltags schickt Mazzone in Trigoria die Startelf für den Saisonauftakt gegen Foggia aufs Feld, und neben der Neuerwerbung Fonseca scheint nicht Balbo auf, sondern ich. Die Regel besagt, dass nur drei Legionäre zum Einsatz kommen dürfen, doch Roma hat – ohne Europacup-Einsätze – vier, was zu einem teaminternen Problem wird. Aber wenn Balbo draußen bleiben muss (es spielen Aldair, Thern und Fonseca), so ist dies auch mein Verdienst und ein Zeichen, dass mir Mazzone vertraut, er nicht mehr fürchtet, dass mir eine gute Leistung in den Kopf steigen würde.

Und es läuft auch gut, zumindest für mich. Nach 30 Minuten flankt Thern hoch in den Strafraum, Fonseca sieht, wie ich im Sprint angestürmt komme, und legt mir den Ball per Kopf auf. Ein perfekter Linksschuss nach Kopfballvorlage von Fonseca, der Ball schlägt unhaltbar im Eck ein, der Aufschrei, der folgt, ist schlicht überwältigend. Mein erstes Tor in der Serie A, es ist zum Verrücktwerden! Wie ich juble? Ich habe 1000-mal mit Riccardo darüber gesprochen, und er hat immer geantwortet: „Denk daran zu treffen", so als ob mir dann die passende Art zu jubeln zwangsweise einfallen würde. Das Problem daran ist, dass ich den Gedanken ans erste Tor zwar schon 1000-mal durchgespielt habe, aber immer vor der *Curva Sud*, wo ich alle Bezugspunkte kenne und sofort wüsste, wohin ich laufen muss. Nun aber, vor der *Curva Nord*, weiß ich nicht recht, was ich machen soll, ich laufe zur Eckfahne, balle die Faust, in Summe erzeuge ich Krach, aber der wahre Lärm ist in mir drinnen und fühlt sich wunderschön an.

Die Partie gewinnen wir letztlich aber nicht. In der zweiten Halbzeit zwingt uns das Team von Catuzzi sein Spiel auf und kommt durch Kolywanow zum Ausgleich. In der Kabine äußert Mazzone lautstark seinen Unmut, und während er redet, schaut er mich an, um meinen Gemütszustand deuten zu können. Meine Zufriedenheit hält sich in Grenzen, denn die Freude über mein erstes Tor in der Serie A hat sich mit Foggias Tor in Nichts aufgelöst, ich bin wegen des verpassten Siegs nur verbittert. Es ist ein Impuls, der in mir steckt, ich muss ihn mir nicht erst aufzwingen. Mit der Zeit lerne ich, dass kein Champion mit seiner Leistung zufrieden ist, wenn die Mannschaft nicht gewinnt. Nichtsdestotrotz ist für Onkel Alberto damit aber der Zahltag gekommen: Denn er hat mir für mein erstes Tor in der Serie A ein Mountainbike versprochen.

Mein erstes Tor reicht zunächst nicht, dass ich den Platz in der Startelf verteidigen kann. Vom zweiten Spieltag an heißt nämlich das Sturmduo Balbo-Fonseca, und da sie gut harmonieren, beschränkt Mazzone die Auswahl der drei Legionäre auf ein permanentes Duell zwischen Thern und Aldair. Aber der Trainer schickt mir immer wieder Signale, dass er auf mich zählt, beordert mich fürs Achtelfinal-Rückspiel der Coppa Italia gegen den FC Genua in die Startelf. Auswärts haben wir 0:2 verloren, das Rückspiel gewinnen wir mit 3:0, es wird mit meinem Tor zum 1:0, einem Heber, eröffnet – es sollte zu meinem Markenzeichen werden.

Ebenfalls im italienischen Cup gelingt mir mein erstes Tor gegen Juventus – ein Diagonalschuss, der Peruzzi bezwingt. Allerdings ohne wirkliche Folgen, nach dem 0:3 in Turin reicht uns der 3:1-Sieg nicht zum Aufstieg. In Abwesenheit von Balbo und Fonseca spiele ich mit Giannini gemeinsam an vorderster Front und ernte für den mutigen Auftritt viel Applaus von den Fans. Ich denke, dass Marcello Lippi – als Trainer von Juve – an jenem Abend erstmals auf mich aufmerksam wurde. Abgesehen vom Tor zum 2:1 lieferte ich den Assist zum 3:1 von Cappioli, ein Elfer wird mir aberkannt, und generell beschere ich der Verteidigung von Juventus einige Unannehmlichkeiten.

Es ist auch das Jahr, in dem wir das Derby 3:0 gewinnen und Mazzone in der 90. Minute zur *Curva Sud* rennt. Ich bleibe das ganze Spiel auf der Bank, habe aber am Ende das Gefühl, selbst gespielt zu haben. Denn ein Match neben einem solchen Trainer zu erleben, verstärkt alles: Enthusiasmus, Verzweiflung, Freude, Angst, Nervenkitzel. In Wirklichkeit läuft das Spiel nur in eine Richtung, Balbo fixiert nach zwei Minuten das 1:0, zur Halbzeit führen wir 2:0, und kurz nach Wiederbeginn macht Fonseca mit dem 3:0 alles klar. Dennoch bleibt Mazzone ein Atomreaktor, ich hätte ihn filmen sollen, um deutlich zu machen, was dieses Derby für einen Römer bedeutet. Es ist wunderschön zu sehen, wie er nach dem Schlusspfiff zur Kurve rennt, bald außer Atem und daher trabend, aber mit der geschlossenen Faust in Richtung Fans, die das Derby genauso erlebt haben wie er. Ich komme eurem Gedanken zuvor und sage euch, dass ich ihn Jahre später, am Tag nach seinem berühmten Lauf von Brescia zur Kurve der Atalanta-Fans, anrief und ihm meine volle Solidarität und Sympathie bekundete. Denn bei jenem Lauf kam der Stolz eines grenzenlos beleidigten Römers zum Ausdruck, der die Erinnerung an seine Eltern verteidigt – eine noch wichtigere Angelegenheit. Ihn damals so völlig außer sich vor Wut zu sehen, weckte in mir eine große Zuneigung, dieselbe Zuneigung, die er mich jeden Tag seines Schaffens in Trigoria spüren hat lassen. Und ich denke, dass dieselben Ultras seine Reaktion auch in gewissem Maße zu schätzen wussten. Mazzone hat damit gezeigt, welch Blut in seinen Adern fließt, er hat gezeigt, dass er ein echter Mann ist.

Seine zweite Saison verläuft entschieden besser: Wir verbessern uns vom siebenten auf den fünften Platz, holen uns ein Europacup-Ticket, und nach der alten Zählweise – es war die erste Saison, in welcher der Sieg drei Punkte wert war – holen wir acht Punkte mehr als in der vorangegangenen Meisterschaft. Ich erziele, nebst meinem allerersten Liga-Tor, weitere drei Treffer und nehme zudem das Vertrauen mit, das mir Balbo und Fonseca, zwei außergewöhnlich starke Stürmer, entgegenbringen. Ich weiß, dass Balbo Trainer Mazzone öfter als einmal nahelegte, mich hinter den beiden als offensiven Mittelfeldspieler aufzubieten: „Denn wenn Francesco dort spielt, hagelt es Torchancen, Mister."

In der darauffolgenden Saison bin ich sofort Bestandteil der offensiven Rotationen, treffe aber sehr selten, nur zweimal in der ganzen Meisterschaft. Ich erziele mein erstes Tor auf europäischer Ebene, beim 4:0 über das belgische Team von Aalst – ein merkwürdiger Abend, weil uns die Fans trotz des klaren Erfolgs auspfeifen. Mazzone schafft es mit uns erneut auf Platz fünf, im UEFA-Cup stoßen wir bis ins Viertelfinale vor – dennoch ist die Stimmung schlecht. Präsident Franco Sensi will einen neuen Trainer, denn seiner Überzeugung nach wird in Trigoria zu wenig gearbeitet. Als er im Sommer 1996 den Namen Carlos Bianchi verkündet, wissen nicht alle, wer das ist. Oder tun vielleicht nur so, um die Trennung von Mazzone weniger schmerzhaft erscheinen zu lassen.

Bianchi ist Argentinier, der nach einer langen Spielerkarriere in seiner Heimat und in Frankreich als Trainer mit Vélez Sarsfield alles gewonnen hat. Er ersetzt nun einen römischen Trainer, dem vorgehalten worden war, im Umgang mit den Spielern zu nachsichtig zu sein. Bianchi wiederum sind die Vorbehalte, die er gegenüber den römischen Spielern in der Mannschaft hat, vom Beginn an anzumerken. Ich denke, dass er gegenüber Sensi und Giorgio Perinetti, der nach dem Abschied von Emiliano Mascetti zum neuen Sportdirektor ernannt worden war, die Verpflichtung von mehreren Spielern, die seinen Vorstellungen entsprachen, verlangt hatte und der Klub ihm diese mittelfristig auch zusicherte. Davor wollten sie sich aber noch vergewissern, dass die Qualitäten von Bianchi auch in Europa entscheidend sein würden.

Jeder weiß, dass speziell Sensi Bianchi an Bord haben wollte und die anfangs guten Resultate bei überschaubarem Trainingsaufwand ihn darin bestärkten, eine geniale Wahl getroffen zu haben. Perinetti ist da weniger enthusiastisch und tut so, als würde er die Forderung des Präsidenten, wonach der Vertrag mit Bianchi umgehend zu verlängern wäre, nicht hören. Er zeigt sich – wie auch wir Spieler – irritiert über manche Gewohnheiten, die Bianchi mit nach Trigoria gebracht hat. Zum Beispiel die internen Trainingsspiele „Römer gegen den Rest der Welt", bei denen seine Antipathie uns gegenüber ganz klar zum Ausdruck kommt. Er hält schamlos zu den anderen und freut sich, wenn wir verlieren. Es ist schwierig, dies anderen glaubhaft zu machen, denn im Prinzip glaubt mir das einfach niemand. Und es braucht auch nicht allzu lange, um zu erkennen, dass er es speziell auf mich abgesehen hat. Er sieht in mir einen Faulpelz, und es ist nicht möglich, ihn umzustimmen. Da nutzt es auch nichts, dass ich dreimal so viel an mir arbeite.

Anfangs ist es schwierig, das Puzzle zu erkennen, dass Bianchi zusammenbaut, denn ich spiele dennoch einige Partien, und dabei gelingen mir auch einige gute Aktionen. Wie das Tor mittels Heber von außerhalb des Strafraums ins leere Milan-Tor – Sebastiano Rossi hatte beim Herauslaufen gepatzt – oder der Treffer quasi beim Schlusspfiff, der das 3:3 gegen Fiorentina fixierte. Ein Spiel, das das Potenzial für 20 Tore hatte, mit eindeutig mehr Chancen aufseiten des Gegners. Jedes Mal, wenn ein Journalist den Trainer um eine

Meinung zu meiner Person bittet, reagiert Bianchi sauer: Er meint, dass die Menge mit der stetigen Forderung nach Totti übertreibe und dass es unabhängig vom öffentlichen Druck nicht einfach wäre, mich zu steuern. Und dass ich schließlich ein sehr junger Spieler sei, für den vieles noch Neuland sei. Im Wesentlichen macht er damit klar, dass ich für ihn ein „normaler" Fußballer bin und die Erwartungen an mich unangemessen wären.

An meiner Stelle forciert er Jari Litmanen, den finnischen Offensivspieler von Ajax Amsterdam. Ohne Zweifel ein sehr guter Spieler, aber auch einer meiner Doppelgänger. Er macht jene Dinge, die ich mache, vielleicht eine Spur besser aufgrund der größeren Erfahrung. Klar ist daher: Sollte er verpflichtet werden – und er war als erste Verstärkung für die neue Saison ein Thema –, würde ich den Klub verlassen müssen. In der Tat will Bianchi, der mit Sensi nach wie vor einen sehr engen Austausch pflegt – was selbst die anderen Verantwortlichen im Klub irritiert –, mich zu Sampdoria verleihen, damit ich mehr Spielpraxis sammeln könnte. Es ist eine Vorstellung, die in Genua gut ankommt: Vicenzo Montella beginnt mich ständig anzurufen und vom ligurischen Leben zu schwärmen, und Roberto Mancini macht mir klar, dass er sehr glücklich über mich wäre.

Niemand spricht bei Roma offen mit mir darüber, aber mir wird klar, dass Verhandlungen ins Auge gefasst werden. Ich fühle mich persönlich angegriffen und ringe mich zu einer unwiderruflichen Entscheidung durch: kein Leihgeschäft, keine Ablöse. Sollte ich tatsächlich gezwungen werden, Roma zu verlassen, würde ich nicht mehr zurückkommen. Es ist eine Frage des Prinzips, denn ich akzeptiere nicht, binnen weniger Monate vom Herzstück jeglichen Zukunftsprojekts zum gescheiterten Kicker, der seinen Platz räumen soll, degradiert zu werden, um für einen neuen Star Platz zu machen. Ich verspreche mir selbst, dass – wenn Roma mich loswerden will – aus mir ein „normaler" Champion wird. Der einige Jahre bei Sampdoria spielen wird, um definitiv zu reifen, und dann zu einem großen Team im Norden wechseln wird: Milan, Inter oder Juventus. Wenn

Roma mich loswerden will. Das offenbare ich einzig Vito, mit dem sich der Kontakt intensiviert hat, und überwinde dabei den Kloß im Hals, den allein der Gedanke daran in mir verursacht. Mazzone, der bei gewissen Themen nach wie vor über lange Antennen verfügt, fleht mich am Telefon an, bloß keine Dummheiten zu machen: „Francesco, du bist geboren, um mit Roma zu triumphieren", lässt er mich wissen.
Ich würde gerne dasselbe denken, aber mir scheint, dass dem nicht so ist.

Die Fügung des Schicksals ebnet hingegen den Weg in die von Mazzone angestrebte Richtung. Am 9. Februar, inmitten einer Länderspielpause, hätte ich mit Italiens U21 unterwegs sein sollen. Ich habe mit Cesare Maldini eben den EM-Titel geholt und bin altersmäßig berechtigt, eine weitere Saison für die U21 zu spielen. Doch der neue Teamchef, Rossano Giampaglia, beruft mich, aus welchen Gründen auch immer, nicht ein. Daher bleibe ich in Rom, wo der Klub im Olympiastadion ein Dreier-Turnier mit Spielen zu je 45 Minuten organisiert hat, damit die in Trigoria zurückgebliebenen Spieler ebenfalls im Rhythmus bleiben. Eingeladen wurde zum einen Borussia Mönchengladbach, das – als Teil der Rückerstattung des Transfers von Martin Dahlin (der bei uns nicht wirklich einschlug) – an den Einnahmen beteiligt ist. Und dann nimmt auf ausdrücklichen Wunsch von Carlos Bianchi auch Ajax Amsterdam an diesem Miniturnier teil, mit Jari Litmanen an Bord. Ich gehe mit der festen Absicht ins Turnier, Rache zu nehmen. Mein Kopf hat sich bereits an die Vorstellung gewöhnt, die Mannschaft zu verlassen, für die ich seit Kindesbeinen an leide. Aber ehe ich gehe, will ich noch ein Zeichen setzen, mit Wehmut über das, was noch folgen hätte können oder sollen, aber nicht passieren wird, wegen eines Argentiniers, der – einzigartig auf der Welt – in mir einen gewöhnlichen Spieler sieht.

Die nervöse Stimmung ist spürbar, denn die Stadt ist inzwischen gespalten: Da gibt es jene, die mich als unklug und unreif – der berühmte *pupone*, sprich der ewige, unreife kleine Junge – abstempeln, aber auch jene, die in mir das Opfer eines Trainers sehen, der mit der AS Roma null am Hut hat. Eine Spaltung, die Fans wie Medien gleichermaßen umfasst und die Diskussionen, Streitgespräche sowie verbale Angriffe in Radio und TV auslöst. Wobei ich nie einen Journalisten angerufen und ihn darum gebeten habe, mich zu unterstützen. Nie. Und daher nehme ich mit doppelter Freude zur Kenntnis, dass in diesen schwierigen Tagen der Anteil jener, die mich um jeden Preis bei Roma halten wollen, ständig zunimmt. Den Leuten wird immer mehr bewusst, dass es ein Abschied für immer wäre, und sie fragen sich daher, ob Roma nicht gerade dabei ist, das siegreiche Ticket aus der Lotterie in den Müll zu werfen. Ich fühle mich geschmeichelt. Und bin fest entschlossen, an mich zu erinnern, dank des Turniers.

Das erste Spiel zwischen Ajax und Borussia wird just durch Litmanen entschieden. Bianchi freut sich hämisch, und jedem wird klar, dass dieses Turnier für seine Strategie, die er auf dem Spielermarkt verfolgt, von fundamentaler Bedeutung ist. Dann sind wir an der Reihe, zunächst gegen die Deutschen: Wir spielen im System 4-3-3, mit Delvecchio als zentraler Spitze sowie Moriero und mir an den Flügeln. Nach dem 1:0 durch Tommasi trifft Delvecchio nach präziser Vorarbeit von Moriero zum 2:0. Dann trete ich in den Mittelpunkt: Ich lasse im Dribbling drei Gegenspieler aussteigen und überwinde den herauslaufenden Torhüter mit einem Heber, der das ganze Stadion aufspringen lässt. Na ja, okay, in Wirklichkeit sind an dem kalten Abend 20.000 Fans gekommen, alle warm angezogen. Wie auch immer, das geniale Tor steht außer Zweifel und wird auch als solches gefeiert. Ich kann mir gut vorstellen, dass dies auch auf der Ehrentribüne die eine oder andere Gemütsregung ausgelöst hat.

Somit kommt es zum Finale Roma gegen Ajax und, was mich betrifft, zum Duell mit Litmanen, der möglicherweise gar nicht weiß, was hinter den Kulissen alles abgeht. Mir gelingt ein weiteres großartiges Tor: ein Vollspannschuss von der Strafraumgrenze, der im Kreuzeck einschlägt und Van der Sar ganz schön alt aussehen lässt.

Es sollte nicht das letzte Mal sein, dass dies dem starken holländischen Torhüter passiert. Auf den Tribünen ertönen nun die Sprechchöre: „*Totti non si tocca!,* Totti rührt man nicht an!“ Bianchi scheint zur Salzsäule erstarrt, oder vielleicht ist es auch nur mein boshafter Eindruck. Ich gestehe, ich war aufgewühlt von Emotionen, die raus aus dem Körper mussten. An jenem Abend gelang mir dies auf die bestmögliche Weise. Candela erzielt sein erstes Tor für die *Giallorossi*, der Startschuss zu einer für ihn genialen Zeit in Rom. Wir gewinnen 2:0, ich bin mit großem Abstand Hauptdarsteller des Abends. Zu später Stunde sehe ich im Fernsehen Präsident Sensi, wie er, belagert von Journalisten, beim Ausgang des Stadions, betont: „Totti ist viel besser als Litmanen, und ich sage es nicht bloß, um das Geld für den Finnen zu sparen. Ich schließe aus, dass Francesco Roma verlässt, er ist unsere Zukunft.“

Sliding doors ist ein genialer Film mit Gwyneth Paltrow, in dem ein zufälliges Ereignis wie das Erwischen oder Verpassen der U-Bahn das Leben der Hauptdarstellerin im tiefsten Inneren verändert. Er kommt 1998 ins Kino, ein Jahr nach dem Turnier *Città di Roma*, der Titel wird schnell zum Synonym für das Schicksal. Wenn der arme Giampaglia – er starb wenige Jahre später – mich damals wie erwartet für die U21 nominiert hätte, hätte ich nicht am Dreier-Turnier teilnehmen können. Folglich hätte ich nicht diese Treffer erzielt und Bianchi am Ende Sensi davon überzeugt, mich zu Sampdoria zu verleihen. Von wo, das bekräftige ich hiermit nochmals, ich nicht mehr nach Rom zurückgekehrt wäre. Mein Leben hätte sich in eine komplett andere Richtung entwickelt. Wenn ich daran denke, läuft es mir heute noch kalt über den Rücken.

An jenem Abend erhöhen die mit der Mannschaft am engsten verbundenen Verantwortlichen – von Pruzzo über Conti bis hin zu Perinetti – den Druck auf Sensi, damit er mich ins Zentrum des Zukunftsprojekts rückt. In der Zwischenzeit sind auch die guten Resultate immer mehr ausgeblieben, auch weil die Mannschaft konditionelle Probleme bekommt. Parallel schwindet die Zuneigung des Präsidenten für Bianchi. Ich denke aber nicht, dass der Trainer, wie mancherorts behauptet wurde, an einem gewissen Punkt das Ultimatum „Entweder ich oder Totti" gestellt hatte. Das würde für mich keinen Sinn ergeben. Jedenfalls wird Bianchi zwei Monate später gefeuert, eine Niederlage in Cagliari wird ihm zum Verhängnis. Sein Abschied fällt kurz und bündig aus, er wünscht mir „Hals- und Beinbruch", sein Blick verrät mir, welch trauriger Mann er geworden ist. Er sollte später in Südamerika mit Boca Juniors weitere Titel gewinnen und in einem Interview viele Jahre später sagen, dass ich einer der besten Spieler war, die er jemals trainiert hatte, auf einer Stufe mit dem großen Riquelme. Aber all dies sind Gedanken, die ihm erst im Nachhinein in den Sinn gekommen sein können, nachdem er meine steile Karriere verfolgt hat: Während unserer gemeinsamen Zeit bei AS Roma war seine Wertschätzung mir gegenüber sehr limitiert.

Als Bianchi geht, liegen wir auf dem siebenten Platz. Sensi will sich bei der Suche nach dem Nachfolger Zeit lassen und bittet den nun schon in die Jahre gekommenen Nils Liedholm, die Arbeit von Ezio Sella – der von seinem Amt bei der *Primavera* befördert worden war – zu überwachen, damit wir uns einigermaßen durch die Saison retten können. Was die Resultate betrifft, ist es eine sehr schwierige Zeit. Die halbe Mannschaft hat sich aufgegeben, und wir haben die Saison fast noch in der Abstiegszone beendet. Auf menschlicher Ebene bin ich aber froh, einer Persönlichkeit wie Liedholm begegnet zu sein – auch wenn es nur zwei Monate waren. Liedholm gilt als Macher des zweiten Meistertitels und zu Recht als Mythos in Rom. Er ist 75 Jahre alt, und auch wenn seine letzte Tätigkeit nicht sonderlich erfolgreich ausfällt, behalte ich ihn als sehr sanften Menschen in Erinnerung, der in meine Technik verliebt ist.

„Zeig es mir, zeig es mir", forderte er mich stets auf, spielte mir weiche Bälle zu, die ich stoppte, in der Luft aufs Tor feuerte und dabei stets die Kontrolle über alles hatte – was oft ein Lächeln in sein Gesicht zauberte. Ihm gefiel, dass ich, wie er sagte, ein eleganter Fußballer war. Mir gefiel an ihm, dass er die Eleganz in Person war.

4

STELLA

STERN

Der Traum von Präsident Sensi heißt Giovanni Trapattoni, der eben mit Bayern München die deutsche Bundesliga gewonnen hat und noch ein weiteres Jahr vertraglich an den Klub gebunden ist. Während des Frühlings gibt es, so erzählten sie mir im Klub, mehrere Kontaktaufnahmen: Trapattoni würde gerne, aber die Deutschen sind nun mal Deutsche, lassen einen Trainer, der unter Vertrag stehen, nicht ziehen. So kommt es, dass Sportdirektor Giorgio Perinetti nach dem x-ten Versuch, der ins Leere ging, seine Karte ausspielt und Zdeněk Zeman vorschlägt. Die erste Reaktion des Präsidenten? Ein Aufschrei des Entsetzens. Der Tscheche war erst im Jänner von Lazio gefeuert worden, wie könnte man da daran denken, ihn nun zu Roma zu holen? Perinetti zieht den Vorschlag zurück, doch es handelt sich dabei um einen taktischen Schachzug: Sobald er kann, wird er Zeman nochmals vorschlagen, zumal er einen unerwarteten Verbündeten an seiner Seite hat. Laut seinen Erzählungen sind die Würfel in einer regnerischen Nacht gefallen, auf dem Heimweg nach einer Preisverleihung in Castelli. Der Sportdirektor sitzt mit Franco und Maria Sensi im Auto, und während er versucht, das Auto bei strömendem Regen in der Spur zu halten, bringt er nochmals das Thema aufs Tapet: „*Presidente,* mit dem Rauswurf von Bianchi haben wir eine klare Entscheidung getroffen. Das, was es nun speziell braucht, ist ein Trainer, der Totti zur Geltung bringt. Die Zukunft von Roma führt über ihn, und Zeman weiß mit Stürmern umzugehen, das hat er in Foggia und bei Lazio gezeigt."

Sensi wiederholt zum hundertsten Mal, dass er keinen Trainer verpflichten will, der von Lazio rausgeworfen wurde – zumal dies auch die Fans nicht verstehen würden. Doch das Samenkorn ist gesät. Denn kurz vor der Ankunft in der Villa Pacelli – dem Anwesen,

in dem die Sensis wohnen – verkündet Maria, die den beiden auf der gesamten Fahrt still zugehört hat, jenen Satz, der dem Ganzen die Wende gibt: „Franco, du weißt aber schon, dass Giorgio meiner Meinung nach richtig liegt."
Maria ist das Bewusstsein des Präsidenten, seine einflussreichste Beraterin und die Frau der Intuitionen. Ihr Ehemann trägt dem Rechnung, und mit ihrer Unterstützung öffnen sich die Türen für Zeman. Auch weil die Reaktion der Fans alles andere als negativ ausfällt. Die Vorstellung, dass der Tscheche dieses extrem offensive und spektakuläre Spiel, das er bereits anderswo – Lazio inbegriffen natürlich – entwickelt hat, auch nach Trigoria bringt, reizt die Fantasie unserer Leute. Dies war nun ein anderer Fußball, bei dem der Qualität der Spielzüge mehr Rechnung getragen wurde, und nach jahrelangen glücklosen Versuchen auf der Jagd nach Resultaten konnte man dem Gedanken, es nun über dieses attraktive Spiel zu versuchen, durchaus etwas abgewinnen. Zudem steht Zeman für Seriosität und eine strenge Moral, folglich wird er von allen respektiert: Da schert es niemanden, dass er eben erst noch Lazio betreut hat.

Laut Vito Scala, der sofort Teil seines Trainerteams wird, ist Zeman der Trainer, der mir die athletische Basis mit auf den Weg gab, von der ich meine ganze Karriere lang profitieren sollte. Eine Arbeit auf höchster Qualitätsstufe, wenn man bedenkt, dass ich erst mit 40 meine Karriere beendet habe. Zeman eilt der Ruf voraus, dass er als Trainer besser für die Marines als für ein Fußballteam geeignet wäre, und so beobachtet er am Tag der ersten Zusammenkunft unsere besorgten Gesichter mit einem ironischen Blick. Ich zum Beispiel hatte im Scherz gesagt, dass ich mich krankstellen würde, um das Trainingslager in Kapfenberg in der Steiermark lebendig zu verlassen. Na ja, ich hätte es tatsächlich tun sollen: Am ersten Tag lässt er mich 3000 Meter laufen, nach einer Pause von einigen Minuten 3500 Meter und nach einer weiteren Pause nochmals 3000 Meter. Ich krieche dann nur noch aufs Zimmer. Tags darauf bestimmt er eine Gruppe mit Delvecchio, Cafu, Di Francesco und mir und schreitet zu den Wiederholungen: zehnmal 1000 Meter, unterbrochen durch nur kurze Stopps. Zeman war auch ausgewählt worden im Hinblick auf die Rolle des Bulldozers, der ein System von Privilegien aufbricht und wieder eine gute Arbeitsmoral einführt – der Vergleich Zemans mit einem Bulldozer ergibt durchaus einen Sinn.

Vom ersten Tag an verleiht mir Zeman einen Spitznamen, der ewig an mir hängen bleiben sollte, auch als er 15 Jahre später wieder nach Trigoria zurückkehrte. Er nennt mit *Stella*, Stern, um, so vermutete ich, damit anzudeuten, dass ich der Stärkste im Team sei. An einem Hauch Ironie mangelt es dabei nicht, aber der Ton, mit dem er es sagt, räumt jeglichen Zweifel aus, dass auch Sarkasmus mit im Spiel ist. Zeman hält mich für den besten italienischen Spieler oder sieht in mir zumindest das Potenzial dafür, und er benimmt sich auch entsprechend: Er behandelt mich mit derselben Strenge wie die anderen, um klarzumachen, dass es in der neuen Roma keine Günstlingswirtschaft gibt – aber er macht es wenigstens mit einem vergnügten Lächeln auf den Lippen. Nehmen wir die Gewichtskontrollen her, die er jeden Tag durchführt und die – vor allem in der ersten Phase – zu einer Flut an Strafen führen. Da er überzeugt davon ist, dass sie jemand in der Nacht manipulieren könnte, verwendet er nicht die Waage der medizinischen Abteilung, sondern bringt seine eigene Waage von zu Hause mit. Sobald er bei jemandem nur ein Dekagramm mehr als das Erlaubte feststellt, will er von ihm sofort wissen, was er am Abend zuvor gegessen hat: „Wie viele Löffel Öl? Zucker im Kaffee?“
Zudem kennt er jeden Trick, der angewendet wird, um das eine oder andere Kilo von der Waage verschwinden zu lassen: „Stütze dich nicht mit der Hand ab, *Stella*. Sondern hebe sie beide an.“ Einen Ernährungsberater gibt es in seinem Team nicht – das erledigt ohnehin er. Ich bin bei Tisch immer sehr gewissenhaft, doch unter Zeman habe auch ich meine Mühe.

Wenn das die Kehrseite der Medaille ist, dann leuchtet die Sonnenseite umso heller. Nach mehreren Jahren, in denen selbst während einer Partie meine Positionen und Aufgaben wechselten, betraut mich

Zeman mit einer präzisen Rolle: links außen in seinem klassischen 4-3-3-System, mit der klaren Erlaubnis, ins Zentrum ziehen zu dürfen, um die Stärken meines rechten Fußes einzubringen – sowohl im Abspiel als auch im Torabschluss. Reden wir Klartext: In meinen Lehrjahren in der Serie A bin ich in taktischer Hinsicht gereift und konnte mein spielerisches Potenzial erweitern, habe aber wenige Tore erzielt. Zeman impft mir den Torschuss als erste Option ein, denn er ist überzeugt, dass ich künftig pro Saison auf 20 Tore kommen könnte, obwohl ich kein reiner Stürmer war. Seine Mannschaften haben immer oft getroffen, und nach den ersten Monaten fällt es nicht schwer, zu verstehen, warum: Die täglichen taktischen Offensiveinheiten nehmen während der Wochen im Trainingslager enorm viel Zeit in Anspruch und werden auch nach der Rückkehr nach Trigoria nur unbedeutend weniger. Das wirkt sich auf die Liebhaber der athletischen Vorbereitung aus: In den spielfreien Wochen nutzt Zeman dafür die doppelten Einheiten am Mittwoch und Freitag, jenes System, das lange Zeit im Osten in Mode war.

Mit meinen spielerischen Talenten und Eigenschaften erinnere ich an Signori bei Foggia – oder, um ein zeitgemäßeres Beispiel zu verwenden, an Insigne unter Coach Sarri bei Napoli. Und die Dinge funktionieren, zumindest bis zur Derby-Klatsche, der ersten Wende in der Saison: Obwohl wir nach dem frühen Ausschluss von Favalli fast das ganze Spiel einen Mann mehr haben, verlieren wir mit 1:3. Die Matches haben nicht alle den gleichen Stellenwert, auch wenn sich Zeman bemüht, dies immer wieder zu betonen, um Druck aus gewissen Partien zu nehmen. Die Art und Weise der Niederlage stellt den Zeiger wieder auf null, alles bis dahin positiv Geleistete gerät in Vergessenheit. Zum Glück melden wir uns gleich mit einem Sieg in Bari zurück, wobei ich zwei schöne Tore erziele: einen Freistoß, der unten im Eck einschlägt, und einen Volleyschuss von hoher Qualität. Roma ist Vierter, es schaut vielversprechend aus.

Die Wirklichkeit schaut aber so aus, dass auf der einen Seite die Zusammenstellung jener Mannschaft, die vier Jahre später den Meistertitel holen sollte, voranschreitet: Die letzte Transferperiode unter Mazzone brachte uns Delvecchio, unter Bianchi stießen Tommasi und Candela, im Sommer Cafu und Di Francesco zu uns. Andererseits ist das Niveau zahlreicher Verstärkungen (Namen erübrigen sich) zu schwach, um das Fehlen der Stammspieler kompensieren zu können. Wir klettern wieder bis auf den dritten Platz hoch, als schon die nächste Ohrfeige lauert: Wir verlieren gegen Inter 0:3, wobei ich im Finish sogar ausgeschlossen werde.

Es gibt Jahre, in denen wir in Mailand stets verlieren, wir schon das Kreuzzeichen machen, wenn wir in Fiumicino den Flieger nehmen. Wir verlieren, weil wir uns in diesem wunderbaren Stadion irgendwie fehl am Platz fühlen: Die anfängliche Phase meiner Karriere geht mit einer historischen Periode einher, in der sowohl Milan als auch Inter sehr stark sind – sie zählen oft auf die besten Spieler auf der Welt –, während es Roma nicht einmal gelingt, einen Platz auf dem Podium anzustreben. Dies vorausgeschickt, weckt der Einmarsch ins Stadion San Siro Emotionen, die nur von jenen in meinem Zuhause, dem Olympiastadion, übertroffen werden. Denn das Bild von der Scala des Fußballs ist nicht nur ein schönes, sondern auch die Realität. Ich begreife es, als ich beginne, die Ehrfurcht abzuschütteln und ohne Angst aufzuspielen – ein Gefühl, das dich in dem vollen Stadion, eingeschlossen von Massen an Menschen, unweigerlich erfasst. Und abgesehen von den Niederlagen, die sich ab einem gewissen Punkt ebenfalls in Siege zu verwandeln beginnen, erkenne ich, wo ich mich befinde, und vor allem, wer mir zuschaut, anhand des Gemurmels, das auf eine technisch gelungene Aktion folgt. Das Publikum in San Siro weiß, was Qualität ist, und wenn du ihm Qualität bietest, erkennt es dies wie kein anderes an. Es kann dich auspfeifen oder beleidigen, vor allem wenn du ihm Angst machst, begehrt aber die Schönheit, unabhängig davon, welches Trikot du trägst. Es kann sein, dass das auch woanders passiert, aber ich erinnere mich nicht daran. Was San Siro betrifft, erinnere ich mich hingegen sehr gut an den Applaus für einen komplizierten Spielzug oder nach einer starken Leistung auch bei der Auswechslung. Aus all

diesen Gründen tut es weh, dort zu verlieren, und nach dieser Tracht Prügel gegen Inter brauchen wir zwei Monate, um wieder in die Spur zu finden: Zwei Monate, in denen wir vom dritten auf den achten Platz in der Tabelle zurückfallen und sich die Quote erhaltener Tore merklich verschlechtert – jener Wert, den angesichts der früheren Stationen Zemans alle im Auge haben. Es kommt vor, dass manch einer von uns Zeman höflich und respektvoll fragt, ob es nicht an der Zeit wäre, eine der vielen taktischen Offensiveinheiten durch ein Training der Defensivlinien zu ersetzen. Er, ein sehr intelligenter Mensch, versteht unsere Zweifel, bleibt aber unnachgiebig: „Denkt einfach daran, ein Tor mehr zu erzielen. Das ist jene Sache, die euch leichtfällt."
Er sagt dies betont langsam, einen Zug von der Zigarette nehmend, im Bewusstsein, damit einschüchternd zu wirken. „Willst auch du mit mir darüber sprechen, *Stella*?" fügt er hinzu, und offen gesagt fällt es schwer, am Thema dranzubleiben.

Mehr als die kassierten Tore ruinieren uns aber die vier Derbyniederlagen der Saison – zwei in der Meisterschaft, zwei im italienischen Cup. Ein Absturz, der zu verständlichen Spannungen mit den Fans führt. Jedes K. o. hat seinen Grund, aber generell ist eine psychologische Unterlegenheit festzustellen. Doch wir bekommen wieder Luft, drei Spieltage vor Saisonende, als wir das bereits in Auflösung befindliche Milan mit 5:0 aus dem Olympiastadion schießen. Auf der Trainerbank der Gäste – zunächst wütend, am Ende einsam – Fabio Capello. Wir grüßen uns, ohne zu ahnen, was die Zukunft schon sehr bald für uns bereithalten würde. In der ersten Saison unter Zeman wird Roma letztlich Vierter, stellt mit Juventus gemeinsam den besten Angriff der Liga, darüber hinaus die siebentbeste Verteidigung. Der Fakt, dass Lazio hinter uns landet, macht es nicht leichter. Im Gegenteil. Die *Biancocelesti* gewinnen den italienischen Cup, für sie der Beginn einer erfolgreichen Periode.

Für mich persönlich geht das Jahr mit der bislang besten Platzierung (unter Mazzone waren wir Fünfter) und einem Rekord an Toren zu

Ende: 13 an der Zahl, ohne dabei einen Elfmeter geschossen zu haben. Das war nicht schlecht, sodass mein Name während des Sommers wiederholt in den Zeitungen auftaucht. Weniger auf den Transferseiten – meine Haltung ist klar, zumindest in dieser Phase der Karriere –, sondern auf jenen Seiten, auf denen das Nationalteam Thema ist. Bei der WM war Italien im Elfmeterschießen an Frankreich gescheitert, Dino Zoff löste Cesare Maldini als Teamchef ab. Mein Gesicht wird zum am meisten geforderten in Blickrichtung auf die neue Generation, die im Anmarsch ist. Diese Popularität kommt nicht von ungefähr – in Rom war ein gemütlicher Spaziergang im Zentrum für mich schon länger nicht mehr denkbar –, erreicht aber auf nationaler Ebene neue Ausmaße. Ein Beleg dafür ist, dass ich in die Sendung *Scherzi a parte* reingezogen werde, wobei meine Teamkollegen Gigi Di Biagio und Fabio Petruzzi als Komplizen fungieren. Sie bestehen darauf, mit mir ein Restaurant in Torvaianica aufzusuchen, in dem wir an jenem Tag die einzigen Gäste sind. Dort stoßen wir auf eine Kellnerin, die sich nach ein paar Minuten vor mir auszuziehen beginnt und ein sehr eindeutiges Verhalten an den Tag legt. Alles kommt mir suspekt vor, denn als ich den Chef nach dem WC frage, antwortet er, dass es geschlossen sei. Später entdecke ich, dass die versteckten Kameras vor der Toilette montiert worden waren. Als sich Gigi und Fabio unter dem Vorwand, sie würden mit einem Taxi nach Hause fahren, aus dem Staub machen, wird aus dem Verdacht praktisch Gewissheit. Nichtsdestotrotz beginne ich mit dem Mädchen zur Sache zu kommen. Als der Scherz dann aufgedeckt wird – ohne große Überraschung, zu jenem Zeitpunkt –, habe ich kein Problem damit, das Ganze für die Ausstrahlung freizugeben. Alles in allem sind es unbeschwerte Jahre voller Spaß und *bella vita.*

Im Sommer 1998 kommt ein weiterer der künftigen Protagonisten des Meistertitels in Rom an: Antônio Carlos Zago. Er ist ein untypischer Brasilianer, denn er unterschreibt hier mit 29 Jahren, nachdem er bereits einige Jahre in Japan verbracht hatte. Er ist kein junger Mann mehr und verbringt den meisten Teil seiner Zeit vertraulich mit dem Clan seiner Landsleute, angeführt von Aldair. Er allein entscheidet, wann er sich mit dir anfreundet, aber auf dem Platz ist er ein Verteidiger von höchster Qualität und daher sehr wertvoll. Zeman verordnet uns auch in der zweiten Sommervorbereitung einen hohen Arbeitsaufwand, und das Schlimme für mich ist, dass dieser Teufel von Vito seine böhmische Schule aufsaugt und meine Laufstrecken verlängert – im Wissen, dass ich dazu tendiere, sie abzukürzen. So ändern sich die Zeiten ...

Der Oktober 1998 ist einer der wichtigsten Monate meiner Karriere. Ich wurde eben 22 Jahre alt, Zoff lässt mich im Nationalteam gegen die Schweiz debütieren: Ich werde später, in den dem Nationalteam gewidmeten Kapiteln, ausführlich darüber erzählen. Im nächsten Spiel ist Aldair gesperrt, und ich trage zum ersten Mal die Kapitänsschleife – das Gefühl ist überwältigend. Doch die Partie gegen Fiorentina verläuft schlecht, denn Batistuta – wer, wenn nicht er? – bringt die Gäste in Führung, und nach einer Stunde spielen wir nach den Ausschlüssen von Di Biagio, Candela und Falcone zu neunt gegen zehn. Aber das Schicksal will, dass mein erster Einsatz als Kapitän nicht durch eine Niederlage geschändet wird. Zum Hauptdarsteller wird Gustavo Bartelt, ein in jener Saison verpflichteter Argentinier, der nur kurze Zeit bei uns bleibt. Als er erstmals zu uns stieß, mussten wir lachen, denn mit der Art, wie er sich herausputzte, sich bewegte und sich ausdrückte, schien er der jüngere Bruder von Caniggia zu sein. Der Punkt ist, dass er an jenem Tag, nachdem ihn Zeman eine Viertelstunde vor Schluss als Akt der Verzweiflung eingewechselt hatte, die beste Leistung während seiner Roma-Zeit und, wenn man seinen weiteren Lebenslauf studiert, möglicherweise seiner gesamten Karriere abliefert. Mit seiner unermüdlichen Art bringt er auf der rechten Seite die Abwehr Fiorentinas zum Einsturz und fabriziert zwischen der 89. und der 94. Minute zwei Pässe in Richtung Zentrum – der zweite ist in Wahrheit ein vom Tormann abgewehrter Schuss –, die erst Alenitschew und dann ich in Tore verwandeln und somit eine unglaubliche Wende herbeiführen. Die anschließende erste Ansprache in der Kabine als Kapitän ist geprägt von purer Freude.

Nach einer weiteren ertraglosen Reise nach San Siro – wir verlieren 2:3 gegen Milan – spielen wir am Mittwoch darauf in Bergamo das Achtelfinal-Hinspiel im italienischen Cup gegen Atalanta. Es endet 1:1, nach dem Spiel bittet Aldair in der Kabine um ein paar Momente der Stille. Ich sitze, gerade aus der Dusche retour, in einer Ecke und ahne nicht im Entferntesten, was er nun zu sagen gedenkt.
„Heute Abend habe ich zum letzten Mal die Kapitänsschleife der Roma getragen. Von der nächsten Partie an übertrage ich diese Aufgabe, diese Ehre und diese Verantwortung an Francesco. Er ist ein römischer Junge, und wie wir alle nur zu gut wissen, wird er ein großer Champion. Seine Liebe zum Klub und zur Stadt ist Garant dafür, dass er uns für viele Jahre repräsentieren wird. Ich möchte, dass ihr ihm alles Gute wünscht und alle an seiner Seite seid. Danke."

Eine persönliche Initiative von Aldair, die mich mit offenem Mund zurücklässt. Während mich die Teamkollegen umarmen und mir die Hände schütteln, halte ich, noch immer verwirrt, Ausschau nach Aldair, kann ihn aber, da er die Kabine bereits verlassen hat, nirgendwo finden. Jahre später sagte er in einem Interview, dass er diese Entscheidung auch deshalb gefällt hatte, weil zwischen ihm und dem Klub bezüglich der Vertragsverlängerung frostige Stimmung geherrscht und er befürchtet hatte, dass die ganze Angelegenheit sein Nervenkostüm zu sehr strapazieren würde. In jedem Fall ist der Schritt Aldairs einer, der mich aus dem Konzept bringt, da ich mich noch immer in einer Phase befinde, in der die Teamkollegen mich nach einem Tritt verteidigen. Um mich vor mir selbst zu schützen, meine ich. Ich war nie in Zwängen gefangen, neigte aber instinktiv dazu, dem unfairen Verteidiger nach der Attacke einen Schlag zu versetzen. Als Kapitän gilt es, sich derartige Blödheiten aus dem Kopf zu schlagen.

Mein zweites „erstes Mal", das definitive, ist mit 31. Oktober 1998 datiert. Ich bin emotional bewegt, als ich Calori, Kapitän von Udinese, und Schiedsrichter Messina die Hand reiche. Ich halte für mich fest, dass ich mich in meinem Verhalten gegenüber Schiedsrichtern mäßigen muss, und es bedarf jetzt nicht eurer Erinnerung, um einzugestehen, dass mir das nicht immer gelungen ist. Das weiß ich nur zu gut. An jenem Tag allerdings geht alles leicht von der Hand: Roma gewinnt 4:0, ihr neuer Kapitän erzielt zwei Treffer, den ersten davon auf sehenswerte Weise. Delvecchio verlängert den langen Abschlag von Torhüter Chimenti per Kopf, ich hämmere den Ball von halblinks innerhalb des Strafraums volley und unhaltbar für Turci ins Netz. Ein spezielles Tor zu einem besonderen Anlass.

Zwei Wochen später – Mitte November – erreichen wir den Höhepunkt unserer Saison. Mit dem 2:0 über Juventus, die eben Del Piero für den Rest der Saison verloren haben, rücken wir Spitzenreiter Fiorentina bis auf einen Punkt nahe. Das Führungstor geht aufs Konto unseres Spaßvogels Paulo Sérgio, aber der Auslöser ist einer der Spielzüge, die ich auf der Straße gelernt habe. Eine Sache, die in der Serie A was von Genialität hat, die aber jeder, der in einem Hof zu passen und zu schießen gelernt hat, sehr gut kennt. Eine schlaue, völlig reguläre Aktion. Ich werde zirka 30 Meter vor dem Tor gefoult, erhebe mich und sehe, dass keiner der Gegenspieler daran denkt, den Ball zu sperren. Während sie die Mauer formieren, werfe ich einen Blick auf Sérgio, der sofort checkt, was ich plane. Den Ball hoch in den Strafraum zu flanken, wo Sérgio ihn im Sprint in der Luft direkt übernimmt und den herausstürzenden Peruzzi zum 1:0 bezwingt. Ein Tor mit Raffinesse.

Es vergehen weitere zwei Wochen, als wir in einer dramatischen Partie, in der wir mit einem Mann weniger gegen Lazio bereits 1:3 zurückliegen, zur Aufholjagd blasen. Endstand 3:3, der Ausgleich trägt meine Handschrift, mein erstes Tor im Stadtderby. Binnen weniger Tage haben wir somit zwei Tabus gebrochen, Juventus und das Derby. Warum dann Stillstand eintritt? Das liegt ein bisschen an der alten Leier von San Siro – 1:4 gegen Inter, betrübte Heimreise. Und auch an den kassierten Toren: In Cagliari verlieren wir zum Beispiel

3:4, obwohl wir dreimal treffen, reicht es nicht zum Sieg – weil wir selbst vier Stück ausfassen. Nach nur einem Punkt Rückstand auf Platz eins sind es zur Hälfte der Meisterschaft bereits acht, als Team mit dem besten Angriff, aber nur der zehntbesten Abwehr. In die Rückrunde starten wir mit zwei Auswärtsniederlagen – Salerno und Venedig – und einem Heimremis gegen Empoli. Anfang Februar liegt Roma als Siebenter 14 Punkte hinter Platz eins, spielt praktisch eine andere Meisterschaft fernab jeglicher Titelchance; in der Coppa Italia waren wir bereits ausgeschieden, die letzte Hoffnung bleibt das Viertelfinale im UEFA-Cup: Dort sollte uns aber gegen Atlético Madrid ebenfalls das Aus ereilen.

Präsident Sensi hat es mir gegenüber nie offenbart, aber ich denke, dass um diese Zeit herum der erste Kontakt zu Fabio Capello aufgebaut wurde. Er sei verfügbar. Nach der gewonnenen Meisterschaft mit Real Madrid und der unglücklichen Rückkehr zu Milan hatte er sich eine einjährige Auszeit gegönnt, im Wissen, dass die Angebote früher oder später eintrudeln würden. Zu den Gründen, warum er den Kontakt zu Roma knüpft, zählt bestimmt die Liebe zur Stadt, denn er ist ein Mann, der das Schöne liebt, und die Erinnerungen an seine drei Saisonen als Spieler in der Hauptstadt kommen oft in seinen Interviews vor. Bevor er sich bei Juventus behaupten konnte, zählte Capello Ende der 60er-Jahre zu den wichtigsten Stützen von Roma. In der Zwischenzeit erholte sich aber auch Zeman wieder: Wir schlagen im Olympiastadion mit Milan und Lazio die nach dem Einbruch Fiorentinas letzten beiden verbliebenen Titelkandidaten – Juventus ist ohne Del Piero abgeschlagen. Aber jedes Mal, wenn das Schiff wieder auf Kurs zu sein scheint, folgt ein Crash, der abermals alles zerstört. Obwohl selbst im freien Fall, gewinnt Inter bei uns mit 5:4 – ein Festival der durchbohrten Abwehrreihen. Trostlos. Wir schließen die Saison an fünfter Stelle ab, mit fünf Punkten weniger als in der Vorsaison am Konto und schier eingefrorenen Positionen in der Torstatistik: bester Angriff, aber gerade mal auf Platz zehn, was die Anzahl der Gegentore betrifft.

Für Zeman, der gehen muss, tut es mir leid. Denn von all den vielen Trainern, die mich schätzten, ist er jener, der mich wirklich lieb hatte, und das ist eindeutig schmeichelhaft. Wenn ich vergleiche, wo ich zwei Jahre zuvor stand und wo nun bin, dann ist der Qualitätssprung offensichtlich. Als Zeman kam, nannte er mich *Stella* – was ich damals noch nicht verdiente. Jetzt bin ich ganz einfach der Kapitän, *il capitano*, eine Bezeichnung, die mich bis zu meinem Karriereende und selbst darüber hinaus begleiten wird.

Ich habe nie verstanden, wo die Grenze zwischen der Traurigkeit über einen, der gehen muss, und dem Enthusiasmus für den, der danach kommt, verläuft – aber ich schwöre euch, dass es, auch wenn es heuchlerisch erscheinen mag, zwei kompatible Gefühlslagen sind. Zeman geht, und meine Dankbarkeit ihm gegenüber ist derart groß, dass es wehtut. Aber als ich im Urlaub in Torvaianica die Nachricht von der Verpflichtung Capellos vernehme – wie alle übers TV, Sensi hat mich nicht um meine Meinung gefragt –, fehlt nicht viel, dass ich auf die Straße laufe und einen Autokorso veranstalte. Wie übrigens ganz Rom. Capello ist das personifizierte Sinnbild des Erfolges. Der Klub, der ihn holt, teilt ihm offen sein Ziel mit, und wenn er einwilligt, heißt es, dass er die Mission für erfüllbar hält – andernfalls würde er zu einem anderen Verein gehen. So sehr Rom Zeman zugetan war, jetzt ist es eine Stadt, die vor Freude total ausflippt. All jenen, die mich um meine Meinung bitten, antworte ich kurz und bündig: „Niemand verpflichtet Capello, um Zweiter zu werden." Sensis Coup kommt also einer Kriegserklärung gleich.

Die erste Zusammenkunft in Trigoria ist für 5. Juli angesetzt, nach dem Abendessen. Um 10 Uhr abends ist der Platz vor dem Trainingszentrum völlig verstopft, die Polizei spricht von 5000 Menschen, ein einziger Rausch der Begeisterung, verbunden mit dem Gefühl, dass es ein historischer Moment sein könnte. Capello erwartet uns an der Bar, ich rechne mit einem Trainer, der ob der Erwartungen, die er ausgelöst hat, selbstzufrieden wirkt. Sollte es tatsächlich so sein, lässt er es sich zumindest nicht anmerken. Das Erste, was mir auffällt, ist, dass er allein mit der Art, wie er einen anschaut, Druck aufbaut. An diesem Abend stellen wir einander bloß vor, aber er lässt mich wissen, dass ich am nächsten Vormittag der Erste sein werde, mit dem er ein Einzelgespräch führen wird. Ich bin der Kapitän, und als solcher behandelt Capello mich auch. Ich schlafe wenig und schlecht, denke an unser erstes Gespräch unter vier Augen.

„Francesco, du bist der wichtigste Mann der Mannschaft. Ich beziehe mich jetzt nicht auf deine technischen Qualitäten, die ich natürlich bestens kenne, sondern auf die Kapitänsbinde: Du musst sie verantwortungsbewusst tragen, den Mitspielern mit gutem Beispiel vorangehen. Ich werde dich in alles einbinden, denn für mich repräsentiert der Kapitän die Mannschaft nicht nur in den 90 Minuten eines Spiels, sondern immer und jederzeit: Sollte es mal ein kollektives Problem geben, werde ich mit dir darüber sprechen, und du leitest es dann an die Mannschaft weiter."

Der Ton, den Capello anschlägt, ist militärisch, und in der Tat erscheint mir die eiserne Organisation, die er einführen will, als das erste Signal für eine Veränderung, verglichen mit dem, wie Roma zuvor geführt wurde. Die Maßnahmen, die er setzt, gehen in diese Richtung. Er ordnet zum Beispiel an, mobile Netze hinter dem Tor aufzustellen, damit die Zeit nicht damit verloren geht, die verschossenen Bälle einzusammeln. Ebenso lässt er die Planen rund um die Zäune verdoppeln, damit uns von außen niemand ausspähen kann. Lauter einfache Dinge, an die aber vor ihm nie jemand gedacht hatte.

Die ersten Transfers unter Capello bringen weitere künftige Meisterkicker nach Rom, von Antonioli bis Lupatelli, von Zanetti bis Montella, aber es reicht noch nicht, um erfolgreich zu sein, auch weil wir uns im Gegenzug von Spielern mit viel Qualität getrennt hatten: Di Biagio, der zu Inter gegangen ist, oder Paulo Sérgio, den es zu den Bayern verschlagen hat. Die Saison verläuft mehr oder weniger wie die davor: ein toller Start, der uns bis auf den ersten Platz der Tabelle hochspült, gefolgt von einer stabilen Phase bis zum Ende der Hinrunde (wir sind Dritter, vier Punkte hinter Juve, mit dem nach wie vor besten Angriff und der fünftbesten Abwehr), ehe uns ein Abwärtstrend und schließlich der völlige Einbruch ereilen. Ergibt am Ende den sechsten Platz, ein schlechteres Abschneiden als unter Zeman. Als ob dies nicht genügen würde, holt Lazio auch noch den Titel. Der absolute Horror!

Ich erlebe keine gute Saison. Kaum Tore, nur sieben, und davon vier mittels Elfmeter, mein erstes Tor aus dem Spiel heraus gelingt mir erst am zwölften Spieltag. Angesichts dessen, dass es bei mir nicht läuft, konzentriere ich mich darauf, Vincenzo Montella die Tore aufzulegen. Er kommt auf 18 Tore und überzeugt Capello bis zu einem gewissen Punkt. Der Trainer zeigt sich über die Qualität des Teams enttäuscht und bekräftigt, dass Roma, um ein Siegerteam zu werden, einige kostbare Verstärkungen braucht. Trotz des Ausgangs der Meisterschaft sind die Fans auf seiner Seite, womit sich der Druck auf Präsident Sensi erhöht. In der ersten Saison, in der ich gezwungen bin, zu siegen, lässt zudem mein disziplinäres Benehmen zu wünschen übrig. Wenige Minuten vor dem Ende der Partie gegen Fiorentina, die wir zu diesem Zeitpunkt bereits klar gewonnen haben, gerate ich mit Heinrich aneinander, wir werden beide ausgeschlossen. Womit ich auch die nächste Partie gegen Juventus verpasste. In Perugia fasse ich Schiedsrichter Borriello mitten in einer Diskussion mit einer Hand an die Brust – völlig vergessend, wie überempfindlich er reagieren kann. Erneut sehe ich die rote Karte, die Mannschaft muss hart schuften, um einen Punkt mitzunehmen. Das sind Verhaltensweisen, die eines Kapitäns nicht würdig sind – daran habe ich in Zukunft zu denken.

Von den vielen Legenden, die in 25 Jahren um mich herum kreisten, war jene die lächerlichste, wonach ich versucht hätte, die Verpflichtung anderer Starspieler zu verhindern, damit mir ja niemand meinen Nummer-1-Status bei Roma streitig machen könnte. In Wirklichkeit war das genaue Gegenteil der Fall: Ich habe auf meine Präsidenten immer so lange Druck ausgeübt, bis sie die großen Spieler nach Rom holten – jene, die notwendig waren, um zu siegen.

Und nicht nur das: Im Gegensatz zu heute, wo alle ihre Antennen ausfahren, um zu erfahren, was die anderen verdienen, wollte ich nie über die Gehälter meiner Mitspieler Bescheid wissen. Und wenn Batistuta bei Roma zufällig mehr verdient hat als ich, dann freut es mich für ihn. Gabriels Namen habe ich nicht bloß so ausgewählt: In der Liste von Capellos Ausgaben scheint er an erster Stelle auf, als Sensi seine Verpflichtung verkündet, freue ich mich wie ein kleines Kind. Er ist eines der letzten Mosaiksteinchen, die anderen heißen Samuel, Zebina und Emerson. Und sollte jemand noch immer an meinen Bemühungen bezüglich der Verstärkung des Teams zweifeln, dann rufe ich Buffon und Cannavaro als Zeugen auf: Angesichts dessen, wie sehr ich ihnen auf den Keks gegangen bin – die Einigung stand sogar bevor, Roma und Parma diskutierten lange darüber –, kann ich froh sein, dass sie immer noch mit mir sprechen.

5

LA LUNGA MARCIA

DER LANGE MARSCH

Die Meistersaison wird mit Fischen im Gesicht eröffnet. Buchstäblich. Die Fans, wütend über unser Aus im italienischen Cup gegen Atalanta, werfen diese an einem warmen Septembernachmittag in unsere Richtung. Durch die Teilnahme einiger Nationalspieler an den Olympischen Spielen in Sydney verschob sich der Start der Bewerbe um einen Monat – die Meisterschaft legte am 1. Oktober los –, und der endlose Sommer erzeugte manch ein Vakuum. So kommt es, dass Atalanta erst ein 1:1 im Olympiastadion holt und uns eine Woche später in Bergamo 4:2 besiegt. Damit löste sich unser erstes Saisonziel bereits früh in Luft auf. Noch immer empört über den sechsten Platz in der Vorsaison und vor allem über die Tatsache, dass es mit dem Meistertitel von Lazio zusammengefallen war, nahmen die Fans dieses Aus sehr verärgert auf. Am folgenden Nachmittag umzingelten 3000 bis 4000 Fans Trigoria, und als sie hörten, dass wir Spieler auf dem Parkplatz waren – getrennt nur durch eine Schutzmauer –, startete ein dichtes Bombardement an Fischen – ich vermute, nicht sonderlich frisch – und Eiern auf uns. Da hieß es, sich auf die Schnelle ins Innere des Trainingszentrums zurückzuziehen und abzuwarten, bis die Munition knapp wurde. Cafu, der bereits das Tor passiert hatte, kehrte hastig im Rückwärtsgang retour, mit dem von Tritten zerbeulten Auto. Draußen hatte die Polizei, alarmiert durch die große Versammlung, bereits das Tränengas rausgeholt. Eine unerträgliche Situation, die es erforderlich machte, dass wir uns ihr stellten, bevor noch jemand Schaden davontrug.

Wir gehen alle raus, wir Spieler und Capello. Antworten entschlossen auf die erste Welle an Beleidigungen: Es herrscht das totale Chaos, alle schreien, aber nach einigen Minuten voller Anspannung erobern die Chefs der Fankurve ihre Führungspositionen zurück, und mit ihnen diskutieren wir zumindest in geordneteren Bahnen. Da ist es kein Zufall, dass man, als wieder eine Form von Dialog hergestellt ist, von der unkritischen Attacke, warum wir in Bergamo verloren haben, zur Ursachenforschung übergeht – was uns fehlt, um zu gewinnen. Ich bin sehr deutlich: „Uns fehlt gar nichts. Wir haben sehr gute Einkäufe getätigt, und die Stimmung in der Kabine ist exzellent. Zerstören wir uns das nicht schon beim ersten Rückschlag mit Streitigkeiten. Wir spielen für euch, am Ende der Saison werden wir gemeinsam feiern."

Es ist ein überzeugendes Statement, denn die Wut lässt binnen weniger Minuten erheblich nach. Es endet mit nahezu fürsorglichen Empfehlungen und dem Versprechen, dass der nächste Fisch in Körben geliefert und auch superfrisch sein wird. Vorausgesetzt natürlich, dass wir es uns verdienen. Tatsache ist, dass viele Fans eine ziemlich gute Fußballkultur mitbringen, sie können unser Spiel sowohl in taktischer wie auch in psychologischer Hinsicht nachvollziehen. Aber die Masse handelt ausschließlich auf Basis der Resultate. Oder besser gesagt, sie lässt sich davon leiten, über das Nötige hinaus. Man spielt immer, um zu gewinnen, aber Missgeschicke kommen selbst dann vor, wenn du gut drauf bist, wie Roma in besagter Saison. Gewissen Fans hingegen ist es nach Niederlagen klar, dass du zu lange in der Diskothek warst und dich nicht um die Mannschaft scherst. Dies impliziert einige Einschränkungen im Leben eines Fußballers, und wenn ich mir die Gesichter unserer Legionäre in Erinnerung rufe, denke ich, dass es ein speziell italienisches Phänomen ist: Rückblickend hatte ich immer meine liebe Müh und Not, unseren aus dem Ausland stammenden Neuzugängen zu erklären, dass es nach einer Niederlage nicht klug sei, sich zu oft auf der Straße blicken zu lassen.

„Warum?", fragten sich mich erstaunt. „Wenn ich mein Bestes für den Sieg gegeben habe, was habe ich mir dann vorzuwerfen? Die Niederlage ist nun mal Teil des Spiels."

An so einem Punkt fasste ich mich dann kurz, denn gegen ihre Logik fehlten mir die Argumente. „Hört zu, macht es so, wie ich es euch gesagt habe. Glaubt mir, es ist ein Ratschlag unter Freunden.“

In einer derart aufgeheizten Stimmung entpuppt sich das erste Meisterschaftsspiel bereits als eine sehr delikate Angelegenheit. Wir treffen im Olympiastadion auf Bologna, und in der ersten Hälfte ist der mentale Einfluss offensichtlich. Wir spielen schlecht, ohne einige großartige Paraden unseres Torhüters Antonioli wären wir zur Pause im Rückstand gelegen. Doch wir gehen mit einer Führung in die Kabine, angesichts dessen, dass es mir in der Nachspielzeit gelungen ist, mich aus der Umklammerung von Olive zu lösen und per Kopf einen Freistoß von Assunção zu verwerten. Ein fundamental wichtiger Treffer, ein psychologischer Befreiungsschlag. In der zweiten Halbzeit verängstigt unser Neuzugang Batistuta, der nicht spielen hätten sollen, sein Debüt aber auch nicht verpassen wollte, seinen Gegenspieler Castellini derart, dass er ihn zu einem Eigentor verleitet. Eine ansehnliche Partie gegen einen Gegner, der in Form ist – Bologna holt anschließend drei Siege in Folge. Die Überraschung des ersten Spieltages ist die Niederlage von Inter in Reggio Calabria, was zum Rauswurf von Trainer Lippi führt.

Die Serie A schreitet nur unregelmäßig voran, die Länderspielpause bringt uns erst wieder am 15. Oktober auf den Platz zurück. Heute sind die Ligen zu diesem Zeitpunkt in der Regel bereits am achten Spieltag angelangt, in jenem Jahr steht uns gerade mal die zweite Runde bevor. Glücklicherweise ist die Auslosung in den ersten Runden keine sonderlich schwere. Das ermöglicht es Capello, mit der Entwicklung der Mannschaft weiterzumachen, ohne dabei Punkte liegen zu lassen. In Lecce landen wir einen lockeren 4:0-Sieg – mit den ersten beiden Toren von Gabriel Batistuta. Das erste fällt kurz vor der Pause mit einem glänzenden Kopfball vom Elfmeterpunkt: Nach Flanke von Cafu fällt sein Kopfball so heftig aus, dass er die Kraft eines Schusses erreicht. Tommasi erhöht zu Beginn der zweiten Halbzeit mit einem Rechtsschuss von der Strafraumgrenze in die Ecke auf 2:0, Gabriel zeichnet mit einem Linksschuss aus kurzer Distanz unter die Latte fürs 3:0 verantwortlich. Ich setze mit einem Elfmeter nach Foul an Delvecchio in der 91. Minute den Schlusspunkt. Gabriels erste Tore sind extrem wichtig. Damit erstickt er jene Diskussionen, die immer gleich mal aufkommen, wenn ein Neuzugang nicht sofort einschlägt, vorzeitig im Keim. Nach zwei Spielen haben einzig Juve und wir die volle Punkteanzahl auf dem Konto.

Drittes Spiel, Roma gegen Vicenza. Schwieriger als gedacht, in Anbetracht dessen, dass die Gäste noch ohne Punkt dastehen. Aber sie verteidigen sich tapfer, und auch diesmal heißt es bis zum Finale der ersten Halbzeit warten, ehe es uns das erste Tor gelingt: Sprint von Delvecchio auf der linken Seite, gefolgt von einem halbhohen Querpass, den ich mit rechts direkt volley übernehme. Ein ästhetisch schöner Treffer, aber wir müssen bis zehn Minuten vor Schluss warten, ehe uns das erlösende 2:0 gelingt. Und es ist kein gewöhnliches Tor, denn es erzielt Vincenzo Montella, der von Capello nach einer Stunde eingewechselt wurde, damit wir die Präsenz im gegnerischen Strafraum erhöhen. Vincenzo trifft per Kopf und kommt damit Batistuta zuvor, der denselben Ball anvisiert hatte. Die Dynamik der Aktion leitet die Debatte um die „Frage 9“ ein, sprich jene Trikotnummer, die Batistuta nach seiner Ankunft bei Roma gefordert hat, die Vincenzo aber mit allen Mitteln verteidigte.

Starten wir mit einer Tatsache: Montella ist ein großartiger Stürmer. In der vorangegangenen Saison, seiner ersten mit uns, hatte er 18 Tore erzielt und folglich hatte ihn die Forderung Capellos – der Batistuta wollte, denn in seiner Vorstellung von Fußball muss der Mittelstürmer physisch dominant erscheinen – überrascht und verärgert. Aus seiner Sicht wiederum bringt Gabriel alle Referenzen mit, um die Nummer, die Torjäger nun mal tragen, einzufordern: Nach einigen Jahren in Fiorentina, wo er sogar den Torrekord von Hamrin brach, akzeptiert er das Angebot von Roma, da er spürt, dass die Zeit drängt. Es ist an der Zeit zu siegen. Das Gespräch, das wir in den ersten Tagen führen, ist logisch nachvollziehbar: „Francesco, niemand kann mich besser verstehen als du. Ich habe alles gegeben,

um mit Fiorentina erfolgreich zu sein, genauso wie du es mit Roma gemacht hast. Letztlich hat es aber nicht genügt. Wir müssen die Kräfte bündeln."
Das ist der Grund, warum er zu uns gestoßen ist. Eine Sehnsucht nach Titeln, die ihm den Atem raubt.

Capello ist ein Mann mit klaren Ansagen und offenen Worten, an der Grenze zum Brutalen. Angesichts dessen, dass es an Gabriels Seite mich gibt, einen, der mit dem Toreschießen bestens vertraut ist, benötigt Capello als dritten Offensivspieler keinen Stürmer, der bloß ein reiner Torjäger ist. Sondern einen Schwerarbeiter, eine Laufmaschine wie Marco Delvecchio, der für einige Tore gut ist, aber vor allem das Mittelfeld in den Phasen des Nicht-Ballbesitzes unterstützt. So bleibt Montella nur die Rolle des Batistuta-Ersatzmanns. Eine Formel, die sich als erfolgreich erweist, zumal Gabriel physisch wesentlich schlechter drauf ist als ursprünglich erwartet. Er überspielt den Schmerz oft aus purem Stolz, muss aber dennoch einige Partien auslassen. Ihn dann durch einen Mittelfeldspieler ersetzen zu können, der über andere Eigenschaften, aber die gleiche Torgefährlichkeit verfügt, ist das Privileg einer großen Mannschaft. Heutzutage ist es normal, dass Spitzenklubs 20 Spieler im Kader haben, die abwechselnd zum Einsatz kommen. Aber zur damaligen Zeit spielten die Champions immer – wer draußen blieb, startete nicht, wie man es heute mit einer gewissen Scheinheiligkeit formuliert, „von der Bank", er war ein Ersatzspieler. Und in diesen sauren Apfel beißen zu müssen, ist für einen wie Montella an der Grenze zum Erträglichen. Als er im Trainingslager davon erfährt, dass Batistuta sogar seine Nummer 9 beansprucht, sagt er zu ihm nichts, lässt aber die Verantwortlichen wissen, dass er bei diesem Thema keinen Kompromiss eingehen will: „Wenn er sie mir wegnimmt, könnt ihr auch gleich einen neuen Verein für mich suchen. Dann dann gehe ich."

Ich befinde mich in einer prekären Situation, denn einerseits ist Vincenzo mein Freund – auch unsere Freundinnen haben miteinander Kontakt –, andererseits muss ich als Kapitän mithelfen, die einzelnen

Stücke zu einem Puzzle zusammenzufügen. Ich spreche sowohl mit ihm als auch mit Gabriel, und am Ende ist es der Argentinier, der die Gründe Montellas nachvollziehen kann und einen Schritt zurück macht. Die kluge Wahl von jemandem, der einen Kollegen/Rivalen nicht weiter demütigen will, im Wissen, dass er ihm ohnehin schon den Stammplatz weggeschnappt hat. Gabriel wählt die Nummer 18, die Zamorano zu Zeiten von Ronaldo bei Inter als 1 + 8 interpretiert hat – ein raffinierter Schachzug. Die aber auch 9 + 9 bedeuten kann, somit für zwei zählt. Mir ist klar, dass dies Außenstehenden als eine Bagatelle erscheint, aber im Kabinenalltag sind dies in jeder Hinsicht ausgelebte Machtverhältnisse, und niemand gibt seine Position auf, ohne dafür zu kämpfen. Auch weil sowohl Montella als auch Batistuta dazu neigen, sensibel zu sein, was unweigerlich zu ständigen Sticheleien und zu gereizten Antworten führt. In dem Moment, in dem dann die Leibchen vergeben werden, hat sich das Thema erledigt. Batistuta zeigt, indem er nicht weiter nachhakt, Respekt, und Montella fügt sich angesichts des Phänomens, dass Batistuta – obwohl er aufgrund seiner körperlichen Beschwerden nur selten trainieren kann – allein in der Meisterschaft 20 Tore erzielt.

Am vierten Spieltag verlieren wir bei Inter Mailand, das nach dem Rauswurf von Lippi und der Installierung von Marco Tardelli als Trainer bemüht ist, wiederaufzuerstehen, mit 0:2. Es ist eine einigermaßen schmerzfreie Niederlage – sofern dies Niederlagen überhaupt sein können –, weil wir ziemlich gut spielen und Juve, das laut allen unser wahrer Rivale im Kampf um den Meistertitel ist, daheim gegen Udinese verliert. Die Friulaner übernehmen nun auch, im Tandem mit Atalanta, die Tabellenspitze, während wir mit Bologna einen Punkt dahinter rangieren, zwei Punkte vor Juve und Lazio. Das erste K. o. hätte uns wahrlich teurer zu stehen kommen können. Die wahre Überraschung ist aber der psychologische Umgang damit. In Rom zu verlieren ist immer etwas schwieriger als in anderen Städten, denn der Erwartungsdruck – im Jahr 2000 sind wir vom letzten Meistertitel bereits 17 Jahre entfernt – verwandelt jede Niederlage in ein Drama. Vor allem, wenn es gute Voraussetzungen gibt und folglich ein Tritt ins Leere als Anfang vom Ende erlebt wird, oder auch als das Dahinschwinden des Wunschdenkens. Mir ist klar, dass dies sehr kindisch rüberkommt, aber bei Roma läuft es nun mal so. Obwohl das äußere Umfeld sofort wieder zu jammern beginnt, bleibt die Mannschaft in ihrer positiven Einstellung geschlossen vereint. Capello war das erste Signal, Batistuta das zweite. Der Eindruck ist, dass Sensi alles in seiner Macht Stehende getan hat – und auch etwas darüber hinaus –, um am Ende den Meistertitel zu gewinnen. Als Folge dessen sieht sich die Mannschaft auf Kurs, wir sind von unserer Stärke überzeugt, wir glauben wirklich daran, gegen jede Mannschaft drei Tore erzielen zu können. Und diese positive Einstellung wird noch verstärkt durch die gemeinsamen Abendessen, mal bei dem einen, dann wieder bei dem anderen zu Hause. Ich bin in einer Runde mit Di Francesco, Candela, Cafu, Zebina, Zanetti … wir sind enge Freunde, verstehen uns auch außerhalb der Kabine sehr gut, und vor allem verbindet uns ein gemeinsames Ziel. Das mag jetzt trivial erscheinen, war aber nicht immer so.

Nach der Niederlage im San Siro wird das Auswärtsspiel in Brescia zu einer heiklen Aufgabe: Alles geht letztlich gut, denn eine weitere Niederlage hätte eine depressive Wirkung erzeugt, die nur schwer zu beseitigen gewesen wäre. Ich mache die Reise nicht einmal mit, weil ich mich im Finish der Partie gegen Inter verletzt habe, auf der Wohnzimmercouch fiebere ich mit und nehme jene Einzelheiten wahr, die man besser von außen sieht, wenn man nicht spielt. Jeder Einzelne ist in seiner Persönlichkeit gereift. Ich bemerke, dass, wenn eine Aktion neu gestartet wird, der Ballführende immer drei Abspieloptionen hat – drei Optionen, wo jeder lautstark den Ball fordert und wütend wird, wenn er ihn nicht erhält. Der Ball verkümmert nicht mehr, sondern jeder will ihn. Nach der anfänglichen Führung durch Candela mittels eines raffinierten Schusses ins Eck von der Strafraumgrenze dreht Brescia den Spieß um und liegt plötzlich 2:1 voran. Ein kritischer Moment, den Batistuta im Stil eines Champions mit drei Toren löst, eines zu jeder Viertelstunde. Was mir beim Zuschauen besonders gefällt: Zwei der drei Tore resultieren aus Schüssen, die von der Stange abprallen und die Batistuta letztlich verwertet. Die Gier, mit der er sich auf diese Abpraller stürzt, ist das Sinnbild dieser Saison. Vor uns in der Tabelle liegt nun nur noch Udinese.

Sechster Spieltag, Reggina gastiert im Olympiastadion, und zum ersten Mal hisst Batistuta am Tag vor dem Match die weiße Flagge. Er schafft es einfach nicht, die Knöchel quälen ihn zu sehr. Dadurch, dass er jahrelang den Schmerzen überspielt hat, sind nun Knorpel und Bänder ständig entzündet. Deshalb muss er hin und wieder pausieren. Montella kommt zum Zug und löst die Aufgabe. Mit tatkräftiger Unterstützung meinerseits, denn ich hole den Elfmeter zum 1:0 raus und verwandle ihn auch, und nach dem Ausgleich von Bogdani ist es ein von mir rasch weitergeleiteter Ball im Strafraum – unter anderem nach einem ziemlich heftigen Flankenball von Zanetti, wenn der Kopf nicht so gut auf den Schultern angepflanzt wäre, wie mir meine Mutter immer versichert, wäre er weggeflogen , der Vincenzo das 2:1 am Silbertablett serviert. An jenem Sonntag können wir es natürlich nicht wissen, aber es ist ein Sieg, der einen Meilenstein in der Saison und letztlich in unserer Geschichte darstellt: Udinese verliert in Parma, und Roma kehrt an die Tabellenspitze zurück. Die wir bis zum Saisonende nicht mehr abgeben sollten.

Wenn man heute die Aufstellung von Verona am siebenten Spieltag liest, stößt man auf gleich drei spätere Weltmeister: Gilardino, der nach vier Minuten den Elfmeter zum 1:0 rausholt, Oddo, der ihn verwandelt, und der furchterregende Argentinier Camoranesi, der kurz davor als völlig Unbekannter in Italien angekommen ist. Verona hält den Vorsprung für rund 30 Minuten, in dieser Zeit wird ihr Torhüter Ferron zu unserer Zielscheibe. Dann aber hat einer unserer drei bereits als Weltmeister ausgezeichneten Spieler, Vincent Candela (die anderen sind Cafu und natürlich Aldair), die Nase voll: Sein Rechtsschuss von außerhalb des Strafraums wird vom Torhüter abgefangen, aber nicht festgehalten und rutscht langsam ins Netz. Kurz darauf bin ich an der Reihe: Die Vorlage von links von Delvecchio versetzt mich in eine leichte Rückenlage, aber dadurch, dass Batistuta direkt vor mir zwei Mann an sich zieht, bin ich mutterseelenallein im Zentrum, habe die Zeit, den Ball anzunehmen und mit links zum 2:1 abzuschließen. Von diesem Spiel im Bentegodi-Stadion, das wir durch einen Doppelpack von Batistuta am Ende 4:1 gewinnen, bleibt das dritte Tor in Erinnerung: Ein Freistoß aus 18 Metern, der wie ein Blitz im Kreuzeck einschlägt. Ich war immer süchtig nach Freistößen, auch weil sie mir immer wieder gut gelangen. In jener Saison habe ich zwei Teamkollegen mit ebenso spektakulärer Effizienz an meiner Seite: einer ist Gabriel, der andere der Brasilianer Marcos Assunção, der in den Matches, die wir im Training machen, unantastbar ist – besser als ich jemals bei *Paperelle* war. Entweder du stellst ihm ein Hindernis in den Weg, oder er gewinnt alle Duelle, denn seine Präzision ist beeindruckend. Er hat auch in der Serie A einige Freistöße versenkt, kam aber in drei Jahren nie zu sonderlich viel Spielzeit, sonst wäre er uns allen heute als Spezialist Nummer 1 in Erinnerung.

Die nächste Partie ist die schwierigste für Batistuta, denn im Olympiastadion geht es gegen Fiorentina. Nach neun Jahren als ihr unbestrittener Champion muss er nun gegen seine Ex-Mannschaft antreten. Ehrlich gesagt, kann ich es mir nicht einmal vorstellen, was es für mich bedeuten würde, gegen Roma zu spielen. Unbestritten eine Qual, eine Aufgabe, die man anders angeht. Ich habe daher großen Respekt für seine Emotionen, auch weil er sich im Laufe der Woche nicht die Mühe macht, seine schlechte Laune zu verbergen, sondern sie offen auslebt, um uns zu zeigen, wie viel all das von ihm abverlangt. Fiorentina stellt ein interessantes Team, das von einem etwas seltsamen türkischen Trainer betreut wird – Fatih Terim wurde überspitzt auch *Imperator* genannt. Eben ein eigener Charakter. Sie rangieren in der Tabellenmitte, spielen aber guten Fußball. In den Augen der früheren Weggefährten von Gabriel ist zum einen Freundschaft abzulesen, aber auch die Lust, es ihm zu zeigen. Jeder Abgang eines Champions von einem mittelmäßigen Klub beinhaltet implizit ein Urteil über die Mitspieler: Solange ich bei euch bleibe, werde ich nie etwas gewinnen. Und nicht immer ist das eine leicht zu ertragende Angelegenheit.

Die Partie selbst gestaltet sich schwierig, leidvoll, weil wir es nicht schaffen, unser Spiel auf Batistuta zu konzentrieren. Er hat an jenem Abend mit Repka einen engagierten Gegenspieler: Kaum hat er sich mal von ihm befreit, schnappt die Greifzange in Form von zwei weiteren Fiorentina-Kickern zu. So kommen wir außer Atem in der 83. Minute an. Als das 0:0 schon fix scheint, folgt doch noch seine Heldentat: Der kurz zuvor eingewechselte Guigou legt ihm zentral 20 Meter vor dem Tor den Ball per Kopf auf. Der Halbvolley ist perfekt, denn die Flugbahn des Balls ist hoch genug, um meinen Freund *Spilungone* zu überwinden – ja, bei der EM hatte ich Francesco Toldo auf „Bohnenstange" umbenannt. Die Torhütersprache lehrt, dass es in diesen Situationen am besten ist, etwas aus dem Tor herauszurücken – er hat vielleicht etwas übertrieben, letztlich waren es drei Meter: Wie auch immer, der Bogenschuss überwindet ihn und lässt das Olympiastadion aufjubeln – Endstand 1:0! Wir stürmen alle auf Gabriel zu, der, wie er schon vor dem Spiel verkündet hat, aus Respekt vor seinen früheren Fans auf den Torjubel verzichtet. Es sind merkwürdige Situationen, wenn alle feiern – es gibt keinen Moment in unserem Leben, der überwältigender ist, als die zehn Sekunden nach einem erzielten Treffer –, der eigentliche Hauptdarsteller dies aber nicht schafft. Batistuta umarmt uns innig, gibt aber kein Wort von sich. Es war ein unglaublich wichtiger Treffer, mit dem wir unseren Vorsprung auf den neuen Zweiten, Atalanta, auf drei Punkte ausbauten. Und es ist ein Treffer, den wir länger als üblich feiern, aber als wir zum Mittelkreis zurückkommen, wo Fiorentina schon auf die Fortsetzung des Spiels wartet, sehe ich, wie Gabriel mit dem Ärmel des Trikots seine Tränen trocknet. Es ist kein Schweiß, das sind ehrliche Tränen. Nicht einmal in der Kabine wird er später in Feierlaune kommen.

Ich habe vorhin Gianni Guigou erwähnt, ein wichtiges Mitglied im Kader, der nicht sonderlich viele Spielminuten sammelte, aber sich dennoch als sehr wertvoll erweist: Weil er sowohl seinen Part erfüllt, wenn er aufgerufen wird, als auch sich perfekt ins Kabinenleben integriert, nie schmollt, wenn er wenig spielt, und seinen Teil dazu beiträgt, dass die Stimmung fröhlich bleibt. Gianni ist ein sympathischer Uruguayer, ein Außenverteidiger, der sich auch in der Offensive wohlfühlt, wie sein Assist für Batistuta gegen Fiorentina gezeigt hat. Und er ist ein Junge, der auch ein Lächeln für die liebevollen, aber zugleich seltsamen Sprechchöre unserer Fans („Er verkaufte die Kastanien unter dem Haus von Cafu, Gianni Guigou, Gianni Guigou“) und auch für unsere Gesänge in der Kabine zur Musik der Addams Family übrighat. Ein geselliger Bursche.

In Perugia leiden wir schon aus Tradition. Zwei Jahre zuvor verloren wir 2:3, in der darauffolgenden Saison war es ein verrücktes Spiel, bei dem ich von Schiedsrichter Borriello ausgeschlossen wurde. Als ich zur Wochenmitte lese, dass er erneut nominiert wurde, erkenne ich den Wink des Schicksals: Aufpassen, Francesco, um den Titel zu gewinnen, musst du nicht nur deine Leistung, sondern auch dein Verhalten verbessern. Auch Capello erinnert mich daran, und in der Tat läuft im Spiel alles glatt. Abgesehen vom Spielstand, der sich nicht vom 0:0 wegbewegt, woran – sagen wir es so – Perugia-Goalie Mazzantini schuld war. Er zeigt zumindest drei grandiose Paraden, und so steht am Ende das erste Remis der Saison zu Buche. In der Tabelle bekommen wir das nicht zu spüren, im Gegenteil, wir bauen den Vorsprung auf Atalanta sogar um einen weiteren Punkt aus. Juventus holt bei Inter ein Remis, hat weiter sechs Zähler Rückstand. In Summe geht alles gut voran.

Dessen sind sich auch die Leute bewusst. Trigoria ist das Ziel einer Pilgerreise, die täglich mehr Zulauf erhält. Die eine oder andere Ladung mit frischem Fisch ist Teil der sympathischen Wiedergutmachung, die uns nach dem Aufstand vom September zuteilwird. Und dieser liegt erst zwei Monate zurück, da soll noch einer sagen, dass es nicht die Resultate sind, die ein kollektives Gefühl erzeugen. An gewissen Nachmittagen warten 2000 bis 3000 Fans vor dem Eingangstor auf uns, manchmal müssen wir versteckt in den Vans unserer Mitarbeiter hinausfahren – und das eigene Auto dort lassen –, um den Heimweg antreten zu können. Es ist der berühmte römische Enthusiasmus, für den sie uns im Rest von Italien auf die Schaufel nehmen, speziell im Norden, den ich aber als harmlos betrachte. Vielmehr ist es beruhigend zu wissen, dass dich die Fans auch dann lieben, wenn du nicht all die Jahre gewinnst, wie es anderswo passiert.

Neuer Tag, neues Glück: Zehnter Spieltag, im Olympiastadion gastiert das Schreckgespenst Udinese. Eine tolle Partie, die Friulaner haben sich in den Runden davor etwas konsolidiert, liegen aber noch immer weit über den vor der Saison prognostizierten Erwartungen. Ein heikler Gegner, den Batistuta in der 20. Minute, als er eine Flanke von Tommasi zur Mitte aus der Drehung verwandelt, aus dem Weg zu räumen beginnt. 15 Minuten später bin ich an der Reihe, mit einem Tor, das zu den schönsten meiner Karriere zählt. Und ich stimme dem zu. Es ist ein klassischer Konter in hohem Tempo, Tommasi fängt in unserer Hälfte den Ball ab und geht zum rasanten Gegenangriff über, um so den aus dem Gleichgewicht geratenen Gegner zu überrumpeln. Er weicht nach rechts aus, wo Cafu aufs Ganze geht und an ihm vorbeizieht. Batistuta stoppt an der Strafraumgrenze, um nicht in die Abseitsfalle zu tappen, in seinem Rücken stürmt Nakata herbei und zieht einen weiteren Gegenspieler an sich. Ich entscheide mich für den Lauf in die andere Richtung, auf die linke, unbewachte Seite, beschleunige das Tempo, da ich mich noch immer hinter der Linie des Balls befinde. Cafu kommt 25 Meter vor dem Tor an den Ball, sein Ballbesitz verschafft uns allen etwas Zeit, und seine präzise Flanke landet auf meinem linken Fuß. Es folgt ein perfekter Volley ins rechte Kreuzeck, ohne Chance für Turci. Ein Traumtor! Es reicht zum Sieg, auch wenn kurz darauf Robert Muzzi – der alte Freund, der mich am Tag meines Debüts geweckt hatte – das 2:1 fixiert und es bis zum Ende keine Verschnaufpause gibt. Tolles Spiel, wichtiger Sieg!

Und ein wunderschönes Tor, wie ich bereits erwähnte. Was die Technik und Koordination des Schusses, aber auch die Entstehungsgeschichte betrifft – die Capello nicht umsonst begeistert wie kaum ein anderes Mal. Ein vertikales Manöver, das zwei Männer ins Rampenlicht rückt: Tommasi und Cafu. Damiano Tommasi erlebt in jenem Jahr die beste Saison seiner Karriere. Er ist am Höhepunkt seiner physischen Leistungsfähigkeit, und technisch gelingt ihm nahezu alles. Ich bin derart erstaunt, dass ich ihn in Ronaldo umbenenne, weil er mich genauso begeistert (und Inters Ronaldo ist der Stürmer, mit dem ich am liebsten gespielt hätte) und ich meinen Augen nicht traue: Damiano spielt für zwei. In jenem Jahr erhält er auch eine Stimme (die zwei Punkte wert ist) für den *Ballon d'Or*: Wir sind die beiden nominierten Roma-Kicker, ich mit 57 Punkten an fünfter Stelle, er weiter hinten, aber immerhin vertreten. Überdies ist er ein großartiger Junge, eine gute Seele, mit überdurchschnittlicher mentaler Stärke, die er aus seinem Glauben bezieht. In jener Saison sammelt er ausschließlich Applaus, aber dem war nicht immer so: Die Fans des Olympiastadions hatten ihn ein wenig ins Visier genommen, weil er immer mit einem Lächeln auf den Lippen die Kabine verließ: „Ich gehe mir die Pfiffe abholen, in der Zwischenzeit schaut ihr, dass ihr die Partie gewinnt."

Die andere Person, die aus der Beschreibung des Tors gegen Udinese hervorgeht, ist Cafu, zu jener Zeit fraglos der beste Rechtsverteidiger der Welt. Aber mit welch einer Stimme! Ich habe sie noch immer im Ohr, nervig und schrill: „*Passala*, spiel her, da bin ich", auch wenn er wahrscheinlich drei Meter im Abseits steht. Letztlich spiele ich ihm, damit er endlich ruhig ist, den Ball immer zu, es gibt keine Alternative. Aber er liefert – und wie er liefert! Sein Assist zu meinem Tor gegen Udinese ist perfekt. Ich habe Cafu jüngst bei einem von Kacha Kaladse organisierten Benefizspiel in Georgien wiedergesehen. Er läuft noch immer (fast) wie das alte Pendel, rührend und beneidenswert zugleich.

Es fehlen noch zwei Spiele bis Weihnachten und zur Winterpause – seit dem Tag der Auslosung ist uns bewusst, dass es sich um zwei richtungsweisende Matches handelt. Der erste Teil war einfach, wir haben ihn ohne Fehler durchschritten. 25 von 30 Punkten entsprechen mehr oder weniger unseren vorab gesteckten Zielen, vielmehr sind es die direkten Rivalen, die trödeln: Juventus liegt gemeinsam mit Atalanta sechs Punkte zurück, Lazio und Milan fehlen gar sieben Punkte. Große Abstände angesichts von erst zehn gespielten Matches. Die zwei Partien vor der Pause sind nun das Derby und das Heimspiel gegen Juventus, und wir nehmen sie mit der Ernsthaftigkeit eines Tabellenführers in Angriff. Capello hebt stets hervor, dass es nicht an uns, sondern am Gegner liegt, Risiko zu nehmen, um sich uns wieder zu nähern.

Das Derby verläuft auf einem hohen, ausgeglichenen Niveau, nicht von ungefähr prallen der Titelverteidiger und der künftige Meister aufeinander. Das Spiel wird durch eine Episode entschieden, die Aufnahme in die römische Fußballgeschichte findet – das Eigentor von Paolo Negro. In Wahrheit trifft ihn aber nur eine geringe Schuld. Nach der gewohnten Flanke von Cafu – Wahnsinn, wie er in Form ist! – steigt diesmal links Cristiano Zanetti hoch, der per Kopf das rechte Eck ansteuert. Peruzzi wehrt kurz ab, Nesta trifft beim Versuch auszuputzen Negro, von ihm fliegt der Ball ins Tor. Es fehlen 20 Minuten, Lazio drängt nach vorne und verzeichnet durch Nedvěd kurz vor Schluss einen Lattenpendler. Gottlob kein Tor! Gut für uns, schlecht für Lazio, ganz schlecht für Negro, wobei ich aber kein Mitleid verspüre. Handelt es sich bei ihm doch um einen jener nervigen Mitspieler, die abgesehen davon, dass sie dich bekämpfen, auch beleidigen und provozieren – ich vermute, um bei ihren eigenen Fans besser dazustehen. Das Roma-Leibchen mit seiner Nummer 2 und seinem Namen macht einige Tage nach der Partie die Runde und wird von unseren Fans noch einige Zeit lang ausgeführt – eine Hänselei für jemanden, der es sich verdient.

An jenem Sonntag gewinnt Juventus problemlos bei Lazio und bleibt gemeinsam mit Atalanta unser Verfolger, wenngleich aus sicherer Entfernung. Sechs Punkte, während Milan mit dem Remis in Verona weiter an Boden verliert und Inter nicht daran denkt, wiederaufzuerstehen. Somit ist alles angerichtet für den vorweihnachtlichen Hit, Capello achtet darauf, alles unter Kontrolle zu behalten. Im Übrigen betont er seit zwei Wochen, dass es an ihnen liegt, Boden gutzumachen. Aber weder wir noch Juventus strahlen große Lust aus, und so entsteht eine mäßige Partie. Sie verzeichnen einen Stangenschuss, ich komme zu einer guten Konterchance, bei der aber Van der Sar Sieger bleibt und so eine kleine Revanche an mir nimmt für meinen Elfmeter, mit dem ich ihm wenige Monate zuvor in einem Länderspiel düpierte. So endet das Duell 0:0.

Angesichts von sechs Punkten Vorsprung erleben wir sehr angenehme Ferien. Der faszinierendste Aspekt betrifft die Stimmung in der Stadt: auf der einen Seite aufgeregt, andererseits aber auch ungläubig. Es schwebt eine Art von Angst in der Luft, sich der Hoffnung hinzugeben, denn wenn es sogar diesmal – bärenstarke Mannschaft, erfolgreicher Trainer, als Tabellenführer in toller Form – nicht gut enden sollte, wäre der Aufprall nur schwer zu ertragen. Rom ist kein Ort der Zurückhaltung: Wenn du zehn Euro in der Tasche hast, gehst du mit erhobenem Haupt damit herum, so als wären es 100. Und dennoch scheint die Parole im Fußball, zumindest zu jener Weihnachtszeit, „Ruhe“ zu lauten. Nach zuvor 1000 angekündigten Siegen ist es nun wirklich der Fall, dass wir siegen: Die Aussicht, noch scheitern zu können, erzeugt mehr Angst als gewöhnlich. Kurzum gesagt: Die Stadt spürt auf einmal, dass sie etwas zu verlieren hat. Noch vor Neujahr kehren wir bereits auf den Platz zurück, hellwach, denn die erste Partie im neuen Jahr steigt in Bergamo gegen den Überraschungsdritten Atalanta. Capello stellt uns taktisch sehr gut ein. Der Gegner hat noch nicht auf unser Tor geschossen, als uns Delvecchio mit dem 1:0 den Weg zum Sieg ebnet, und noch vor der Pause macht Tommasi mit dem 2:0 alles klar.

Auch wenn kein wirklicher Wettstreit aufkommt – wir sind klar überlegen –, fördert der nahezu unbespielbare Platz die Grätschattacken, die immer den Effekt erzeugen, dass das Publikum erhitzt reagiert: Die Grätschen der eigenen Spieler sind alle regulär, jene des

Gegners dagegen skandalöse Fouls, die mit Karten bestraft gehören. Das ist in jedem Stadion dasselbe – eine einseitige Blickweise ist ein Vorrecht der Fans. Doch in Bergamo fallen die Pfiffe mir gegenüber immer etwas lauter aus, wohl verschärft durch die Vorurteile gegenüber Römern. Das passiert auch anderswo, angesichts jahrelanger Erfahrung kenne ich diese Schauplätze nur zu gut: Das Rigamonti-Stadion in Brescia war mir nie gut gesonnen, und ich frage mich heute noch, was damals in Ascoli mit mir passiert wäre, wenn sie mich zu fassen gekriegt hätten.

Zumindest solange ich spielte. Alles hat sich just in Bergamo verändert, bei meiner Premiere und zugleich beim ersten Auswärtsspiel in der Rolle als Klubverantwortlicher. Ich gestehe, dass ich mich mit einem gewissen Unbehagen in Richtung Ehrentribüne aufmachte, denn in diesem Stadion bist du sehr exponiert, sehr nah bei den Fans – die Vergangenheit vor Augen wusste ich nicht so recht, was mich erwarten würde. Doch letztlich war es eine wunderbare Erfahrung. Zunächst kam eine Frau auf mich zu: „Machen wir ein Selfie?" Aber klar doch. Hinter ihr der Ehemann: „Jetzt will ich." Hier bin ich in Pose. Zweimal abgedrückt, um sicherzugehen, dass das Foto auch passt, und schon ist eine Gruppe junger Fans an der Reihe. Während ich bemerke, dass auf der gesamten Tribüne ein Raunen zu hören ist: „Wie gut doch Totti immer war …", „Schade, dass er nicht mehr auf dem Platz steht."

Es hat etwas Irreales an sich, jene Schlange an Atalanta-Fans, die um ein Selfie oder ein Autogramm bitten, während der Schiedsrichter dabei ist, die Partie anzupfeifen. Ich war kurz davor, sie daran zu erinnern: „Ich bin derselbe, den ihr ausgepfiffen habt, weil er euch ein Tor schoss." Das Schöne ist, dass sich diese Geste der Wertschätzung und Sympathie in allen Stadien wiederholte, auch in jenem von Juventus, wo ich viele – mitunter sehr polemische – Auseinandersetzungen ausgetragen habe. Diese generelle Akzeptanz war der schmeichelhafteste Aspekt meiner „Karriere danach". Der Nachweis, dass ich in den Fußballfans etwas hinterlassen habe – ich will nicht sagen, in deren Herzen, weil es kitschig klingen würde, aber in deren Erinnerung.

Doch kehren wir zur Meistersaison zurück! Der Sieg in Bergamo gleicht einem Jackpot, denn Juventus lässt sich zu Hause von Fiorentina zwei Punkte abknöpfen. Nach 13 Runden haben wir acht Punkte Vorsprung auf Juve und zehn auf Atalanta. Wird es gar ein Spaziergang? Ist das übertrieben? Ja, ist es! Die Erfahrung lehrt, dass man sich in einer derartigen Situation, wenn man psychologisch im Sinkflug unterwegs ist, einen starken Gegner wünschen muss, einen, der dich schon im Vorfeld zu höchster Konzentration zwingt. Hingegen fallen die acht Punkte Vorsprung mit dem Heimspiel gegen den Tabellenletzten Bari zusammen: eine beinahe fatale Kombination, weil wir den Gegner eklatant unterschätzen, sogar eine Niederlage riskieren. Bari spielt gut, inspiriert von Cassano, einem absoluten Juwel. Wir müssen ohne Cafu und Batistuta antreten, viel mehr als die beiden fehlt uns aber jenes Gespür für die kollektive Mission, die uns seit dem Saisonstart angetrieben hat. Wir sind nervös, in Summe ist es eine unansehnliche Roma, die durch einen Freistoß aus großer Distanz von Mazzarelli, den Lupatelli vielleicht etwas unterschätzt, in Rückstand gerät. Es bleiben nur 20 Minuten, wir setzen uns im Strafraum von Gillet fest, zum Glück hole ich einen etwas glücklichen Elfmeter heraus. Denn als mich Markic berührt, habe ich das Tor nicht einmal im Visier. Ich verwandle ihn, und es ist ein auf seine Weise wichtiger Punkt. Juventus hat in der Zwischenzeit gewonnen und rückt uns auf sechs Punkte näher.

Nun erwartet uns ein neuer Crashtest im San Siro, jenem Stadion, in dem wir nie ein gutes Resultat erzielen: Milan erlebt eine eigenartige Saison, denn es ist erkennbar, dass Zaccheroni in Richtung Rauswurf steuert, die Mannschaft Schwachstellen, aber auch einige unnahbare Champions hat. Gegen uns zum Beispiel tritt Schewtschenko als zweifacher Torschütze in Erscheinung, während sein Teamkollege Leonardo mit einem Freistoß herrlich zum 1:0 trifft. Wir verlieren erneut: 3:2, mit einem Doppelpack von mir, ein trockener, von Maldini ins Tor abgelenkter Rechtsschuss aus 25 Metern und ein Elfmeter nach Foul an Batistuta, zu einem Zeitpunkt, als das Remis bereits außer Reichweite ist.

Wir verlieren trotz guter Leistung, was zornige Stimmung in der Kabine erzeugt, ehe Capello um einen Moment der Stille bittet. Er muss mit uns sprechen: „*Signori*, in fünf Minuten gehe ich zur Pressekonferenz und werde eure Vorstellung kritisieren. Ich werde sagen, dass ihr blauäugig wart, euch die Tabellenführung schwer zu schaffen macht und die Meisterschaft offener denn je ist. Ich werde diese Argumente nicht deshalb vorbringen, weil ich an sie glaube, ganz im Gegenteil. Sondern weil ich will, dass die Gegner glauben, wir seien in der Krise, und wie jedes Jahr der Moment gekommen wäre, wo die Ambitionen von Roma dahinschmelzen. Aber ihr dürft euch meine Erklärungen an die Medien nicht einmal anhören, denn ich denke das genaue Gegenteil: Ihr habt hier im San Siro eine großartige Leistung gezeigt, und heute bin ich mehr denn je davon überzeugt, dass wir am Saisonende gemeinsam den Titel feiern werden. Aus diesen Niederlagen geht man mental stärker hervor. Noch stärker!"

Das Ausrufzeichen tut uns gut, Capellos Rede ist jene eine Staatsmannes. In der Tat löst sich die Verbitterung über die Niederlage sofort auf. Was bleibt, sind die Wut und das Verlangen, sofort auf den Platz zurückzukehren, um den Kurs zu ändern. Hier allerdings begehen wir einen Fehler. Einen der wenigen in der uns gut gesinnten Saison. Es ist Sonntagabend, der Rückflug nach Rom erfolgt erst am nächsten Vormittag, genauso gut können wir nun etwas Spaß haben. Wir gehen aus und finden uns im *Hollywood*, der meistfrequentierten Disco in der Welt des Fußballs und des Spektakels, wieder. Wir vergnügen uns, klar. Wir trinken etwas, tanzen ein bisschen, verspäten uns. Nichts Schlimmes, wenn wir nicht eben ein Spiel verloren hätten. Und bei vielen Fans kommt das – wie ich schon erklärte – nicht gut an. Einige Zeitungen veröffentlichen die Fotos unserer Disco-Nacht. Ich bin Single und daher niemandem Rechenschaft schuldig, aber die Ehemänner in unserem Team haben Mühe, ihre Frauen von der Unschuld des Ganzen zu überzeugen. Die Leute reagieren erzürnt. Nicht auf einem Level, um uns wieder Fische vor die Füße zu werfen – wir sind noch immer Erster, auch wenn binnen zwei Sonntagen der Vorsprung auf Juventus von acht auf drei Punkte geschrumpft ist –, aber fast.

Die Sturmwarnung ist somit erfolgt, die folgende Partie wird fundamental wichtig, wie eine zum Start der Saison. Im Olympiastadion gastiert eine der bescheidensten Ausgaben von Napoli, der ich je im Leben begegnet bin und die am Saisonende tatsächlich absteigt. Angesichts der Ausgangslage gibt es aber keinen Anlass, sie zu unterschätzen. Capello nutzt den Moment, um einige Veränderungen in der Startelf vorzunehmen, die auch endgültig sein sollten. Im Tor ersetzt er Lupatelli durch Antonioli, in der Abwehr Aldair durch Zebina. Und bevor ich über die Partie und den lockeren 3:0-Sieg erzähle, ist es die Mühe wert, auf die eben erwähnten Teamkollegen näher einzugehen.

Vom Meisterteam kann nicht behauptet werden, dass die Torhüter zu dessen absoluter Stütze zählen. Aber sie sind auch nicht so schlecht, wie es später die Legende überliefern sollte. Francesco Antonioli ist ein ernsthafter und ruhiger, Cristiano Lupatelli ein positiv verrückter und impulsiver Typ. Man denke nur daran, dass er in meiner Erinnerung der einzige Tormann war, der – es passierte während seiner Zeit bei Chievo – die Nummer 10 forderte. Von den Stärken her unterscheidet die beiden nicht viel, eventuell ist Antonioli eine Spur besser, und nach einiger Zeit auf der Bank hat ihn Capello wieder aufgeboten. Auch weil Lupatelli aus Freistößen das eine oder andere Tor zu viel kassierte. Die andere Ablöse betraf Aldair, der mit 35 Jahren in punkto Defensivbewegungen ein unerreichbarer Meister bleibt, aber nun nicht mehr die Power hat, um jeden Sonntag auf höchstem Niveau zu spielen. Pluto – wie ihn die Fans seit Jahren nennen – überlässt seinen Platz Jonathan Zebina, einem der schrägsten und unkonventionellsten Gestalten, die ich je in Trigoria erlebt habe. Auf dem Platz ist er ein pfeilschneller, intelligenter Verteidiger, denn er stiehlt den Superstars die Show und übertrumpft sie in kürzester Zeit dank seiner physischen Fähigkeiten: Das war bei Aldair der Fall. Aber es ist vor allem der Mühe wert, vom Phänomen Jonathan abseits des Platzes zu sprechen: Fernab vom Klischee des ungebildeten Kickers – man denke nur daran, dass er nach seinem Karriereende eine Kunstgalerie eröffnet hat – ist er ein Typ, der sich stets mit Stil und Eleganz kleidet, er streift mit einem Borsalino durch die Gegend und, ja, ich sage es: Er ist ein wahrer Playboy. Gegen Napoli verletzt er sich und verschwindet für einige Runden von der Bildfläche, aber ab dem Zeitpunkt seiner Rückkehr wird er zum Stammspieler.

Das Spiel gestaltet sich sehr einfach, wir stoßen praktisch auf keinen Widerstand, und man erkennt schnell, dass die Stimmung wieder friedlich ist. Die bedeutendste Neuigkeit betrifft das Comeback von Emerson nach der Pause, eine Neuerwerbung von tollem Format, die sich im Sommer das Kreuzband gerissen hatte und in der Aufstellung durch Cristiano Zanetti ersetzt worden war. Auch der zweite Langzeitausfall, mein lieber Freund Eusebio di Francesco, steht vor der Rückkehr, und folglich nehmen die Engpässe im Mittelfeld, mit denen sich Capello in der Hinrunde herumschlagen hatte müssen, ein Ende.

Die letzte Partie der Hinrunde hat es in sich, es lauert eine potenzielle Falle, denn trotz einer dürftigen Platzierung stellt Parma ein Team mit lauter starken Kickern. Das Problem liegt in der Führung der Mannschaft: Nach dem Rauswurf von Malesani war Arrigo Sacchi an seine frühere Wirkungsstätte zurückgekehrt, aber just in jener Woche hatte er – obwohl die Resultate langsam besser wurden – aufgrund von übermäßigem Stress seinen Rücktritt verkündet. Er sollte danach keinen Trainerjob mehr annehmen. An seiner Stelle kam Renzo Ulivieri, der bis zum Saisonende bleiben und das Team auf Platz vier führen würde, somit das vorhandene Potenzial voll auszuschöpfen wusste. Im Team stehen viele Nationalteamkollegen, daher lassen wir uns auch nicht vom Tabellenplatz blenden. Vielmehr pfeift Schiedsrichter Farina nach rund einer halben Stunde nach Foul von Benarrivo an Tommasi einen wasserdichten Elfmeter für uns. Da ich den jungen Torhüter Parmas sehr gut kenne, nehme ich mir vor, möglichst ins Eck zu zielen, andernfalls wird er den Ball abwehren. Dieser Junge heißt Gigi Buffon. Ihr werdet später erfahren, wie lange unsere Freundschaft zurückreicht: Ich nehme bloß vorweg, dass wir fast noch zwei Kinder waren. Wir lächeln uns zu, während ich anlaufe und er die Arme ausbreitet, um mir seine immense Spannweite, die ihn auszeichnet, zu demonstrieren. Ich muss ins Eck zielen. Mehr. Noch mehr. Zwei Zentimeter noch. Zu viel. Gigi errät das richtige Eck, seine ausgestreckte rechte Hand nähert sich der Stange, ich hingegen treffe just diese mit einem Flachschuss, und der Ball spritzt weg. Er springt mit geballten Fäusten auf. Ich stehe da, die Hände in die Hüfte gestemmt, perplex, nach kurzer Zeit schüttle ich mich, wieder aktiviert durch die aufmunternden Zurufe meiner Teamkollegen. Das passiert eben, weiter geht's.

Ich war bei vielen außergewöhnlichen Leistungen von Gigi mit dabei, gottlob nicht nur als Gegner. An jenem Tag zeigt er seine erste Topleistung, die Art und Weise, wie er vor allem meine Chancen und jene von Delvecchio vereitelt, verleiht ihm eine übernatürliche Aura. Mit einem Torhüter in derart toller Form und Thuram und Cannavaro, die vor ihm dichtmachen, ist es logisch, dass Marco Di Vaio mitten in unserer Drangperiode trifft, Parma in Führung bringt und uns vor eine nahezu unlösbare Aufgabe stellt. Wie bezwingt man bloß Buffon? Nun, das ist einer der Tage, an denen Gabriel Batistuta den Unterschied ausmacht und die großen Bemühungen des Präsidenten, ihn zu Roma zu bringen, rechtfertigt. Er erzielt zwei ähnliche Treffer: Er, der ein langes Zuspiel perfekt erkennt, in regulärer Position startet, alle abschüttelt und bei der Ballannahme keinen Gegenspieler um sich hat. Dort, wo nicht einmal Buffon aus dem Tor kann und sich sein Volleyschuss ins Eck als erfolgreich erweist. Batistuta erzielt zwei fantastische Tore und wandelt so in der letzten Viertelstunde eine sich abzeichnende Niederlage noch in einen Sieg um. Auf dem Weg zum Titel ist Parma eine Etappe von immenser Wichtigkeit: Am Ende feiern wir wie Kinder, Montella drückt, jegliche Rivalität vergessend, Batistuta an sich, Capello ist die Freude über einen Preis, den er nach der langen Leidenszeit doch noch entgegennehmen durfte, deutlich anzusehen. Auch weil Juventus tags zuvor in Bergamo verloren hat, wir folglich Winterkönig mit sechs Punkten Vorsprung auf die Turiner und Lazio sind.

Ich war noch nie Winterkönig. Mehr noch: Ich war nicht einmal nahe dran gewesen, und daher hatte ich immer von diesem Zwischenziel geträumt – auch in Anbetracht dessen, dass in drei von vier Fällen der Winterkönig am Ende auch den einzig wahren Titel holt. In Wirklichkeit hilft mir diese Führungsrolle dabei, die Wut über eine Zerrung, die mich für zwei Spiele außer Gefecht setzt, etwas besser zu verdauen: die Siege in Bergamo – von der Wohnzimmercouch aus genieße ich das Tor von Emerson und seine folgende Umarmung mit dem Physiotherapeuten, der ihn durch die Rehabilitation begleitet hat – und über Lecce. Wie immer liefert der anscheinend leichte Gegner ein Match an der Schwelle zur Dramatik ab. Letztlich erledigt dies Samuel, mit einem Kopfball nach einem ruhenden Ball, womöglich der einzige Weg, um die Geister zu vertreiben. Wenn Lecce ins Olympiastadion kommt, gibt es immer eine Menge davon.

Walter Samuel ist einer der wesentlichen Schlüssel des Meistertitels. Er kommt von den Boca Juniors, ist ein schneller und kräftiger Verteidiger, der mit der Zeit auch technisch zulegte, wenngleich der Kopfball sein charakteristisches Merkmal bleibt. Sein technisches Merkmal, würde ich sagen. Ich tanze nicht länger darauf herum und ergänze, dass Walter ein zurückhaltender Junge ist, ruhig und nicht sonderlich gesprächig, der sich auf dem Platz verwandelt und auch zu meiner Leibwache wird: Wenn mich jemand zu Fall bringt, kommt er angerannt, bereit, dazwischenzugehen, wenn ein Disput ausbricht, und den Verursacher des Fouls mit einem unmissverständlichen Blick zu fixieren: „Mach das bloß nicht mehr." Es kommt vor, dass Walter mich ab und zu rächt: „argentinische" Einstiege gegen die Beine jener, die mir wehgetan haben. Es ist die Boca-Schule: Schütze deine Nummer 10, die dann eine Lösung findet, um dich die Partie gewinnen zu lassen.

Mein Comeback steigt an einem eiskalten Sonntag. Udine kann Ende Februar ein wahrer Eisschrank sein, mir gefällt die Vorstellung, von Vicenza – deren Platz ist gesperrt – ins Stadio Friuli umzuziehen. Ein schlechtes und mühsames Spiel, Batistuta verletzt sich nach 30 Minuten, und nach 80 Minuten steht es noch immer 0:0, als es uns schließlich Montella mit einem tollen Schuss von außerhalb des Strafraums gestattet, den Kopf nach vorne zu richten. Wenig später macht Emerson alles klar. Ein „teurer" Sieg, denn es ist sofort klar, dass die Knieverletzung Batistuta einige Zeit außer Gefecht setzen wird. Einen Monat, mehr oder weniger. Und Juve hält mit uns Schritt, die Punktedifferenz bleibt bei sechs.

Es folgt am 21. Spieltag eine wunderbare Partie, welche die These bestätigt, dass du für den Meistertitel die entsprechende Qualität auf der Bank benötigst. Wir treffen im Olympiastadion auf Inter, das uns im Hinspiel besiegt hat. Neben Batistuta fehlen Cafu, Emerson und Zanetti, sogar zwei Spieler in der gleichen Rolle. Statt Batistuta spielt natürlich Montella, in der Abwehr wird, da es keine wirkliche Alternative zu Cafu gibt, auf Viererkette umgestellt, und Assunção übernimmt die Aufgaben des Organisators im Mittelfeld. Erinnert ihr euch, was ich über seine Freistöße gesagt habe? Der erste, den er tritt, ist teuflisch: Der Ball durchquert den gesamten Strafraum in Erwartung einer Ablenkung, die nicht eintrifft, und landet letztlich zum Schrecken des erst verdutzten, dann wütenden Frey im langen Eck. Ein unbestritten glückliches und extrem wertvolles Tor, denn zwei Minuten zuvor hatte Bobo Vieri – in außergewöhnlicher Verfassung – Antonioli mit einem tollen Volleyschuss bezwungen. Und das ist es längst nicht mit den Freistößen von Assunção: Kurz vor der 30. Minute tritt er einen weiteren, der im Stil einer Zickzack-Rakete im Strafraum einschlägt. Frey begleitet sie mit seinem Blick und sieht, wie sie gegen die Querlatte prallt. Montella reagiert am schnellsten und verwertet per Kopf zum 2:1. Schade, dass Vieri – an jenem Tag ist es unmöglich, ihm den Ball abzunehmen, sobald er ihn mal an sich genommen hat – in der Nachspielzeit der ersten Hälfte im Konter nach einem großartigen Sprint das 2:2 fixiert, was unsere Laune zur Pause deutlich senkt. In der zweiten Halbzeit bleibt das Drehbuch unverändert: Wir blasen weiter zum Angriff, aber mit einem Minimum an Vorsicht – heute spricht man von „präventiver Deckungsarbeit" –, denn sobald Inter nur einen Meter Platz zur Verfügung hat, wird es brandgefährlich. Lange scheint nicht klar, welche Richtung die Partie nehmen soll: Dass sie am Ende – in Minute 86 – in unsere Richtung ausschlägt, ist dem Torgespür von Vincenzo zu verdanken, denn rein von der Physis betrachtet hätte es nicht sein dürfen, dass er in der mit größeren Spielern versehenen Menschentraube am höchsten springt. Und doch schafft er es, indem er die fehlenden Zentimeter mit einem Timing kompensiert, das am Computer errechnet worden zu sein scheint. *L'Aeroplanino* hebt ab und landet nicht mehr – verfolgt von unser aller Glückseligkeit.

Der verblüffte Assunção verwandelt auch in der Woche darauf gegen Brescia einen Freistoß – diesmal handelt es sich um pure Ballistik, denn der scharfe und präzise Schuss schlägt genau im Kreuzeck ein. Auch diesmal ist es Montella, der nach dem Ausgleich von Yllana mit einem Doppelpack das endgültige Urteil über diese Partie spricht: Das Schöne ist, dass ich bei Brescia auf meinen alten Kumpel Petruzzi stoße, das weniger Schöne, dass er mit zwei gelben Karten vom Platz fliegt. Eine Woche vor der letzten Pause wird unser Erfolgslauf in Reggio Calabria nach sieben Siegen in Serie gestoppt: Reggina ringt uns ein 0:0 ab, und mir gefriert noch immer das Blut in den Adern, wenn ich an die Riesenchance im Finish von Mozart zurückdenke, der aus elf Metern über das Tor schießt. Wir sind ausgelaugt, denn wegen der vielen Verletzten müssen fast immer die gleichen spielen: Wenig überraschend vergoss daher nach unserem Aus im Achtelfinale des UEFA-Cups gegen Liverpool niemand eine Träne. An jenem Sonntag eilt uns aber Lazio zu Hilfe: Mit dem Sieg über Juventus im Duell der beiden letzten verbliebenen Verfolger gestatten sie uns, den Vorsprung gegenüber den *Bianconeri* auf sieben Punkte auszubauen (während sie nun neun Zähler zurückliegen). Ein nur kleiner, aber für die Moral unglaublich wichtiger Zugewinn in einer potenziell ungünstigen Situation.

Nach der Länderspielpause bekommen wir es im Olympiastadion mit Verona zu tun, und wie so oft geraten wir in Rückstand. Camoranesi trifft, nachdem sich Antonioli beim Herauslaufen verschätzt hat. Aber trotz des Rückstands behalten wir die Leichtigkeit in unserem Spiel bei, was eine wertvolle Gabe ist. Zur Pause liegen wir noch immer zurück, haben zu diesem Zeitpunkt aber bereits eine Vielzahl an Chancen vergeben. Zehn Minuten nach der Pause überrumpeln wir den Gegner im Strafraum: Montella und Apolloni drücken meinen Querpass von links gleichzeitig über die Linie, dann bereitet Cafu über rechts die Tore von Batistuta – der sein Comeback nach der Zerrung feiert – und erneut Montella vor. Aber es ist nicht eines unserer Tore, das den höchsten Lärmpegel erzeugt. Sondern jenes wunderschöne von Baggio, der in Turin im Finish Brescias 1:1 gegen Juventus erzielt. Da Lazio Milan unterliegt, erreichen wir zehn Spieltage vor Schluss wieder das Maximum an Vorsprung: neun Punkte auf Juve, zwölf auf Lazio.

In jener Woche sprechen wir in der Kabine offen über den nahenden Meistertitel und – sobald sich Capello in die andere Richtung wendet – halten schriftlich die noch möglichen Punkte für uns, Juve und Lazio fest. Das einhellige Ergebnis aller Arbeitsgruppen lautet, dass bezüglich unseres Titels am 32. und somit drittletzten Spieltag, wenn wir Milan zu Gast haben, mathematische Gewissheit bestehen sollte: Sollte es uns gelingen, nach diesem Duell sieben Punkte Vorsprung zu haben, wäre die Meisterparty Realität. Derzeit sind es neun, aber wir haben noch das Derby und das Match bei Juventus vor uns. Jetzt können wir es nicht mehr erwarten: Wenn man zwei Runden pro Wochen spielen könnte, würden wir darum bitten.

Ist es Zufall, dass wir just nach diesen Diskussionen die dritte Saisonniederlage ausfassen? Ich würde sogar mit Ja antworten, denn wir gehen in Florenz weder entspannt noch überheblich ins Spiel. Die Leistung ist gut, wir verlieren aus dem einfachen Grund, dass sich uns mit Enrico Chiesa ein Spieler in außergewöhnlicher Form in den Weg stellt. Er trifft mit dem üblichen Freistoß – diesmal gibt es für Antonioli nichts zu halten, die Ausführung ist perfekt – zum 1:0 und besiegelt nach dem Ausgleich von Emerson und einem Eigentor von Candela mit einem sehenswerten Rechtsvolley unser Schicksal. Auf Fiorentinas Bank sitzt erst seit Kurzem Roberto Mancini, ein altbekannter Rivale, der nun seine ersten Erfahrungen als Trainer sammelt. Nach drei Unentschieden ist dies nun sein erster Sieg: Er hat den richtigen Gegner ausgesucht, um gleich von sich reden zu machen. Da Juve und Lazio gewinnen, reduziert sich unser Vorsprung auf sechs bzw. neun Punkte.

Niemand wagt es mehr, eine Prognose zu machen, denn in Trigoria ist die Anspannung wieder eingekehrt. Die sich am darauffolgenden Samstag, dem Vorabend von Ostern, in einer höchst dramatischen Partie entlädt. Perugia ist zu Gast, das unter Serse Cosmi eine großartige Saison spielt und uns schon im Hinspiel mit einer kollektiv starken Leistung und dank großartiger Paraden von Mazzantini ein 0:0 abgeknöpft hat. Aber jene, die er zu Hause gezeigt hat, sind nichts gegen die, welche er im Olympiastadion aus dem Hut zaubert. Meine Lebensgeschichte mit den *Giallorossi* ist gefüllt mit gewöhnlichen Torhütern, die gegen uns einen Sterntag erwischen und uns in einigen Fällen – ich denke da an Storari in einer unglaublichen Partie von Roma gegen Sampdoria einige Jahre später – auf der Siegerstraße zum Entgleisen bringen. Mazzantini versucht es an jenem Tag, und es fehlt wahrlich nicht viel. Ohne den Ausgleich von Montella in der 90. Minute, der zudem irregulär ist, weil er sich den Ball mit der Hand zurechtlegt, wäre auf eine Niederlage eine weitere gefolgt. In dem Ambiente am Siedepunkt, das sich plötzlich wieder ins Negative gewendet hat, wäre dies das Ende.

An jenem Nachmittag geschieht so einiges. Am Ende der ersten Halbzeit trifft Baiocco aus 30 Metern zum 1:0 für Perugia ins Kreuzeck – ja, auch diesmal geraten wir in Rückstand –, zu Beginn der zweiten Halbzeit fixiere ich mit einem Rechtsschuss außerhalb des Strafraums, den Materazzi leicht abfälscht und somit unhaltbar macht, das 1:1. Wir bleiben am Drücker, Mazzantini muss von einem zum anderen Ende des Tors fliegen, um uns unter Kontrolle zu halten. Das 2:1 scheint bloß eine Frage der Zeit zu sein. Doch eine Viertelstunde vor dem Ende patzt Antonioli fürchterlich beim Herauslaufen, verliert den Ball an Saudati, der ihn ins leere Tor schiebt. Wir liegen erneut zurück, unser Torhüter ist angesichts des Fehlers niedergeschlagen, die *Curva Sud* beginnt ihn auszupfeifen und zu beleidigen. Ein wahrer Albtraum. Ehe es weitergeht und wir zum finalen Angriff auf Perugias Festung blasen, muss ich meine Pflicht als Kapitän erfüllen. Ich stelle mich vor die *Curva Sud* und beginne zu schreien, dass Francesco Antonioli Romas Torhüter, Roma noch immer Tabellenführer sei, sie uns mit diesen Beschimpfungen im Stich lassen würden und Antonioli besser zur Seite stehen sollten, um ihm dabei zu helfen, den Schnitzer zu überwinden. Man sieht offenbar, wie empört ich bin, denn die Stimmung schlägt rasch um, und die Fans beginnen uns wieder anzufeuern. Was wir auch bitter nötig haben, um den Everest Perugia zu erklimmen.

Das 2:2 fällt in der 90. Minute: Regeltechnisch ist es ein Eigentor von Tedesco, denn er ist der Letzte, der im wilden Getümmel nahe der Torlinie, wo Batistuta und Montella mittendrin sind, den Ball berührt. Vincenzo legt ihn sich mit der Hand zurecht, mehr aus Instinkt, auf dem Platz nimmt man den Moment nur flüchtig wahr, aber später auf dem Bildschirm ist die Regelwidrigkeit klar ersichtlich. Wir sind im Glück und auch berechnend: Indem ich außerhalb des Platzes lange den Treffer bejuble, erzwinge ich eine gelbe Karte und somit, da ich schon verwarnt war, die Sperre fürs nächste Spiel. Besser, ich fehle in Udine als in einem der beiden darauffolgenden Matches: Derby und Juventus. Letztere verkürzen mit dem 3:1 über Inter den Rückstand auf vier Punkte. Alles ist wieder offen, es hätte aber auch noch schlimmer kommen können.

Zum Glück findet die Mannschaft in Udine zu ihrer alten Stärke zurück. Obwohl ich nicht spielen kann, mache ich die Reise mit, es ist einer jener Momente, in denen der Kapitän nicht fehlen darf. Auf der Tribüne muss ich, nachdem ich mir unter der Woche aus der Ferne ein polemisches Duell mit Roberto Sousa geliefert hatte (das bei den Fans offenbar nicht gut ankam), viele Pfiffe über mich ergehen lassen. Halb so schlimm. Montella, Tommasi und mein Ersatz Nakata erfüllen die Pflicht, im Abendspiel schafft es Juve gegen Parma nicht, die von Buffon errichtete Mauer zum Einsturz zu bringen. Vor den beiden entscheidenden Duellen beträgt unser Vorsprung damit wieder sechs Punkte.

Das Derby erweist sich als beinhartes Duell, und es wird durch die Tatsache, dass Lecce am Nachmittag – das Spiel im Olympiastadion beginnt erst am Abend – bei Juventus ein völlig unerwartetes Remis geholt hat und somit verhindert, dass uns die Turiner in der Tabelle noch näher auf die Pelle rücken, keineswegs leichter. Lazio spielt um die verbleibende Chance, nochmals in den Titelkampf einzugreifen, aber in zweiter Linie auch darum, Juve dabei zu „unterstützen", dass am Ende nicht Roma den Titel holt: Für die Juve-Fans ist das von fundamentaler Bedeutung. Es entwickelt sich ein unfaires Spiel, niemand zieht das Bein zurück, auch ich halte mich nicht zurück und sehe nach einem harten Einsteigen gegen Nedvěd die gelbe Karte. Eine richtige Entscheidung, die ich auch nicht bedauere: Es ist eine jener Partien, wo du dir über das spielerische Element hinaus Respekt verschaffen musst. Zur Pause steht es 0:0, und es ist ein langes, gegenseitiges taktisches Abtasten (verbunden mit dem einen oder anderen Tritt), wer von den beiden Teams als erstes den Blick nach unten senkt. Die zweite Halbzeit beginnt ganz nach unseren Vorstellungen: Innerhalb von sechs Minuten lenkt Batistuta eine Flanke von Delvecchio sehenswert zum 1:0 ab, danach verwertet Marco, indem er sich langmacht, ein hohes Zuspiel von Zanetti zum 2:0. Ein schönes und schwieriges Tor, das nur ein perfekt durchtrainierter Körper erzielen kann: Andernfalls lauert das Risiko einer Zerrung um die Ecke. Zunächst haben in jenem Jahr viele die Rückstellung Marcos verlangt, um – vor mir als Spielmacher – Montella gemeinsam mit Batistuta aufzustellen. Capello hingegen wählte und förderte Marco, weil er am besten die Doppelrolle interpretierte: Er spulte nach vorne und hinten seine Kilometer ab, erzielte aber, wenn es zur

Sache kam, seine Tore. Er war der Erste, der mit der „Ohrengeste" – wobei er eine Hand ans Ohr legte und so tat, als würde er besonders zuhören – feierte, denn er fühlte sich ein bisschen unterschätzt, und es besteht kein Zweifel darüber, dass er das Maximum aus sich herausgeholt hatte. Dies ist, finde ich, ein großes Zeichen von Intelligenz und psychischer Stärke.

Einmal 2:0 voran, müsstest du nur den Ball verwalten, um die Zeit herunterlaufen zu lassen, und eventuell versuchen, ein drittes Tor zu erzielen, um die Partie endgültig klarzumachen. Für zehn Minuten erscheint Lazio wie ein angeschlagener Boxer, der in den Seilen hängt, man müsste nachsetzen, doch der Sprint zu Beginn der zweiten Halbzeit hat auch uns Kraft gekostet. Als Zoff seinem Team mit einigen Wechseln wieder Leben einhaucht, beginnen wir uns daher abzuschotten, und es scheint, als müssten wir den Platz plötzlich hinauflaufen. In der 78. Minute kapitulieren wir erstmals. Einer jener Abschlüsse von Nedvěd von der Strafraumgrenze, die ihm oft gelingen: Er trifft den Ball auch gut, wenn er aus dem Gleichgewicht geraten ist. Unsere Abwehr zieht sich noch mehr zurück, zu Beginn der Nachspielzeit – fünf Minuten, was damals enorm viel war – führt Capello dem Team mit Guigou und Mangone frisches Blut zu. Und in der Tat, den letzten, von Mihajlović getretenen Eckball schnappen wir uns per Kopf, dank Tommasi, der den Ball außerhalb des Strafraums befördert. Niemand konnte nun mehr davon ausgehen, dass Castroman, ein argentinischer Junge, aus 20 Metern einen Volley zünden würde, der flach im Eck einschlägt. Ein fantastisches Tor, wobei ich heute sage: Von jenen Momenten habe ich nur eine unkontrollierbare Wut in Erinnerung, als ich in der Kabine gegen alles Mögliche trete, eine Wut, die an jenem Abend kein Blick auf die Tabelle abschwächen kann. Wir haben die ersten der letzten beiden Hürden unversehrt hinter uns gebracht, aber das Derby bleibt das Derby: So wie es verlaufen ist, fühlt es sich an, als hätte Lazio gewonnen.

In den folgenden Tagen bessert sich die Stimmung, denn der Fokus liegt auf Juventus und darauf, dass das Bundesgericht ein Urteil erlässt, wonach der unbegrenzte Einsatz von Nicht-EU-Spielern zulässig ist. Der Zufall will es, dass diese Maßnahme einen sofortigen Einfluss auf das direkte Duell hat. Aber in Trigoria sind wir darüber besonders glücklich, da diese Limitierung für viele lange Gesichter bei jenen Mitspielern gesorgt hat, die, obwohl sie gut drauf waren, nicht spielen konnten.

Wir sind nicht mehr auf Hochtouren unterwegs, aber auch Juve geht es nicht viel besser: In den vergangenen beiden Runden haben die Turiner nur zwei Remis erzielt, und vor allem das zweite schreit zum Himmel. Doch das direkte Duell verleiht Flügel. In der Tat gleicht Juventus' Beginn einem Raketenstart: Del Piero trifft in der vierten Minute per Kopf nach Vorlage von Zidane, in der sechsten Minute kommt der in der Startphase großartige Franzose auch dank unserer Abwehr, die sich vor ihm auflöst, zum erfolgreichen Abschluss. Und erwähnt sei, dass Capello uns in der letzten Besprechung ermahnt hatte, sofort loszulegen, um die erste halbe Stunde der zu erwartenden Schlacht zu überstehen. Nach sechs Minuten liegen wir 0:2 zurück, Mission erfüllt …

Ich spiele wahrlich schlecht, mühe mich ab, die Position zu finden, während die Juve-Spieler in den ersten 30 Minuten wie Raketen an mir vorbeilaufen. Es klappt auch nicht, mit ihnen ins direkte Duell zu kommen, weil sie das Dreifache an Tempo an den Tag legen. Wir müssen da durch und hoffen, dass sie dem hohen Tempo noch Tribut zollen werden. Davids vergibt das 3:0, womit der Abend vorzeitig entschieden gewesen wäre. Von da an beginnen wir, die Scherben der Partie aufzusammeln, um zu schauen, was wir damit noch machen können. Zur Halbzeit erinnert uns Capello ans Derby und an Lazios Leistung: „Ihr habt sogar noch mehr Zeit zur Verfügung, letzten Sonntag stand es zur Pause noch 0:0." Ich weiß nicht, wie viele von uns daran glauben. Ich fühle mich ziemlich leer, die Anspannung im Vorfeld des Spitzenspiels hat mir einen bösen Streich gespielt. Ich kehre auf den Platz zurück, versuche ein paar Aktionen, aber sie gelingen mir nicht. Nach 60 Minuten sehe ich zwei Mitspieler am Spielfeldrand kurz vor der Einwechslung, und entgegen meiner Gewohnheit werfe ich einen Blick auf die Tafel mit den Nummern der Auszuwechselnden. Ich liege richtig, denn die erste Nummer ist die 10.

Ich bin überrascht. Und gleich darauf sauer. Es stimmt, ich spiele wirklich schlecht, aber den Kapitän in solch einer Partie rauszunehmen – geht das?! Ich habe mich nie um die Hierarchie gekümmert, ich denke nicht, dass ich auf dem Platz bleiben muss, weil ich mehr Rechte besitze. Aber ich bin noch immer der, der in der Lage ist, ein dreckiges Tor zu erzielen: Lass mich drinnen, du weißt nie, wozu es in 20 Minuten gut sein kann. Na schön! Ich klatsche mit Hidetoshi Nakata ab, der an meiner Stelle den Platz betritt, streife mir die Jacke meines Trainingsanzugs über, denn in Turin ist es noch immer kalt – und wir sind im Mai, will ich nur sagen. Ich setze mich, ohne eine polemische Geste zu zeigen, auf die Bank. Auch wenn sie in mir herumschwirrt, ist das jetzt sicher nicht der Moment, um Öl ins Feuer zu gießen.

Von vielen wundersamen Auswechslungen ist jene von Nakata die unglaublichste, an die ich mich erinnern kann. In Minute 79 trifft Hide mit einem tollen Weitschuss ins Kreuzeck: Roma hatte schon die Kontrolle über das Match wiedererlangt, aber es brauchte das Tor, um die Partie wieder spannend zu machen. Und hier ist es nun. Auch ich stehe von der Bank auf, ermutige alle und versuche, den einen oder anderen wertvollen Tipp zu geben, nur um mich beteiligt zu fühlen. Die zunehmende Spannung lässt das Stadion nahezu erstarren, man erkennt, dass wir nicht unterlegen sind, genauso wenig wie es Lazio im Derby war. Ein weiterer Wink des Schicksals ereilt uns mit der Anzeige der Nachspielzeit: Es sind fünf Minuten, wie am Sonntag zuvor, und zumindest warten wir nicht bis zur letzten, um die Rechnung zu begleichen. Ein weiterer großartiger Weitschuss von Nakata wird von Van der Sar nur kurz abgewehrt, und Montella reagiert auf den Abpraller am schnellsten, deutlich vor Montero und Batistuta. Er trifft im Fallen, und das Gebrüll unserer Fans bleibt unvergesslich, denn dies war eine im Prinzip bereits verlorene Partie, hat aber nun die genau gegenteilige Bedeutung. Ich stürme auf Nakata zu, um ihn zu umarmen und zu küssen, alle liegen bereits auf ihm, er strahlt das gewohnte ruhige Lächeln aus, schützt sich nahezu vor uns. Ich schreie ihm mehrmals „Du bist ein Wunder, Hide" ins Ohr, und am Ende dreht er sich zu mir, ruft „Danke" und entfernt sich dann, meiner Meinung nach genervt vom physischen Kontakt, der zur Schau gestellten Fleischeslust einer Gruppe von Spielern, die eben das Meistertor erzielt haben und sich nun in völliger Ekstase umarmen. Nakata verschwindet auch als Erster in Richtung Kabine. Ein gläserner Alien, ruhig, höflich, aber kühl, der nie seine unzugängliche Welt verlässt. Von den wenigen Worten, die wir miteinander sprachen, erinnere mich an einen Satz, denn er hat Wort gehalten: „Ich werde bald zu spielen aufhören, denn ich habe Lust, andere Sachen zu machen." Und genauso kam es.

Nachdem wir die beiden direkten Duelle schadlos hinter uns gebracht haben, beginnt der Countdown mit einer Neuigkeit: Lazio hat Juve überholt und ist nun mit fünf Punkten Rückstand unser erster Verfolger, einen Zähler vor den *Bianconeri*. Es sind noch fünf Partien ausständig, die erste davon zu Hause gegen Atalanta: Ein Spiel, das wir nicht auf die leichte Schulter nehmen dürfen, und in der Tat muss vor dem entscheidenden Abfälscher von Montella – Vincenzo war in jener Phase nicht zu halten – gut eine Stunde vergehen, in der Antonioli bei einem Schuss von Nappi eine Glanzparade zeigt. Eine kleine Rache unseres stark kritisierten Torhüters: Stellt euch vor, nach der Partie gegen Perugia – jener, bei der ich ihn gegenüber der Kurve verteidigt hatte – hatte er einen Leibwächter engagiert, da er es angesichts der düsteren Atmosphäre, die er rund um sich verspürte, mit der Angst zu tun bekam. Auch dieses Mal wechselt mich Capello aus – kurz vor dem Führungstor –, um Nakata einzuwechseln. Erste Bemerkung: Ich spiele erneut schlecht, das ist richtig. Aber ich habe während der ganzen Rückrunde der Hilfe fürs Team den Vorrang gegenüber meiner persönlichen Genugtuung eingeräumt. Ich merke, dass der Meistertitel ganz nahe ist, und da die Gegner mir immer zumindest zwei Gegenspieler widmen, überlasse ich den Ball den freien Mitspielern, ohne mir dabei die Frage zu stellen, wie ich auf andere Weise zur Geltung kommen könnte. Und folglich zweite Bemerkung: dass dieser Staffellauf nicht zur Gewohnheit wird. Dieses Mal murmle ich auch das eine oder andere Wort in Richtung Capello, er hört es.

31. Spieltag, letztlich einfach: In Bari gewinnen wir deutlich, ein von Candela eröffnetes 4:1. Es treffen auch Cafu – dass die beiden Außenspieler zur gleichen Zeit treffen, ist ein Beleg für die Teamtaktik, wo ein Rad ins andere greift – und zweimal Batistuta. Capello setzt auch diesmal Nakata ein, aber anstelle von Montella. Ich spiele bis zur 90. Minute und genieße eine Pilgerfahrt, wie es sie nie zuvor gegeben hat. Denn knapp 30.000 Roma-Fans machten die Reise nach Perugia mit. Am Spielende stelle ich mich mitten aufs Feld und drehe mich im Kreis, um dieses Olympiastadion auswärts in Bari „im Panoramablick" zu betrachten. Unvergesslich.

Die 32. Etappe ist jene, die wir zwei Monate zuvor bei der Erstellung der Tabelle als die potenziell letzte in Blickrichtung Meistertitel erachtet hatten. Nun, wir waren letztlich nicht so gut, somit hing es nicht ausschließlich von uns ab: Sollten wir Milan zu Hause besiegen, dürften Lazio und Juventus in ihren Spielen jeweils nicht mehr als ein Remis erzielen. Es ist nichts weiter als ein Gedankenspiel, angesichts dessen, dass Milan kurz vor Ende der ersten Halbzeit durch ein Kopfballtor von Coco in Führung geht. Um auszugleichen, bedarf es einer Heldentat von Montella, der sehr wütend darüber war, trotz seiner außergewöhnlichen Form erneut von der Bank starten zu müssen. Niemand anderem käme es in den Sinn, einen großen Torhüter wie Sebastiano Rossi mit einem Heber zu bezwingen. Niemandem außer Vincenzo, der wahrnimmt, dass Rossi etwas zu weit vor dem Tor steht und der Strafraum zu sehr überfüllt ist, und der es daher bevorzugt, den Torhüter mit einem spöttischen Heber zu übertrumpfen. Kaum dass ich ihn zum Jubeln eingefangen habe, muss ich ihm den Mund zuhalten, denn ihr könnt euch gut vorstellen, wem er diesen Schrei widmet. Milan präsentiert sich stark, es bleibt ein Mysterium, warum sie derart abgeschlagen in der Tabelle sind.

Das Unentschieden ist ein gutes Resultat, auch weil sich Lazio von Inter in letzter Minute abfangen lässt und sich damit quasi aus dem Titelrennen verabschiedet. Zwei Runden vor Schluss haben sie nun fünf Punkte Rückstand. Bleibt noch Juve, vier Punkte zurück, aber in diesen Momenten fühlen wir uns so gut wie als Meister. Ich verlasse mit Di Francesco im Arm den Platz, rufe ihm zu, dass wir am Sonntag in Neapel das Spiel und den Titel gewinnen werden. Er bekräftigt meinen Optimismus mit einer Reihe von „Ja!". Andere Teamkollegen stoßen zu uns, wir machen vor der Tribüne Halt, um zu brüllen, dass sieben Tage fehlen, und die Fans sind ganz unserer Meinung: „In Neapel!", „In Neapel!", und ich beginne die Stunden zu zählen.

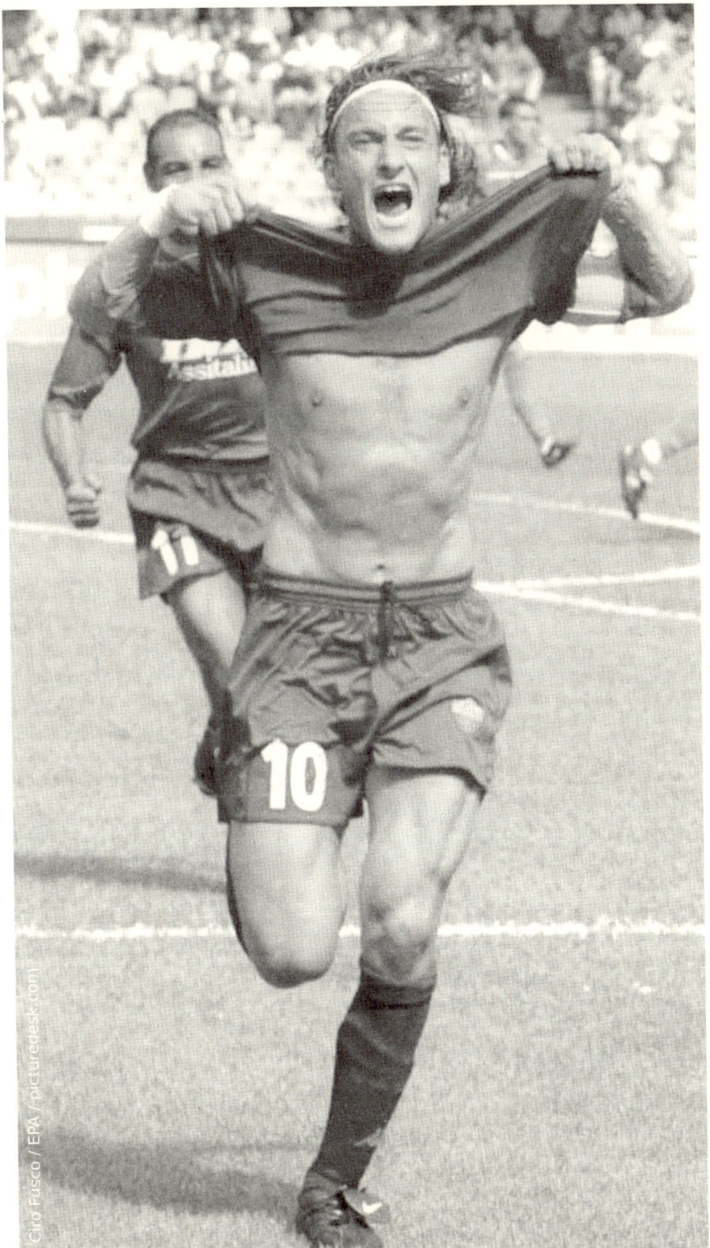

6

„ROMA HA[…]
VINTO!“

„ROMA HAT
GEWONNEN!“

Neapel. 30 Grad am Vorabend des Spiels, 9. Juni: Die Kehrseite der Medaille von einer Meisterschaft, die am 1. Oktober beginnt und vor den Toren des Sommers endet. Mir scheint, dass ich mich nicht unter dem Vulkan, sondern mittendrin befinde. An der Strandpromenade, wo unser Hotel liegt, ist die Hölle los. Hunderte Personen sind selbst im Foyer, nicht das Ideale für die Vorbereitung auf ein Spiel, in dem es um den Meistertitel geht. Was wir zu spüren bekommen. Wie es immer bei solchen Anlässen der Fall ist, weiß niemand, wer sich letztlich darum gekümmert hat, aber die Meistertrikots und die Kühlboxen mit Champagner haben in jedem Fall die Reise zur großen Party mitgemacht. Das Spiel steigt nachmittags, 35 Grad werden erwartet, wer kein Freund von Klimaanlagen ist, ist gezwungen, die Fenster zum Meer zu öffnen, und in der Via Caracciolo bleibt es bis zum Sonnenaufgang laut. Es sind nicht nur Fans von Napoli. Mit der Zeit wächst die Zahl der Roma-Fans – alles in allem sind es nur zwei Stunden über die Autobahn –, und viele von ihnen betrachten es als Pflicht, bei unserem Hotel vorbeizukommen, um deutlich zu machen, dass sie nun da sind.

In dem Hotel, in dem wir einquartiert sind, wird auch eine Hochzeit gefeiert, und dies ist eine kleine organisatorische Schwäche, denn die Regel von Capello besagt seit dem ersten Auswärtsspiel ganz deutlich, dass die Mannschaft völlig zu isolieren ist. Keine Scheinheiligkeit: In früheren Zeiten, sprich meinen ersten Jahren in der Serie A, kam es nicht selten vor, dass sich ein Mädchen auf der Suche nach einem Abenteuer mit einem mehr oder weniger bedeutenden Fußballer ins Quartier einschmuggelte. Seit der Zeit Mazzonis aber sind die Trainer von einer passiven zu einer wesentlich aktiveren Überwachung übergegangen, auch zu Zwecken der Prävention. Wenn du nun ein Hotel buchst, wo es leichtfällt, Mannschaft und „normale" Gäste zu trennen, ist es unmöglich, einen Zugang zu ergattern.

Diese Vorbemerkung dient dazu, zu einem gravierenden Missverständnis überzuleiten, zu dem man in Rom jahrelang einiges dazuerfunden hat. Auch weil Capello lange davon überzeugt war, recht zu haben und damit auch nicht hinter dem Berg hielt. (Wenn ich ihn das nächste Mal treffe, muss ich ihn, jetzt wo wir wieder ein gutes Verhältnis haben, glatt fragen, ob er noch immer daran glaubt.) Also kommen wir zurück zur Hochzeit. Unser Trainer ist an jenem Abend sehr nervös ob dieser Gleichzeitigkeit. Ich verstehe das, denn der Kontakt an der Hotelbar zwischen uns Spielern und den zum Hochzeitsmahl geladenen Gästen, darunter einige hübsche Mädchen, lässt sich nicht vermeiden. Die Bitte um Fotos und Autogramme lässt nicht lange auf sich warten, man unterhält sich, aber alles auf völlig harmlose Weise. Das könnt ihr mir glauben. Capellos Konzept sah seit Saisonbeginn zwei Wachmänner in jenem Stock vor, in dem die Mannschaft schlief, und niemand hat es jemals gewagt, ein Schlupfloch zu suchen. Was mich betrifft, zu jener Zeit war ich Single: Wäre da etwas passiert, hätte ich 17 Jahre später kein Problem damit, es zu erzählen, denn das Geschehene ist ohnehin verjährt. Aber wahr ist, dass nicht passierte.

An jenem Abend gehen wir alle mehr oder weniger zur gleichen Zeit aufs Zimmer – wir haben den gesamten achten Stock belegt –, vor dem Schlafengehen tanken wir noch etwas Frischluft auf der Terrasse mit Blick aufs Castel dell'Ovo. Ein wunderbarer Platz. Ich teile das Zimmer mit Alessandro Rinaldo, einem netten Jungen, der wie ich Römer ist, aus Cinecittà. Irgendwann höre ich es an der Tür klopfen. Als ich öffne, blicke ich in das beschämte Gesicht von Teammanager Tempestilli, der mir mit seinen Blicken etwas zu verstehen geben will. Ich schaffe es nicht rechtzeitig, ihn zu fragen, was da vor sich geht, als Capello hinter ihm auftaucht und erzürnt ins Zimmer stürmt.

„Wo sind sie? Wo sind die Frauen?"
„Mister, aber was sagen Sie da? Es gibt hier keine Frauen."
„Aber sie müssen hier sein. Davon bin ich überzeugt."
Die Durchsuchung kann nicht lange gedauert haben, denn das Zimmer ist mehr oder weniger 20 Quadratmeter groß – aber sie wird sehr gründlich durchgeführt: Capello öffnet den Schrank, kontrolliert die Duschkabine, schaut sogar unters Bett. Natürlich nichts. Ich versuche es mit einer scherzhaften Bemerkung, was ihn aber noch wütender macht. Er verlässt das Zimmer in der Überzeugung, reingelegt worden zu sein, und hat damit recht: nur nicht von mir, sondern vom Urheber der undichten Stelle (und selbst Jahre später würde ich gerne wissen, wer es war).

Die Fahrt mit dem Autobus zum Stadion San Paolo dauert mit Polizeieskorte für gewöhnlich 15 Minuten – dieses Mal sind es aber über 50. Es ist alles speziell an diesem Sonntag, inklusive der Verzweiflung der Napoli-Fans: Sollten wir gewinnen, würden sie absteigen. Uns ist bewusst, dass uns kein roter Teppich ausgerollt wird, aber auch, dass wir stärker sind: In der Tabelle trennen uns 39 Punkte, irgendwo werden wir die finden und zu unseren Gunsten nutzen. Nicht sofort, gewiss. Zumal dies auch nicht Teil unserer Gewohnheiten ist: Zum zwölften Mal in 33 Matches – ich denke, dass dies für einen italienischen Meister einen Rekord darstellt – geraten wir in Rückstand: Die Verteidigung schwächelt vom Anpfiff an, in der 37. Minute reagiert Nicola Amoruso schneller als Samuel und bezwingt Antonioli von der Strafraumgrenze. Schön gemacht. Zum Glück gleichen wir umgehend aus: Ich trete einen Eckball, der sich im richtigen Moment vom Tormann wegdreht und am ausgestreckten Fuß von Batistuta landet – er vollendet ohne Probleme, Halbzeitstand somit 1:1. Gott sei Dank, denn die Anspannung in der Kabine ist groß. In den letzten Tagen hat Montella seine Nervosität nicht mehr zurückgehalten, auch diesmal war er nach dem fantastischen Tor gegen Milan davon überzeugt, sich einen Platz in der Startelf verdient zu haben. Und das ist nicht der einzige Krisenherd. Soweit ich es lese und höre, wird in den anderen großen Klubs die Stammplatzfrage von den Spielern weniger leidenschaftlich erlebt. Im Übrigen habe ich es kurz davor auch bei mir selbst gesehen: Kaum wurde ich zweimal durch Nakata ersetzt, war ich schon wütend.

Trotz der drückenden Hitze spiele ich eine meiner besten Partien, es ist deutlich zu sehen, dass es in mir ein lang unterdrücktes Verlangen gibt. Mein Tor zum 2:1 fällt nach einer Flanke zur Mitte von Cafu, ich nehme den Ball mit der Brust an und versenke ihn aus gut elf Metern mit rechts im Tor. Die Heimischen protestieren, weil ich mit ausgebreiteten Armen hochgesprungen bin, und es stimmt, dass der Ball einen davon berührt hat: Aber die Ballkontrolle geschieht einzig mit der Brust. Lasst es mich einmal sagen: Es ist eine Nummer, die nur wenige beherrschen, wenn du nicht die Technik im Blut hast, kommst du erst gar nicht drauf, es so zu machen. Alles andere als ein Handspiel.
War es das Tor zum Meistertitel? Für 29 Minuten ja, und ich feiere es auf jeden Fall auch als solches, ziehe das Trikot aus und laufe zu einem von unseren Fans gefüllten Sektor. 29 Minuten lang bleiben wir 2:1 voran, ohne in Gefahr zu kommen, lassen aber drei oder vier günstige Gelegenheiten aus, um alles klarzumachen. Das San Paolo reagiert ruhig und niedergeschlagen, spürt, dass der Abstieg näher rückt, mir fällt es schwer, mir vorzustellen, was das für eine Stadt und deren Fans bedeutet. In den Gesichtern der Napoli-Spieler macht sich Resignation breit, ehe der Eintausch von Moriero für Frischluft sorgt. Er holt in der 81. Minute einen Freistoß an der Strafraumgrenze raus, Pecchia geht mit einer fixen Vorstellung an die Ausführung: nicht über die Mauer zu schießen, sondern durch sie hindurch. Die Mauer öffnet sich, Antonioli reagiert überrascht, versucht noch mit den Händen abzuwehren, kann den Ball aber nicht stoppen: 2:2. Juve und Lazio sind schon seit der ersten Hälfte ganz klar auf Siegerkurs, wenn es dabei bleibt, bleibt die Meisterschaft bis zum letzten Spieltag offen. Was mir ganz und gar nicht gefällt.

Nun ruft Capello Montella zu sich, und bevor dieser auf den Platz kommt, liefert er sich noch ein kurzes und bissiges Wortgefecht mit dem Trainer. Es kommt zum berühmten Tritt gegen die Wasserflasche, Vincenzo ist nicht nur über seine Ersatzrolle wütend, sondern auch darüber, dass der Trainer nach meinem 2:1 Zanetti anstelle von Delvecchio gebracht hat. Ein logischer Wechsel, wir stehen kurz vor dem Titel und ziehen uns daher etwas zurück, aber inzwischen ist die ganze Story zu sehr vergiftet. Montella zählt zu den zwei oder drei besten Stürmern Italiens, hält es nicht mehr aus, ein stotterndes Dasein zu fristen. Er hält dies für eine Ungerechtigkeit, auch weil er in der Rückrunde einen extrem hohen Schnitt an wichtigen Toren verbucht hat. Wer weiß, was passieren würde, sollte Vincenzo noch das Siegestor erzielen: Die Gelegenheit dazu findet er vor, aber Napolis bemitleidenswerter Torhüter Franco Mancini verhindert es mit einer starken Abwehr. Schlusspfiff. Der Frust ist groß, in der Kabine habe ich mit den Teamkollegen Mühe, Capello und Montella, die aufeinander losgehen wollen, zu trennen. Tags darauf gesteht Montella ein, übertrieben reagiert zu haben, und bittet den Trainer öffentlich um Entschuldigung.

Die Heimfahrt im Bus fühlt sich furchtbar an: voller Wut und schlechter Stimmung, mit angedeuteten Streitigkeiten und missbilligenden Blicken. Am nächsten Tag schaut es schon wieder besser aus. Manchmal kommt es vor, dass ein einfacher Slogan die Sichtweise auf ein Thema verändert. Ich lese in einer römischen Tageszeitung: „Es wird viel schöner, den Titel zu Hause zu gewinnen", und plötzlich wird mir klar, dass es diese Binsenweisheit auf den Punkt bringt. Natürlich wird es im Olympiastadion viele Tausende Mal schöner werden. Mitten unter unseren Fans, in unserem randvollen Stadion, in unserer durchgeknallten Stadt, an unseren magischen Orten. Ich sage es sofort Candela, meinem Freund, er stimmt mir zu: „Ich habe mir dasselbe gedacht, Parma schlagen wir locker." Nun mache ich es in der Kabine zum Thema, vor dem Beginn des Trainings, und schlagartig beginnen sich die negativen Gedanken zu verflüchtigen. Die Vorstellung motiviert alle von Neuem, flotte Sprüche wie „Wie komme ich zu den 200 Tickets, die Freunde von mir haben wollen?" – wobei es nicht bloß Sprüche sind, denn jeder von uns sieht sich mit derart gewaltigen Anfragen konfrontiert – oder „Wie wird es uns danach gelingen, das Olympiastadion zu verlassen?“ machen die Runde. Die Antwort ist klar: Darum kümmern uns wirklich erst *danach*.

In dieser letzten Woche dosiert Capello mit großer Sorgsamkeit die Arbeit auf dem Platz, hauptsächlich am späten Nachmittag, denn wir sind nun bei Mitte Juni angekommen, und die Hitze kennt keine Gnade. In dieser Woche wird die Erfahrung eines Mannes, der schon Großes gewonnen hat, deutlich, denn es gelingt ihm perfekt, das Gleichgewicht herzustellen zwischen dem Aufrechterhalten einer gewissen positiven Spannung und dem Entdramatisieren einer Erwartung, bei der unvermeidlich auch Angst dabei ist.

Ich aber widme mich in jenen Tagen zu Hause und mit Freunden einem weiteren Aspekt, der kurz vor der Vollendung steht: einem epischen. Im März dieses Jahres hatte der Film *Gladiator* den Oscar gewonnen, ein außergewöhnlicher Streifen, der meine Fantasie stark beflügelt hat. Ich habe mir sogar ein Tattoo stechen lassen. Für einen Vollblutrömer wie mich ist das Ausmaß unserer Bedeutung in der Geschichte Grund für Stolz und für Studium: In der Schule konnte meine Aufmerksamkeit in anderen Fächern nachlassen, aber gewiss nicht, wenn zunächst die Lehrerin und später die Professoren uns von den Ereignissen rund ums Römische Reich erzählten. Diese beim Betrachten des schönsten Films des Jahres (und nicht nur das) erneut erleben zu können, ist ein Privileg. Ich kenne den *Gladiator* fast auswendig. Wenn Russell Crowe in der Arena den Helm abnimmt und zu Commodo mit ernster Stimme sagt: „Meine Name ist Maximus Decimus Meridius, Kommandeur der Truppen des Nordens …“, bekomme ich feuchte Augen. Jedes Mal. Ich kann da nichts machen. So schließe ich mich jeden Abend in unserer privaten Taverne ein, wo wir einen Riesenbildschirm haben, und lege die DVD von *Gladiator* ein. Es ist eine Art kollektiver Nervenkitzel, den ich mit meinen Freunden Riccardo, Angelo und Giancarlo erlebe. Und bei der Verkündung „Rom hat gewonnen!“ springen wir alle auf, umarmen uns voller Enthusiasmus und denken dabei natürlich an die Erringung des Meistertitels. An den ersten Abenden kommt meine Mama ein paarmal, besorgt über die Schreie in der Taverne, nachschauen und geht lachend wieder davon. Mein Papa schüttelt den Kopf, das Ganze scheint aber auch ihn zu amüsieren. Es ist eine fantastische Methode, um sich aufzuladen, ich sollte es patentieren lassen. Denn seien wir ehrlich: Wir duellieren uns um den Ruhm, verfolgt von Heerscharen von Fans, die uns aber alle herrschen oder auf der anderen Seite leidend kapitulieren sehen wollen. Was sind wir, wenn nicht moderne Gladiatoren?

Ich schaue in jenen Tagen nicht nur meinen Lieblingsfilm. Die TV-Stationen zeigen Sondersendungen über unseren langen Marsch zum Meistertitel, ich schaue es mir auf Kassette immer wieder an, koste die Bedeutung dessen, wozu wir fähig waren, voll aus. Natürlich wäre all dies nichts wert, sollte es uns nicht gelingen, Parma zu besiegen. Aber offen gesagt, hege ich nicht mehr als einen kleinen und weit entfernten Zweifel daran. Wir sind deutlich stärker, für sie ist die Meisterschaft seit Längerem gelaufen: Nach den Problemen in der Hinrunde sind sie auf Platz vier vorgestoßen, was die Stärke der Mannschaft sehr gut widerspiegelt. Ich lese, dass Parma in der Rückrunde wie wir 33 Punkte geholt hat, das ist in der Tat eine Zahl, die etwas beunruhigend wirkt. Doch dieses Faktum kann unsere Motivation nicht schmälern.

Wenn ich schon normalerweise nicht durch Rom spazieren kann, so war es in dieser Woche unmöglich, auch nur die Nase aus dem Haus zu stecken. Die Freunde erzählen mir von einer erhitzten, aber in gewisser Weise auch noch ruhigen Stadt, welche die Wartezeit mit 1000 abergläubischen Ritualen und einer Ungeduld, die auch eine gewisse Form der Gelassenheit beinhaltet, auskostet. Es ist, wie wenn du das erste Mal ein Mädchen küssen sollst: Du bist dir ziemlich sicher, dass auch sie sich danach sehnt, aber man weiß nie … Du stellst dir vor, wie es sein könnte, wenn sie dich zurückweist. Vor jedem Versuch kommen die Zweifel in dir hoch. Und wenn Parma einen Coup geplant hat, um in die Geschichte einzugehen? Ich lege wieder den *Gladiator* ein, um nicht daran zu denken. Und da viele aus dem Team in Casal Palocco wohnen, herrscht in der Taverne ein reges Kommen und Gehen.

Samstagvormittag. Atillio, unser Freund vom Restaurant *Al Pescare* in Ostia, hat einen Van mit sieben Sitzen. Damit holt er uns von zu Hause ab, so löst sich das Problem, dass wir nach dem Spiel unsere Autos in Trigoria abholen müssten. Wir sind in diesem Fall Batistuta, Montella, Delvecchio, Candela und ich. Es gibt zu Hause keinen besonderen Abschied, wir werden uns vor dem Anpfiff sowieso noch Tausende Male hören: Mama schaut mich dennoch etwas eigenartig und mit leuchtenden Augen an, als sie mich umarmt. Zum Glück hat der Van getönte Scheiben, denn wenn die Fans, die rund um Trigoria campieren, uns sehen würden, wäre es schwierig, ins Sportzentrum zu gelangen. Als die Schranke des Haupttors hochgeht, spüre ich das Gewicht unserer Mission, die in der Zielgeraden angekommen ist. Die letzten 24 Stunden. Morgen werden wir italienischer Meister sein, oder ein flüchtendes Team, das in den erstbesten Flieger in die Ferne steigt.

Training. Vorbesprechung. Billard. Abendessen. Unterhaltung. Träume. Ich verbringe die Stunden auch damit, mir vorzustellen, wie es im Olympiastadion wohl sein wird. Denn die Filme von 1983, die ich mir angeschaut habe, zeigen eine Party – das Spiel Roma gegen Torino vom letzten Spieltag –, nicht einen Triumph: Der war bereits in der Runde davor in Genua eingefahren worden, mit dem Remis hatte Roma mit Pruzzo, Falcao, Di Bartolomei und Bruno Conti rechnerisch alles klargemacht. Daher wäre nun dies das erste Mal (1942, beim ersten Meistertitel, spielte man anderswo). Folglich wird auch das Olympiastadion begeistert sein …

Normalerweise zieht man sich am Vorabend eines Spiels gegen 23 Uhr ins Zimmer zurück, aber diesmal ist zu viel Adrenalin im Spiel, niemandem gelingt es zu schlafen. Capello kommt vorbei, zieht eine Grimasse und sagt nichts, weder „Geht ins Bett“ noch „Es ist schon spät“. Er weiß, dass es sinnlos wäre und wie wir uns fühlen: wie seine Spieler bei Milan oder Real Madrid, jenen Klubs, mit denen er bereits gewonnen hat. Es sind wenige, die in bestimmten Situationen einen gesegneten Schlaf finden. Ich erinnere mich an ein Interview mit Enzo Bearzot, der von seinen Spielern erzählte, die nicht einschlafen konnten und dann wie die Kojoten in der amerikanischen Prärie in den Gängen herumstreiften. In jener Nacht in Trigoria sind wir alle Kojoten. Ich schalte das Licht um 3 Uhr morgens aus, nach einer letzten Runde an Telefonaten mit Freunden. Ich glaube, dass in Rom praktisch niemand schläft.

Die Sonne dringt früh durch die Rollläden, aber ich döse bis 9 Uhr in meinem Bett dahin. Beim Frühstück lese ich die Zeitung, wobei mir besonders der *Corriere dello Sport* gefällt. Denn er ist zur Gänze unserem Ritt gewidmet, noch bevor mathematisch alles klar ist, frei von jeglichem Aberglauben, aber es ist gut so. Zwei kurz aufeinanderfolgende Töne kündigen die erste SMS eines Freundes aus dem Stadion an, das dem Anlass entsprechend die Tore bereits am frühen Vormittag geöffnet hat. Der Mund bleibt mir offen. „Hier ist schon alles voll!“, lese ich, das kann nicht wahr sein … Beim Frühstück sitzen einige Teamkollegen überwältigt vorm Fernseher. Sie haben die Scheibe Brot und die Marmelade in der Hand, als ob die Zeit stillstehen würde. Im TV sind die Bilder zu sehen … vom vollen Olympiastadion, und es ist eine Live-Schaltung. Es ist also tatsächlich wahr. Einige Läufe zur Muskelaktivierung, es ist schon extrem heiß. Um 11 Uhr komme ich aufs Zimmer zurück, rufe meine Mama an: „Ich habe eben auf der Tribüne Platz genommen, Francesco. Ja, wir sind alle okay, danke. Es … es ist unglaublich, hier passt keine Stecknadel mehr rein.“ Jetzt kann ich die Abfahrt kaum noch erwarten: Mittagessen, letzte Besprechung bezüglich der ruhenden Bälle, ich steige in den Bus und drücke dreimal auf die Hupe, um allen klarzumachen, dass es keine Zeit mehr zu verlieren gilt. Sie erwarten uns.

An jenem Tag legen wir für die Strecke von Trigoria bis zum Olympiastadion einen neuen Rekord hin: 20 Minuten, nicht mehr, und die Polizeieskorte ist nur ein Grund dafür. Der andere, weitaus relevantere ist, dass keine Menschenseele unterwegs ist, alle bereits im Stadion sind. Für gewöhnlich verzichte ich auf die Erkundungsrunde, jenen zehnminütigen Spaziergang der Fußballer in Klubuniform, um Luft zu schnuppern und die Kompaktheit des Spielfelds zu ertasten, was auswärts hilfreicher als zu Hause ist. Diesmal mache ich eine Ausnahme und betrete den Rasen, denn ich will die Fans sehen, und der Aufschrei der Leute, als wir reinkommen, fügt sich nahtlos in die Reihe unvergesslicher Erlebnisse ein, die mit dem Meistertitel in Verbindung stehen. Auf dem Platz kreuzen sich unsere Wege mit den Parma-Kickern, in unseren Blicken ist eine gewisse Scham erkennbar. Aus zwei Gründen. Der erste, lang und breit in der vergangenen Woche in Trigoria erläutert, ist, dass dieses Team eine Zweigstelle von Lazio zu sein scheint: Fuser, Almeyda, Sensini, Di Vaio ... alles Männer, die hier gespielt haben und die alles geben werden, um uns den Sieg streitig zu machen, allein schon, um die guten Kontakte mit den alten Fans aufrechtzuerhalten. Nach Rom kommt man immer mal zurück, da ist es besser, keine offenen Rechnungen zurückzulassen. Die zweite Verlegenheit ergibt sich durch die Freundschaften. Gigi Buffon ist für mich, wie alle wissen, seit den Zeiten bei Italiens U15 wie ein Bruder, Fabio Cannavaro ist ein weiterer Nationalspieler, mit dem mich mehr verbindet als U21 und Nationalteam. Ich betrachte es daher als Ehrensache, dass ich sie in den letzten Tagen nicht angerufen habe – eine komische Sache, denn für gewöhnlich hören wir uns oft –, um Scherze oder auch Missverständnisse zu vermeiden. Aber nun kann ich nicht so tun, als ob ich sie nicht sehen würde, das wäre zu viel des Guten. Auch weil die beiden mich ständig anstarren, mit dem Finger auf mich zeigen und dabei hemmungslos lachen. Sie nehmen mich gerade auf den Arm.

„Ihr Trottel, warum lacht ihr?"

„Psst. Du darfst nicht mit uns sprechen, sonst rufen sie am Ende noch die Untersuchungsbehörde an."

„Scherzt nicht, es ist ernst."

„Sei still, du darfst nicht mit uns sprechen."
Und so weiter. Sie haben nicht vergessen, dass ich die ganze Woche nichts von mir hören hatte lassen. Ich kehre in die Kabine zurück, verfolgt von den beiden Unruhestiftern. Im vergangenen Sommer standen sie kurz vor einem Transfer zu Roma, nun fürchte ich, dass sie Lust hätten zu sehen, dass wir ihnen nachtrauern. Die Geister schwirren um das Stadion herum. Vorwärts, los, je früher wir spielen, desto schneller überwinden wir die Unschlüssigkeit.

Capello schreitet am Ende zur Tat, mit mir und Batistuta spielt auch Montella von Anfang an, der Trainer setzt auf Angriff und will damit ein klares Signal senden. Beim Anstoß habe ich den Eindruck, mich nicht auf dem Zentrum des Platzes, sondern im Zentrum der Welt zu befinden. Der Pfiff von Braschi unterbricht schließlich die seit einer Woche herumschwirrenden Gedanken. Laufen, spielen, kämpfen, fallen, treffen: Nie zuvor habe ich derart die Anstrengung einer Partie benötigt.

Wir starten im Leerlauf, man spürt die Beschleunigung des Motors, aber der Übergang passt nicht, es gibt einige Probleme beim Umschalten der Gänge. Wir müssen zum Kurzpassspiel finden, die Räume enger machen, um Fehlpässe zu vermeiden. Capello ruft mehr als sonst rein, er will sofort die Schwachpunkte korrigiert sehen, damit uns die Phasen der Balleroberung nicht zu viel Kraft kosten. Es herrscht eine Mörderhitze, jene Hitze, die dir oft zur zweiten Halbzeit auflauert, oder besser in den letzten 20 Minuten, wenn du Gefahr läufst, mit einem einzigen Schlag die Rechnung für die exzessiven Anläufe in der ersten Hälfte präsentiert zu bekommen. Parma zieht sein Spiel ohne groß zu zögern durch, vor allem die Ex-Lazio-Spieler wollen ihre Stärken demonstrieren. Wie wir es erwartet hatten. Das Positive daran ist, dass sie, da in der Tabelle alles klar ist, frei aufspielen. Sie errichten keine Barrikaden, wollen sich die Genugtuung gönnen, auf dem Platz des Titelaspiranten zu gewinnen. Wenn wir den Ball erobert haben, finden wir reichlich Platz für den Gegenangriff. Ich kann es mir daher oft erlauben, zu Sprints über 30 Meter anzusetzen, ohne dass ich drei Gegenspieler vorfinde, die darauf warten, mich zu Fall zu bringen. Die erste Torchance hat Montella nach Pass von Candela, aber sein diagonaler Schuss streift die Stange. Im selben Moment geht ein Raunen durchs Stadion, ein Lärm, der dieselbe Frequenz wie bei einer Welle hat, bloß klingt es nicht festlich. Ich kümmere mich nicht weiter darum, ehe Cafu, der auf der Seite der Betreuerbänke spielt und folglich die Nachrichten mitbekommt, mir sagt, dass Trezeguet in Turin getroffen hat. Weitgehend vorhersehbar, niemand dachte, dass Juve nicht gewinnen würde, aber es ist in jedem Fall ein Tor, dass die Höhe des Drucks nach oben schnellen lässt. Spielen wir remis und siegt Juve, gäbe es ein Entscheidungsspiel um den Meistertitel. Uns ist klar, dass wir gewinnen müssen, nun hat sich die Zeit, dies zu schaffen, etwas verringert. Nach einer Viertelstunde steht es weiter 0:0. Zumindest sind wir noch nicht in Rückstand, wie es schon zu oft in dieser Saison passiert ist.

In dieser Phase steigenden, aber noch nicht explodierenden Drucks liegt der Ursprung für das Tor meines Lebens. Nicht das schönste – hinsichtlich schön – aber das Herzklopfen, das ich verspürte, reiht sich einzig hinter jenen Momenten ein, in denen meine Kinder geboren wurden, und selbst da nicht so arg. Tiefes Zuspiel von Tommasi aus dem Zentrum nach links, nach dem Kopfball eines Gegenspielers hat Candela die Kontrolle über den Ball, er spielt ihn im Strafraum flach zurück ins Zentrum – eine 1000-fach wiederholte Aktion, die wir mittlerweile mit geschlossenen Augen spielen könnten. Ich eile in vollem Tempo hervor, schreie „Mein Ball", auch wenn Montella meine Präsenz erahnte, und kurz bevor er selbst den Ball nehmen wollte, doch noch auswich. Aber es handelt sich wahrlich um den Bruchteil einer Sekunde, der Einschlag mit rechts muss perfekt sein, mir scheint es, als käme ich in zu großem Abstand zum Ball und hätte den Moment etwas verzögern sollen. Es sind Gedanken, die sich im Moment des Kontakts im Nu auflösen, ein meisterlicher Rechtsschuss gegen die Laufrichtung von Buffon, der Ball schlägt in jenem Eck ein, das er eben verlassen hat, um den Rest seines Tores abzudecken. Ihn austricksend, wie bei einem gut getretenen Elfmeter. Da ist es, das Tor meines Lebens! Das, was von mir auf Dauer bleibt, meine Nachricht an die Roma-Fans der Zukunft. Ich bin das gewesen. Ich war der Schütze des 1:0 am wichtigsten Sonntag in unserer Geschichte.

Normalerweise gibt es keine Erinnerung an einen Moment dieser Art. Es kann keine geben. Es ist ein derart greller Blitz, dass du nichts anderes machen kannst, als ihn dir wieder anzuschauen und zu genießen, auf immer und ewig. Die erste Reaktion ist ein Aufschrei im Einklang mit den Fans im Stadion, dann beginne ich mir grinsend das Trikot auszuziehen, überspringe die Werbebande, schwebe zum Rendezvous mit der *Curva Sud*, das nicht in den letzten Tagen, sondern schon viel früher fixiert worden war: an jenem Tag, als ich, noch als Kind, bei der Roma angekommen war. Viele Tränen sind in dieser Kurve zu sehen, Tränen der Liebe und Euphorie, dieselben Tränen, die ich Jahre später sehen werde, am Sonntag meines letzten Spiels, durchzogen von Melancholie. Ich habe in meiner Karriere nicht viel gewonnen. Aber die Intensität dieser wenigen triumphalen Tage, im Besonderen dieses 17. Juni 2001, kompensiert weitgehend jedes Defizit. Der römische Kapitän und Roma-Spieler, der Roma zum Meistertitel führt, ist eine Vorstellung, die den puren sportlichen Freudentaumel übersteigt. „Mein Name ist Maximus Decimus Meridius, Kommandeur der Truppen des Nordens ..."

Capello gestikuliert wild, damit wir zum Mittelkreis zurückkehren. Er fürchtet, dass vor lauter Freude über das 1:0 in den folgenden Minuten die Konzentration nachlässt – was manchmal vorkommt –, und will, dass unsere Abwehrfestung mit dem Ankick wieder perfekt funktioniert. Das Schöne, am letzten Spieltag einem Gegner gegenüberzustehen, der kein wirkliches Ziel mehr verfolgt, besteht auch darin, dass sich dessen Verhalten unabhängig vom Resultat nicht verändert. Parma spielt weiter, als wäre nichts gewesen, drängt in unseren Strafraum, wo Di Vaio eine Prämie verfolgt: Bis hierher hat er 14 Tore erzielt, eines fehlt ihm noch zur Bonuszahlung fürs 15. Tor. Die Gäste wissen offensiv durchaus Gefahr zu erzeugen, lassen aber defensiv einiges zu. Was unvermeidlich ist, wenn man mit vielen Spielern angreift. Vor der Pause setzt Batistuta, verfolgt von zwei Verteidigern, zum Sprint an, wird von ihnen gezwungen, etwas nach rechts auszuweichen. Im Strafraum angekommen, zieht er mit rechts ab, Buffon wehrt den Ball nach vorne ab. Doch im Zentrum, wo der Ball landet, reagiert Montella wieder einmal am schnellsten. Er trifft die Kugel, als sie den Boden berührt, mit der Reinlichkeit eines Chirurgen und jubelt wie immer mit ausgestreckten Armen, im Stil eines „Flugzeugs". Während ich ihn auf seinem Lauf zur Kurve verfolge, denke ich mir, dass es mit diesem Tor erledigt ist, uns niemand mehr die Meisterschaft entreißen kann. Als ich nach unserer Umarmung den Kopf wieder hebe, sehe ich die Gesichter unserer Fans nicht mehr. Nur noch Fahnen, die jeden Winkel der Tribüne bedecken.

Die Halbzeit wird zu einer Serie von übereinstimmenden Gesten: Daumen nach oben, nur noch Grinsen und Vorbereitungen auf das Fest. Capello ist gezwungen, die Stimme zu erheben, er ermahnt uns, nicht all das Gute, was wir umgesetzt haben, zu ruinieren, fordert 45 weitere gute Minuten. Aber auch er tut sich schwer, ein Argument zu finden, um uns auf Trab zu halten. Als er sich umdreht, ahne ich, dass er sich gemeinsam mit seinem Co-Trainer Italo Galbiati das Lachen nicht verkneifen kann. Die Medaille für den mit Roma errungenen Meistertitel hat einen höheren Wert als jene für die Triumphe mit Milan, wo gewinnen nicht so selten ist. Eine kalte Dusche ist die beste Methode, um in Blickrichtung zweite Halbzeit wieder in Schwung zu kommen. Auf dem Weg retour aufs Feld treffe ich Buffon, er gratuliert mir dafür, wie ich ihn kalt erwischt habe. „Ich hatte erwartet, dass du ihn ins andere Eck jagst, ich bin wie ein Huhn umgefallen."

Einen echten sportlichen Wettkampf bietet die zweite Hälfte nicht mehr. Wir wollen Abstand halten und, falls möglich, die Saison mit einigen symbolischen Gesten ausklingen lassen. Die erste ist ein Tor von Batistuta, sein 20. in dieser Saison, aber vor allem die endgültige Fixierung des Meistertitels durch einen Mann, der zu dessen Eroberung Fundamentales beigetragen hat. Gabriel trifft innerhalb des Strafraums ins Schwarze, zehn Minuten vor Spielende, was die Korken in Blickrichtung Feierlichkeiten endgültig hochgehen lässt. Denn viele Fans haben bereits die Absperrungen übersprungen, am Jubel mit Batistuta beteiligen sich auch die ersten Invasoren, werden aber sofort von den Sicherheitsleuten zurückgejagt. Die weiteren symbolischen Akte betreffen die Auswechslungen. Vor Delvecchio und Nakata, deren Bedeutung ich ausführlich geschildert habe (und es war daher richtig, dass sie am finalen Fest auf dem Platz teilnahmen), schickt Capello Amedeo Mangone aufs Feld. Ein Verteidiger, der stets bereit zum Einsatz und wie nur wenige in der Lage ist, die Kabine zusammenzuhalten. Sein Spitzname, der weiße Thuram, spielt auf die Tatsache an, dass zwei Jahre zuvor auch der extrem starke Franzose von Parma als möglicher Neuzugang bei uns gehandelt wurde. Doch am Ende kam er, Amedeo – gut, aber nicht so gut wie Thuram. Wenn es möglich gewesen wäre, hätten auch weitere Ersatzspieler einige Einsatzminuten verdient: zuallererst Cristiano Zanetti, mehr als die eine halbe Saison Stammspieler, aber dann bereit, zurückzutreten, ohne den Mund aufzumachen, damit Emerson durchstarten konnte. Nebenbei: Der Brasilianer ist sehr stark, zählt aber nicht zu den Mitspielern, mit denen ich mich eng verbunden fühlte. Die anderen sind Amelida, der, wie wir bei der WM 2006 feststellen werden, immer dabei war, wenn ich etwas Großes gewann. Di Francesco, der für seine Verletzung zu Saisonbeginn einen hohen Preis bezahlen musste. Der alte Balbo, zurückgekehrt, um einen Kreis zu schließen, und Gaetano D'Agostino.

Doch kehren wir ins Olympiastadion zurück und zu den Hunderten Fans, die, weil sie über die Absperrungen gesprungen waren, Capello immer nervöser machen. Ab dem 3:0, das durch Di Vaio, der so doch noch zu seiner Prämie kommt, zu einem 3:1 wird, blickt der Trainer kaum mehr aufs Feld, um sich darauf zu konzentrieren, was rundherum passiert. Die Wahrheit ist, dass rund um die 70. Spielminute jemand angeordnet hat, die Tore zu öffnen, mit dem Ergebnis, dass nun die halbe Stadt darauf drängt, das Olympiastadion zu betreten. Fünf Minuten vor Schluss pfeift Braschi ein Foul an Batistuta, worauf sich jemand, der dies irrtümlich als Schlusspfiff interpretiert, aufs Spielfeld stürzt. Und wie so oft in solchen Situationen: Wenn der Erste mal gestartet ist, folgen ihm gleich Tausende weitere. Capello ist eine Furie, hat vor lauter Wut einen dicken Hals, schreit die Leute an, dass wir ihretwegen das Spiel am grünen Tisch verlieren werden. Die Bank und die Klubleute unterstützen ihn beim Versuch, das aufkeimende Fest einzudämmen. Uns Spielern werden auf dem Platz die Trikots entrissen, aber dann gelingt es uns, die Invasoren hinauszudrängen und uns die Kleidungsstücke anzuziehen, die wir auf gut Glück auf der Ersatzbank finden. Capello versagt die Stimme, Braschi deutet ihm, ruhig zu bleiben. Das Spiel geht weiter, inzwischen haben sich Tausende Fans am Spielfeldrand versammelt. An einem gewissen Punkt nähert sich Braschi mir und murmelt: „Bringt den Ball in die Nähe des Ausgangs, sobald er dort ankommt, pfeife ich die Partie ab.“ Was innerhalb der nächsten 30 Sekunden auch passiert. Ich bin zirka 15 Meter von den Treppen entfernt. Vito läuft mir entgegen, und für einen Augenblick, nur für einen Augenblick, umarmen wir uns vor Freude. Wir können einfach nicht darauf verzichten: Wir schauen uns in die Augen, weinen beide. Gleich darauf macht er für mich das Schutzschild, damit ich den Ausgang des Platzes erreichen kann. Aber es ist ein schwieriges Unterfangen.

Im Olympiastadion ist die Entfernung zwischen Spielfeld und Kabine nicht gerade die kürzeste, in gewöhnlichen Situationen braucht es ein paar Minuten, um die Strecke zurückzulegen. An jenem Tag brauche ich 50 Minuten, denn als ich den Gang betrete, ist er verstopft. Alle sind da, bekannte Gesichter und noch nie gesehene Leute, Künstler, Journalisten, Politiker, buchstäblich verrückte Leute, die singen, tanzen, stoßen, anstoßen, trinken, das Glas über andere leeren, es wirkt auf mich wie das Siegerpodium in der Formel 1, nur viel überfüllter. Mein Auftauchen bleibt natürlich nicht unbemerkt, aber als ich nur noch in der Unterhose dastehe, kommt es zum Glück niemanden in den Sinn, mir auch noch diese letzte Trophäe zu rauben. Ich hätte sie mit Haut und Haaren verteidigt. In Wirklichkeit bemerkt es niemand, denn ich hatte sie bereits aufgerollt, um sie wie ein Handtuch erscheinen zu lassen. Sogar das Trikot habe ich verteidigt: Es ist ein Schmuckstück, von dem ich mich keinesfalls trennen will. Die Kabinentür vor Augen, beginne ich an der Wand zu kratzen, um auf mich aufmerksam zu machen. Zwei vom Sicherheitsdienst sind bereits bis dorthin vorgedrungen, möglicherweise darüber besorgt, weil ich noch nicht in der Kabine angekommen bin. Als sie mich wahrnehmen, kommen sie mir entgegen und bilden mit ihrem beachtlichen Umfang einen Minikorridor, sodass ich bis zur Kabine durchkomme. Uff. „Rund 50 Minuten", sagt Vito. Einzig ich habe noch gefehlt. Kaum trete ich ein, knallt der Korken einer Champagnerflasche. Der Stimmung nach zu schließen ist es nicht der erste.

Ich stimme sofort in die Gesänge und Tänze mit ein, stoße mit allen an und bin wie alle erstaunt und später mehr als amüsiert über Nakata, der sich in diesem irren Chaos in eine Ecke gesetzt hat, um dort ein Buch zu lesen. Ein Marsmensch. In der Kabine gab es auch sicher das eine oder andere Tablett mit Früchten und Schokolade – als ich ankomme, ist davon nichts mehr zu sehen. So kommt es, dass mir bereits nach dem dritten Glas Champagner schlecht wird. Wenn ich schon sonst keinen Alkohol trinke, ist es erst recht eine bescheuerte Idee, es nun auf leeren Magen zu tun. Radio- und TV-Stationen haben die Kabine längst eingenommen, betteln um Interviews für ihre Live-Schaltungen. Montella ist am öftesten dazu bereit, ehe Franco Sensi eintritt und ihm alle aus Respekt Platz machen. Ich küsse und umarme Rosella, seine Tochter, die zugleich meine Freundin ist, stimme einen Chor für den Präsidenten an, den ich in weiterer Folge auch dirigiere. Ich amüsiere mich wie verrückt dabei, zu sehen, wozu Menschen fähig sind, wenn die Euphorie die Hemmungen löst. Irgendwann

schaut auch Buffon vorbei, ich lade ihn auf ein Glas ein und sage zu Sensi: „*Presidente*, halten Sie ihn fest, lassen Sie ihn nicht aus dem Olympiastadion."
Aber als mir bewusst wird, dass solche Sprüche bei Antonioli nicht gut ankommen, lasse ich es gleich wieder sein. Doch ich deponiere bei Sensi unter vier Augen, dass der Transfer immer noch möglich wäre. Das Problem ist, dass in besagtem Sommer Juventus Zidane an Real Madrid verkaufen und das erste Resultat dieses Geldregens just Gigi sein wird.

An jenem Abend feiern wir nicht gemeinsam. Vielmehr gab es nie ein Treffen der gesamten Mannschaft – was für mich doch einen Wermutstropfen darstellte. Auch nicht beim Konzert von Antonello Venditti einige Tage später im Circus Maximus, als Sabrina Ferilli sich wie versprochen hätte ausziehen sollen, letztlich aber in einem Badeanzug dastand … wie sie es angekündigt hatte. Viele aus dem Team waren da schon in den Urlaub aufgebrochen, letztlich erschienen wir nur zu fünft oder sechst auf der Konzertbühne. In der Meisternacht blieben die Brasilianer unter sich, Batistuta arrangierte sich mit Delvecchio, andere trafen sich bei Montella. Ich weiß das, weil Capello – schlicht großartig – gegen Mitternacht just dort an der Tür läutete. „Vincenzo, ich bin es, der Trainer, alles Gute. Darf ich nach oben kommen?" Ihr müsst wissen, dass beide am 18. Juni Geburtstag feiern. Was gibt es für einen besseren Zeitpunkt, um alle Meinungsverschiedenheiten beizulegen? Ein schlauer Zug des Trainers, sich zu Mitternacht mit einer guten Flasche einzufinden, schlau ebenso von Vincenzo, ihn zu empfangen und zum Ehrengast seiner Meisterfeier zu machen. Siegen ist wunderbar, denn es hilft, jede Angelegenheit in den richtigen Blickwinkel zu rücken.

Ich bin Römer und konnte in jener Nacht nichts anderes tun, als eine Runde mit dem Motorrad in der Stadt zu drehen, natürlich mit Helmvisier, um an der Glückseligkeit der Leute teilzuhaben. Tatsächlich war es sehr unvernünftig, denn ich habe zu viel getrunken und sehe nun alles doppelt. Aber ich fahre, begleitet von Freunden und Verwandten, langsam, um das Fahnenmeer zu genießen, die Farben – Gelb und Rot –, die ganz Rom zieren, diese grenzenlose Freude, die schönste Nacht meines Lebens und im Leben vieler, die an meiner Seite fahren und keine Ahnung davon haben, wer da unter dem Helm steckt.

Ich brauche etwas zu essen. Mama, Papa und alle Freunde erwarten uns bei Claudio in der *Villetta* – meiner Party-Location –, aber um dort reinzukommen, bedarf es eines Tricks, zumal es viele Leute gibt, die meine Vorliebe für dieses Lokal kennen, 200 davon warten bereits davor. Es ist bloß eine Vorspeise dessen, was mich in den kommenden Monaten erwarten wird. Wir bleiben bis 3 Uhr früh bei Claudio, singen und tanzen, danach kann ich mich nur noch an wenig erinnern: Ich weiß, dass wir in einer Diskothek am Pantheon endeten, wo ich nie zuvor gewesen war, und dass sie mich letztlich um 8 Uhr früh ins Bett gebracht haben, wo ich als glücklichster und entspanntester Mensch auf der Welt dalag. Endlich.

Wenn Juventus den Titel gewinnt, was so gut wie jedes Jahr vorkommt, dann hacken die Fans immer auf dem gleichen Argument herum: dem Gegensatz zwischen der Gewohnheit des Erfolges, der zu kurzen Feierlichkeiten führt, und der Seltenheit des Erfolges, bei dem die Festivitäten sämtliche Grenzen überschreiten. Und das Schöne ist, dass jedermann, anstatt sich um die eigenen Dinge zu kümmern, über den Party-Stil des anderen diskutiert: Die Roma-Anhänger – nicht nur sie – werfen den Juve-Fans vor, nur einen Tag lang zu feiern, während jene von Juve sich darüber amüsieren, dass wir einen ganzen Sommer lang gefeiert haben. Einzelne, heute noch auf den Hausmauern sichtbare Farbspritzer erinnern an jene Tage. Ich bin nicht so verrückt zu glauben, dass es mir im Vergleich zu Buffon oder Cannavaro besser ergangen wäre. Ich hätte gerne mehr gewonnen, zumindest einige Meistertitel, und auch einmal die Champions League. Aber die Intensität dieses einen Meistertitels habe ich davor und danach nie mehr verspürt, nicht einmal anlässlich des WM-Titels, und ich spreche da vom höchsten Ziel, das ein Fußballer erreichen kann.

Es stimmt, dass die Feiern den ganzen Sommer über andauern. In Wahrheit enden sie erst am 11. September, als sich die Stadt auf den großen Champions-League-Abend gegen Real Madrid vorzubereiten beginnt. Aber das, was in New York passiert, verändert für immer die Welt, in der wir leben. (Und wiederum auch nicht, denn wir hätten eigentlich nicht spielen dürfen: Die UEFA schaffte es aber nicht rechtzeitig, einen Beschluss zu fassen). Jeder von uns Spielern hat seine Erinnerungen an jenen Sommer, denn ein ähnliches Gefühl von Allmacht und Liebe bleibt unwiederholbar und vor allem unvergesslich.

Da fällt mir noch eine amüsante Episode eine Woche nach dem Meistertitel ein: Abendessen mit allen Verwandten bei *Consolini*, einem schönen Restaurant mit geräumiger Terrasse auf dem Aventin. Als der Besitzer kapiert, wer da kommt, hängt er das Schild *„CHIUSO"* an die Tür, um den Zugang zu beschränken. Wo immer ich in diesen Tagen auch hinging, im Nu machte das Gerücht die Runde, und ebenso schnell befanden sich die Lokale in einem Belagerungszustand. Wir sind 150 Leute, ich schaffe es einzutreten, ohne erwischt zu werden. Wir essen in aller Ruhe, ehe mir eine Dummheit unterläuft. Ich nähere mich dem Terrassengeländer, lehne mich nach vor, um auf Testaccio runterzuschauen. Zeitgleich ruft der Erste: „Da ist Totti!" Gefolgt vom zweiten und dritten Ruf: „Totti ist bei *Consolini*!" und „Gebt allen Bescheid!" Sich nun zurückzuziehen ist bereits sinnlos, auch wenn mich Riccardo und Angelo packen, um mich von der exponierten Stelle wegzubringen. Ich kehre zum Tisch zurück, aber in den nächsten 20 Minuten ist der von der Straße kommende Lärm immer deutlicher hörbar und irgendwie auch bedrohlich. Vito hat inzwischen das Radio eingeschaltet, alle Privatsender haben eine Live-Schaltung auf den Aventin, „weil Totti ist in einem Restaurant in der Zone gesichtet worden." Gesichtet? Wer bin ich, ein Gesuchter? Die Antwort lautet: Ja. Die Leute beginnen gegen die vom Besitzer geschlossene, wuchtige Holztür des Restaurants zu drücken. Mit größter Vorsicht begebe ich mich an eine besser geschützte Stelle, um einen Überblick zu gewinnen. Und obwohl mir das pulsierende Rom bestens vertraut ist, bin ich entsetzt. Dort unten sehe ich ein beeindruckendes Gewimmel von Leuten, rund 5000, und nahezu alle mit einem Roma-Trikot. Die Via Marmorata ist komplett zu, und ich habe keine Idee, wie ich da rauskomme.

Letztlich rettet uns der Restaurantbesitzer. Er bringt Angelo, Vito, Riccardo und mich zur Rückseite der Terrasse, der von der Straße am weitesten entfernten Stelle. Dort gibt es einen steil ansteigenden Damm, und an dessen Spitze eine zwei Meter hohe Mauer mit Zacken oben.

„Es ist der einzige Fluchtweg, auf der anderen Seite ist das päpstliche Athenäum und das Internat Sant'Anselmo, zu dieser Zeit ist da niemand im Garten. Ihr müsst den Damm und die Mauer hochklettern und dann auf der anderen Seite des Grundstücks rausgehen. Ich gebe den anderen die Adresse, damit sie dann dort im Auto auf euch warten."

Eine verrückte Idee, aber bestimmt weniger verrückt, als auf die Straße zu gehen, um 5000 Leuten zu begegnen. Wir krempeln die Ärmel hoch, die Situation hat etwas Dramatisches, aber auch unwiderstehlich Komisches an sich. Ich klettere als Erster den Damm hoch, rutsche ein paarmal aus, ohne aber wieder am Ausgangspunkt zu landen, und nach einigen Minuten bin ich dicht an der Mauer, um den anderen zu helfen, die noch raufkommen müssen. Als wir alle an der Mauer stehen, macht Riccardo eine Räuberleiter und hievt mich hinauf: Einen Moment lang betrachte ich von oben die neue Aussicht, auch in der Dunkelheit nimmt man problemlos die Schönheit des Parks wahr. Am Ende der Mauer gilt es einigen spitzen Eisen auszuweichen, aber zum Glück keinen Glasscherben, die viel gefährlich wären. Ich ziehe Riccardo hoch, Vito und Angelo sind schon in Position.

„Bereit?"
„Bereit."
„Springen wir?"
„Wir springen. Aber nicht, dass jetzt ein Priester mit dem Gewehr rausstürmt."

Der Aufprall erfolgt auf weichem Untergrund, frisch gemähtem Rasen. So sehr wir uns auch bemühen, keinen Lärm zu machen, die unterdrückten Lacher lassen sich nicht vermeiden. Wir durchqueren den Park unter einem hell erleuchten Vollmond, gebückt schleichend, wie im Film. Als ob wir so weniger sichtbar wären. Wir kommen bei der Tür des Gebäudes vorbei, einem wunderbaren antiken Palast. Mir tut es fast leid, so rasch wieder gehen zu müssen, aber Vito ist schon an der Toreinfahrt, die auf die Piazza dei Cavalieri di Malta hinausführt. Dort, wo es das berühmte Schlüsselloch gibt, durch das man die Kuppel des Vatikans sieht.
„Wer seid ihr? Was wollt ihr?"
Der Tonfall ist sehr rigoros. Ich drehe mich um. Aus einer kleinen Nebentür des wuchtigen Haupttors tritt ein Mönch. Er trägt eine Kutte, ich frage mich, ob er ein Kapuziner ist. Ich reiße instinktiv die Arme in die Höhe, auch wenn ich sofort erkenne, dass er unbewaffnet ist, zum Glück.
„Wir machen nichts. Wir versuchen bloß rauszukommen, wir waren bei *Consolini.*"
Mir wird klar, dass es keine glaubwürdige Erklärung gibt. Es sei denn …
„Aber du bist Totti!"
„Ja, Priester, Mönch, ich weiß nicht, wie ich Sie anreden soll. Ich bin Totti, und vor dem *Consolini* warten 5000 Leute darauf, mich aufzufressen. Wir sind über Ihren Park geflüchtet, es tut mir leid, aber wir wussten keinen anderen Ausweg."
Der Mönch kichert, hat sich genähert und schaut mir nun ins Gesicht. Glücklich wie ein Fan.
„Kommt mit mir, ich öffne euch das Tor."

Auf der anderen Straßenseite wartet bereits mein Vater im Auto, bei eingeschalteter Zündung.

„*Ciao*, Totti, *ciao*." Der Mönch umarmt mich, ich erwidere die Geste liebevoll.

Bevor ich ins Auto steige, bitte ich um einen Augenblick Geduld. Denn auch ich will die Kuppel durch das Schlüsselloch sehen.

7

„6 UNICA“

„DU BIST EINZIGARTIG“

Über links wird der von Candela geführte Ball wieder nach vorne gespielt. Als er bei Montella landet, sind wir bereits 30 Meter vor Lazios Tor. Vincenzo erkennt mich aus dem Augenwinkel, serviert mir den Ball und sprintet in Erwartung eines Doppelpasses in Richtung Strafraum. Doch er hat an diesem Abend, den er nie vergessen wird, schon vier Treffer erzielt, auf diesen letzten Ball kann er also getrost verzichten. Jetzt bin ich dran.

Es ist der 10. März 2002. 20 Minuten fehlen noch bis zum Ende des einseitigsten Derbys meiner Karriere. Wir sind dabei, 4:1 zu gewinnen, mit vier Treffern von dem Teufelskerl Montella – einmal den Sieg abgesichert, habe ich noch eine persönliche Mission zu vollenden. Ich kann es mir erlauben: Das 1:0 hat den Ursprung in meinem Fersler, mit dem ich Candela den Weg zum erfolgreichen Querpass öffne. Das 2:0 bereite ich mit einem Schuss vor, den Lazio-Keeper Angelo Peruzzi nach vorne abprallen lässt, beim 3:0 verlängert Montella meinen Freistoß per Kopf. Damit, meine ich, habe ich mir das Recht erarbeitet, mich meiner Angelegenheit zu widmen. Einer Herzensangelegenheit. Ich sehe, dass Peruzzi – mein armer, bedauernswerter Freund – ein paar Meter zu weit vor seinem Tor steht, und entscheide blitzschnell, den Heber zu probieren. Wenn es eines der wichtigsten Tore meines Lebens sein soll, dann will ich es auch wunderschön machen. 20 Meter vor dem Tor fahre ich mit rechts tief unter den Ball, um ihn höchstmöglich aufsteigen zu lassen – wie ein Regenbogen fliegt er über den chancenlosen Peruzzi hinweg und senkt sich direkt unter der Latte ins Tor. Ja, da ist mir ein Meisterwerk gelungen. Das ich auch brauche. Jetzt muss ich sie nur noch auf der Tribüne *Monte Mario* finden. Ich weiß mehr oder weniger, wo sie ist, die Richtung, in die ich das Leibchen präsentiere, müsste stimmen.

Erwähnt sei, dass dieser Sonntag richtig schlecht begonnen hatte. Silvia, die ältere Schwester von Ilary, hatte mich informiert, dass aus der Einladung zum Derby wahrscheinlich nichts werden würde. Ilary war mit ihrem Verlobten in Mailand geblieben, das Leibchen mit Widmung, das ich gemeinsam mit Angelo und Giancarlo vorbereitet hatte, würde daher nie die Schublade verlassen. Meine Laune war am Tiefpunkt, denn ich wusste nicht, wie ich mich verhalten sollte. Sende ich ihr eine SMS? Und was, wenn ich damit den gegenteiligen Effekt erziele? Es ist nutzlos, ich spüre, dass, egal wie ich mich verhalte, es der falsche Weg wäre. Ich würde jetzt gerne all jene direkt vor mir haben, die behaupten: „Für die Fußballer ist es einfach, die Frauen liegen ihnen zu Füßen." Kommt schon, gebt mir einen Tipp, wo es doch so einfach ist. Es stimmt natürlich, dass es unter bestimmen Umständen hilft, Kapitän von Roma zu sein: Aber wenn du diese eine Frau triffst, wenn die Knie schon allein dann zu zittern beginnen, wenn du mit ihr sprichst, dann ist all das nichts mehr wert. Du bist verliebt, besorgt wie jeder andere Junge, und wenn dann die Dinge nicht so laufen, wie man es sich vorgestellt hat, gilt es, Wege zu finden, um die Situation zu bewältigen. Es ist Sonntagvormittag, abends steigt das Derby, und ich habe nur Ilary im Kopf. Was mache ich jetzt bloß?

Liebe auf den ersten Blick. Genauso war es – ein Blick. Mir bleibt der Mund offen, als ich sie das erste Mal im TV, in *Passaparola*, sehe. „*Mamma mia*, wie schön sie ist!", sage ich zu Angelo und Giancarlo, die meiner Meinung sind und mich wissen lassen, dass die junge Dame Ilary Blasi heißt und Römerin ist. Es sind jene Jahre, in denen im Fernsehen rund um die Uhr Shows laufen, das legendäre *Non é la Rai* – einige Zeit davor eingestellt – sorgte für unglaubliche Staus vor den Aufnahmestudios. Die Männer (darunter viele Fußballer) begannen beim Anblick der jungen Damen zu sabbern. Zwischen Sportlern und Showgirls gab es eine natürliche Komplizenschaft.

Der Blitzschlag betreffend Ilary ereilte mich einige Zeit nach meiner bis dahin ernstesten Beziehung, jener mit Maria. Das Ende war einigermaßen friedlich, ohne gegenseitige Vorwürfe, aber die Tatsache, dass es einige dürftige Spiele meinerseits zur Folge hatte, führte dazu, dass die Fans Maria und ihre neuen Begleiter für meinen Leistungsschwund verantwortlich machen. Schlicht absurd. Zudem imitierte mich zu jener Zeit Massimo Giuliani, ein römischer Künstler, auf eine Art und Weise, bei der ich nicht gut wegkam – ich würde lügen, wenn ich behaupten würde, es hätte mir gefallen –, was mir aber letztlich nicht den Schlaf raubte. Auch er geriet ins Visier manch eines Fans, der um meinen Seelenfrieden besorgt war. Genau das ist der unangenehmste Aspekt der Popularität: der Umstand, dass jemand, denn du nicht kennst, in deinem Namen auftritt und – obwohl du darüber nie ein Wort verloren hast – andere Leute beleidigen kann. Diese beiden Erfahrungen ließen mich bei der Wortwahl, speziell in polemischen Situationen, noch vorsichtiger werden. Zu viel Liebe kann zu gefährlichen Kehrseiten führen.

Als ich Ilary in *Passaparola* sehe, fühle ich mich emotional frei. Ihre Situation ist wesentlich komplexer, denn im September war sie nach Mailand gezogen, um unter der Woche die *letterina* bei Gerry Scotti zu machen und einmal im Monat *Buona Domenica* mit Maurizio Costanzo. Aufgewachsen im Viertel Portuense, entschloss sie sich mit 20 zum Sprung in die Metropole des Privat-TVs. Und in Mailand hatte sie sich in diesen ersten Monaten sogar verlobt. Davon ahne ich aber nichts, als ich, kaum dass ich Ilary im TV gesehen habe, sage: „Ich will sie heiraten." Was sehr überzeugend geklungen haben muss, denn Angelo und Giancarlo beginnen sich damit auseinanderzusetzen, wie man das am besten bewerkstelligen könnte. Ilary ist in der Sport- und Showszene natürlich bestens bekannt. Die Verbindung, die ich finde, nennt sich Alessandro Nuccetelli und ist Eventmanager: Als ich ihn nach Ilary frage, stellt er mich gleich Silvia vor. Ich schulde ihr viel, denn um Ilary kennenzulernen, beginne ich sie zu quälen, doch anstatt mich zum Teufel zu jagen, unterstützt sie mich. Sie erzählt Ilary, dass sie einen berühmten Fußballer getroffen habe, der scharf auf sie sei, und trotz Ilarys Desinteresses hakt sie so lange nach – „Lass ihn dir doch zumindest vorstellen" –, bis sie zustimmt. Ilary verbringt jedes zweite Wochenende in Rom, die Gelegenheit ergibt sich Ende Jänner, in einem Pub auf der Nomentana. Ich erscheine dort voller Hoffnung, doch die erste Kontaktaufnahme verläuft ziemlich unglücklich. Ilary war mit Freunden zuvor bei einem Fest gewesen und ist sauer, weil sie ihr Handy verloren hat. Die Musik ist extrem laut, Ilary borgt sich das eine oder andere Handy aus, um auf der Suche nach ihrem eigenen Gott und die Welt anzurufen. Als es Silvia gelingt, dass wir einen Augenblick für uns haben, reicht es auch nicht zu mehr, als dass wir uns die Hand reichen und ein paar nette Floskeln von uns geben. Da sehe ich ein, dass es nicht der richtige Abend ist, um sich etwas näher kennenzulernen. Ich muss mich damit zufriedengeben.

Ein paar Tage später gibt mir Alessandro Ilarys Nummer, mit dem Verweis, dass sie ihn dazu befugt hat – und das ist die zweite gute Nachricht. Die erste ist, dass sie, die mit Fußball nichts am Hut hat, nur eine sehr vage Vorstellung davon hat, wer ich bin und was ich repräsentiere. Das ist eine Erleichterung, denn, egal in welche Richtung sich unser Verhältnis entwickeln würde –, ich spüre, dass es aufrichtig ist. Ich schicke ihr eine sehr unaufgeregte SMS im Sinne von „*Ciao*, ich bin es, Francesco", und sie antwortet mir im selben Stil: höflich, aber distanziert. Ich mache nicht gleich weiter, will nicht hartnäckig rüberkommen, aber nach einer Weile lege ich erneut los und frage sie, ob sie das darauffolgende Wochenende wieder in Rom sein würde. (Das dann ein Wochenende ist, an dem ich nicht über endlos viel Zeit verfüge. Aber das hätte ich ihr im Nachhinein erklärt). Wir einigen uns dann auf Ende Februar: Beide Male gehen wir zusammen mit anderen Freunden aus, und am Ende des Abends begleite ich Ilary und Silvia, die ein wenig meine Komplizin, ein bisschen aber auch ihre Leibwächterin ist, nach Hause. Auch wenn es dafür keinen Bedarf gibt: Da ich schon von Haus aus schüchtern bin, könnt ihr euch vorstellen, wie es mit der Frau ist, in die mich gerade verliebe. Ilary ist nicht nur wunderschön: Sie ist intelligent, sympathisch und für ihre 20 Jahre sehr ausgeglichen, ich würde sagen seriös. Und somit anders als alle anderen. So anders, dass ich die zufälligen Begegnungen mit anderen Frauen in den Lokalen mit großer Verlegenheit erlebe. Um es deutlicher zu sagen: All jene, die in mir nicht die Person sehen, sondern die Gestalt – Kapitän von Roma, Hauptdarsteller im TV und in den Zeitungen –, bringen ihre Wertschätzung oft sehr explizit zum Ausdruck. Wenn dies nun in Gegenwart von Ilary passiert, reagiere ich sehr gereizt: „Jetzt denkt sie, dass wenn wir verlobt wären, sie immer misstrauisch sein müsste." Später gestand sie mir, dass ihre Zweifel genau darin bestanden: „Wenn ich in Mailand bin, was macht er dann bloß?"

So kommen wir beim 10. März an. Das Gefühl ist ein gutes, das Vertrauen zu Ilary gewachsen, und sie wirkt glücklich auf mich, wenn wir gemeinsam die Zeit verbringen. Ihren Verlobten erwähnt sie nicht mehr, so mache ich den nächsten Schritt und frage sie Mitte der Woche, ob ich sie zum Derby ins Olympiastadion einladen darf. Natürlich bereite ich ihr den ganzen Trip vor, für jemanden, der noch nie zuvor im Olympiastadion war, kann die erste Partie zu einem organisatorischen Schock ausarten – ganz zu schweigen von einem Derby. Sie hegt ihre Zweifel, verneint aber nicht, was ich als ein „aufgeschobenes Ja" interpretiere. Alles in allem, eine Liebesgeschichte wie unter Gymnasiasten, mit Fortschritten und Rückzügen, Hoffnungen und kalten Duschen, komplizierten Plänen und harten Bruchlandungen. Oder glaubt ihr wirklich, dass die Romanzen zwischen Fußballern und Showgirls so sind, wie sie in den Klatschspalten der Magazine zurechtpoliert werden?

Am Samstag kommen Angelo und Giancarlo in unser Quartier, gemeinsam gestalten wir das T-Shirt, das ich während des Spiels unter dem Roma-Trikot tragen werde. Wir bereiten zwei Versionen vor – eine für vor, eine für nach der Pause. Ich muss Ilary eine klare Botschaft senden, *„6 unica"*, du bist einzigartig, scheint mir unmissverständlich zu sein. Sollten die Journalisten für den Fall, dass ich es

ihr zeigen werde können, eine Erklärung verlangen, kann ich immer noch auf Rom, die Mannschaft oder die Fans Bezug nehmen. Es ist besser, sie einzubeziehen: Wir sind nicht einmal verlobt, ich muss aufpassen, ihr nicht die ganze Stadt auf den Hals zu hetzen. Alles scheint bestens zu sein, bis die Nachricht eintrudelt, in der Ilary betont – inzwischen ist es Samstagabend –, dass sie sehr wahrscheinlich nicht kommen könnte. Was Silvia am Sonntagvormittag durch ihre SMS bestätigt, womit meine Stimmung am Nullpunkt angelangt ist. Ich spiele im Bett auf meinem Handy herum, letztlich halte ich es nicht mehr aus und tippe die neutralste Nachricht, die mir einfällt.
„Wie geht's dir?“
„In Kürze bin ich am Bahnhof.“ Die Antwort erfolgt rasch, und im ersten Moment schnalle ich es nicht. Sie fährt los?
„Wohin fährst du?“
Kurze Stille. Gut möglich, dass sie meine Frage genervt hat.
„Ja, wohin fahre ich wohl? Ich komme zu dir nach Rom, hast du mich nicht zum Spiel eingeladen?“
Um meinen Gemütszustand auf diese Nachricht hin zu beschreiben, sagen wir, dass ich im Bett aus dem Stand nach oben springe und dabei riskiere, mit dem Kopf an der Decke anzuschlagen. Sie kommt nach Rom! Ilary kommt nach Rom! Bleib ruhig, Francesco, bleib ruhig. Wir müssen nachdenken.
„Wann kommst du in Termini an?“
„Um sechs Uhr.“
„Mein Freund Massimo holt dich mit dem Motorrad ab, wenn du vorher noch nach Hause musst, wartet er unten auf dich und bringt dich dann zum Olympiastadion. Er weiß, wo man die Karten abholen muss.“
Der SMS-Kontakt endet abrupt, ich rufe sie an, da ich ihre Stimme hören will. Sie sitzt im Taxi, das sie zum Bahnhof in Mailand bringt. Ich würde ihr gerne sagen, dass ich ihr ein Tor widmen werde, aber ich mache nie Versprechen, die ich am Ende womöglich nicht halten kann. Für den Fall, dass die Partie schlecht ausgeht … Dann, als ich weiß, dass Ilary dabei sein wird, und nachdem ich mit Massimo den Transport organisiert habe, kann ich mich endlich aufs Spiel kon-

zentrieren. In der Tabelle liegen wir 14 Punkte vor Lazio, doch das Derby bleibt immer noch das Derby.

Nun ja, nicht an jenem Abend. Auf der Suche nach Ilarys Gesicht – Angelo und Giancarlo haben versucht, mir die Richtung zu zeigen, aber ehrlich gesagt, konnte ich die Gruppe nur verschwommen wahrnehmen – denke ich, dass es keine glücklichere Konstellation geben könnte. Wohl eine Frage der Ausrichtung der Planeten: ein wunderbares Tor anlässlich eines denkwürdigen Sieges, all das bei ihrem ersten Mal im Stadion. Die Aufschrift *„6 unica"* wird natürlich zum Gesprächsthema. Jene Journalisten, die mich schon länger kennen, ahnen sicher etwas angesichts der Dringlichkeit, mit der ich das Stadion verlasse.

„Die *Curva Sud* ist einzigartig", sage ich.

„Aber das war auf die *Monte Mario* gerichtet ..."

Arrivederci, bis zum nächsten Mal!

In jener Nacht feiern wir alle gemeinsam, aber ehe ich Ilary nach Hause bringe, stelle ich sicher, dass der darauffolgende Abend nur uns beiden gehört. Sie stimmt zu. Es folgt das klassische Programm: Zunächst schauen wir uns im *Cineland* von Ostia einen Horrorfilm an, der wirklich der reinste Horror ist (wir mögen beide das Genre, aber den konnte man sich wirklich nicht anschauen. Ich erinnere mich nicht einmal mehr an den Titel des Films), dann wurde das Niveau aber besser, denn anschließend gingen wir ins Restaurant *Fungo* im Stadtviertel EUR. Es ist der Abend unseres ersten Kusses, der 11. März 2002. Ilary erzählte mir, dass sie schon eine Weile daran gedacht hatte, und tags zuvor, als sie sich im letzten Moment zum Trip nach Rom entschieden hatte, mit ihrem Verlobten Schluss machte. Den Kuss hatte ich seit dem ersten Tag, als ich sie im TV gesehen hatte, herbeigesehnt. Wir sind beide glücklich, das Klischee, das wir als Paar erfüllen, fühlt sich für sie aber seltsam an: „Wie denkst du darüber? Wir sind der Fußballer und das Showgirl, was kann es Banaleres im heutigen Italien geben?"

„Nun, machen wir etwas Besonderes daraus", versuche ich ihr die

Zweifel zu nehmen. Ich muss mich nicht übermäßig anstrengen, denn auch sie will es versuchen. Wir sehen beide die große Liebe in den Augen des anderen, ein Gefühl, das uns von Anfang an begleitet hat. Ich bin derart glücklich, dass ich nicht einmal auf die Frage, wo Roma in der Tabelle steht, eine Antwort wüsste, sondern Ilary, vor mir her träumend, weiter tief in die Augen schauen würde. Dabei waren wir nach dem Derby zurück an der Tabellenspitze …

Zu jener Zeit lebte ich bereits ziemlich zurückgezogen, suchte immer dieselben ausgewählten Plätze auf, jene, wo es mir gelang, wenig Aufmerksamkeit zu erzeugen. Mit Ilary öffnete sich das Leben wieder, auch weil sie Teil der Welt des Spektakels ist und daher ihre Kreise abgrasen muss. Doch sobald wir in ungeschützten Zonen landen, wird es mühsam. Sie ist entsetzt, zum Beispiel über Leute, die mich sehen und meinen rechten Fuß zu berühren versuchen, als wäre er eine Reliquie; die hemmungslos zu weinen beginnen, während ich sie zu trösten versuche; die gerne ein Foto schießen würden, was aber, weil ihre Hände zittern, ewig dauert; die sich mit vollem Gewicht auf die Motorhaube werfen, um mich durch die Windschutzscheibe zu grüßen. Alles „normale" Situationen für mich, mit denen ich seit Jahren klarkommen muss, aber absurd für jemanden an meiner Seite. Und wenn es nur das wäre.

Es passiert öfter als einmal und es sind jene Storys, die einen am meisten betrüben. Ilary und ich sitzen auf der Couch im Appartement, das ich in der Via Amsterdam in Torrino gekauft habe, um einen Film anzusehen, als plötzlich ihr Telefon läutet. Es ist eine Freundin, oder besser gesagt eine Bekannte, denn echte Freunde leisten sich gewisse Widerlichkeiten einfach nicht.
„Ich muss dir etwas Unerfreuliches erzählen, kann es dir nicht verschweigen: Sie haben mir eben gemeldet, dass Francesco vor zehn Minuten in der Diskothek *Gilda* war, um mit einer rumzumachen."
Ilary reagiert eiskalt: „Falsch gemeldet: Francesco ist hier zu Hause mit mir, seit mindestens zwei Stunden", und legt auf, während ihr Gegenüber gerade beginnt, eine Entschuldigung daherzustottern,

um die Peinlichkeit auszubügeln. Ja, der Neid, den ein Paar wie wir erzeugen kann, macht erschrocken und traurig.

Die erste gemeinsame Dienstreise ist eine ziemlich wichtige: zur WM 2002 nach Japan. Nicht, dass Ilary vor Freude springen würde. Aber als ich ihr sage, dass ich es nicht aushalte, länger als einen Monat von ihr getrennt zu sein, willigt sie ein. Ilary muss unter anderem einen Anreisemarathon auf sich nehmen – die Reise von Rom nach Tokio beinhaltet einen Zwischenstopp auf den Seychellen, wo auf sie ein Fotoshooting für ein Bräunungsöl wartet. Die WM war ein Albtraum, nicht nur sportlich, sondern auch organisatorisch: Abgesehen von den Genehmigungen nach den Spielen – wir halten uns gewiss nicht an touristisch einladenden Plätzen auf – sehen wir uns jeden Tag nur knapp 20 Minuten in den Foyers der Hotels. Nach einer Weile macht mir Ilary klar, dass sie genug davon hat. Sie hat nichts zu tun, außer die Journalisten zu meiden, die ihr weiß Gott was für eine Schlagzeile aus der Nase ziehen wollen. Sie kehrt nach der Vorrunde, als das Team von Japan nach Südkorea übersiedelt, nach Hause zurück – auch unser Aufenthalt sollte nur noch von kurzer Dauer sein. Eine Woche später sind wir erneut vereint, diesmal in den Ferien.

Da unsere Beziehung eine ernste ist, wird auch bald die Hochzeit zum Thema. Ein erster Termin wird für 2004 ins Auge gefasst, aber hier beginnt die Debatte, weil ich ein altmodischer Typ bin und mit der Hochzeit die Frage verbinde: „Hörst du, wenn wir verheiratet sind, mit dem Fernsehen auf?“ Ich gestehe, mich heute ein bisschen dafür zu schämen, weil es eine Frage aus einer anderen Zeit ist und die Erfahrung zeigt, dass Ilary, obwohl sie in einem hart umkämpften Metier arbeitet, drei Kinder auf meisterhafte Weise großzieht. Sie ist etwa viel rigoroser und strenger als ich. Wenn der altmodische Mann mit der modernen Frau diskutiert, gewinnt jedenfalls immer die zweite. Nicht aus Erschöpfung, sondern weil dir das Leben Tag für Tag zeigt, wie viel dir der Mensch unabhängig von seinem Beruf bedeutet. Symbolhaft steht dafür eine lange Fahrt von Mailand

nach Rom, die wir im Smart unternehmen. Nach zwei Jahren fern der Heimat hat sich Ilary entschieden, nach Rom zurückzukehren. In Blickrichtung auf unsere gemeinsame Zukunft und weil sie sich inzwischen beruflich derart etabliert hat, dass sie selbst über ihre Aufträge entscheiden kann. Sie schickt das Gepäck für ihren Mini-Umzug ab, bekommt aber auf dem Zug keinen Platz für ihr Auto. „Was gibt es da für ein Problem, dann fahre halt ich", und es ist eine unendliche, süße, romantische und lustige Reise, bei der uns die Leute zunächst verwundert anschauen – ein Smart auf der Autobahn ist eher selten – und, nachdem sie uns erkannt haben, wie verrückt zu hupen beginnen. Gelegentlich ruft meine Mutter an, will wissen, wo wir sind.
„In Piacenza!", rufe ich ihr beim Blick auf das erstbeste Straßenschild zu.
„Noch immer dort? Aber ihr seid doch vor zwei Stunden abgereist."
„Ähm, Mama, wer langsam fährt, kommt auch ans Ziel."
Und wir brechen in Gelächter aus.

Den Hochzeitstermin setzen wir schließlich mit 19. Juni 2005 fest. Die Vorbereitungen starten, wir planen ein großes Fest mit den vielen Freunden, die wir haben, und Leuten, die es werden wollen, aus Zuneigung oder einfach aus Neugier. Da wir beide die Basilika von Santa Maria in Aracoeli lieben, fällt die Wahl der Kirche leicht. Der Pay-TV-Sender Sky bietet uns an, das Event live zu übertragen, eine Einigung ist schnell erzielt – auf der Basis, dass wir das Honorar zur Gänze wohltätigen Zwecken spenden. Auf dem Weg dahin stellen sich bloß zwei Probleme. Das erste ist ein wundervolles: Ilary findet im März heraus, dass sie schwanger ist, was bedeutet, dass die beiden Kleider für den schicksalshaften Tag – das für die Hochzeit und das für die Feier danach – neu angemessen werden müssen. Darum kümmern sich die Schneider von Armani, doch Ilary muss nochmals alle Anproben durchmachen.

Die Vorstellung, Vater zu werden, ist unglaublich aufregend, ebenso die Art und Weise, wie ich davon erfahren habe. Im März haben wir beide einige Tage frei und beschließen, sie in den Bergen, in Roccaraso, zu verbringen. Beim Einsteigen ins Auto sehe ich, wie Ilary einen Einkaufsbeutel mit dem Logo ihrer Apotheke auf das Armaturenbrett stellt. Ich sage nichts, hege keinen Verdacht, auch wenn wir uns einig darüber waren, am liebsten sofort die Familie zu erweitern. Nach einigen Kilometern im Auto, wo wir uns über alles Mögliche unterhalten, bittet sie mich um einen Halt an einer Raststation, weil sie aufs WC muss. Ich warte im Auto, und zum Zeitvertreib öffne ich die Tasche, um zu sehen, was drinnen ist.

Der Schwangerschaftstest. Positiv. Gänsehaut. Ich beginne zu zittern. In meinem Kopf geht das reinste Feuerwerk ab. Ich verharre eine Weile so, betäubt von einem Gefühl, das sich rasch in ungeheure Freude verwandelt. Ich schließe die Tasche wieder, lege sie retour aufs Armaturenbrett, versuche mich an die exakte Position zu erinnern. Ich bin sprachlos. Ilary kommt zurück, wir fahren weiter, einige Kilometer lang sagt niemand etwas, aber aus dem Augenwinkel erkennt jeder das Grinsen des anderen.

„Was ist da in der Tasche?"

„Schau doch nach."

„Aber ich fahre gerade. Sag du es mir."

„Überraschung. Du musst es öffnen."

Ich drehe mich zu ihr, sie dreht sich zu mir. Wir brechen beide in Lachen aus und hören nicht mehr damit auf. Ohne Worte: ein langes, zärtliches, süßes Gelächter. Sie nähert sich mir, gibt mir einen Kuss, ich sage zu ihr: „Langsam, sei vorsichtig, wir sind zu dritt im Auto."

Unvergesslich.

Ich hatte von zwei Problemen gesprochen. Im Gegensatz zum ersten, einem einzigen Traum, ist das zweite ein Albtraum. Es begann mit dem berühmten Interview von Flavia Vento im Magazin *Gente*, in dem das Model behauptete, eine Liebesnacht mit mir verbracht zu haben. Alles falsch, doch wie so oft bei solchen Dingen geht zunächst das Gerücht um, dass ein giftiger Köder im Anmarsch sei, und dann entsteht – nachdem die Meldung veröffentlicht und dementiert wurde – der Eindruck, dass die Geschichte zu viele Details enthält, als dass sie frei erfunden sein könnte. Sie muss einfach wahr sein. Wahr ist, dass ich die Vento bei einem Event in Tuscolana, bei dem ein neues Modell für Klimaanlagen vorgestellt wurde und Ilary nicht dabei war, kennenlernte. Eingeladen waren Fußballer und Showgirls, der übliche Mix bei römischen Abendveranstaltungen. Flavia, eine hübsche Frau, wird mir vorgestellt, wir plaudern ein paar Minuten, danach – wie es bei solchen Events mit vielen Leuten passiert – trennen sich unsere Wege, weil wir beide uns neuen Gesprächspartnern widmen. An jenem Abend sehen wir uns nicht mehr. In der darauffolgenden Woche bin ich mit Freunden im *Prado*, einem Restaurant in Trastevere, als mir Giancarlo und Angelo signalisieren, dass an einem anderen Tisch eine Frau meine Aufmerksamkeit auf sich zu ziehen versucht. Es ist die Vento. Grüße und Gelächter von einem zum anderen Ende des Saals, danach widmet sich jeder wieder seiner Gesellschaft. Beim Gehen grüßen wir uns ein weiteres Mal aus der Ferne – und aus. Ich fahre dann nach Hause, um mich schlafen zu legen. In ihrer Version ist dies die verhängnisvolle Nacht bei ihr zu Hause.

Ilary beunruhigt das Interview sehr, was auch verständlich ist: Sie hat eben von ihrer Schwangerschaft erfahren, wenige Wochen fehlen bis zur Hochzeit – kein günstiger Zeitpunkt, um die Untreue des Fast-Ehemanns zu managen. Ich schildere ihr die beiden Kontakte mit Vento detailliert und bitte sie, mir zu glauben, denn mein Wort steht gegen ihres, und für Ilary müsste meines mehr Gewicht haben. Ilary glaubt mir auch, und damit wäre die Geschichte erledigt, hätte nicht einige Tage später Fabrizio Corona, ein Gesellschaftsfotograf, bei Vito angerufen und ihm gesagt, dass ein zweiter, detaillierterer Teil des Interviews existieren würde, mit einigen belastenden Fotos. Er wäre bereit, sie für 50.000 Euro an das Magazin *Gente* zu verkaufen, aber wenn wir sie für dieselbe Summe vom Markt haben wollten, hätte er kein Problem damit, sie uns zu geben. Wir hätten die Wahl. Vito ist im Augenblick des Anrufs gerade in Campidoglio, um die Sicherheitsmaßnahmen für die Hochzeit vorzubereiten. Er berät sich mit meinem Bruder Riccardo, beide führen das eigens für die Hochzeit eröffnete Konto und entscheiden zu zahlen, unabhängig

von meiner Unschuld an der Geschichte: Sie meinen, dass in jenen Tagen die Ruhe rund um Ilary absolute Priorität habe, alles, was sie stören könnte, wird unterbunden. Sie beraten sich auch mit dem Journalisten Maurizo Costanzo, der alles über die Welt der Information weiß und ein enger Vertrauter von mir ist.
Ich erfahre von dem Deal erst nach der erfolgten Zahlung. Was mir ganz und gar nicht passt, denn ich habe nichts zu verbergen. Nicht von ungefähr liefert Corona an Vito einen maschinengeschriebenen, von der Vento unterzeichneten Text, mit wenig Neuigkeiten im Vergleich zum ersten Teil des Interviews und keinem einzigen Foto. Der Beweis für den Bluff.
Zwei Jahre später wird mein Fall im Zuge der Causa *Vallettopoli* untersucht, aber eingestellt, weil das von Corona geäußerte Angebot keine Drohungen enthalten hatte und folglich keine Erpressung war. Ein schmaler Grat, aber wichtiger ist mir ein anderes Detail der polizeilichen Ermittlungen: In der betreffenden Nacht war mein Handy nie in jener Funkzelle eingeloggt, in der Flavia Vento wohnt. Ich hoffe, dass dieses bislang unveröffentlichte Detail nun die letzten Zweifel ausräumt.

Zu jener Zeit widme ich Ilary auch einen neuen Torjubel – mit dem Daumen im Mund. Lange Zeit dachte man, dass es eine Art wäre, um die nahende Geburt eines Babys oder – später – die Zartheit der ersten Schritte zu signalisieren. Das ist es nicht. Wenn Ilary konzentriert die Inhaltsangabe eines Programms liest oder aufmerksam das Menü für mein Geburtstagsfest studiert, landet der Daumen – wie zu ihren Zeiten als Kind – in ihrem Mund. Ihr fällt es nicht einmal auf, es ist ihre ureigenste, aus dem Unterbewusstsein kommende Geste. Eine Geste, die ich nach jedem wichtigen Tor wiederhole. Sie ist eine Hommage an die Frau, die mein Leben verändert hat. Es ist eine Art, Ilary zu sagen, dass ich sie genauso liebe wie in dem Moment, als ich sie zu ersten Mal im TV sah und mir der Mund offen blieb oder als ich entschied, Montella den Ball nicht zurückspielen, weil ich unsere Zukunft erschaffen musste.

8

NO, GRACIAS.

NEIN, DANKE!

Eine der schönsten und besten Roma-Partien in meiner Karriere war der Supercup am 19. August 2001. Als frisch gebackener italienischer Meister spielen wir erstmals mit dem Meistertitellogo auf der Brust – nach der enormen Dosis an im Juni produziertem (und verbrauchtem) Enthusiasmus erzielt diese Besonderheit als Auffrischungsimpfung ihre volle Wirkung. Was die Kritiker mit ihrem unnötigen Sarkasmus behaupten, ist völlig richtig: Der Meistertitel wird an jedem einzelnen Tag dieses langen und heißen Sommers gefeiert. Und der erste Auftritt mit den Meistertrikots wird schnell zum meist erwarteten Ereignis für eine Stadt, die die neue Situation genießt. Der Gegner heißt wie erhofft Fiorentina (wir hatten ihnen im Finale der Coppa Italia gegen Parma die Daumen gedrückt), denn es ist eines jener Teams, das uns in der Meisterschaft besiegt hat – nun haben wir Lust auf Revanche! Das Olympiastadion ist voll wie am Tag des Meistertitels, auf der Tribüne sehe ich Gesichter, die für gewöhnlich noch am Meer zu finden wären. Trotz der Hitzewelle sind sie retour in der Stadt, denn es ist undenkbar, eine Partie von dieser Roma zu verpassen.

In Trigoria übe ich seit Tagen, den Pokal in die Höhe zu stemmen – alle sagen mir, dass er ziemlich schwer sein soll. Daniele Pradé und Bruno Conti spielen die Klugscheißer und empfehlen mir eine zusätzliche Einheit im Fitnessstudio, damit ich die Aufgabe am Ende auch meistern könne. Was die angenehme Stimmung im Team sehr gut beschreibt. Wir sind derart gut, dass wir mit Fiorentina Katz und Maus spielen. Candela liefert eine fantastische Leistung: Das 1:0 erzielt er mit einem großartigen Schuss mit rechts aus 25 Metern, mein 3:0 bereitet er mit einem weiteren Distanzschuss vor: Tagliatella kann den Ball nicht bändigen, mit einem sehr gewagten Heber bezwinge ich den am Boden liegenden Torhüter. Aber die wahre Raffinesse einer Partie, die auch 6:1 hätte enden können, ist das Tor zum 2:0: Montella verwertet meinen Flankenball von der Strafraumgrenze volley und blitzsauber mit rechts. Eines jener Tore, die einen am Ende sagen lassen: Dieses Jahr sind wir einfach zu stark für alle.

Schade nur, dass es nicht so abläuft. Wir starten mit zwei Unentschieden und einer Niederlage – in Piacenza mit einem Tor von Di Francesco, der uns erst im Sommer verlassen hat. Und auch in weiterer Folge sollte es nicht möglich sein, die Kontinuität der vergangenen Saison fortzusetzen. Es ist eine derart eigenartige Saison, dass Chievo, wo nun Lupatelli im Tor steht, einige Sonntage lang die Tabelle anführt. Wir sind es, die kurz vor Weihnachten mit einem 3:0 im Bentegodi-Stadion ihre Ambitionen auf einen Spitzenplatz bremsen. So kommt es, dass wir uns am letzten Spieltag der Hinrunde erneut zum Winterkönig krönen – eine Position, die wir, alternierend mit Inter, nahezu bis zum Ende halten können. Letztlich werfen wir im direkten Duell und vor allem beim absurden Remis gegen Venezia, jenem mit zwei Elfmetern zu unseren Gunsten, alles weg. Es ist der erste von zwei Meistertiteln in jenen Jahren – am 5. Mai krönt sich Juventus zum Champion –, den wir, obwohl wir wahrscheinlich das bessere Team sind, verpassen.

Die Wahrheit ist, dass Batistuta, dem herausragenden Spieler der Meistersaison, die Kräfte ausgehen. Gabriel hält die Hinrunde noch durch, doch es ist ein Martyrium: Von Montag bis Donnerstag unterzieht er sich Infiltrationen am Knie, am Freitag spult er ein paar Läufe ab, Samstag nimmt er am Abschlusstraining teil, und Sonntag steht er – sofern er sich dazu in der Lage fühlt – auf dem Platz. Er ist ein Kämpfer und eine Tormaschine – aber ziemlich am Ende. Seine letzten Tore erzielt er im Jänner. Das war's. Von da an spielt Montella groß auf, und Cassano legt stetig zu, doch da uns in den Schlüsselmomenten die Kaltschnäuzigkeit der Meistersaison fehlt, beenden wir die Saison als Zweiter.

In meiner Karriere bringt dieses Jahr aber eine Neuheit mit sich, oder besser gesagt, den Trailer zu einem Film, der einige Jahre später große Bedeutung erlangen hätte können. Aber schön der Reihe nach, denn die Geschichte beginnt an einem wahrlich albtraumhaften Tag, dem 11. September. Während die entführten Flugzeuge auf das World Trade Center zusteuern, halten die Delegationen von Roma und Real Madrid ihr offizielles Mittagessen im Hotel *Cicerone* in Madrid ab: Es ist der Dienstag, der erste Spieltag der Champions League, das Los hat uns gleich die stärkste Mannschaft der Welt beschert, in einer Gruppe, in der auch Anderlecht und Lok Moskau spielen. Das Ganze lief dann, soweit es mir Rosella Sensi und Daniele Pradé erzählt haben, so ab: Florentino Pérez, der Präsident von Real, ergreift als Erster das Wort und wendet sich an Präsident Sensi: „Lieber Franco, du weißt, dass ich versuche, die besten Spieler der Welt zu Real Madrid zu bringen. Aus diesem Grund hätte ich gerne deine Erlaubnis, Totti zu bitten, dass er nächste Saison bei uns spielt."
Sensis Reaktion besteht in einem lauten Lachen, das Pérez unsicher macht: „Was ist das jetzt? Ein Scherz?"
Nun wird der Spanier nervös: „Kein Scherz, kein Witz. Mach mir einen Preis für Totti, und ich zahle ihn dir."
„Aber darüber brauchen wir nicht einmal zu sprechen. Totti ist für mich wie ein Sohn, ich würde nie eine Diskussion eröffnen, die seinen Abgang zum Thema hat. Und nun sprich mich bitte nicht mehr darauf an."
Eisiges Schweigen breitet sich unter der eleganten Tischgesellschaft aus, doch als einige Minuten später die ersten Nachrichten aus New York eintreffen, denkt zwangsläufig niemand mehr an Fußball. Wir sitzen in unserem Quartier vor dem TV, nach dem Einsturz der Türme wird fieberhaft mit der UEFA diskutiert, aber die letztlich absurde Anweisung lautet, dass wir spielen sollen. Erst die Mittwoch-Partien werden abgesagt. Zum Spielen verdammt, laufen wir und auch die Real-Spieler wie Geister über den Platz. Dass wir am Ende verlieren, schert niemanden.

Die Antwort von Präsident Sensi an Florentino Pérez war eindeutig: Er hat ihm nicht nur abgesagt, sondern ihn auch auf deutliche Weise aufgefordert, nicht nachzuhaken. Real aber lässt im Hintergrund das Thema nicht fallen, auch weil ich meinen Teil dazu beitrage, indem ich im Rückspiel das Führungstor erziele. Das übliche Muster Candelas, der von der Toroutlinie quer nach hinten spielt, ich trete aus dem Windschatten und schieße mit links ein (im Finish gleicht Figo mittels Elfmeter aus). Der beste Weg, um Pérez erneut eifersüchtig zu machen. Die praktische Seite wird Ernesto Bronzetti, einem bekannten, den Madrilenen sehr verbundenen Spielervermittler und Berater anvertraut, er schickt fortan regelmäßig Signale in Richtung Rom. Aber Sensi erlebt gerade die Glanzzeit seiner Ära. Er hat endlich den Meistertitel gewonnen, mit Cassano einen der besten jungen Spieler Europas verpflichtet und sieht eine AS Roma am Horizont, die auch in der Champions League immer stärker und wettbewerbsfähiger wird. Und daher weigert er sich nicht nur, den Abgesandten von Pérez zu treffen, sondern auch mit ihm zu telefonieren.

Das erste Kapitel der (verpassten) Geschichte zwischen mir und Real Madrid endet hier, aber es handelt sich bloß um den Prolog. Aus reiner Neugier habe ich mir die Liste jener Galaktischen angeschaut, die Pérez während seiner ersten Amtszeit im Bernabéu engagiert hat: Im Rhythmus „Einer pro Saison" hatte er 2000 Figo, 2001 Zidane und 2002 – das Jahr, in dem ich hätte verpflichtet werden sollen – schließlich Ronaldo engagiert. Kein schlechter Ersatz. Ihm stehe ich zu Beginn der nächsten Saison gegenüber, als das Los Roma und Real erneut ein und dieselbe Gruppe beschert (Ronaldo spielt nur im Bernabéu-Stadion). Im Hinspiel im Olympiastadion verpasst uns Real mit dem 3:0 eine schallende Ohrfeige. Leider ist es auch jene Phase, in der Präsident Sensi realisiert, dass er finanziell zu weit gegangen ist. Er tritt auf die Bremse, die Mannschaft bekommt die Auswirkungen zu spüren. Um das hohe Niveau halten zu können, brauchen wir Verstärkung, aber das Geld dafür ist nicht vorhanden. In der Tat endet die Meisterschaft – der nunmehr ausgepresste Batistuta verabschiedet sich zur Saisonmitte – richtig schlecht für uns: Platz acht, 23 Punkte hinter Juventus.

Auch wenn es in der Serie A nicht besonders läuft, stellt uns Capello im Bernabéu-Stadion so richtig gut ein. Im Rückspiel gelingt uns sogar ein Sieg: 1:0 mit meinem Siegestor, eine kollektiv großartige Vorstellung mit zwei Glanzparaden von Antonioli gegen Ronaldo. Auf der anderen Seite steht ein besiegtes und mehr als nur galaktisches Real – nebst Zidane, Ronaldo und Figo stehen da Raúl, Hierro, Roberto Carlos, Makélélé, Cambiasso … Einer der wertvollsten Siege in meiner Karriere und mit dem Highlight, dass das ganze Stadion nach dem Tor applaudierte: mit rechts von der Strafraumgrenze, nach Zuspiel von Montella. Eine ungeheure Genugtuung, und ich stelle mir vor, wie jemand auf der Ehrentribüne seine Transferagenden aktualisiert.

Im darauffolgenden Jahr, in der Saison 2003/04, legen wir wieder zu: Das Investment von Cassano trägt Früchte, Panucci hat sich zum Führungsspieler entwickelt, Chivu und der Brasilianer Mancini sind passende Ergänzungen, und auch ein gewisser De Rossi kommt langsam zum Tragen. Und ich lasse, abgesehen von meiner gewohnten Rolle als Offensivregisseur, angesichts von 20 erzielten Treffern vor dem Tor keine Chance ungenützt. Zum dritten Mal werden wir unter Capello und gemeinsam mit Milan Winterkönig, aber gleich zu Beginn der Rückrunde ereilen uns jene Fehltritte, die uns den Titel kosten: zunächst das Remis zu Hause gegen Udinese, das in Minute 88 ausgleicht, gefolgt von der Niederlage in Brescia. Den Vorsprung, den Milan in diesen beiden Runden rausholt, geben die *Rossoneri* nicht mehr ab. Wir kommen wieder auf Touren, schlagen Juventus – in jener berühmten Partie mit der Verspottung von Tudor – mit 4:0 und legen eine tolle Serie hin: Aber Milan lässt nicht nach, und drei Spieltage vor Schluss, als wir die Chance haben, im direkten Duell im San Siro nochmals auf drei Punkte heranzukommen, macht Schewtschenko mit seinem Tor nach zwei Minuten endgültig alles klar. So kommt es, dass wir in den letzten drei Runden, in denen wir zum großen Endspurt ansetzen hätten sollen, nur einen Punkt holen. Wir werden erneut Zweiter. Und Capello rastet aus.

Fünf Saisonen mit dem gleichen Trainer wiegen schwer, wenn du um den Meistertitel mitspielst und dieser Trainer ein Spezialist vom Kaliber Capellos ist. Ich will damit sagen, dass er ein Fachmann ist, der nicht nur viel verlangt, sondern auch weiß, dass man, um einen Erfolg zu wiederholen, noch härter arbeiten muss. Niemand hat derartige Fähigkeiten, eine Mannschaft zusammenzustellen und wettbewerbsfähig zu machen, wie Capello. Ihm wird gerne der Vorwurf gemacht, sich die besten Spieler kaufen zu lassen – das ist eine Gabe, die er zweifellos besitzt. Aber dass wir nach einer alles anderen als sündteuren Einkaufspolitik am Ende dennoch nur knapp den Meistertitel verpassen, spricht für seine Verdienste. Um letztlich zu siegen, musst du gegenüber den Spielern sehr fordernd auftreten, von den Trainings bis hin zum Privatleben. Und hier kam es im Finish seiner Amtszeit zu einigen Spannungen.

Ich habe Capello immer unterstützt, stand ihm von unserem ersten Gespräch an – jenem, in dem er mich in meiner Rolle als Kapitän mit spezieller Verantwortung betraut hatte – zur Seite. Ich habe ihn auch bei den Streitigkeiten unterstützt und respektiert, denn davon gab es einige. Capello ist sehr empfindlich, du darfst ihm nie direkt kontern, auch wenn du den Eindruck hast, dass er irrt. Um deinen Standpunkt klarzumachen, musst du es vorsichtig probieren, alles andere ist unnütz. Capello ist ein Besserwisser, er weiß unglaublich viel, ist gebildet, hat aber den Fehler, dass er immer das letzte Wort haben will. Im Flugzeug über Europa sagt er dir, dass dies hier Wien und dort Budapest ist, in einem Tonfall, der keinen Widerspruch duldet. Da kam es manchmal vor, dass die Stewardess den Finger hob, um seine Aussagen zu korrigieren. Es sind diese kleinen Makel einer in Summe starken Persönlichkeit, nichts Schlimmes, denn jeder hat sie. Doch der Fußball liefert dir am laufenden Band delikate Momente, in denen deine und meine

Fehler aufeinandertreffen – mit der Gefahr, dass die Situation außer Kontrolle gerät.

Nach dem bitteren Ende jener Meisterschaft war Capello, wie ich schon erwähnte, außer sich. Einige Tage später kommt es in Trigoria zu einem heftigen Streit: auf der einen Seite ich, Samuel und Emerson (ja, Emerson, der immer als das Musterbeispiel eines tugendhaften Profis galt), auf der anderen Seite Capello, der die letzten drei Resultate auf unser zu lasches Training zurückführt.
„Ihr habt nicht das nötige Engagement gezeigt", brüllt er, und das ist ein Vorwurf, den ich nicht auf mir sitzen lassen will, da er einfach nicht der Wahrheit entspricht. Es besteht Einigkeit darüber, dass wir schlecht gespielt haben, aber am nötigen Engagement hat es angesichts des möglichen Meistertitels sicher nicht gefehlt. Wir sind genauso traurig wie Capello, vielleicht noch eine Spur mehr, daher fällt unsere Reaktion auf seine Kritik genauso hart aus. Wir sind richtiggehend unhöflich, halten ihm vor, dass er erst „*Grazie Roma*" zu singen beginnt, nachdem ihn die TV-Kameras eingefangen haben. Hässlichkeiten als Folge des schlechten Saisonausgangs, aber nichts Verwerfliches und auch nichts Endgültiges. Nichts, was man zum Beginn der Saisonvorbereitung nicht wieder aus dem Weg räumen hätte können.

Das Problem ist, dass Capello schon lange vor der Vorbereitung auf die neue Saison verschwunden ist. Am 27. Mai, zehn Tage nach dem Ende der Meisterschaft, gibt Juventus seine Verpflichtung bekannt. Eine spektakuläre Nachricht: Niemand wusste von den Verhandlungen, die sich wahrscheinlich binnen weniger Tage, wenn nicht sogar weniger Stunden konkretisiert hatten. Der Mister, mit dem ich gestritten hatte, war aber inzwischen der AS Roma überdrüssig geworden, und daher war ich weniger überrascht als manch anderer. Leider können wir uns darüber bei der Verabschiedung nicht mehr unterhalten – denn es kommt zu keiner Verabschiedung: Wer am 27. Mai in Trigoria vorbeischaut, findet seinen ausgeräumten Spind vor. Capello hat das Weite gesucht, von den vielen Trainern, die ich

in meiner Karriere erlebt habe, war er der Einzige, der sich nicht verabschiedet hat. Über seine „nächtliche Flucht" entstehen heftige Debatten. Er hat dies immer bestritten und behauptet, dass er seine Sachen in der Früh abgeholt habe, weil der Termin für seine Präsentation in Turin für den späten Nachmittag angesetzt war.
Wie dem auch sei, es ist offensichtlich, dass in diesem Moment keine große Lust für eine Verabschiedung besteht, weder auf seiner noch auf unserer Seite. Daraus wäre bloß die x-te Diskussion entstanden. Angesichts des Streits unmittelbar nach dem Ende der Liga hatte ich einige Punkte erarbeitet, die ich ihm sagen oder besser mit ihm klären wollte. Dass ich diese nun für mich behalten musste, belastete mich.
In den folgenden zwölf Jahren haben wir nicht mehr miteinander gesprochen. Es kam vor, dass sich unsere Wege auf dem Platz oder bei manch einem Event kreuzten. Aber da wie dort überwog der Reflex, sich voneinander wegzudrehen, denn offensichtlich war die Zeit noch nicht reif, der Bruch zu traumatisch. Wir haben uns vielmehr mit pfeffrigen Interviews gegenseitig aus der Ferne gestichelt. Klar war, dass es sich um einen Weg handelte, der einer speziellen Gelegenheit bedurfte, um zu einem Ende zu gelangen.

Diese Gelegenheit liefert uns Papst Franziskus im Oktober 2016 mit dem Spiel des Friedens. Ich spiele mit Maradona in einem Team, Capello fungiert als Trainer. Ein Handschlag, ein Lächeln, und schon fangen wir miteinander zu reden an, als hätten wir uns erst gestern voneinander verabschiedet, ganz ohne Streit. Ein Tauwetter, das wenig später durch ein erneutes Treffen noch wärmer wird: In Dubai sitzen wir rund um Neujahr im Rahmen einer Preisverleihung an einem Tisch, Capello, Lippi und ich, mit unseren Frauen. Zwei entspannte und lustige Stunden über Fußball, zwei schöne Stunden, denn sie enden damit, unser Verhältnis wiederherzustellen. Capello und ich haben gemeinsam einen Meistertitel mit Roma gewonnen, eine Leistung, die die Hauptdarsteller ein Leben lang aneinanderbindet. Natürlich gab es auch Spannungen, Meinungsverschiedenheiten, Streitereien, wie es sie wohl an jedem

Arbeitsplatz gibt. Aber die Bedeutung dessen, was wir geschafft haben, muss über allem stehen.

Spielen wir das Band wieder zurück: Wir waren bei der abrupten Trennung von Capello stehen geblieben, die die schlechteste Saison meiner Karriere einläutete, 2004/05, jene der vier Trainer. Als wir Ende September nach Madrid aufbrechen – die Auslosung wird langsam langweilig –, sind Prandelli und Völler schon Geschichte. Auf der Bank nimmt für diese Partie Ezio Sella Platz, während der Klub mit Delneri verhandelt. Alles in allem ein Chaos. Da erfahre ich, dass Ernesto Bronzetti im Hotel weilt und gerne „Hallo" zu mir sagen würde. Ich schaffe es nicht rechtzeitig, hinunterzugehen. Meine Quellen melden mir später eine ziemlich lebhafte Diskussion an der Hotelbar, zwischen Franco Baldini, der auch nach dem Abgang von Capello Romas Sportdirektor bleibt, und eben Bronzetti. Dass er hinter dem Rücken aller ins Hotel gekommen ist, machte Sensi wütend.

Ich treffe weder Bronzetti noch seinen Assistenten Giampiero Pocetta, erfahre aber, dass sie letztlich mit jemandem vom Klub gesprochen haben. Pérez plant den nächsten Angriff, auch weil er seit zwei Saisonen nichts gewonnen hat. Der Name, den er gewählt hat, um die Sammlung der Galaktischen – in der Zwischenzeit mit Beckham und Owen – zu erweitern, ist erneut meiner. Diesmal allerdings weiß er, dass Roma nicht mehr in der starken Position von 2001 ist, und ist daher fest entschlossen, mit größerer Bestimmtheit aufzutreten. An jenem Abend gehen wir im Bernabéu dank Toren von De Rossi und Cassano mit 2:0 in Führung. Aber Real ist wie ein Gewitter – wenn es sich entlädt, gibt es für dich keine Rettung mehr. Die Madrilenen gewinnen 4:2 – ich erinnere mich an das herrliche 4:2 von Roberto Carlos –, und nach Spielende kommen die Stars, von Beckham bis Zidane, auf mich zu, um mich zu umarmen und mir Dinge zu sagen, die klingen wie „Wir haben erfahren, dass wir bald Kollegen sein werden". Ich verspüre ein sehr seltsames Gefühl. Die besten Spieler der Welt sind bereit, mich aufzunehmen, und ich weiß nichts davon.

Während es sportlich weiter bergab geht – nach Delneri obliegt es Bruno Conti, uns zu retten –, kommt Bronzetti regelmäßig in Rom vorbei und kündigt schließlich in dem Moment, als sich die Mannschaft von der Abstiegszone entfernt hat, das Eintreffen des offiziellen Angebots an. Ein netter Zug, typisch für Real. Nun werde auch ich direkt über die Geschehnisse informiert, und am Tag nach dem Sieg über Atalanta, der uns den Klassenerhalt sichert – wir sind am 22. Mai angelangt –, trudelt tatsächlich das Angebot ein.

2005 feiere ich meinen 29. Geburtstag, es ist jene Phase in meiner Karriere, in der mir Roma am meisten zahlt: 5,8 Millionen Euro pro Jahr, zusätzlich liegen die Bildrechte gänzlich bei mir. Das erlaubt es mir, in für den Klub schwierigen Zeiten auf mein Geld warten zu können, damit zunächst die anderen Spieler und vor allem jene Leute, die „normale" Gehälter beziehen, bezahlt werden können. Mir dagegen reicht ein Spot. Ein wichtiges Detail: Mein Vertrag läuft ein weiteres Jahr, bis 2006, was bedeutet, dass Roma von Real eine angemessene Ablösesumme verlangen, aber mich nur schwer für unverkäuflich erklären kann. Sollten sie darauf bestehen, den Vertrag zu erfüllen, laufen sie Gefahr, dass ich im Jahr darauf ablösefrei wechsle. Rosella Sensi lässt alle wissen, dass sie meinen Weggang niemals unterschreiben würde, und ich glaube ihr. Sie hat mich nicht bloß gern, sondern sie weiß auch, dass es in der Stadt einen Aufstand gäbe. Aber an ihrer Seite gibt es Direktoren, von Pradé bis Bruno Conti (Baldini ist in der Zwischenzeit Geschichte), die sie so weit bringen, dass sie über die Risiken eines verweigerten Transfers nachzudenken beginnt. Unterm Strich liegt die Entscheidung aber im Wesentlichen auf meinen Schultern.

Real Madrid bietet mir zwölf Millionen Euro pro Jahr und einen Mix aus Bildrechten, die bei mir und beim Klub liegen. Kurz gesagt, wäre ich an meinen Fanartikeln – den personalisierten Leibchen zum Beispiel oder den Plüschtieren mit meinem Gesicht – prozentuell beteiligt, und zu einem geringeren Anteil auch an den gesamten Marketingeinnahmen des Klubs: Je mehr Verkäufe, umso geringer fällt dabei mein Prozentsatz aus, aber laut einer ersten Schätzung würde sich mein potenzieller Verdienst auf 15 Millionen Euro belaufen und damit über meiner eigentlichen Gage liegen. Ein absoluter Wahnsinn, ich wäre bestimmt der bestbezahlte Fußballer der Welt. Das Angebot beinhaltet auch die Ablösesumme, anfänglich werden 60 Millionen Euro vorgeschlagen. Das bedeutet – so lässt man mich wissen –, dass Real problemlos bis auf 70 Millionen Euro erhöhen kann. Wären wir in einem Film und ich nicht abstinent, wäre nun der Moment gekommen, in dem man sagt: „Ich brauche etwas Starkes zu trinken."

Es sind die Tage der Vorbereitungen auf die Hochzeit, mit Ilary habe ich das Thema Real bereits erörtert: Sie wäre bereit, ihre TV-Aktivitäten für einige Jahre auf Eis zu legen, bezeichnet es als interessante Erfahrung, ist aber skeptisch, wie groß meine Bereitschaft für einen Transfer wirklich ist.
„Du bist einer jener Römer, die überzeugt davon sind, dass es außerhalb von Rom nichts zu essen gibt", hält sie mir stets vor und hat recht damit. Ich hatte mir über das Prestige von Real Gedanken gemacht, über die Wahrscheinlichkeit, die Champions League zu gewinnen, und über den Traum vom *Ballon d'Or* – diesen Trophäen zuliebe wäre ich auch bereit, zu hungern. All dies, bevor das offizielle Angebot eintraf.

Ich fühle mich überhaupt nicht wohl. Mit großer Behutsamkeit weihe ich die Familie in das Thema ein, vor allem Papa und Riccardo. Die Antwort von Papa fällt ablehnend aus: „Bitte, wohin sollst du gehen? Dir geht es doch so gut hier."
Riccardo reagiert kühler: „Denk darüber nach, Checco, das ist wirklich viel Geld."
Ich bitte auch Daniele Pradé, mit dem ich mich im *Scapicollo* zum Essen treffe, um Rat, mir wird aber klar, dass ich ihn damit in Verlegenheit bringe. Ich kann ihn nicht fragen: „Was würdest du an meiner Stelle tun?", denn die Gesamtsituation sieht man nur von meiner Position aus. Und daher kann nur ich die Entscheidung fällen: Was

willst du in deinem Leben machen, Francesco? Du hast die Chance, ein „normaler“ Champion zu werden. Ein großer Transfer, Siege in Serie mit einem Team von lauter Superstars, weltweiter Ruhm und märchenhafter Reichtum. Darüber hinaus ist Real auch dabei, Figo zu verkaufen, damit Florentino Pérez den Weg für die versprochene Nummer 10 freimachen kann. Das Kind, das einst *Paperelle* spielte, wird der absolute Stern von Real Madrid, seine Nummer 10. Eine derartige Karriere hätte ich nie zu erträumen gewagt. Schlicht zu steil, um nur im Entferntesten daran zu denken.

Und dann meine Gewissensbisse: Hast du auch genug getan, um dich Roma gegenüber erkenntlich zu zeigen, ehe du den Klub verlässt? Klar, ich habe die Mannschaft zum Meistertitel geführt, eine Seltenheit. Aber dieser Fluss der Liebe, in dem du seit dem Tag deines Debüts schwimmst, die Emotionen, mit der alle dich unterstützen und schützen, der Glaube, den sie in dich haben – nicht das Vertrauen, der Glaube! –, kennt all dies tatsächlich ein Ende? Die eben beendete Saison war die absurdeste, am Horizont sind keine neuen Projekte zu sehen. Kannst du da mit leichtem Herzen gehen? Was machst du am Sonntagabend, wenn dir jemand, bevor du mit Real den Rasen des Bernabéu betrittst, sagt, dass Roma das Derby verloren hat? Oder in die untere Hälfte der Tabelle abgerutscht ist? Du würdest eine Delle in deinen Spind schlagen, die schmerzende Faust massieren und deinen geschockten Teamkollegen etwas in deinem unsicheren Spanisch vormurmeln … Du willst lieber 2000 Kilometer entfernt von dort sein, um die Aufholjagd der *Giallorossi* zu organisieren. Du willst, wirst es aber nicht tun können.

Mit meiner Mama spreche ich nicht darüber. Blicke sagen mehr als Worte. Der Gedanke daran, ihr zu sagen, dass ich nach Madrid gehe, ist unerträglich. Ich denke daran, wie sie mich zu den ersten Trainings begleitete, an die Geschichtslektionen, die sie für mich lernte, während sie im Auto auf mich wartete, und die sie dann auf der Rückfahrt für mich wiederholte. Ich denke an den Fön, mit dem sie im Winter meine Haare trocknete. Ich denke an ihr Gesicht, als ich ihr den von Ciarrapico unterschriebenen Scheck über 218 Millionen Lire zeigte, an die Furcht, dass ihn jemand stehlen könnte, an den Gang zur Bank am Montagvormittag, um ihn zu überweisen. An all das denke ich und bin dabei zu Tränen gerührt.

Und ich fälle die Entscheidung. Ich werde nicht zu Real gehen, weil es nicht meine Geschichte ist. Meine Geschichte ist Rom, Roma und ein System von Bezugspunkten, das es mir gestattet, sowohl als Mensch als auch als Fußballer das Maximum abrufen zu können. Und Ilary erwartet Cristian, unser erstes Kind. Dazu Trigoria, das ist nicht irgendein banales Sportzentrum, sondern eine Einheit, die von Personen gemacht wurde, die mich vom ersten Tag an liebten, bevor ich ein Champion wurde. Ich spreche von den Masseuren, den Angestellten, von denen, die zeitig in der Früh aufstehen, damit ich später beim Training das gefaltete Handtuch vor meinem Spind und den Trainingsplatz mit seinen perfekten Bedingungen vorfinde. Sie machen es, weil sie ein Gehalt dafür bekommen, ja. Doch glaubt mir: Sie verspüren eine besondere Freude, weil sie es für Totti machen, das erkenne ich daran, wie sie mich anschauen. Ich wüsste nicht, wie ich ihnen sagen sollte, dass ich weggehe, sie würden es wie einen Dolchstoß erleben.
Ich wüsste nicht einmal, wie ich es den Leuten sagen sollte. Eine Pressekonferenz? „Es war eine Entscheidung fürs Leben, ich konnte Real nicht absagen!" Äh? Ich sehe mich nicht dort, um diesen Schwachsinn zu verbreiten. Ich würde mich schämen wie ein Dieb. Die Wahrheit ist, dass die ganze Liebe, die es schon gab, und das war richtig viel, auf einem stillschweigenden Pakt basiert: Der Kapitän aus Rom und von AS Roma wird seinen Verein niemals verlassen. Die Leute haben in mich investiert, haben auch jene Reserven an Liebe verbraucht, die du für gewöhnlich zur Sicherheit aufhebst und nicht berührst, denn im Falle eines Verrats würdest du genau alles verlieren. Ernsthaft, ich kann sie nicht verraten.

Und dann ist da meine Mutter. Ich müsste ihr sagen: „Mama, Ilary, dein zukünftiges Enkelkind, jene, die noch folgen werden, und ich übersiedeln nach Madrid. Sei unbesorgt, wenn du Lust hast mich zu sehen, ruf mich einfach an, und ich schicke ein Privatflugzeug nach Ciampinio, das dich zu uns bringt." Ich müsste es Fiorella Totti sagen, die mich in der Via Vetulonia großgezogen hat; die von meinem Bruder einen Tritt ans Schienbein ausfasste, weil er fürchtete, sie würde Lazio wählen; die mich jeden Sonntag zu Verwandten in Testaccio oder Trastevere brachte, die im Sommer in Torvaianica eine Bande von 30 Kindern in Schach hielt. Das Privatflugzeug? Nein, ich sage es ihr nicht.

Es ist Anfang Juni, ich gehe mit den Freunden aus meiner Kindheit essen, um die Luft des alten Roms, als ich noch ein Kind war, zu atmen. Von den Teamkollegen ist nur Candela mit dabei. Es ist das Ende meiner Zerrissenheit, nach der Nachspeise greife ich zum Telefon und rufe Pradé an: „Daniele, wir müssen uns wegen der Vertragsverlängerung treffen. Kein Real, mein Platz ist hier."

Ich habe es nie bereut. In den vielen Jahren zweiter Plätze oder wenn ich die Liste der *Ballon d'Or*-Gewinner hinunterscrolle und alle bis auf meinen Namen finde, habe ich auch nicht einen Augenblick gedacht: Wenn ich damals bloß Ja gesagt hätte ... Nochmals: Es war nicht mein Platz, nicht meine Geschichte. Es war wunderschön, 2008 mit dem Trikot von Roma ins Bernabéu zurückzukehren und nochmals zu siegen, vor den Wehmut ausdrückenden Blicken der Fans, zumindest interpretierte ich sie so. Es war emotional, wahrlich emotional, am 18. März 2016, als ich wusste, dass es das letzte Mal sein würde, eine Viertelstunde vor Schluss auf den Platz dieses wunderbaren Stadions zu kommen und Standing Ovations zu erhalten. Bei der Verkündung meines Namens über den Lautsprecher standen alle auf und applaudierten mir lange, während ich auf dem Weg in Richtung Mittelfeld Marcelo begegnete, der mit mir abklatschte und sich danach sofort dem Applaus anschloss. Dies ist das wichtigste und wertvollste Vermächtnis des Weges, den ich beschritten habe, das, was mir wirklich bleibt: der Respekt. Der Beweis dafür, dass ich ein Teil einer Welt von Millionen Personen und auch als Gegner ein

Bezugspunkt war. Dass ich im Falle von Real trotz meiner Absage geschätzt wurde.

Ich habe für meinen Abschied im Bernabéu 30 Leibchen mitgenommen. Das erste ist für Florentino Pérez, der mich umarmt und mit einem Blick auf die umstehenden Klubverantwortlichen sagt: „Schaut ihn euch gut an, das ist der einzige Spieler, der mir abgesagt hat." Und er bittet mich sogar um eine Widmung.
Die weiteren Trikots händige ich mit großem Stolz an die Stars dieser fantastischen Mannschaft aus: ein Stolz, der sich durch ihre sichtliche Freude über das Trikot vervielfacht, von Ronaldo bis Marcelo – der derart enthusiastisch reagiert, dass er sich vor mich hinkniet –, von Modrić bis Bale. Alle Fußballer sammeln Trikots ihrer Gegner: zu wissen, dass das gelb-rote „Totti 10" einen speziellen Platz in ihren Galerien erhält, schmeichelt mir wie die Standing Ovations. Nach Spielende tausche ich jenes, das ich getragen habe, mit Sergio Ramos, dem Kapitän. Einer, der alles gewann, was es zu gewinnen gibt, einer, der in der Nachspielzeit die entscheidenden Tore erzielt, weil ein Champion immer der Letzte ist, der aufgibt. Ramos spielt seit 2005 bei Real, jenem Jahr, in dem auch ich kurz vor einem Transfer stand. In manch einem Paralleluniversum muss ich sein Kapitän gewesen sein.

9

IL CUCCHIAIO D'ARGENTO

DER HEBER ZU EM-SILBER

Nun ist ein großer Schritt zurück angebracht, denn die Schilderung darüber, was mir im Trikot der *Squadra Azzurra* – es ist das einzige, das ich neben dem von Roma in meinen vielen Jahren im Fußball getragen habe – alles passiert ist, erfordert einiges an Raum und Zeit. Es würde keinen Sinn ergeben, all die verschiedenen Erfahrungen mit der italienischen Nationalmannschaft in der bisherigen chronologischen Erzählung anzuführen. Die ist für AS Roma reserviert, für die „Frau" meines Lebens. Das verleitet mich jedoch nicht dazu, zu sagen, dass das Nationalteam eine Affäre für mich darstellte, doch es hatte durchaus etwas von einer Geliebten: die brennende Leidenschaft gewisser Momente, eine lange Serie von Enttäuschungen und letztlich durch eine unvergessliche Nacht der wieder entfachte Rausch. An dieser Stelle habe ich dann Schluss gemacht. Ich hatte nicht mehr die Energie, um zwei Beziehungen zu führen, und es stellte sich nie das Problem, welche Liebe Vorrang genoss. Jedenfalls habe ich im Italientrikot Großartiges erlebt, vom ersten Tag in Coverciano – ich war kaum mehr als ein Kind – bis zur Feier des WM-Titels im Circus Maximus. Und darum will ich alles auf einmal erzählen.

Die erste Einberufung erfolgt im Jahr 1991: Turnier in Reggello mit dem U15-Nationalteam, Trainer Sergio Vatto, Trainingslager in Coverciano. Wir sind alle Debütanten. Ich gehe mit Marco Caterini, meinem Roma-Teamkollegen, hin, wir befinden uns mitten unter einem Dutzend anderer Jungs, die vor Ehrgeiz nur so brennen. Ich erinnere mich im Besonderen an zwei aus der Gruppe: einen Torhüter aus der Toskana namens Buffon – ja, unsere Freundschaft reicht bis in jene Tage zurück – und einen Mittelfeldspieler aus Cremona mit sehr talentierten Beinen, Alessio Pirri. Er hätte sich eine andere Karriere verdient.

Ich nehme die ersten Trainings mit ruhiger, aber nachdrücklicher Neugier in Angriff. Inzwischen habe ich kapiert, dass ich der begabteste 14-jährige Fußballer von Rom bin, was aber nichts bedeuten muss: Wenn du in Coverciano erkennst, dass es im Rest von Italien viel Bessere als dich gibt, müsstest du deine Erwartungen neu einordnen. Die Trainingslager der U15 sind auch genau dafür da: um sich mit Gleichaltrigen zu messen, die in anderen Regionen Italiens denselben Weg beschreiten: Wird der Mailänder, der Römer, der Friulaner oder der Sizilianer besser sein? Ich bin besser.

Von den ersten internen Spielen an – was mir dabei alles gelingt und die Art, wie die anderen mich anzuschauen beginnen – wird mir meine Begabung bewusst. Ich bin nicht nur der Beste von Rom, ich bin wahrscheinlich der beste 14-Jährige in ganz Italien. Das Gefühl, das ich dabei verspüre, ist eines voller Euphorie. Frei von Genugtuung: Im Fußball gilt das als ein schmutziges Wort, du darfst dich nie zufriedengeben. Coverciano hingegen ist das Theater der Abschlussprüfung, es zu schaffen, in einer Gruppe, in der alle stark sind, zu dominieren, ist das Ziel von jedem, der bis hierher gekommen ist. Und die Tatsache, dass mich die anderen Spieler binnen kurzer Zeit – was mir oft passierte – mit Respekt beobachten. Eines Tages, Freunde, wird die Welt unsere sein. In der Zwischenzeit gehe ich an die Arbeit.

Zwei Jahre später werde ich zum ersten großen Turnier meiner Karriere einberufen: zur U17-WM in Japan. Im ersten Moment will ich nicht dorthin: Es ist Mitte August in Torvaianica, ich mache mit Freunden und meinen Cousins Urlaub, und nach dem Debüt für Roma genieße ich die ersten Vorzüge meiner Bekanntheit … Was mache ich? Werfe ich all das weg, um nach Japan zu gehen? Die Antwort ist Ja, aber wahrlich mit Bedauern. Es ist das erste Mal, dass ich Italien verlasse, im Moment der Abreise bricht Mama vor lauter Emotionen in Tränen aus, oder vielleicht liegt es am Kummer, mich in der Verbandsuniform schwitzen zu sehen, mit Sakko und Krawatte – eine Stunde zuvor hatte ich noch die Badehose an. Es hat bestimmt 60 Grad, und ich habe außerdem drei Reisetaschen zu schleppen. Ich habe auch ein ungutes Gefühl in der Magengegend, auf dem Weg nach Fiumicino unterdrücke ich jedenfalls meine Tränen. Das Turnier ist ein Desaster, wir scheiden als Gruppenletzter mit einem Punkt aus drei Spielen aus. Im ersten Spiel aber, das wir in Kobe gegen Mexiko 1:2 verlieren, erziele ich den zwischenzeitlichen Ausgleich, ein großartiges Tor: ein Rechtsschuss aus 25 Metern, den man heute noch auf YouTube sehen kann, mit dem ekstatischen Kommentar in spanischer Sprache – *„Golazzo!“* –, ich vermute, es ist der mexikanische Fernsehsprecher. Ein unterhaltsames Detail: Ich steuere jubelnd auf unsere Bank zu, wo man die Teamchefs Vatta und Corradini sieht, aber bevor ich sie erreiche, werde ich von den Umarmungen der glücklichen Teamkollegen gestoppt. Aus den vielen Trikots sticht das graue des großen Burschen hervor, der unser Tor verteidigt und wie eine Furie angestürmt kommt. Ratet mal, wer es ist? Buffon natürlich.

Drei Jahre später, 1996, wiederholt sich die Geschichte: Ende Mai bin ich schon in Torvaianica, um die Ferien zu genießen. Ich verbringe sie mit meinem Roma-Teamkollegen Cappioli, einem, der sich immer zu unterhalten wusste – tolle Abende in Ostia –, als das Telegramm aus Barcelona für die finale Phase der U21-EM eintrudelt. Ich täusche vor, es nicht zu sehen, weil ich nicht zum Semifinale reisen will: Abgesehen davon, dass Ferien sind, beruft mich Cesare Maldini nur ein, weil sich Vieri und Inzaghi verletzt haben, und da ich etwas an der ausbleibenden Einberufung genagt hatte, gönne ich ihm nun innerlich die Genugtuung nicht. Daher antworte ich nicht einmal auf die Anrufe meiner Eltern, die sehr besorgt sind, dass mich eine Weigerung eine Sperre kosten könnte. Um mich von der Abreise zu überzeugen, muss mich mein Vater buchstäblich an den Ohren am Strand abholen, Gott sei Dank macht er es: Auch wenn ich die Vorbereitung seit gut zehn Tagen hingeschmissen habe, arbeite ich jetzt wie verrückt, so sehr, dass mich Maldini zur Halbzeit des Semifinales anstelle von Mario Delvecchio auf den Platz schickt. Es ist das Spiel gegen Frankreich. Ich kann da noch nicht wissen, dass es mein ewiger Rivale sein wird, einige Gegenspieler an jenem Tag auf dem Platz des Montjuic-Stadions kommen später in meiner Erzählung nochmals vor: Vieira, Wiltord, mein künftiger Freund Candela, der verdammte Makélélé (ihr werdet verstehen, warum) … Ich erziele gleich das entscheidende Tor, mit einem kraftvollen Schuss im überfüllten Strafraum, und so lösche ich auch das Lächeln im Gesicht des grantigen französischen Teamchefs, eines gewissen Raymond Domenech. Auch mit ihm ist dies erst der Anfang. Endstand 1:0. Die Begeisterung ist groß, drei Tage später erwartet uns das Finale gegen Spanien, ein Team mit ebenfalls sehr begehrten Spielern: Raúl, De la Peña, Mendieta. Wir spielen 1:1, ich werde ausgewechselt – an jenem Punkt macht sich die fehlende Vorbereitung bemerkbar –, um einem weiteren Juwel Platz zu machen: Atalantas Domenico Morfeo. Just er verwandelt den Elfmeter, der uns den Titel beschert. Mein erster Titel im Dress des Nationalteams: Ich bin U21-Europameister, dabei wollte ich nicht einmal dabei sein. Als ich bei der Rückkehr nach Ostia jene Leute wiedersehe, die mir bei meinem Fluchtversuch assistiert hatten, verspüre ich einen Hauch von Scham.

Einige Monate davor, im Februar, hatte mich Arrigo Sacchi für ein Kurzcamp des Nationalteams ins *La Borghesiana* einberufen. Die Mitteilung traf an einem Sonntag ein, nach einem von unzähligen Polemiken begleiteten verlorenen Derby. Zunächst hatte ich mich nicht gefreut, dachte, dass mich jemand auf den Arm nehmen wollte. Als ich dann feststellte, dass es stimmte, war ich beeindruckt, denn ich war noch nicht einmal 20 Jahre alt. Sacchi stellte sofort klar, dass es sich um eine erste Kontaktaufnahme handelte, mit dabei waren auch Morfeo und Enrico Chiesa, die experimentelle Absicht dahinter war offensichtlich, zumal auch keine Länderspiele anstanden. Montag und Dienstag lernten wir einerseits den vom Teamchef geforderten, ziemlich strengen Verhaltenskodex kennen und andererseits, uns im Einklang mit den Champions zu bewegen. Es war das erste Mal, dass ich mit Paolo Maldini, Conte und Casiraghi spielte. Mit Casiraghi fand ich mich sehr gut zurecht, so gut, dass ich am Ende des Camps im Spiel gegen die Junioren von Lodigiani zwei der rund zehn Tore erzielte, mit zwei nicht üblen Hebern. Sacchi war in seinen Kommentaren sehr großherzig, sagte, dass ich ihm gefallen habe und bestimmt eine Zukunft im Nationalteam hätte. Ich war sehr bewegt, Sacchi war und ist ein Mythos. Zur EM im Juni nahm er dann Chiesa mit, während ich daheim blieb. Besser so, sonst hätte ich nicht den Titel mit der U21 geholt.

Das Debüt im Nationalteam folgt erst einige Zeit später, denn durch die grausame Saison unter Carlos Bianchi verschwinde ich auch vom Radar von Nationaltrainer Cesare Maldini – er war im Herbst 1996 auf Sacchi gefolgt –, und auch die erste Saison unter Zeman reicht letztlich nicht, um noch im letzten Moment die Einberufung für die WM 1998 zu erwischen. Ich gestehe, dass mich das anfangs etwas traurig stimmte. Es sollte das Turnier von Del Piero sein, der in der Tat die Nummer 10 erhält, aber eine im Champions-League-Finale erlittene Zerrung kostet ihn den Platz in der Startelf. An seiner Stelle kommt Roberto Baggio zum Zug, der noch immer sehr viel Klasse hat und unter den Journalisten der am meisten geliebte italienische Spieler ist. Angesichts dieser Situation war es besser, nicht dabei zu sein. Die WM läuft, wie sie nun mal läuft – Italien scheitert im Viertelfinale an Frankreich, wie üblich im Elfmeterschießen –, zum neuen Teamchef wird Dino Zoff ernannt. Der, obwohl er eben erst als Präsident und Trainer von Lazio (er hatte „meinen" Zeman ersetzt, man denke an Zufall) das Handtuch geworfen hatte, sofort großes Vertrauen in mich zeigt: Bei seinem zweiten Spiel am 10. Oktober 1998 feiere ich in den letzten 20 Minuten der Partie gegen die Schweiz in Udine mein Debüt, anstelle von Del Piero, der die beiden Tore zum Sieg erzielte. Einen Monat später bin ich beim Freundschaftsspiel in Salerno gegen Spanien bereits in der Startelf.

Die erste Partie mit dem Nationalteam zu beschreiben, fällt nicht leicht, denn es ist eines jener Ereignisse, von dem du immer wieder hörst – jedes Jahr debütiert jemand –, und die aufkommenden Emotionen sind mehr oder weniger für alle gleich. Wenn du Plattitüden fürchtest – wie es mir oft passiert –, ist es ein Thema, von dem man sich besser fernhalten sollte. Das Nationalteam – die Auswahlen davor sind ein anderes Thema, gewiss wichtig, aber nicht vergleichbar – ist ein Traum, den du seit Kindheitstagen geträumt hast. Ich bin mit dem Wunsch geboren, für Roma zu spielen, alle meine Kindheitsträume drehten sich um die *Giallorossi*. In den Sommern einer EM oder WM aber, wenn Papa für uns in Erwartung der Partien große Wassermelonen aufschnitt, nahm ich ein anderes Fieber wahr, das wahrlich alle erfasste, auch die Frau des Obstverkäufers, die ansonsten nichts von Fußball hören wollte: Wenn ihr Ehemann über den Transfermarkt von Roma diskutieren wollte, nahm sie es ihm übel, um ihm so mitzuteilen, wer zu Hause den Ton angab. Doch sogar sie war an den Tagen der Spiele nachsichtiger, wenn nicht sogar interessiert. Und ich möchte erwähnen, dass mir dieses Detail mehr als 1000 Worte klarmachte, wie wichtig es war, für Italien zu spielen. So denke ich, als mich Zoff in Udine vom Aufwärmen zu sich ruft, weil der Moment meiner Einwechslung gekommen ist, dass dieses Debüt eine Art von Diplom ist: Ich bin ein guter Fußballer, fähig in der Mannschaft meiner Stadt in der Serie A zu spielen – aber nur wenn ich es im Trikot des Nationalteams schaffen würde, auch die Fans, die nicht meinen Glauben teilen und die mich nicht lieben, zu erobern, dann wäre ich ein echter Champion.

Zoff wechselt mich anstelle von Del Piero ein, der mir bei seinem Abgang zublinzelt: Nach zwei erzielten Toren kann Alessandro mir leichten Herzens seinen Platz überlassen, aber ich lese auch sein Okay dafür, dass ich nun dazugehöre. Ich bin eben 22 Jahre alt geworden. In Rom bin ich bereits Francesco Totti, weiß aber noch nicht, dass ich exakt eine Woche später erstmals die Kapitänsschleife tragen werde. Außerhalb bin ich aber einer, der nur eine U21-EM und einen Meistertitel bei den *Allievi* gewonnen hat. Während Del Piero in seiner Trophäensammlung bereits drei „echte" Meistertitel, einen Sieg in der Champions League sowie einen im Intercontinental Cup stehen hat sowie an einer WM und einer EM teilgenommen hat.

Unterm Strich hat er alle Titel, um zu entscheiden, ob ich Teil desselben Kreises bin, und dieses Blinzeln verkündet sein Ja. Ich habe mir die Aufstellung jenes Abends wieder angesehen, abgesehen von Alessandro und mir sind da Buffon, Cannavaro und Inzaghi: kein schlechter Kern für einen zukünftigen Weltmeister. Außerdem auf der linken Seite im Mittelfeld ein Name, der in meiner Geschichte als Römer noch öfter vorkommen wird: Eusebio Di Francesco.

Mein erstes Tor im Nationalteam kommt etwas spät. Es fällt erst im April 2000 in Reggio Calabria, in den letzten Minuten eines EURO-Tests gegen Portugal. Ein edler Gegner – da sind Figo, Rui Costa, Paulo Sousa, Conceição und Couto, um die berühmtesten Spieler zu erwähnen –, den wir 2:0 besiegen. Nach dem Führungstor durch Iuliano profitiere ich von einem unsinnigen Ausflug ihres Torhüters Quim, um einen präzisen Assist von Stefano Fiore zu verwerten. Ich juble ausgiebig, obwohl das Tor offenkundig wenig wichtig war, doch es ist mein erstes und ohne Zweifel eines zum Einrahmen. Wir reisen zur EURO, um dort fest entschlossen unser junges Potenzial geltend zu machen, auch wenn das Fehlen von Buffon, der sich in Norwegen verletzt hat, schlechte Laune auslöst. Toldo wird somit Einser-Torhüter und erlebt ein ganz spezielles Turnier.

Wir spielen eine großartige EURO. Die Mannschaft zeigt Mut und den Willen, sich durchzusetzen, die Streitereien aus der Meisterschaft sind nach wenigen Tagen im Trainingslager verflogen. Zoff zählt explizit auf mich, indem er mich neben Inzaghi als zweite Spitze aufstellt, mit Del Piero jederzeit zum Einwechseln bereit. Die EURO ist ein schnelleres und auch grausameres Turnier als die WM, es bleibt keine Zeit, auf einen Spieler, der außer Form ist, zu warten. Mir geht es sehr gut, und nach einem gelungenen Debüt gegen die Türkei erziele ich bei zwei glänzenden 2:0-Erfolgen jeweils das erste Tor, gegen Mitveranstalter Belgien und im Viertelfinale gegen Rumänien. In den vier Tagen, die uns vom Viertelfinale gegen das zweite Veranstalterland Holland trennen, trainiere ich ganz normal mit den Spielern der Startelf. Ohne im Entferntesten daran zu denken, dass ich in der Amsterdam-Arena auf der Bank Platz nehmen werde müssen.

Ich lese in jenen Tagen keine Zeitungen, verpasse daher auch die Exklusivmeldung in der *Gazzetta dello Sport*, dass Del Piero anstelle von mir spielen wird. Beim Mittagessen nehme ich eine sonderbare Stimmung wahr. Irgendjemand teilt es mir zwar mit, aber ich kann es einfach nicht glauben. Dann, als uns Zoff nach dem Kaffee versammelt, um die Elf bekanntzugeben, donnert die Bestätigung auf mich nieder, als ob du während eines Spaziergangs entlang eines Gehsteigs von einem Blumentopf am Kopf getroffen wirst. Alessandro spielt, ich muss auf die Bank. Ich habe das Handy in der Hand, schreibe an meine engsten Freunde ein paar SMS, in denen ich den Teamchef beleidige. Meine Mitspieler wissen nicht, wo sie vor lauter Verlegenheit hinschauen sollen, sie sind verblüfft über die unverständliche Wahl, und wenn es nicht Del Piero wäre – ein Champion, den alle ungeachtet seiner schwierigen Phase, die er gerade durchmacht, akzeptieren –, der mich ersetzt, wäre es leicht möglich, dass einer von ihnen nicht länger hätte schweigen können. Die Sitzung wird geschlossen, ich bin wie betäubt vor Wut, und Zoff bittet mich, noch einen Moment zu bleiben, allein mit ihm. Ich weiß nicht, ob es daran liegt, dass er mich verändert wahrnimmt oder es ohnehin schon vorab entschieden hat.

„Ich kann mir gut vorstellen, dass du sauer bist, Francesco. Ich setze dich auf die Bank, weil du auf mich in den letzten zehn Tagen müde gewirkt hast, die Partie könnte sich in die Länge ziehen, und ich hätte dich gern bei klarem Verstand im Finish. Also betrachte meine Entscheidung positiv."
Ich tue mir schwer, dies zu schlucken, ohne ihm böse zu antworten. Ich und müde in den letzten zehn Tagen? Ein Lügenmärchen, vor fünf Tagen war ich gegen Rumänien der beste Spieler, und wiederum fünf Tage davor hatte ich im bereits unbedeutenden dritten Gruppenspiel pausiert, machte richtigerweise für Del Piero, der etwas Spielpraxis benötigte, Platz. Ich schweige jedenfalls, lasse sein Argu-

ment nicht durchgehen, indem ich „Okay, ich verstehe“ sage, äußere aber auch nicht meinen Verdacht, wonach einige Sponsoren Druck auf den Verband und den Teamchef ausgeübt hätten, um ihr Testimonial durchzusetzen. Ich stelle aber klar, dass Alessandro gewisse Hilfestellungen genauso wie ich angewidert zurückweisen würde. Schlecht über etwas zu denken hat mir nie gefallen, aber in diesem Moment fallen mir keine anderen Erklärungen ein.

Im Stadion habe ich die Wut über die Wahl, die mir fern jeglicher Logik erscheint, noch nicht verdaut. Wir spielen beim Favoriten zu Hause, und du lässt den Spieler, der am besten in Form ist, draußen? Hm. Ich muss gestehen, dass ich mich vor dem Spiel wie ein Arschloch benehme, denn als ich die Fernsehkameras am Ausgang des Tunnels sehe, verlangsame ich meinen Schritt, bis ich schließlich stehen bleibe. Ich richte mir mit zur Schau gestellter Ruhe mein Haarband und lasse so alle wissen, dass ich nicht von Beginn an spielen werde. Denn andernfalls würde ich auf den Platz laufen, um mich mit den anderen aufzuwärmen. Natürlich war das Gerücht nun in die Welt gesetzt, und die Fans, die die Szene auf dem Riesenbildschirm im Stadion sehen, beginnen gegen Zoff zu wettern, für eine Wahl, die offensichtlich nicht nur mir absurd erscheint. Wenn ich im Nachhinein darüber nachdenke, so ist dieses kleine Kino, das ich organisiere, um Zoff zu reizen, eine unsympathische Geste gegenüber Del Piero, der geschlossene Unterstützung verdienen würde. Das bereue ich, und ich werde auch noch Gelegenheit haben, es ihm zu sagen.

Holland gegen Italien ist kein Spiel, sondern eine Abhandlung über die menschliche Widerstandskraft, die wir von der Bank aus resigniert verfolgen – Partien, bei denen Angreifer auf Verteidiger treffen und die Rollen nie getauscht werden, enden immer gleich. Am Schluss fällt das Tor, und dein ganzes Leiden erweist sich als nutzlos. An jenem Tag aber passiert etwas, was ich bis dahin noch nie erlebt hatte und auch nie mehr wieder erleben werde: Das Tor fällt nicht. Bergkamp trifft die Stange, Zambrotta wird ausgeschlossen, und so sind wir nach 30 Minuten nur noch zu zehnt, Toldo pariert einen Elfer von De Boer, und im weiteren Verlauf der Partie trifft Kluivert mit dem zweiten Elfmeter nur die Stange. Es passiert alles Mögliche, dennoch schaffen wir es zu überleben. Auch zu zehnt, auch wenn sie zwei Elfmeter gegen uns verhängen. In der letzten Phase an diesem Nachmittag auf der Bank, in den Minuten, die dem Moment vorausgehen, in dem mich Zoff schließlich einlaufen lässt, denke ich öfter an das, was über uns Italiener gesagt wird: Dass wir in gewissen Notlagen eine unglaubliche mentale Stärke aktivieren können. Der Fußball besteht aus lauter Klischees, und daher hatte ich auch diese Beschreibung stets für eine Übertreibung, wenn nicht sogar für einen Blödsinn gehalten. Jetzt hingegen stelle ich fest, dass sie der Wahrheit entspricht, und das tun auch die Holländer, die trotz ihrer enormen und überbordenden Überlegenheit allmählich immer mehr verzweifeln. Denn sie wissen ganz genau: Sollte es ihnen nicht gelingen, unter diesen Umständen ein Tor zu erzielen, ist ihr Schicksal besiegelt.

Ich muss sagen, dass Del Piero eine exzellente Leistung bietet, denn nach dem Ausschluss von Zambrotta nimmt Zoff keine Auswechslung vor, sondern bittet Alessandro ganz einfach, eine Doppelrolle einzunehmen: im 4-4-1 mit seinem Rückzug auf der Seite. Wäre dieser Part mir zugefallen, wäre ich womöglich wenig später ausgewechselt worden. Zoff hingegen wechselt zunächst Inzaghi aus, den er Mitte der zweiten Halbzeit durch einen Langläufer wie Marco Delvecchio ersetzt, bringt dann Pesotto für Albertini, um die Defensive zu verstärken, und schickt schließlich in der 83. Minute, den entscheidenden Spielzug anstrebend, mich auf den Platz. Sein Plan mit mir geht fast auf: Ich erwische an unserer Strafraumgrenze tatsächlich den Ball und schicke Delvecchio mit einem langen Flankenball allein auf den Torhüter los. Sollte er treffen, wäre es der Coup des Jahrhunderts: Doch Van der Sar wehrt den Ball zum Eckball ab. Somit geht es in die Verlängerung, und die Spannung löst sich etwas. Denn die holländische Energiekontrolllampe leuchtet rot, und wir fühlen uns unüberwindbar wie die 300 Spartaner bei den Thermopylen: Es ist ein Beispiel, das ich liebe, denn einige Jahre später, als ich den Film *300 – Schlacht bei den Thermopylen* sah und mir der Kräfteunterschied auf dem Platz klar wurde, kommentierte ich es mit: „Das scheint mir Holland gegen Italien aus dem Jahr 2000 zu sein." Womit ich im Kino schallendes Gelächter und auch die übliche Autogrammjagd – dieses Mal mitten im Film – auslöste. Aber das ist eine andere Geschichte.

Elfmeterschießen. Der erste Gedanke ist ein positiver. Unter uns gibt es gute Schützen, das haben die Versuche im Training gezeigt. Der zweite ist es viel weniger: Bei den letzten drei Weltmeisterschaften flogen wir stets im Elfmeterschießen hinaus, folglich lässt sich ein gewisser Komplex nicht leugnen. Zoff versammelt uns kurz vor der Bank, um die fünf ersten Schützen und auch deren Reihenfolge zu bestimmen. Ich blicke auf meinen Freund Di Biagio, der durch die Erinnerung an den entscheidenden Fehlschuss zwei Jahre zuvor in Paris sichtlich beunruhigt ist. Zoff ruft ihn auf, er nickt mit ernster Miene, kommt aber dann dem Teamchef zuvor, indem er ihm mitteilt: „Mister, ich mache es, aber lassen Sie mich als Erster schießen." Als er zum Punkt aufbricht, der ihm wie das Podest eines Henkers erscheinen muss – er schaut aus wie ein Gespenst –, hebe ich seine Moral mit einem mörderischen Witz: „*Mamma mia*, wie lange ist bloß Van der Sar, er scheint eine Krake zu sein."
Er dreht sich um, schickt mich eh schon wissen wohin, verändert aber seine Grimasse zu einem, wie es scheint, halben Lächeln. Und in der Tat trifft er. Mein Verdienst, zumindest zu einem kleinen Teil.

Es ist der Tag von Toldo, das haben inzwischen alle kapiert. Er wehrt einen weiteren Elfer von Frank De Boer ab, so als wäre es die natürlichste Sache auf der Welt. Und es ist offensichtlich, dass die Holländer nun, wenn sie sich dem Elferpunkt nähern, in totale Panik verfallen. Pessotto verwandelt seinen Versuch mit einem makellosen Diagonalschuss. Jaap Stam schnürt es angesichts der absoluten Notwendigkeit zu treffen die Kehle zu, und wenn du nicht weißt, wohin du einen Elfmeter zielen sollst, passiert es immer, dass du danebenschießt, in diesem Fall hoch übers Tor. Nun bin ich an der Reihe, wir führen 2:0.

Schon seit einigen Tagen haben wir unsere Trainingseinheiten jeweils mit Elfmeterschießen beendet. Solange Zoff und sein Assistent Rocca zuschauten, schoss ich meine Elfmeter klassisch, kraftvoll ins Eck. Wenn die beiden dann aber gingen und uns zuvor noch ein Extra von fünf Minuten angeordnet hatten, fand ich Spaß daran, es einmal im Stil des Tschechen Antonín Panenka zu probieren – sprich der Heber mitten aufs Tor, der all jene Torhüter, die bereits in eine Ecke abgetaucht sind, verhöhnt. Soweit ich weiß, wurde er erstmals von Panenka im Finale der EURO 1976 ausgeführt, dem Jahr meiner Geburt. Es ist eine Nummer mit hohem Risiko, denn der Torhüter, der es schafft, sich nicht zu bewegen, braucht nichts anderes tun, als den Ball in Empfang zu nehmen. Aber wenn du es bis zum Schluss schaffst, deine wahren Absichten zu verbergen, kannst du dir nahezu sicher sein, zu treffen, denn 90 Prozent der Torhüter entscheiden sich früher oder später für eine Ecke und werfen sich auch dorthin. In den Trainingseinheiten jener Tage hatte ich es bei Toldo und bei Abbiati versucht. Und jedes Mal, wenn es aufging, fügte ich voller Stolz hinzu, dass ich auch einen eventuellen Elfmeter im Spiel auf diese Weise ausführen würde, und erntete den ironischen Applaus der Freunde: „Du bist ein Großmaul", „Das glaubt dir niemand" und so weiter. Nesta grinste, Maldini lachte, Inzaghi kicherte, Di Biagio lachte schief, ich aber wies sie zurecht: „Wenn es dazu kommt, werde ich es euch zeigen."

Jetzt sind wir genau da angelangt, und ich habe keine Wahl: Ich muss den Heber wagen, andernfalls werde ich für immer das Großmaul sein. Es klingt seltsam und möglicherweise auch unpassend, dass in einem derart wichtigen Moment betreffend das sportliche Schicksal der Nation meine größte Sorge darin bestand, zu vermeiden, später zu Kreuze kriechen zu müssen – aber es ist die absolute Wahrheit. Es ist immer so gewesen. Wenn du in dem Moment, wenn du einen entscheidenden Elfmeter schießt, an die Millionen

Leute denkst, die mit dir vor dem Fernseher bangen, wirst du von diesem Druck zermalmt – was damit endet, dass du die Eckfahne triffst. Wenn du hingegen diesen Moment mit der Lockerheit einer Wette an der Bar erlebst, wird alles leichter. So gehe ich, nachdem ich Di Biagio im Vorbeigehen „Jetzt mache ich es im Panenka-Stil" zuflüsterte, in Richtung Van der Sar, gefolgt von seinem leise ausgesprochenen „Nein, nein". Denn wenn er es laut aussprechen würde, könnte manch ein Holländer Verdacht schöpfen und dem Torhüter ein Zeichen geben, dass ihn eine Ausführung außerhalb der Norm erwartet.

Verdammt. Kurz zuvor habe ich Di Biagio mit einem flotten Spruch bedacht, um die Anspannung etwas zu lösen, aber jetzt erinnert mich Van der Sar, aus der Nähe betrachtet, tatsächlich an eine riesige Krake. Die orange Mauer hinter seinem Rücken ist beeindruckend, das Tor scheint plötzlich klein zu sein. Ich habe große Angst zu scheitern, aber eine unerschütterliche Idee im Kopf. Nicht angeberisch, sondern chirurgisch. Der Heber gelingt mir perfekt. Der Torhüter, der mich reinlegen will, indem er zunächst links andeutet, aber letztlich nach rechts abtaucht, wird von einem spöttischen Ball überflügelt: Er muss ihm ganz nah erscheinen, ist aber zugleich unerreichbar, denn das Gewicht des im Fallen befindlichen Körpers verhindert jene Initiative, die womöglich ausreichend wäre. 3:0 für uns, und niemand wird mich Großmaul nennen. Ich blicke zur Bank und sehe entsetzte Gesichter: Inzaghi hält sich die Hand auf die Stirn, wie um zu deuten: „Der ist verrückt." Ich begegne Toldo, der auf dem Weg zurück ins Tor ist, und sehe ihn lachen, so als ob er schon alles wüsste und es nicht erwarten könnte, das Finale zu genießen. Tatsächlich tritt er wenig später wieder ins Scheinwerferlicht: Kluivert trifft, Maldini vergibt, Toldo pariert einen weiteren Elfmeter – den von Bosvelt – und fixiert damit unseren Finaleinzug. Ich laufe ihm als einer der Ersten entgegen, um mich auf ihn zu werfen: „*Spilungone*", brülle ich ihn mehrmals an, „Bohnenstange, ich liebe dich!"

Das Finale ist hingegen keine Story mit einem glücklichen Ende. Ein bisschen spürten wir das schon im Vorhinein, denn wir drückten im anderen Semifinale Portugal und nicht Frankreich die Daumen. Zidane und seine Mannen sind die amtierenden Weltmeister und somit eine sehr starke Mannschaft. In der ersten Halbzeit geben sie den Ton an, aber da unsere Defensivtaktik aufgeht, kommen wir unversehrt in die zweite Hälfte, in der dann unsere Qualität zum Vorschein kommt. Ich spiele eine starke Partie, eine meiner besten im Nationalteam: Der Fersler, mit dem ich Pessotto den Weg zur Flanke freimache, die dann wiederum Delvecchio im Zentrum volley zum 1:0 verwandelt, ist eine geniale Aktion angesichts dessen, dass zwei Franzosen vor mir stehen und es theoretisch keinen Platz für ein Zuspiel gibt. Ich bereite auch die Chancen zum 2:0 vor, das wir uns zu diesem Zeitpunkt verdienen würden. Doch leider vergibt sie Del Piero, wie es auch schon mir und jedem anderen oft passiert ist.

Ich sage dies, weil das dann zu seinen Lasten lancierte Verfahren keinen Sinn ergab. Ein Spieler, der solch eine Chance vergibt, zahlt sofort den Preis dafür, in der Kabine nach dem Spiel. Wenn er mit seiner Verbitterung am liebsten allein sein will, aber das Schulterklopfen seiner Mitspieler über sich ergehen lassen muss. Was natürlich einen solidarischen Zweck haben soll, aber damit endet, dass die Last, die man auf den Schultern spürt, noch schwerer wird. In gewissen Situationen, nach Triumphen, die wegen einiger weniger Sekunden zu Tragödien wurden, hat die Suche nach dem Sündenbock etwas Grausames. Ich habe das Gleiche durchgemacht, wenn auch in geringem Ausmaß, denn mir wurde vorgeworfen, dass ich in jener letzten, verdammten Minute der Nachspielzeit den Ball nicht lange genug in der Angriffszone behalten hatte.

Die Wahrheit ist, dass ich einfach nicht mehr länger kann: Entweder spiele ich den Ball direkt ins Aus oder versuche ein Zuspiel auf Montella, der mir aber im Abseits zu sein scheint. Ich wähle die zweite Option, und es läuft ab wie in einem Albtraum: Barthez kurbelt das Spiel wieder an, aber mit Cannavaro, Nesta und Iuliano auf dem

Platz – drei Bestien, vor allem mit dem Kopf – sollte nichts passieren. Das Unglück will es, dass der Ball aber bei Wiltord ankommt und sein Diagonalschuss unter der Hand von Toldo hindurch im Tor landet. Wir sprechen hier von nichts, von wenigen Sekunden, wenigen Zentimetern, null Glück, wenn einer von uns den Ball unter Kontrolle gebracht hätte, wäre garantiert der Schlusspfiff des Schiedsrichters erfolgt. Ich erinnere mich an keine andere Situation, in der die Welt derart auf dich einstürzt: Wir hatten praktisch schon gewonnen, waren auf den Knien jenseits der 90. Minute angekommen. Wir schauen uns, erschüttert vor Enttäuschung und Erschöpfung, gegenseitig an. Maldini versucht, uns wieder zu animieren, indem er in die Hände klatscht, aber in Wirklichkeit ist da nichts mehr. Wir starten in die Verlängerung, und einige von uns sind derart niedergeschlagen, dass sie nicht einmal an die Golden-Goal-Regel denken, nach dem Motto: Wer trifft, gewinnt! Wir spüren, dass wir keine Chance mehr haben und behalten leider recht: Trezeguet trifft und besiegelt damit das Ende. Ich sehe ihn jubeln, verfolgt von seinen Teamkollegen. Es wäre schön, sagen zu können, dass ich in jenem Moment denke: „Eines Tages wirst du uns diese Freude mit Zinsen zurückzahlen, David“, aber das wäre Dichtung, oder besser eine Lüge. In jenem Moment denke ich nur daran, wie ich von hier fliehen kann, denn ich will nicht eine Minute länger als notwendig in Rotterdam bleiben. Doch ich bin gezwungen, noch einige Stunden dort zu verweilen, unter medizinischer Beobachtung, denn bei der Rückkehr in die Kabine werde ich ohnmächtig. Ich habe den Flüssigkeitsverlust nicht wie notwendig kompensiert und sogar Mühe gehabt, so wurde mir später erzählt, die Ärzte zu erkennen.

Ich habe in diesen wenigen Sekunden viel verloren. Den EM-Titel und – so denke ich – auch den *Ballon d'Or*. In jenem Jahr wurde er Luis Figo zuteil, der eine sehr gute EM gespielt hatte, mit Portugal im Halbfinale ausschied – dort war er auch, vor seinem berühmten Transfer zu Real Madrid, mit Barcelona in der Champions League gescheitert. Bei aller Bescheidenheit: In jener Zeit war ich bestimmt einer der fünf besten Fußballer weltweit. Wenn Italien die EM und damit das wichtigste Turnier dieser Saison gewonnen hätte, hätten die Juroren vermutlich den herausragenden Mann prämiert. Und zwischen Toren, Assists und Spielzügen wie dem Elfmeter im Panenka-Stil, die in kollektiver Erinnerung geblieben sind, war ich jener Mann des Jahres 2000.

Ich trenne mich – so wie es sein soll – im Guten von Zoff. Die Wut über die Nichtberücksichtigung im Semifinale ist verdaut, als die Nachricht seines Rücktritts eintrifft, die ich ehrlich gesagt nie verstanden habe. Sein Nachfolger ist ein weiterer Großer des italienischen Fußballs, Giovanni Trapattoni, aber es genügen einige Spiele, um zu erkennen, dass seine Zeit zu diesem Zeitpunkt bereits abgelaufen ist. Er verfügt nicht mehr über die Energie und den nötigen positiven Charakter für den Job, hat nichts mehr mit jenem elektrisierenden Trainer zu tun, von dem die Journalisten sprechen und dabei offensichtlich an einen jüngeren Trapattoni denken. In Wirklichkeit kommt er in der Kabine sympathisch rüber, weil er uns alles machen lässt, aber was die Motivation betrifft, stimulieren wir ihn anstatt umgekehrt.

Die WM 2002 beginnt unter ungünstigen Voraussetzungen, und möglicherweise büßen wir auch für unser Quartier in Japan, in Sendai: Wie wir Ort und Menschen interagieren, könnten wir ebenso auf dem Mars sein. Wir starten trotzdem gut ins Turnier, weil das Zusammenspiel zwischen Bobo Vieri und mir zu einem gelungenen Debüt gegen Ecuador führt. Mit Bobo klappt es auf und außerhalb des Platzes, denn er ist ein stets zu Scherzen aufgelegter Typ, ein verspieltes Kind, das uns die Stunden im Trainingslager verkürzt. Und auf dem Platz kommt er zum Tragen, und wie. Trotz dieses guten Feelings beginnen sich die Dinge rasch zu verkomplizieren. Wir gewinnen die Vorrunde nicht und werden für das Achtelfinale nach Südkorea geschickt, wo wir auf die Hausherren treffen. Nicht nur das: Wir werden nicht in einem klassischen Hotel untergebracht – das mehr oder weniger luxuriös sein kann, ein gewisses Service garantiert –, sondern in einem total abgelegenen, riesigen universitären Sportzentrum. Ich kann mir gut vorstellen, dass es eigens für uns freigemacht wurde. Eine Reihe von Gebäuden, die durch endlose Gänge miteinander verbunden sind. Um von den Zimmern zum Speisesaal zu gelangen, muss man mehr als einen Kilometer zu Fuß zurücklegen. Wer den Horrorfilm *Shining* gesehen hat, denkt bis zu seinem Lebensende ans *Overlook Hotel*, jenes abgeschiedene und gottverlassene Hotel, in dem Jack Nicholson durchdreht. In gewissen Momenten, wenn ich allein durch diese Gänge spaziere, rechne ich jeden Moment damit, dass wie im Film in einem Eck plötzlich das Kind mit dem Dreirad oder die ermordeten Zwillinge auftauchen. Alles in allem ein Horror. Stellt euch dazu die maßgeschneiderten koreanischen und folglich zu kurzen Betten, die Hocktoiletten und den Knoblauchgestank, der von überall in die Nase dringt, vor … und euch kommt der Verdacht, dass wir absichtlich verloren haben, um nach Hause zurückkehren zu können.

Nein, so lief es nicht ab. Sondern so, dass der berüchtigte Schiedsrichter Moreno Südkorea gewinnen lassen wollte. Warum, das hat man nie erfahren. Glaubte er, dass die FIFA die Bevorzugung des Gastgebers gewürdigt hätte? Waren wir ihm unsympathisch? Ich weiß es nicht. Das Verhalten, das er uns gegenüber an den Tag legte – mit meinem Ausschluss als negativem Höhepunkt – war beispiellos.

Vor dem Spiel hört man bereits viele Gerüchte, aber wir haben auf diese Spekulationen nie reagiert. Ich will damit sagen, dass wir entspannt ins Spiel gehen, in keinster Weise dahingehend voreingenommen, was uns alles blühen könnte. Nach den ersten vier, fünf Pfiffen, die alle nur in eine Richtung gehen, beginnen wir uns aber gegenseitig anzuschauen: Aufgepasst, wir liefern ihm keinen Vorwand, wenn er das bekommt, hilft es ihm. Meine erste gelbe Karte ist zum Beispiel lächerlich: In der Luft wedle ich etwas mit dem Arm, aber ohne den Gegenspieler zu berühren. Der Pfiff ist okay, die disziplinäre Maßnahme aber völlig überzogen: So wie das abläuft, muss ich ab sofort doppelt so vorsichtig sein. Jedenfalls gehen wir durch Vieri, der meinen Eckball per Kopf im Tor versenkt, in Führung, vergeben mehrmals die Chance aufs 2:0 und sind nahe dran, den Sieg ins Trockene zu bringen. Leider gleichen die Koreaner zwei Minuten vor Schluss aus, und so geht es in die Verlängerung.

Ich komme gleich zu meinem Ausschluss, denn sonst erinnere ich mich an wenig – was auf meine immense Wut zurückzuführen ist –, außer dass wir weiterhin tolle Chancen vergeben. Der Elfmeter nach einem Foul an mir ist eindeutig, denn im Moment des Kontakts mit dem koreanischen Verteidiger habe ich bereits die richtige Position eingenommen, und wenn dich jemand berührt, nachdem du bereits an ihm vorbeigesprintet bist, kommt es immer zum Foul. Immer. Ich täusche absolut nichts vor. Natürlich unternehme ich keinerlei Anstrengungen, um auf den Beinen zu bleiben, aber wenn man an diesem Punkt einer derart wichtigen Partie angekommen ist, kann man nur auf zwei Arten gewinnen: mit einem speziellen Spielzug oder nach einem Fehler des Gegners. Und der koreanische Verteidiger begeht diesen Fehler. Am Boden liegend höre ich den Pfiff und denke mir, dass es das nun war: Ich werde den Elfmeter schießen und damit, da es die Golden-Goal-Regel gibt, Italien ins Viertelfinale führen.

Nein. Moreno zeigt nicht auf den Elfmeterpunkt, sondern kommt auf mich zu. Nein, bitte nicht. Er greift in seine Brusttasche. Nein. Verdammt. Nein. Gelbe Karte, und wenig später folgt jene in Rot. Wut. Proteste. Erstmals kommt das Gefühl auf, dass es sinnlos ist, dagegen anzukämpfen. Ich gehe in den Tunnel, der zu den Kabinen führt, benebelt vor Wut. Da sich die Tür nicht gleich öffnen lässt, trete ich danach, bis sie zu Bruch geht. Unsere Verbandsleute sind es schließlich, die mich stoppen, denn von den koreanischen Funktionären hat niemand die Eier, auch nur ein Wort in meine Richtung zu verlieren. Ausgestreckt liege ich auf einer Bank, ohne jegliche Hoffnung. Eine Viertelstunde später höre ich das Gebrüll im Stadion und begreife, dass sie die Rechnung mit uns beglichen haben. Und genau in diesem Moment schwöre ich mir, dass ich noch zwei weitere An-

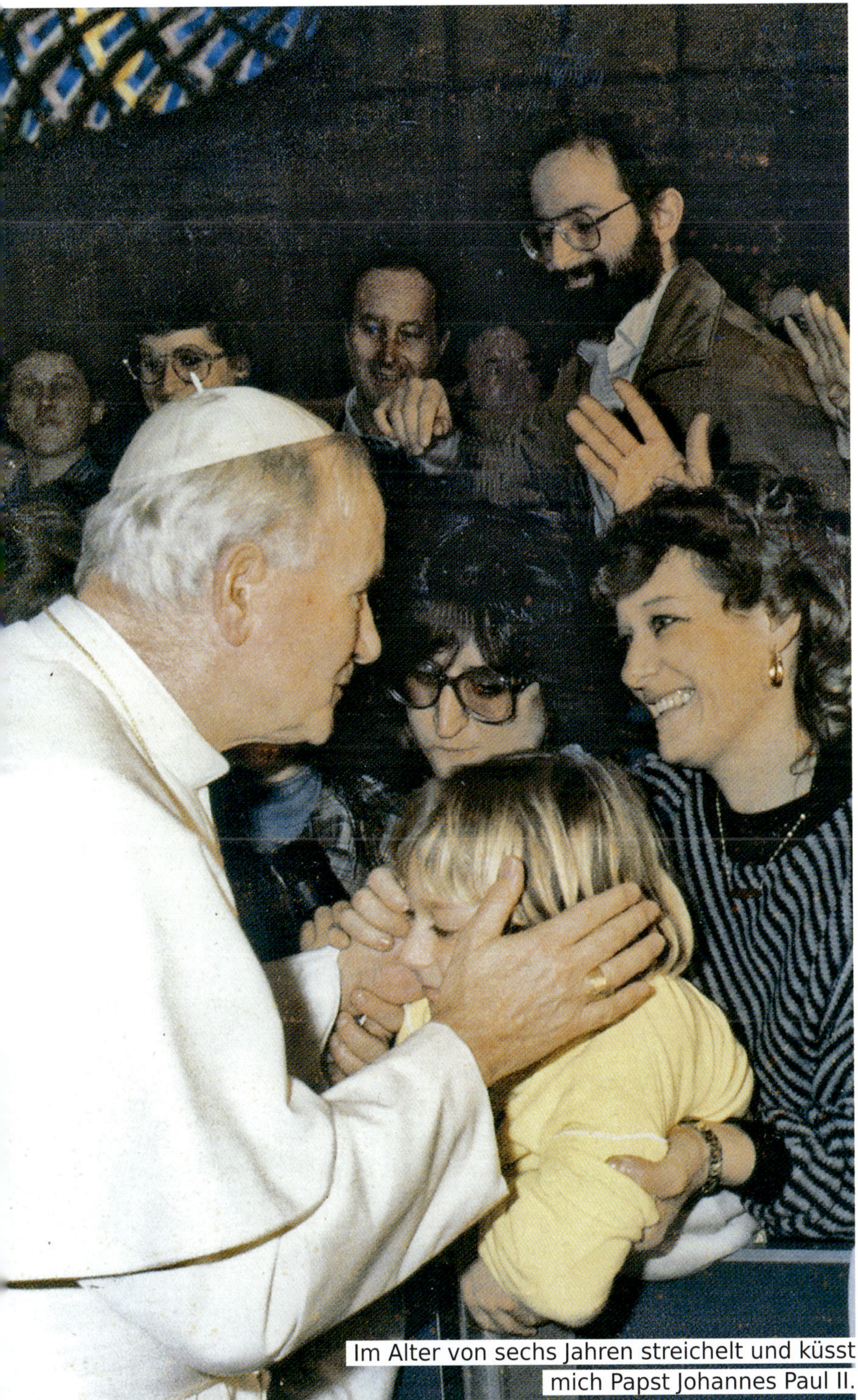

Im Alter von sechs Jahren streichelt und küsst mich Papst Johannes Paul II.

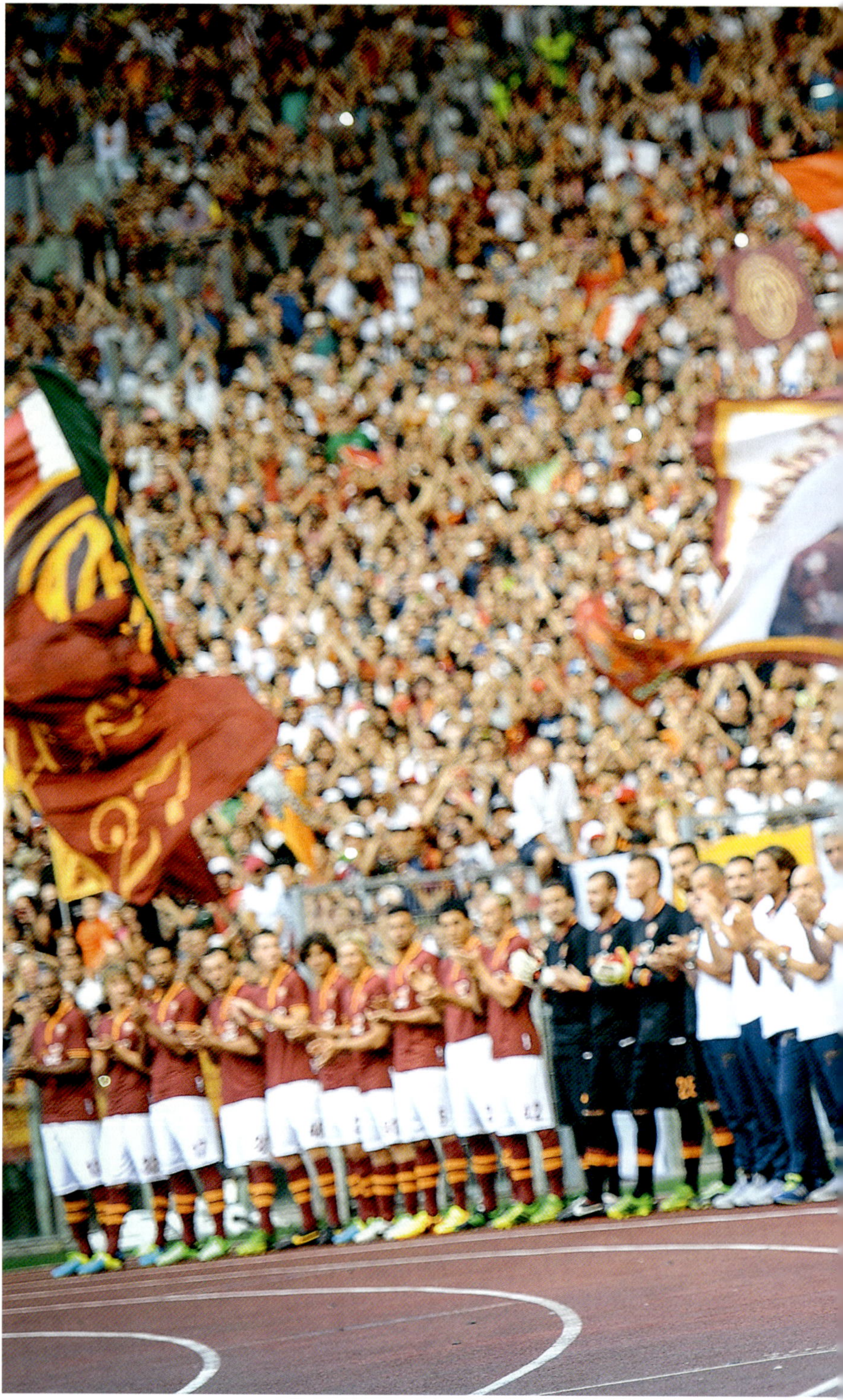

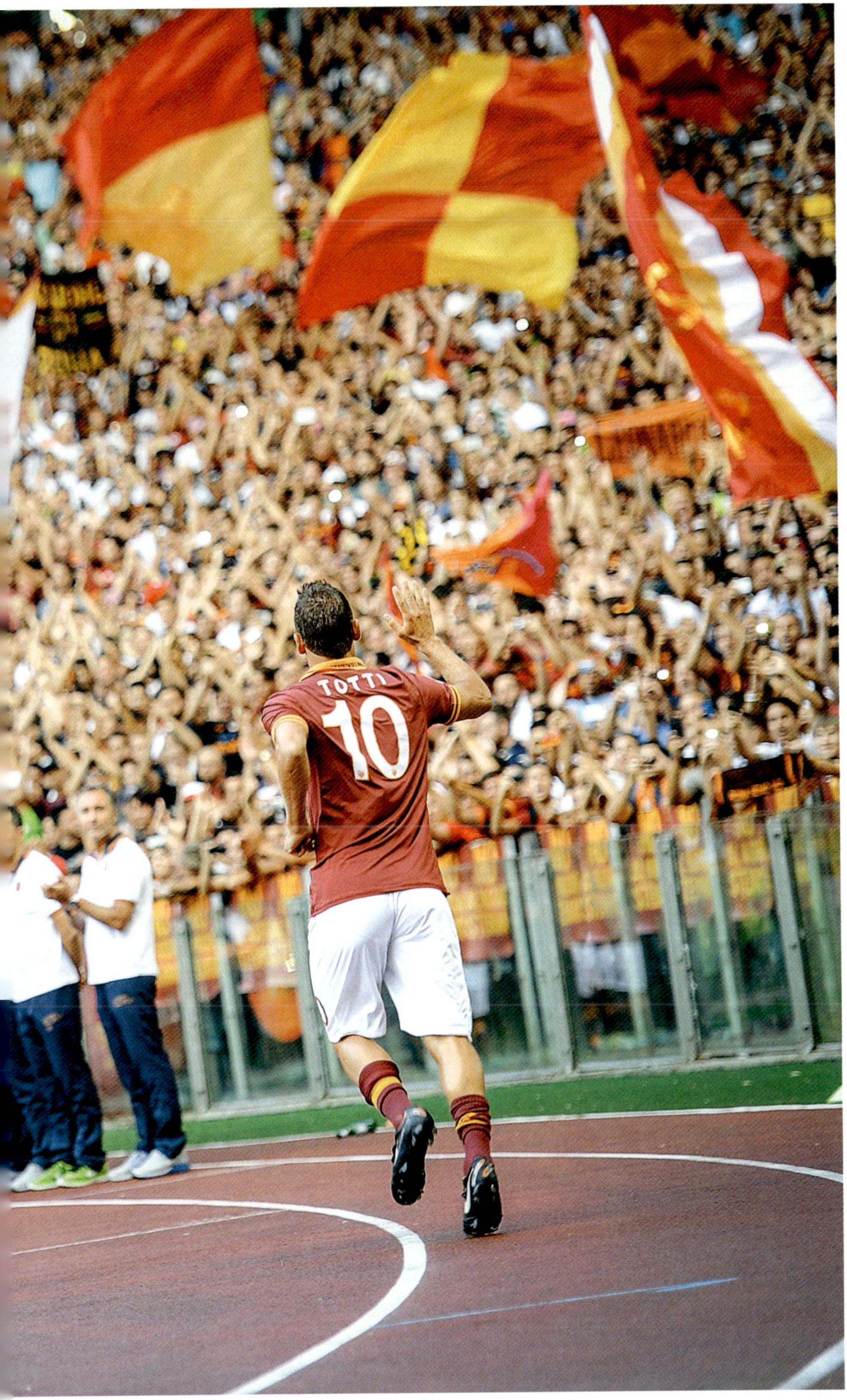
TOTTI
10

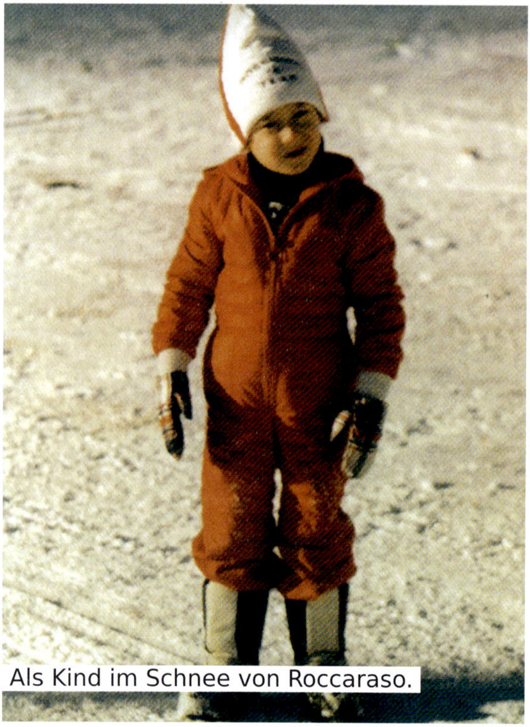

Als Kind im Schnee von Roccaraso.

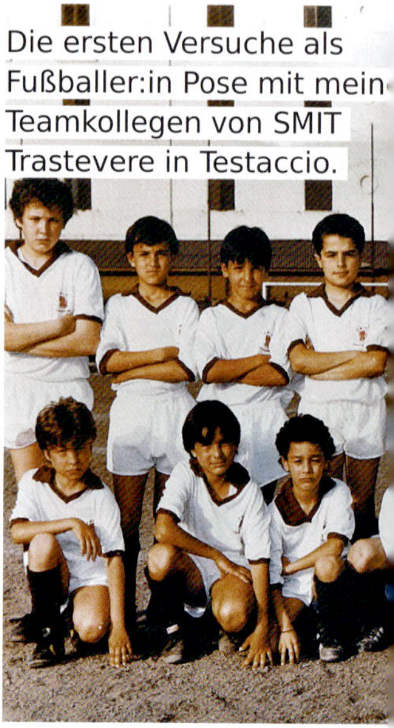

Die ersten Versuche als Fußballer:in Pose mit mein Teamkollegen von SMIT Trastevere in Testaccio.

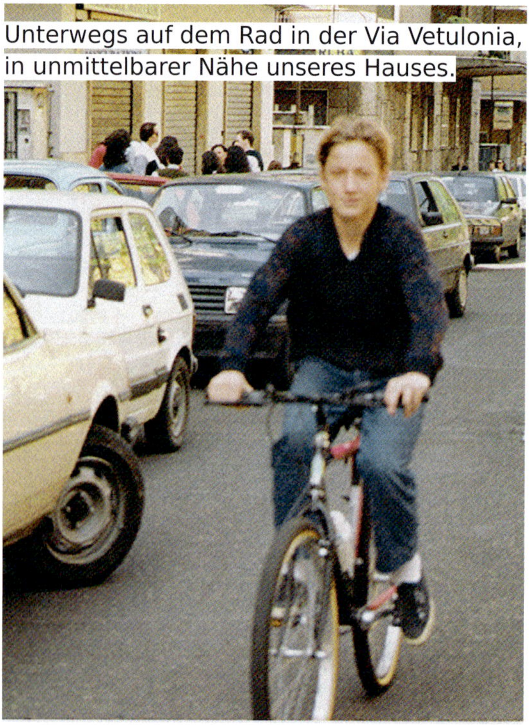

Unterwegs auf dem Rad in der Via Vetulonia, in unmittelbarer Nähe unseres Hauses.

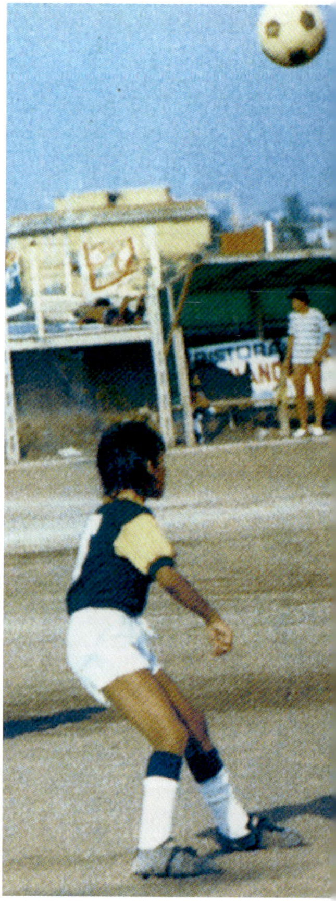

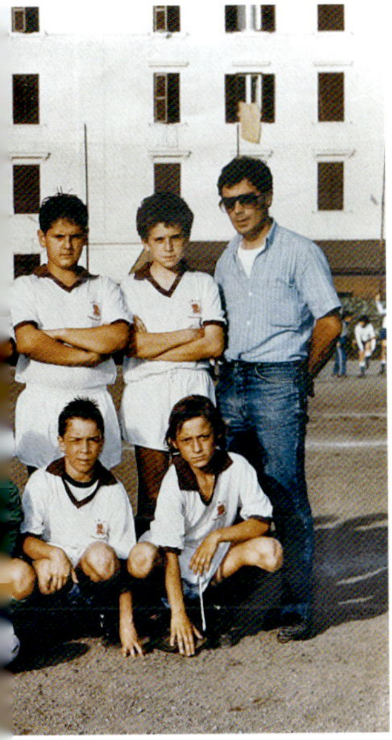

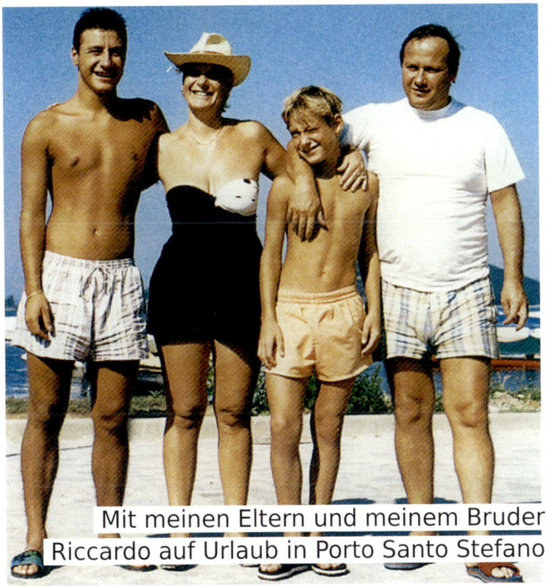

Mit meinen Eltern und meinem Bruder Riccardo auf Urlaub in Porto Santo Stefano

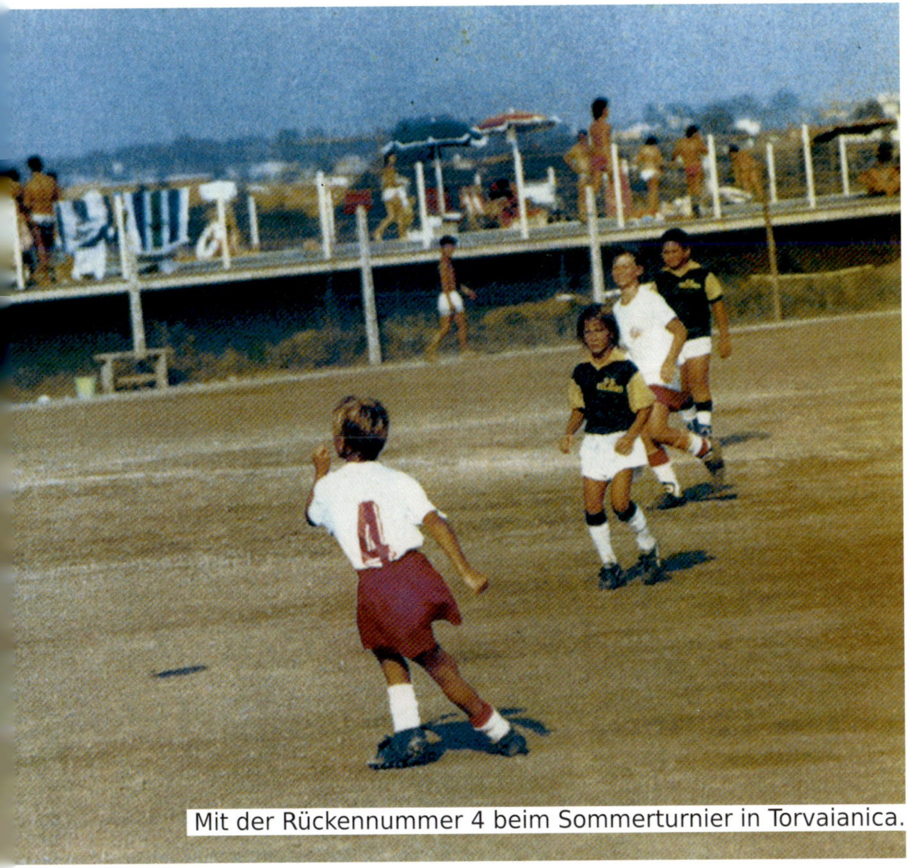

Mit der Rückennummer 4 beim Sommerturnier in Torvaianica.

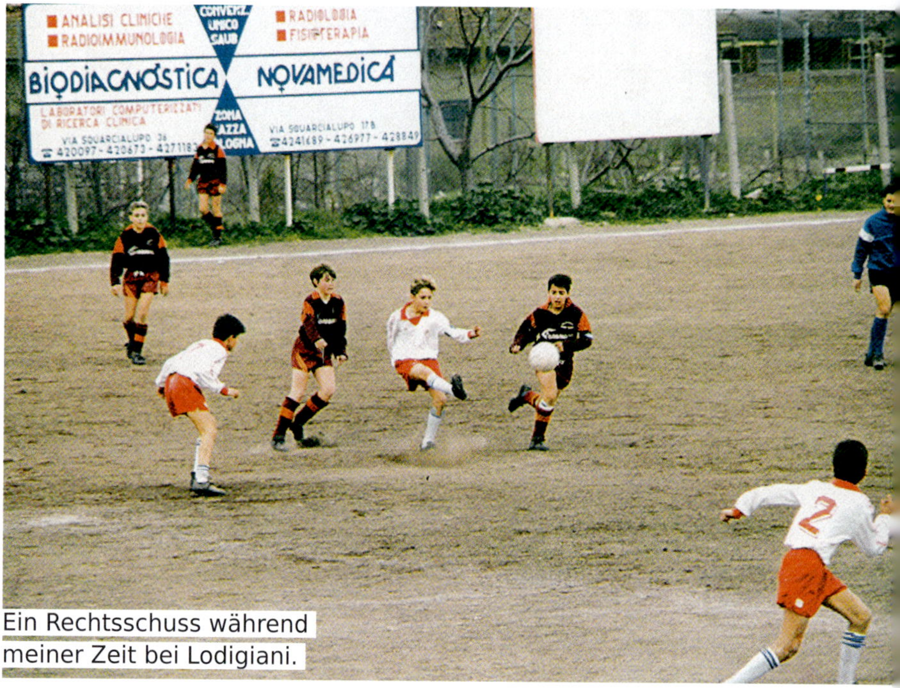

Ein Rechtsschuss während
meiner Zeit bei Lodigiani.

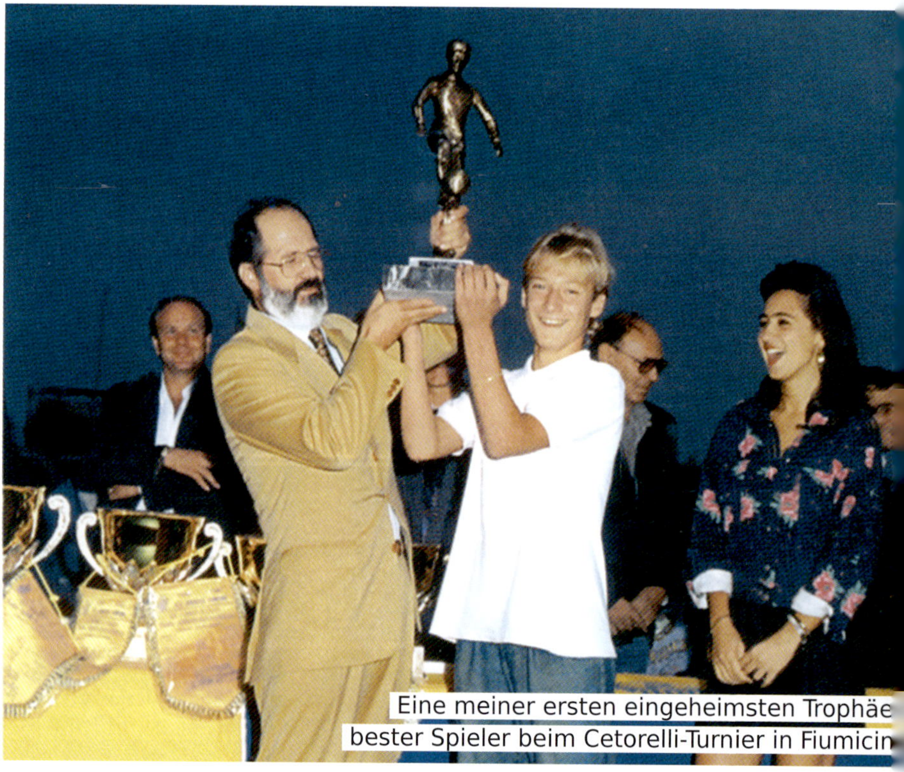

Eine meiner ersten eingeheimsten Trophäe
bester Spieler beim Cetorelli-Turnier in Fiumicin

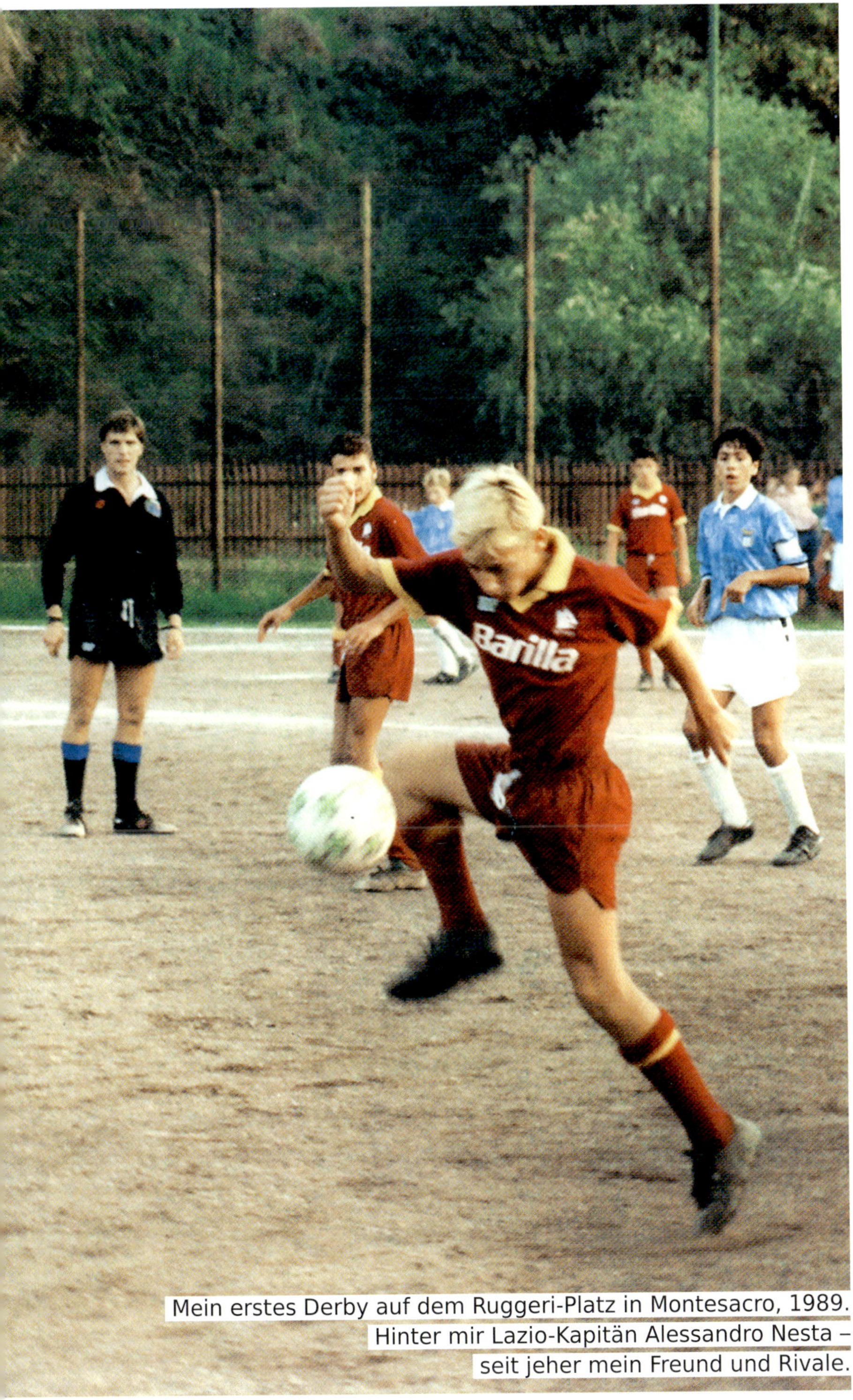

Mein erstes Derby auf dem Ruggeri-Platz in Montesacro, 1989.
Hinter mir Lazio-Kapitän Alessandro Nesta –
seit jeher mein Freund und Rivale.

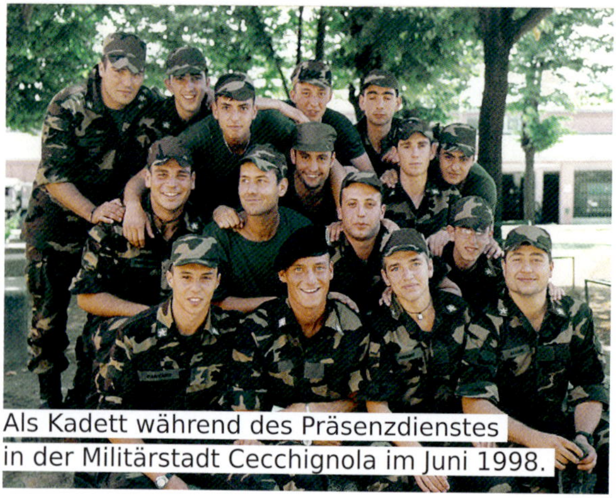

Als Kadett während des Präsenzdienstes in der Militärstadt Cecchignola im Juni 1998.

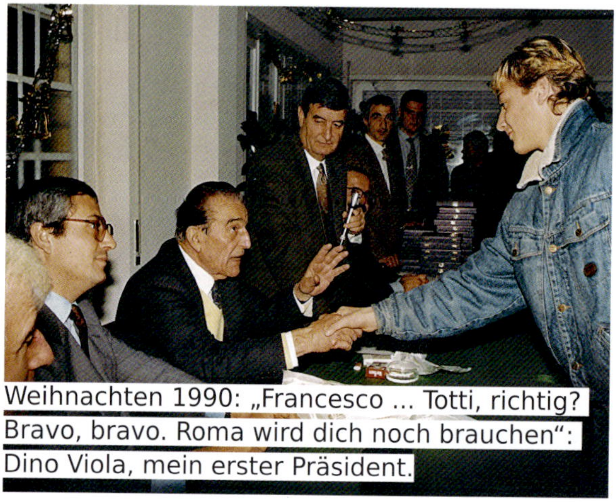

Weihnachten 1990: „Francesco ... Totti, richtig? Bravo, bravo. Roma wird dich noch brauchen“: Dino Viola, mein erster Präsident.

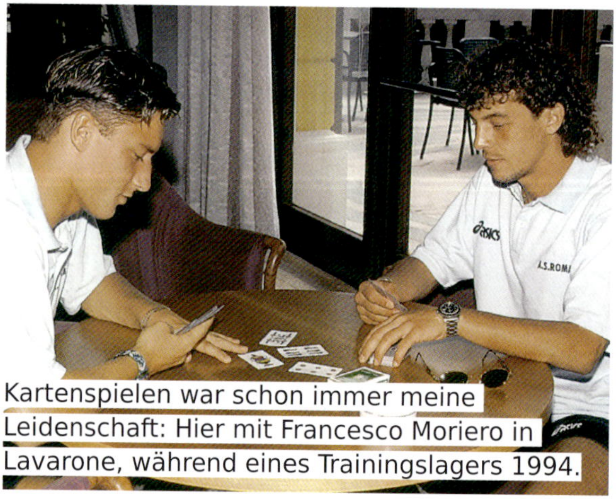

Kartenspielen war schon immer meine Leidenschaft: Hier mit Francesco Moriero in Lavarone, während eines Trainingslagers 1994.

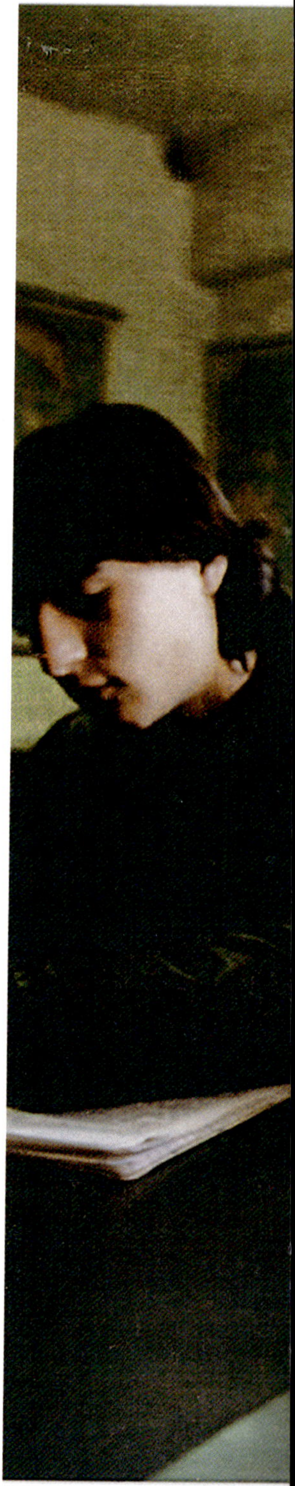

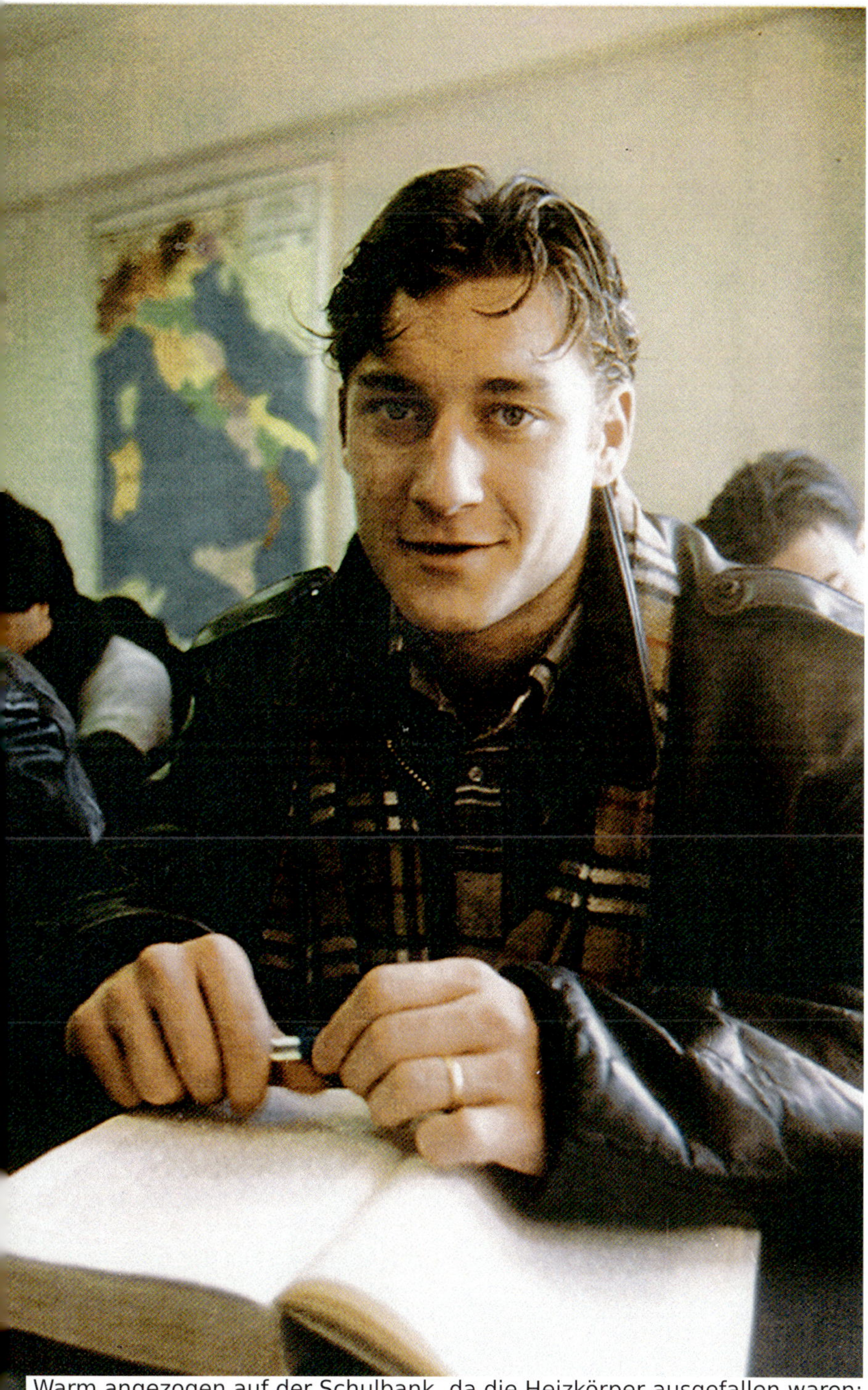

Warm angezogen auf der Schulbank, da die Heizkörper ausgefallen waren;

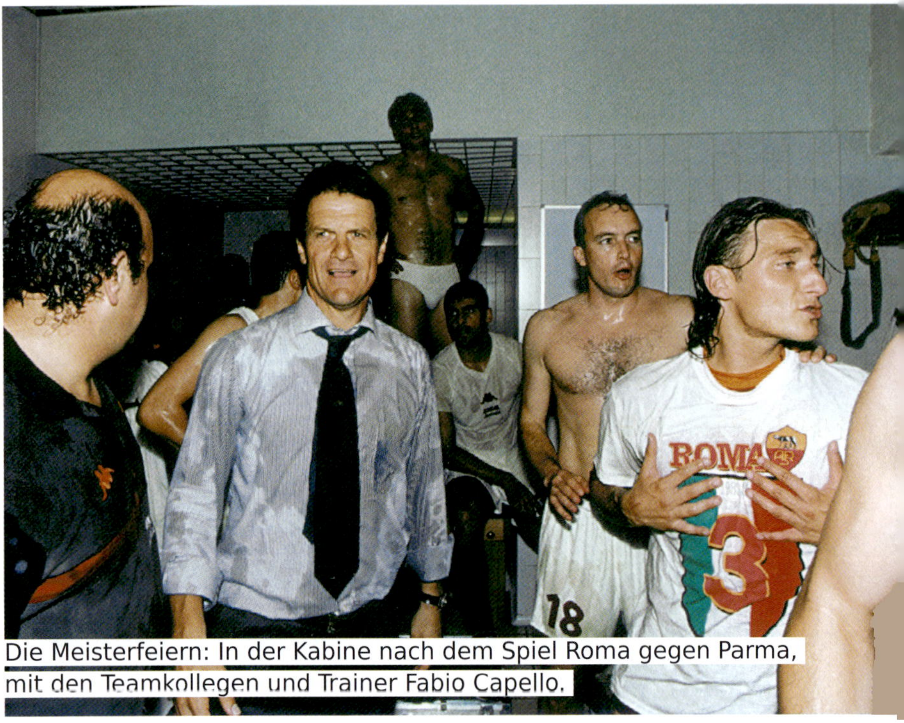

Die Meisterfeiern: In der Kabine nach dem Spiel Roma gegen Parma, mit den Teamkollegen und Trainer Fabio Capello.

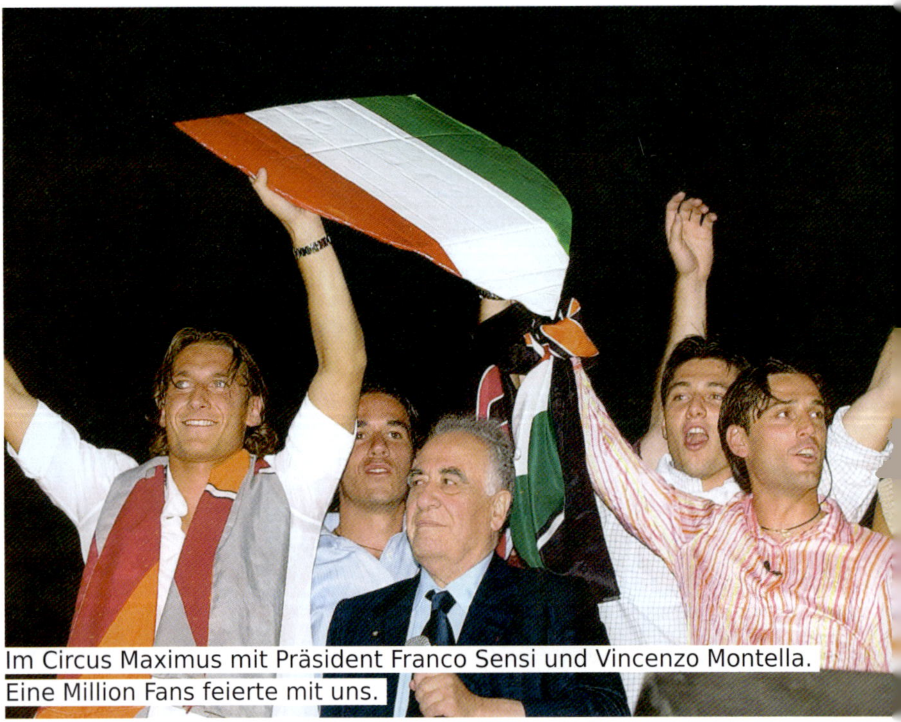
Im Circus Maximus mit Präsident Franco Sensi und Vincenzo Montella. Eine Million Fans feierte mit uns.

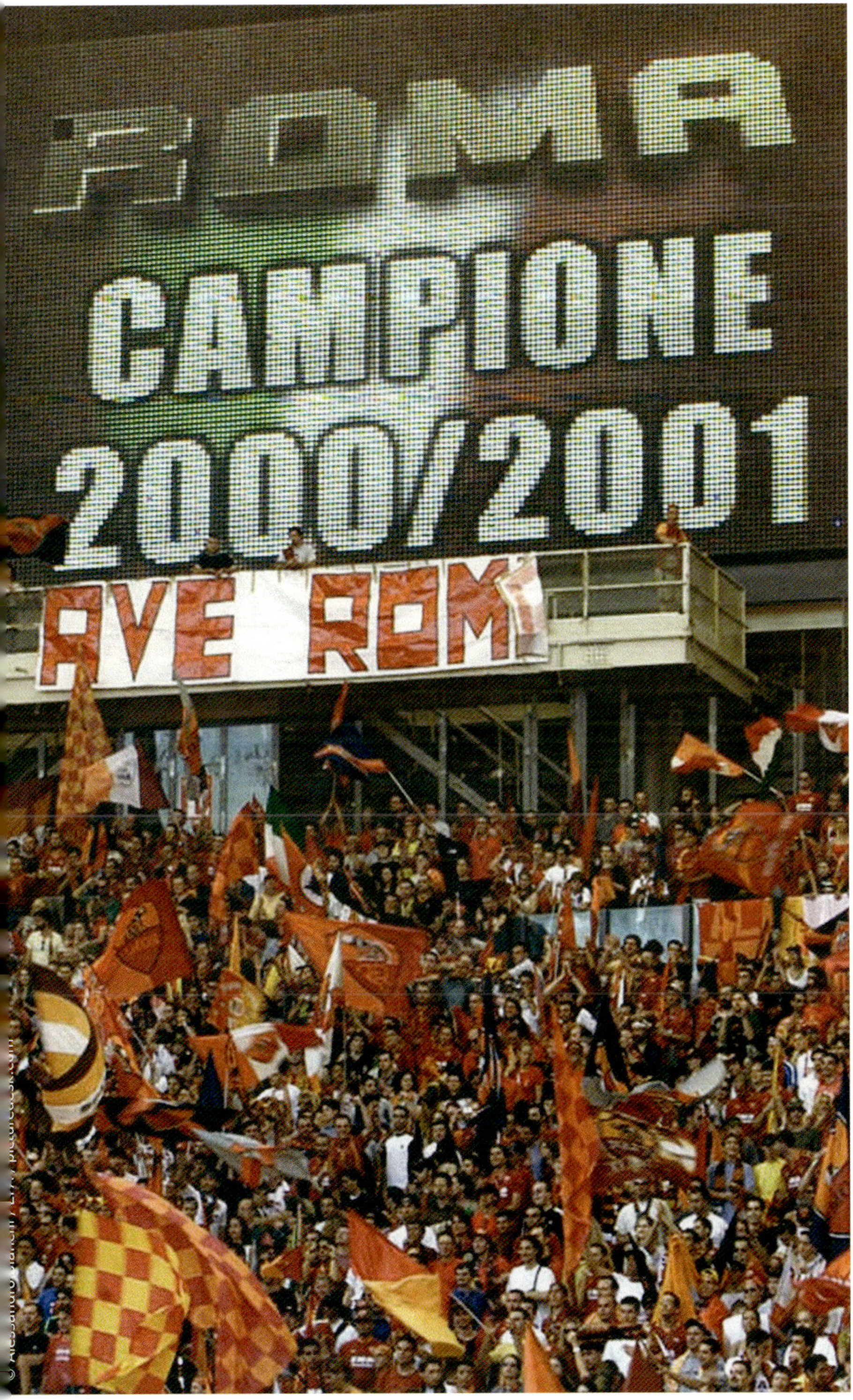
ROMA
CAMPIONE
2000/2001
AVE ROM

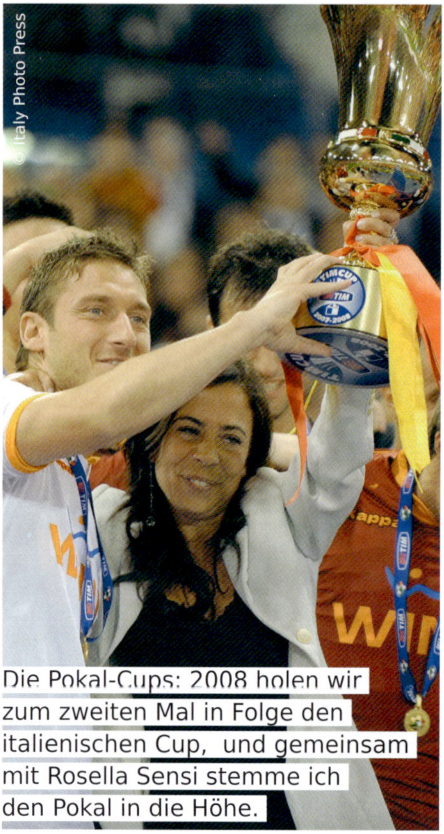

Die Pokal-Cups: 2008 holen wir zum zweiten Mal in Folge den italienischen Cup, und gemeinsam mit Rosella Sensi stemme ich den Pokal in die Höhe.

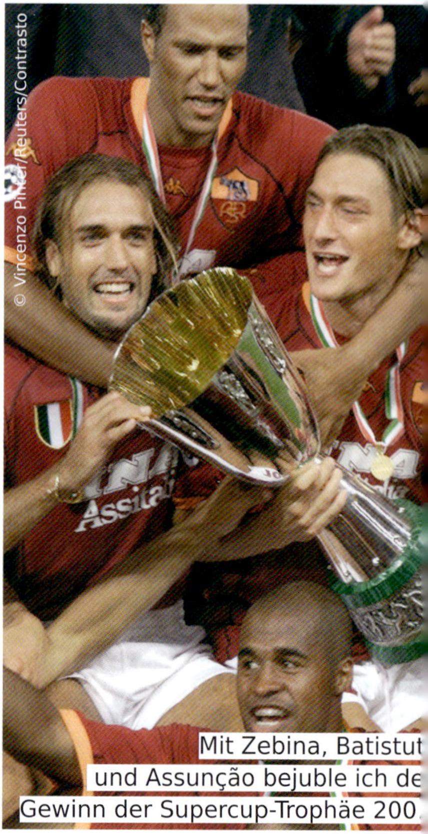

Mit Zebina, Batistut
und Assunção bejuble ich de
Gewinn der Supercup-Trophäe 200

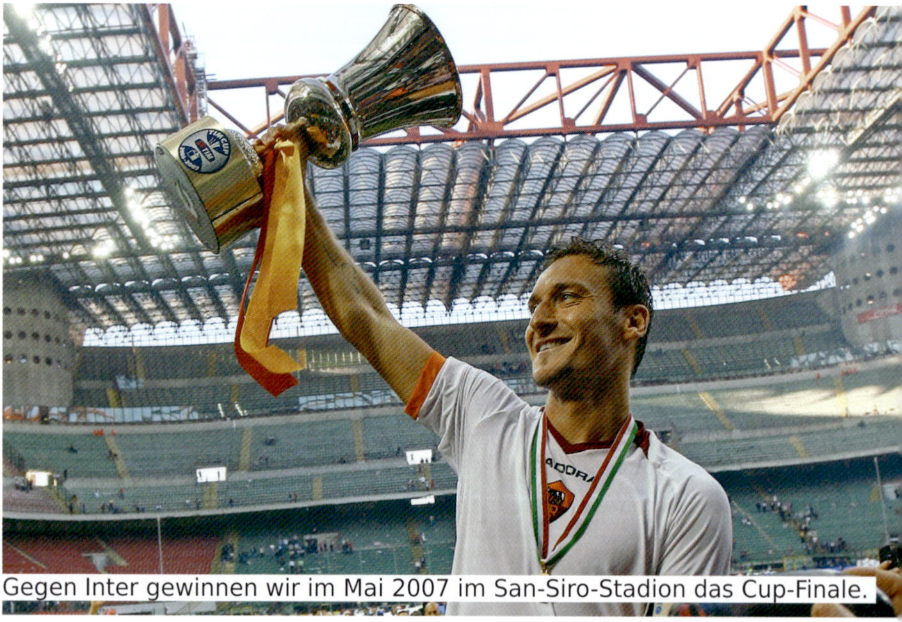

Gegen Inter gewinnen wir im Mai 2007 im San-Siro-Stadion das Cup-Finale.

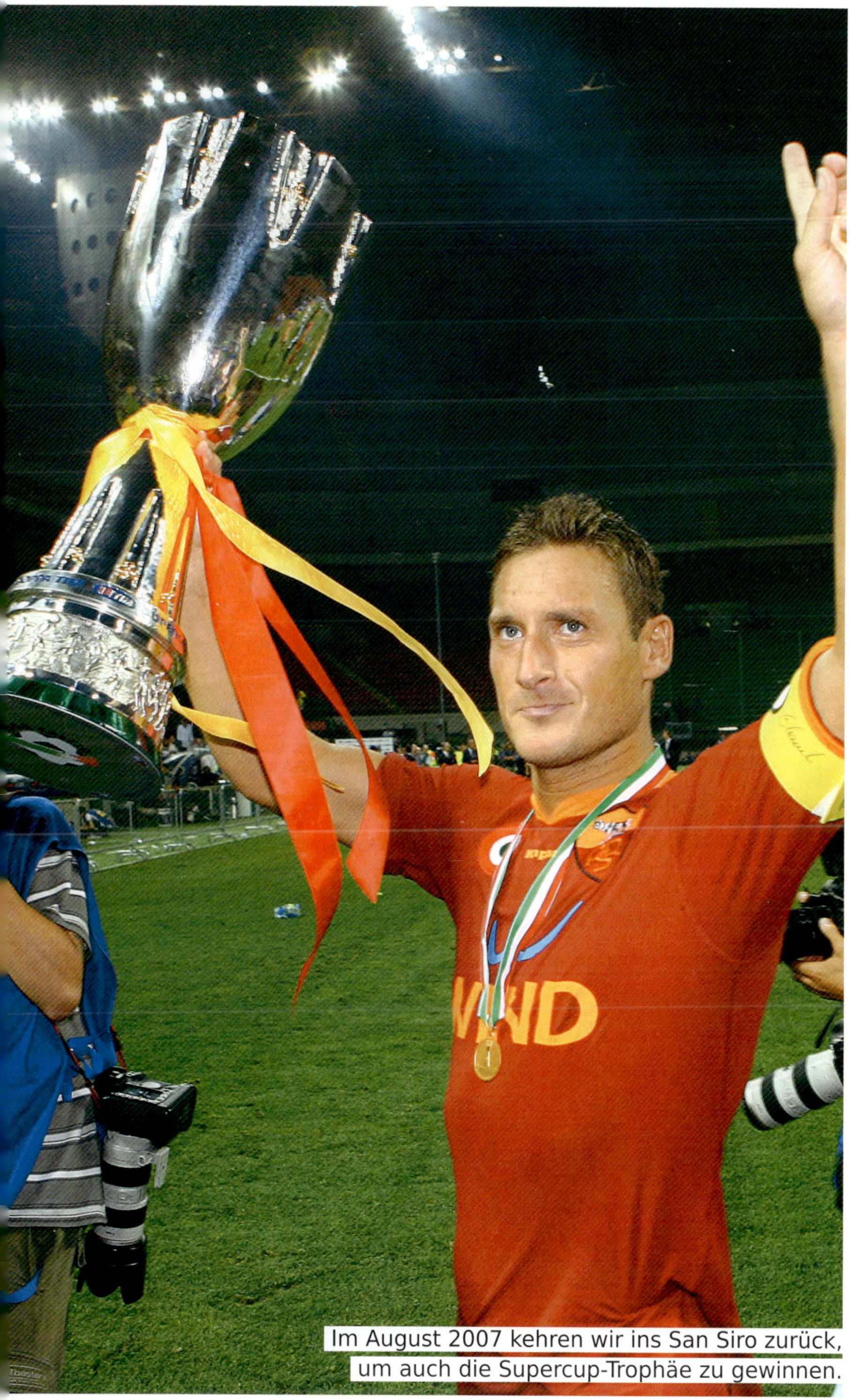

Im August 2007 kehren wir ins San Siro zurück,
um auch die Supercup-Trophäe zu gewinnen.

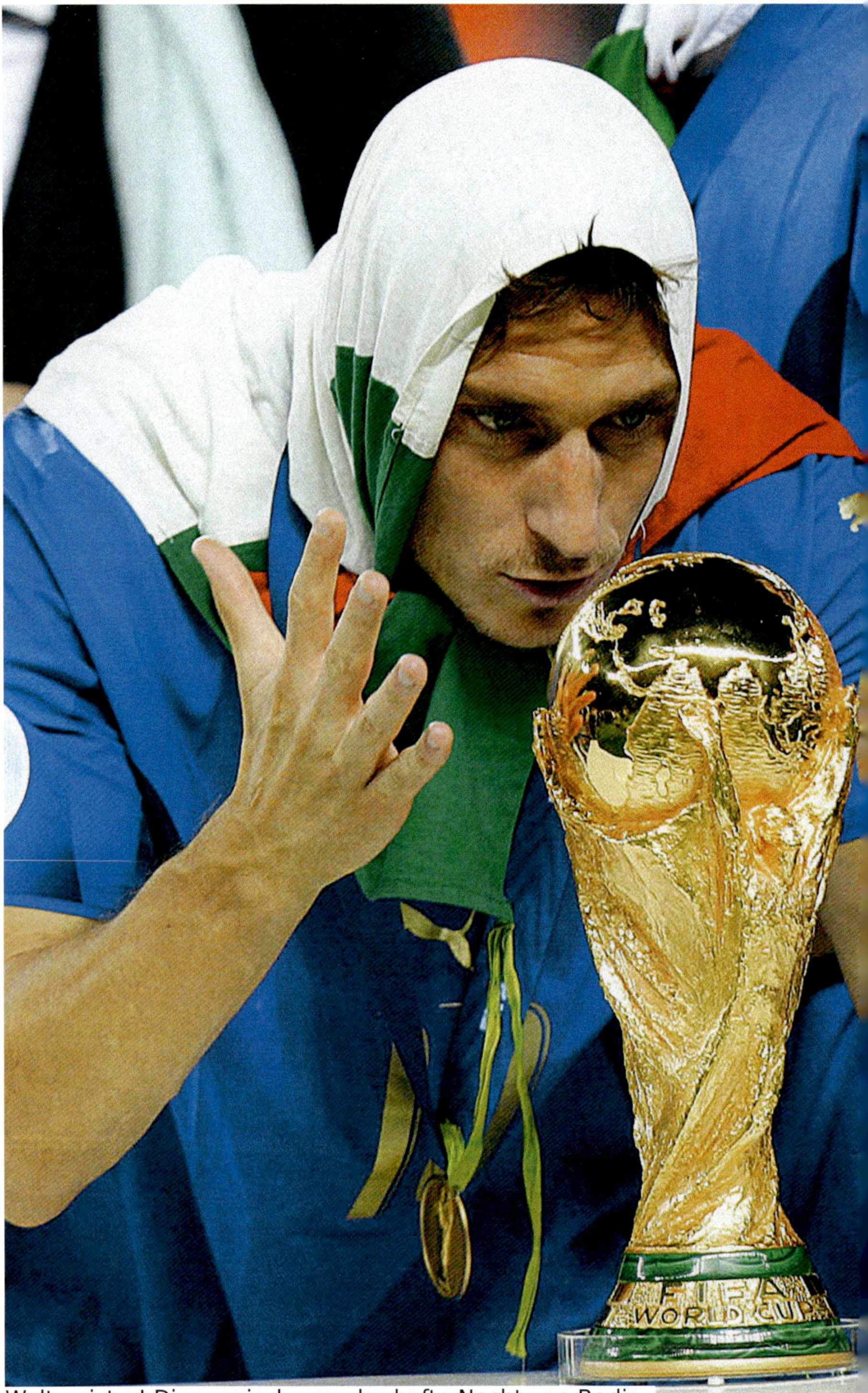

Weltmeister! Die magische, zauberhafte Nacht von Berlin.

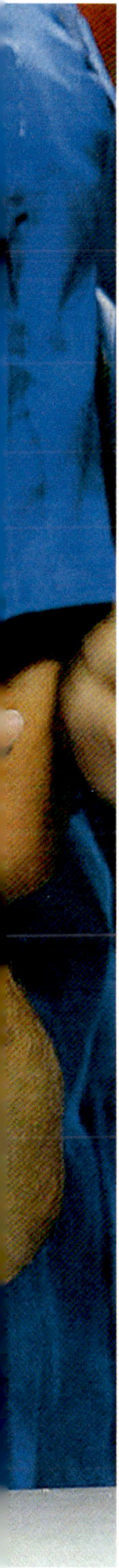

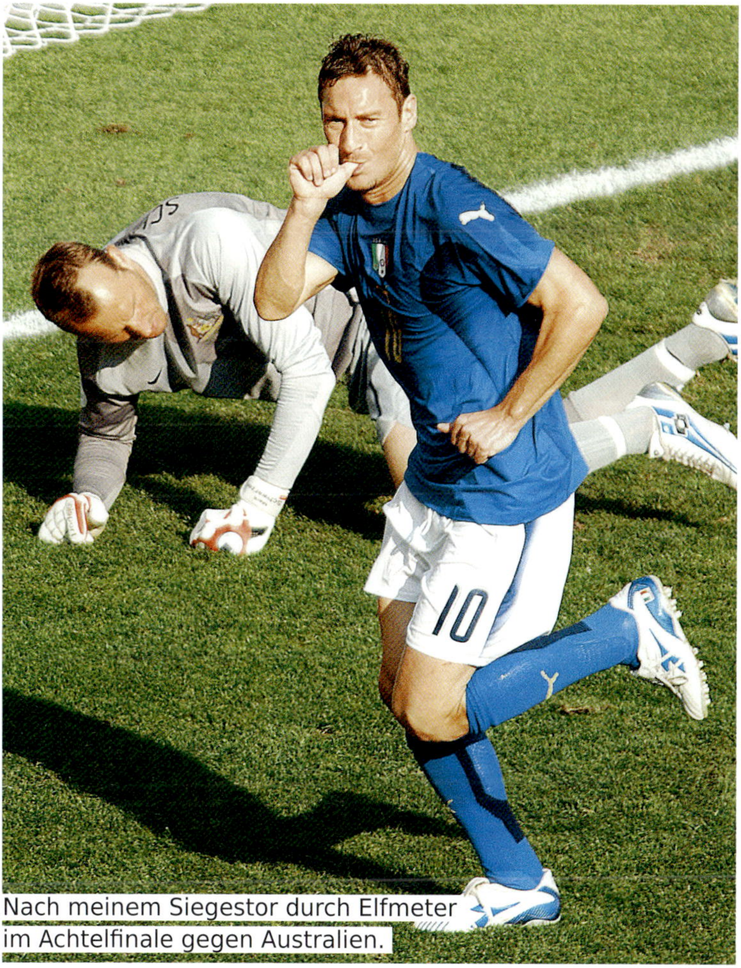

Nach meinem Siegestor durch Elfmeter im Achtelfinale gegen Australien.

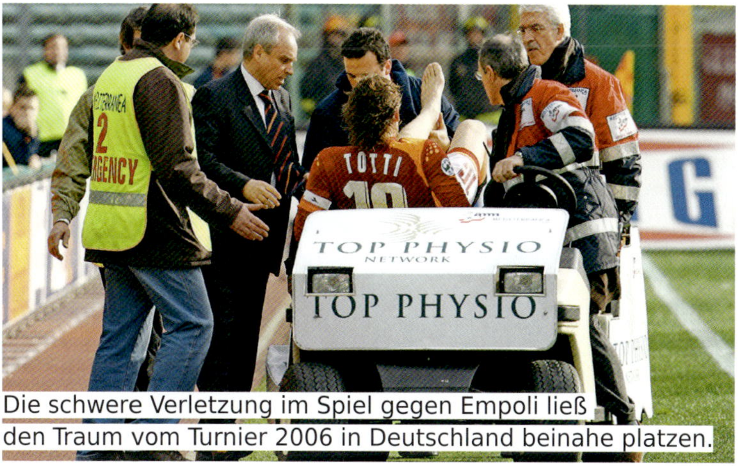

Die schwere Verletzung im Spiel gegen Empoli ließ den Traum vom Turnier 2006 in Deutschland beinahe platzen.

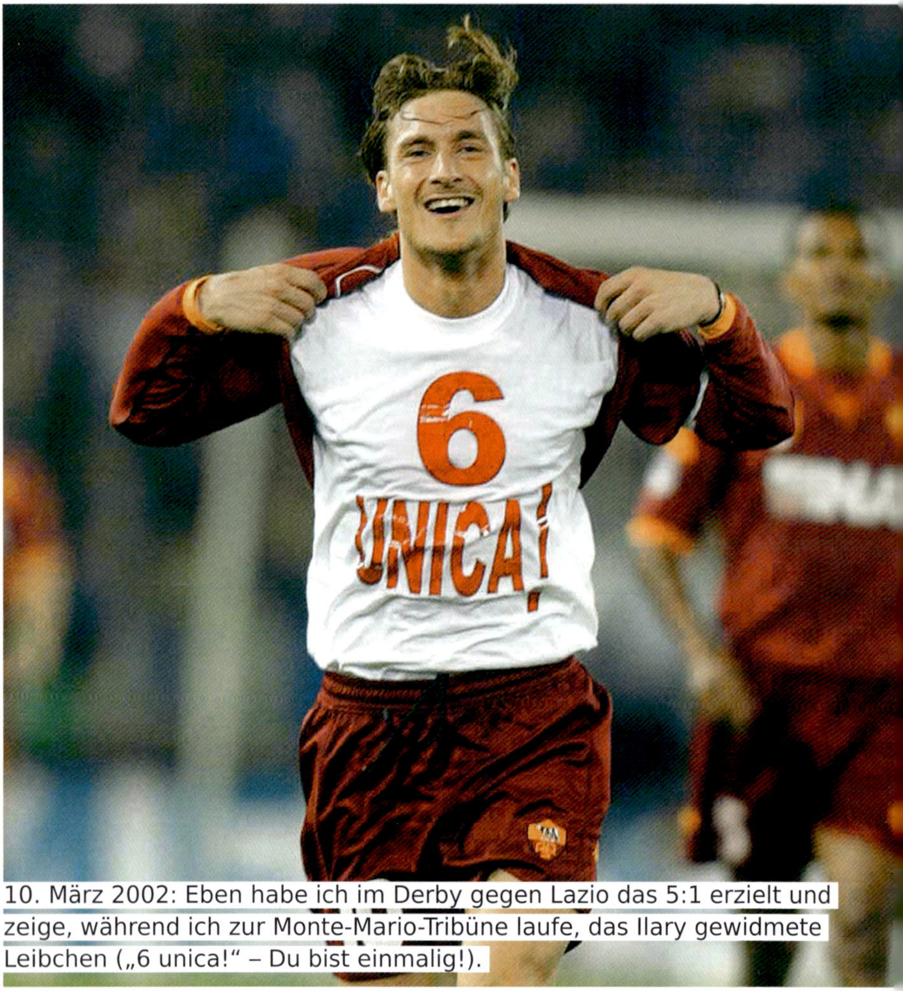

10. März 2002: Eben habe ich im Derby gegen Lazio das 5:1 erzielt und zeige, während ich zur Monte-Mario-Tribüne laufe, das Ilary gewidmete Leibchen („6 unica!“ – Du bist einmalig!).

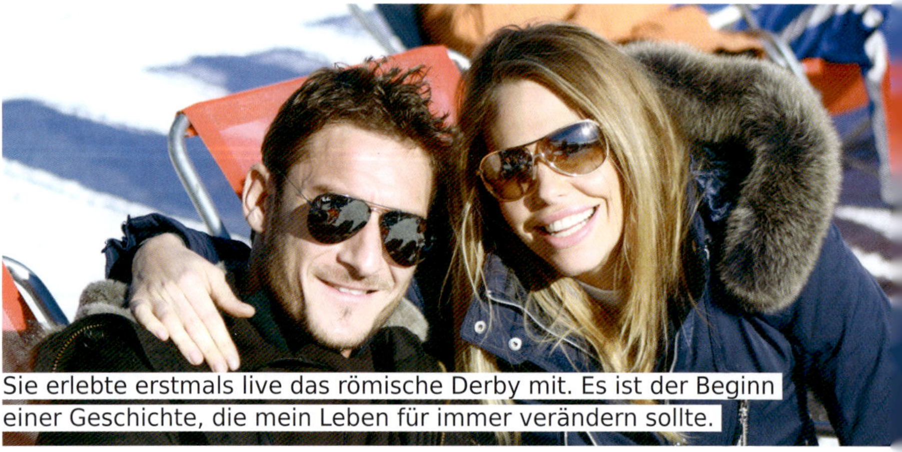

Sie erlebte erstmals live das römische Derby mit. Es ist der Beginn einer Geschichte, die mein Leben für immer verändern sollte.

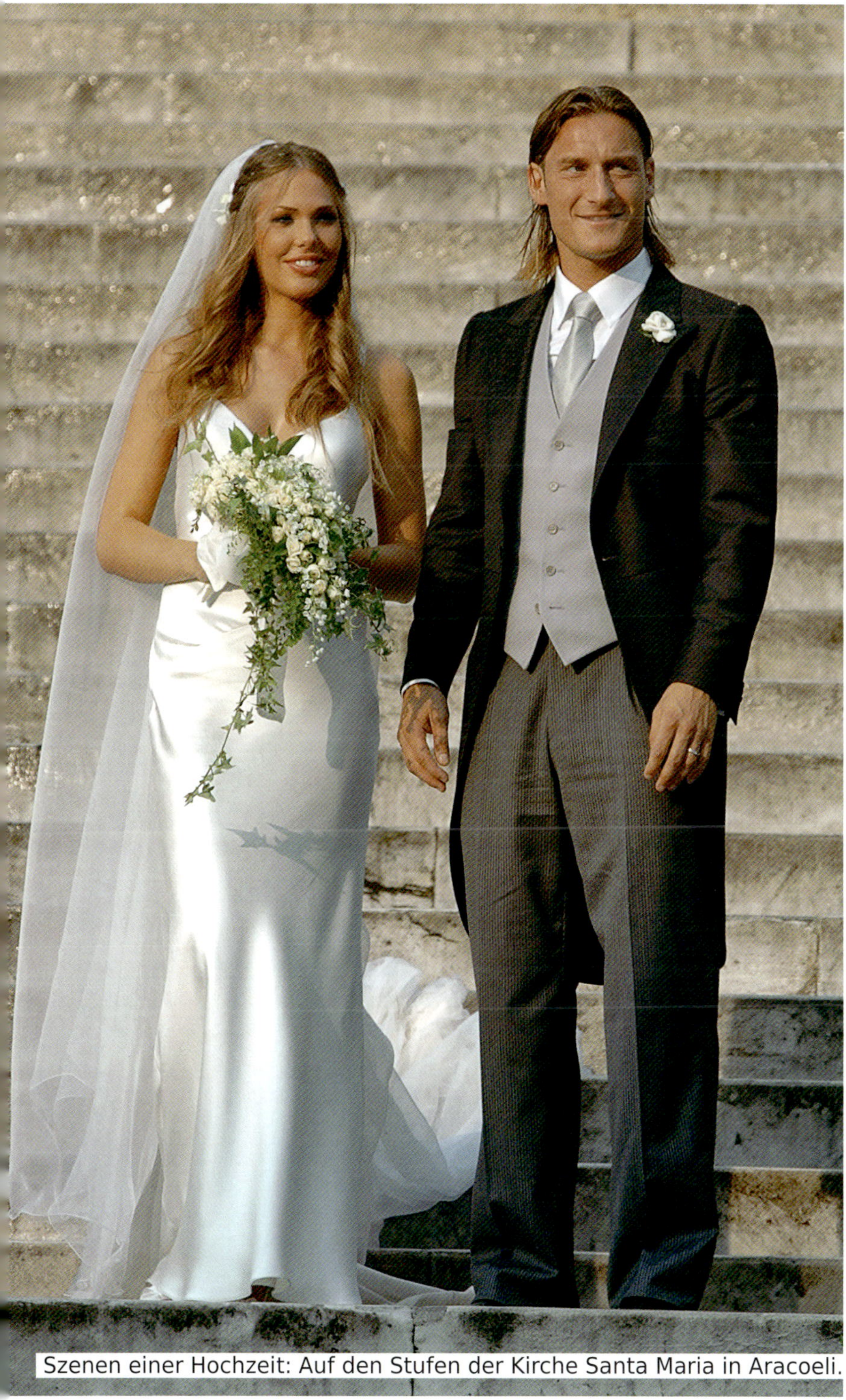

Szenen einer Hochzeit: Auf den Stufen der Kirche Santa Maria in Aracoeli.

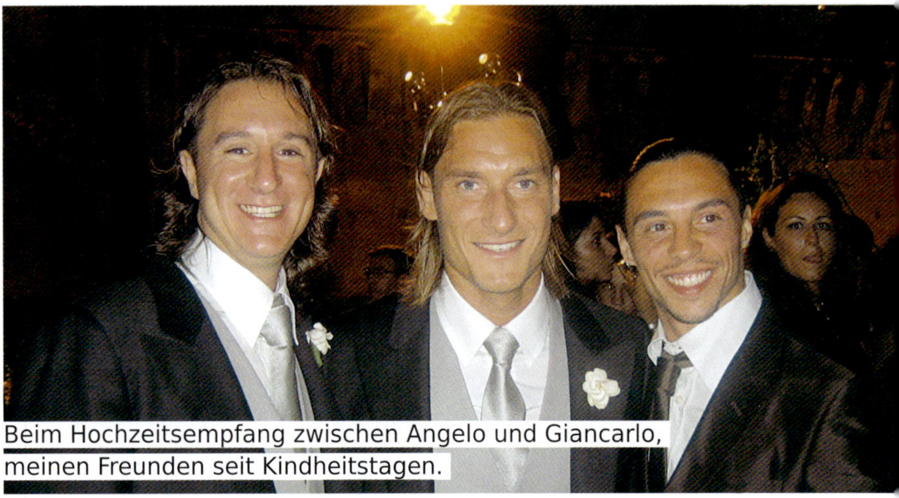

Beim Hochzeitsempfang zwischen Angelo und Giancarlo, meinen Freunden seit Kindheitstagen.

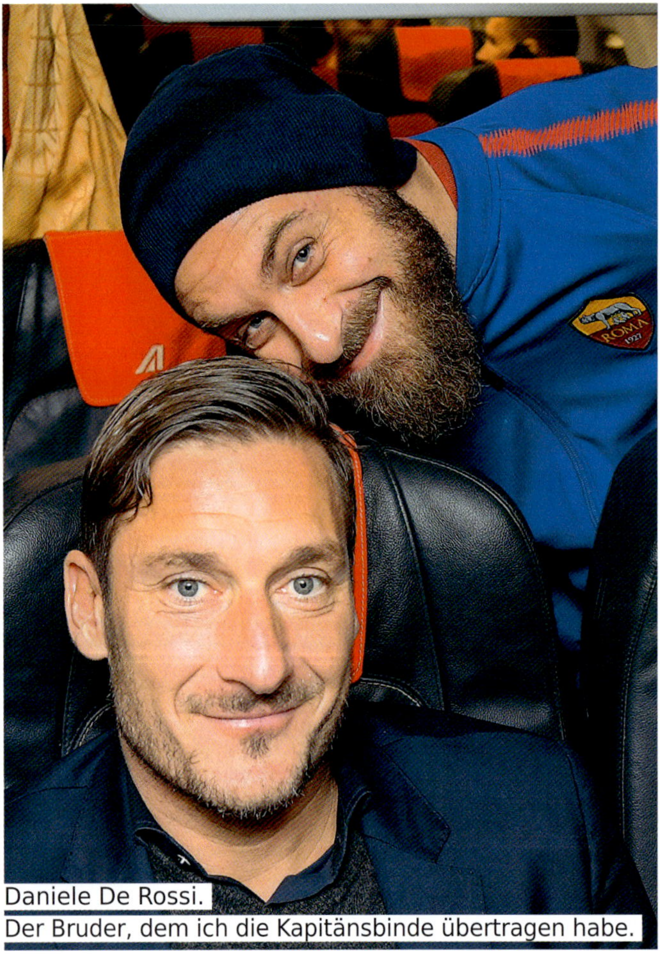

Daniele De Rossi.
Der Bruder, dem ich die Kapitänsbinde übertragen habe.

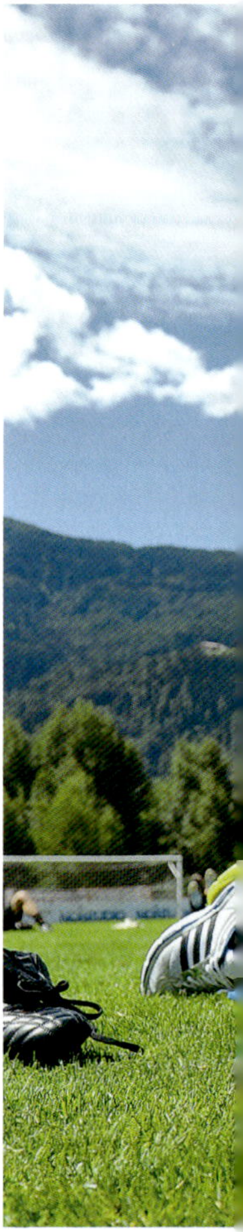

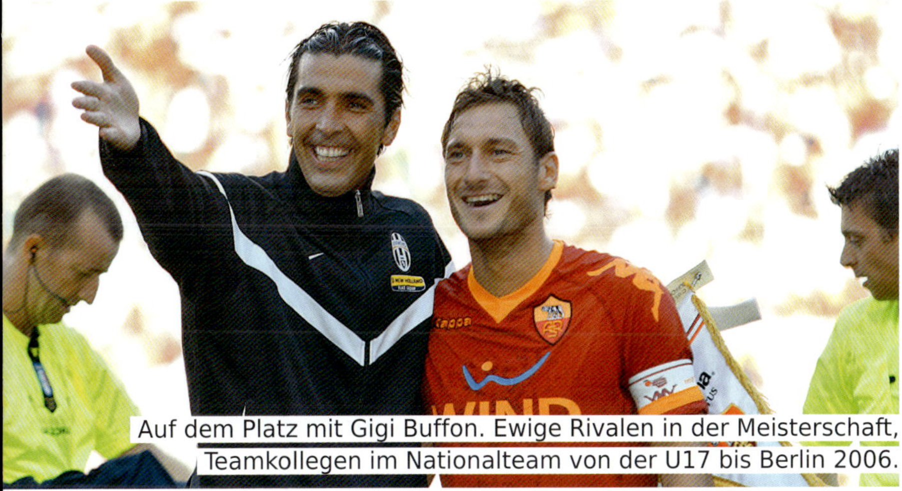
Auf dem Platz mit Gigi Buffon. Ewige Rivalen in der Meisterschaft, Teamkollegen im Nationalteam von der U17 bis Berlin 2006.

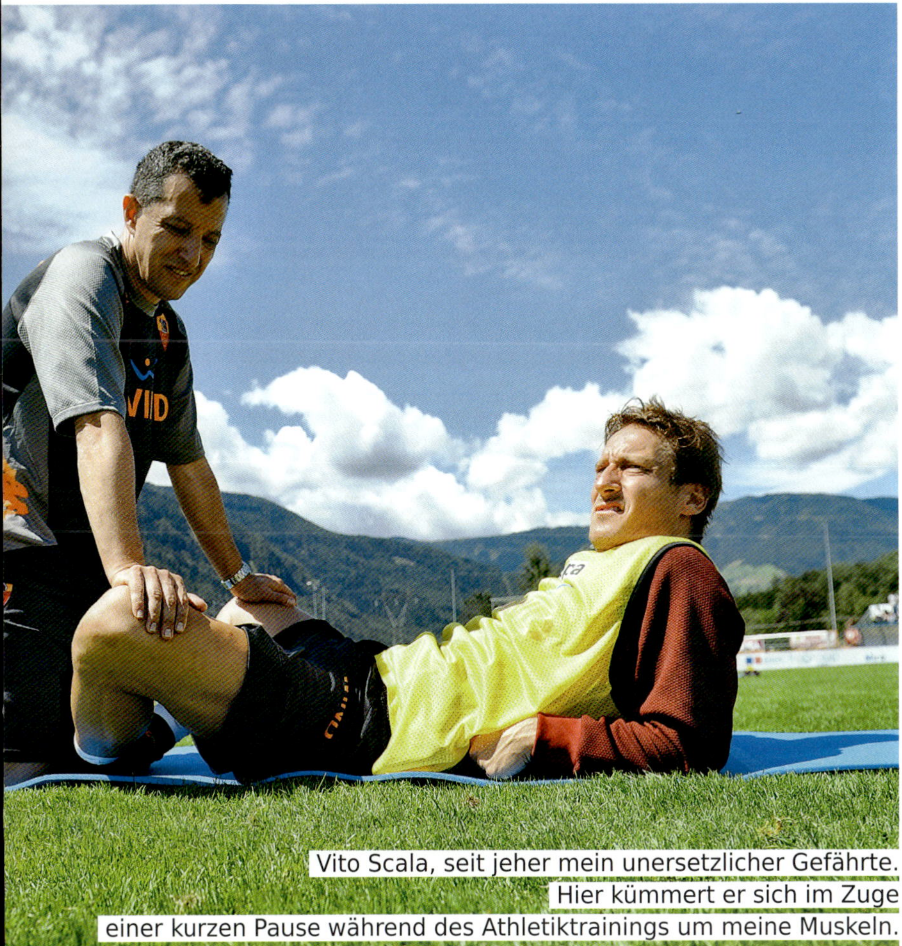
Vito Scala, seit jeher mein unersetzlicher Gefährte. Hier kümmert er sich im Zuge einer kurzen Pause während des Athletiktrainings um meine Muskeln.

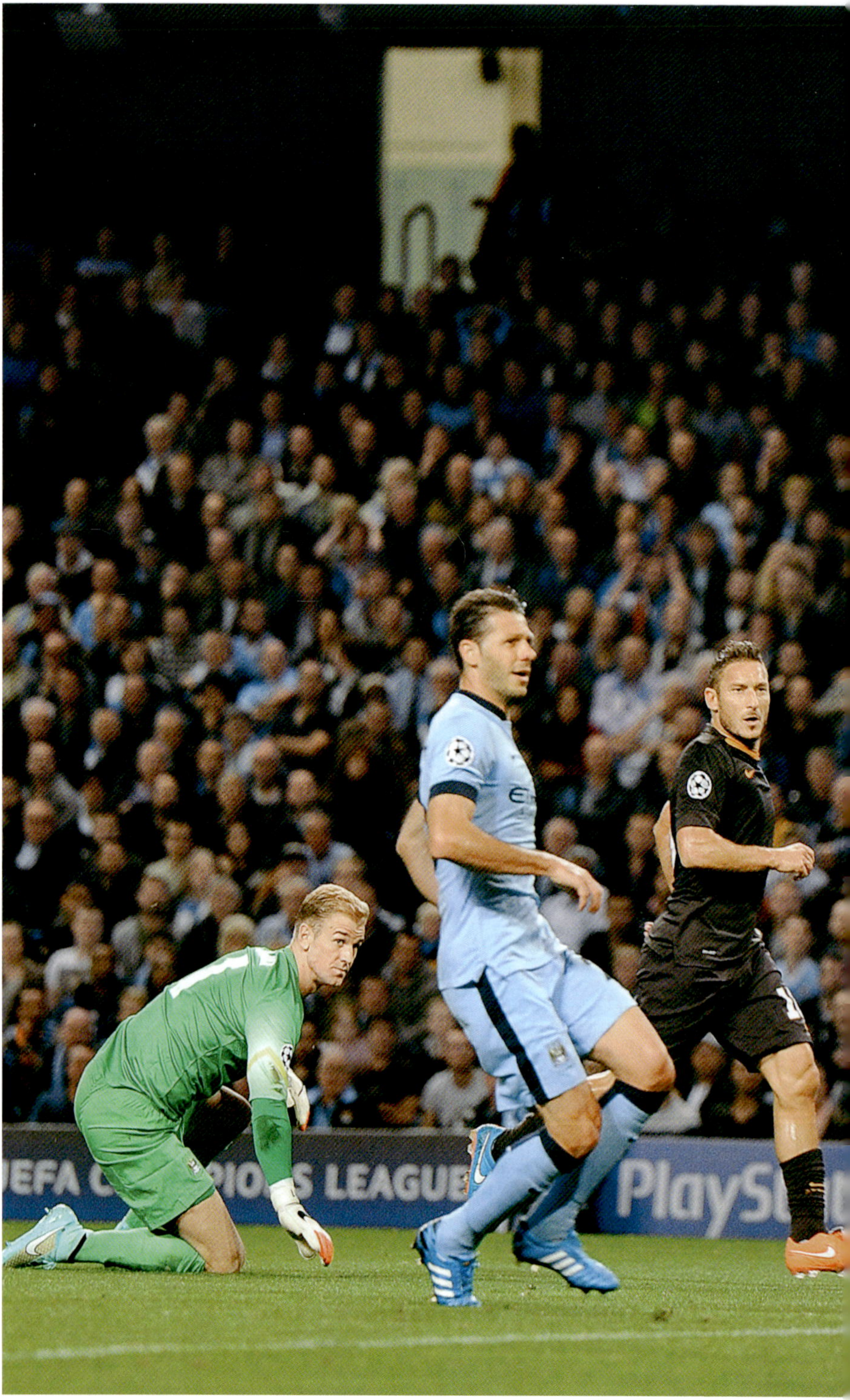
LEAGUE

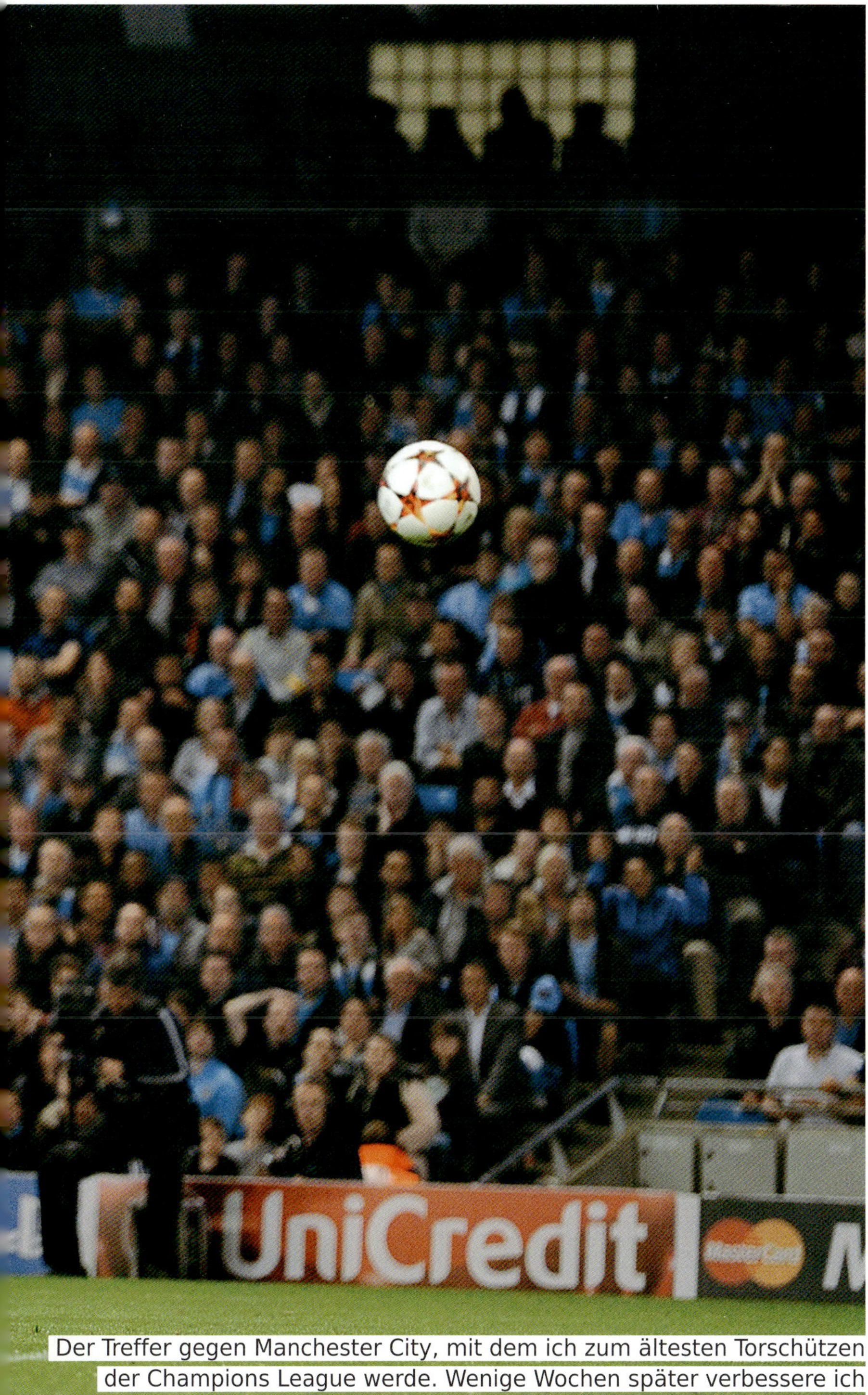

Der Treffer gegen Manchester City, mit dem ich zum ältesten Torschützen der Champions League werde. Wenige Wochen später verbessere ich gegen ZSKA Moskau den Rekord nochmals auf 38 Jahre und 59 Tage.

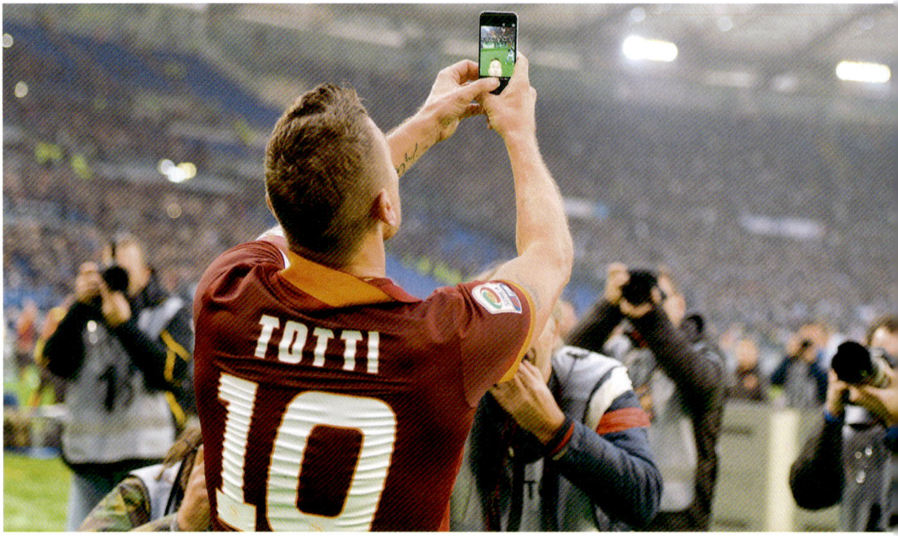

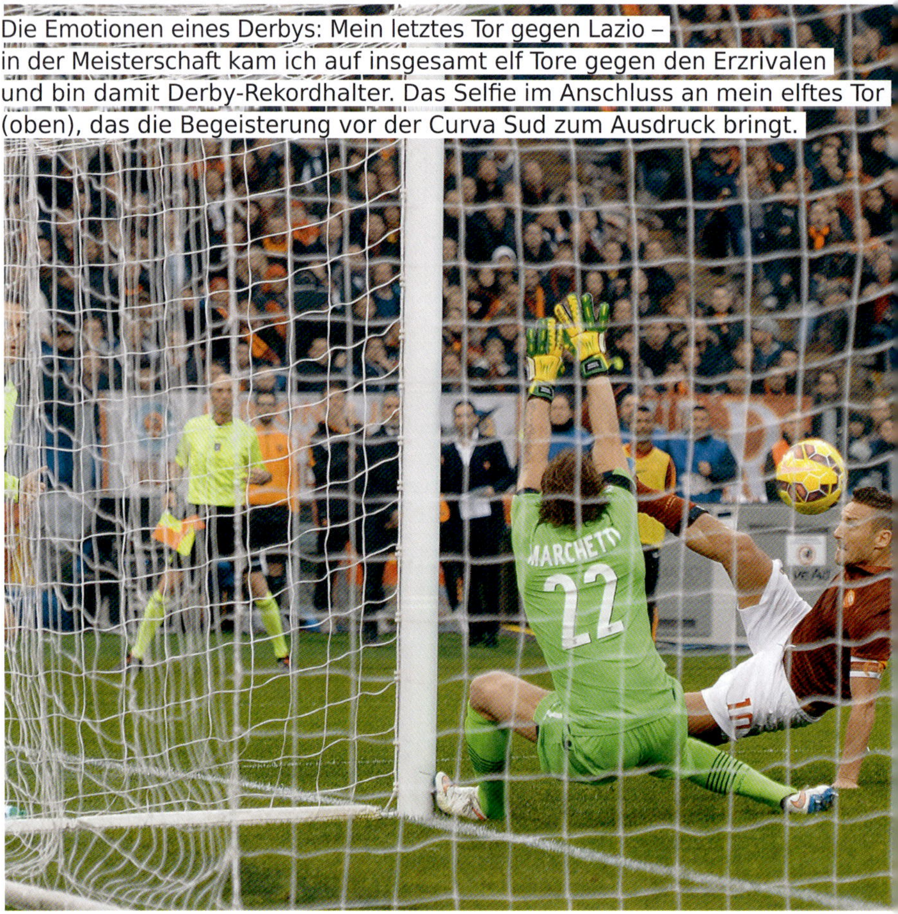

Die Emotionen eines Derbys: Mein letztes Tor gegen Lazio – in der Meisterschaft kam ich auf insgesamt elf Tore gegen den Erzrivalen und bin damit Derby-Rekordhalter. Das Selfie im Anschluss an mein elftes Tor (oben), das die Begeisterung vor der Curva Sud zum Ausdruck bringt.

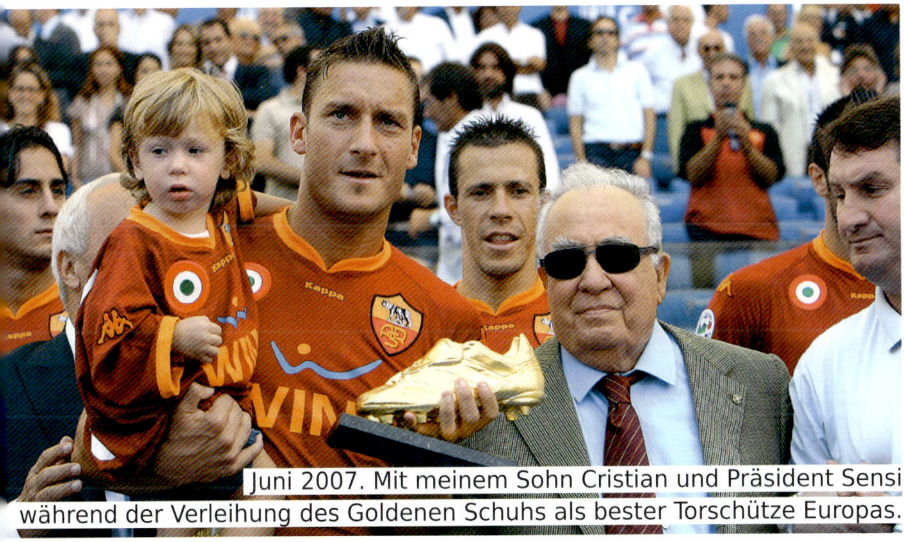

Juni 2007. Mit meinem Sohn Cristian und Präsident Sensi während der Verleihung des Goldenen Schuhs als bester Torschütze Europas.

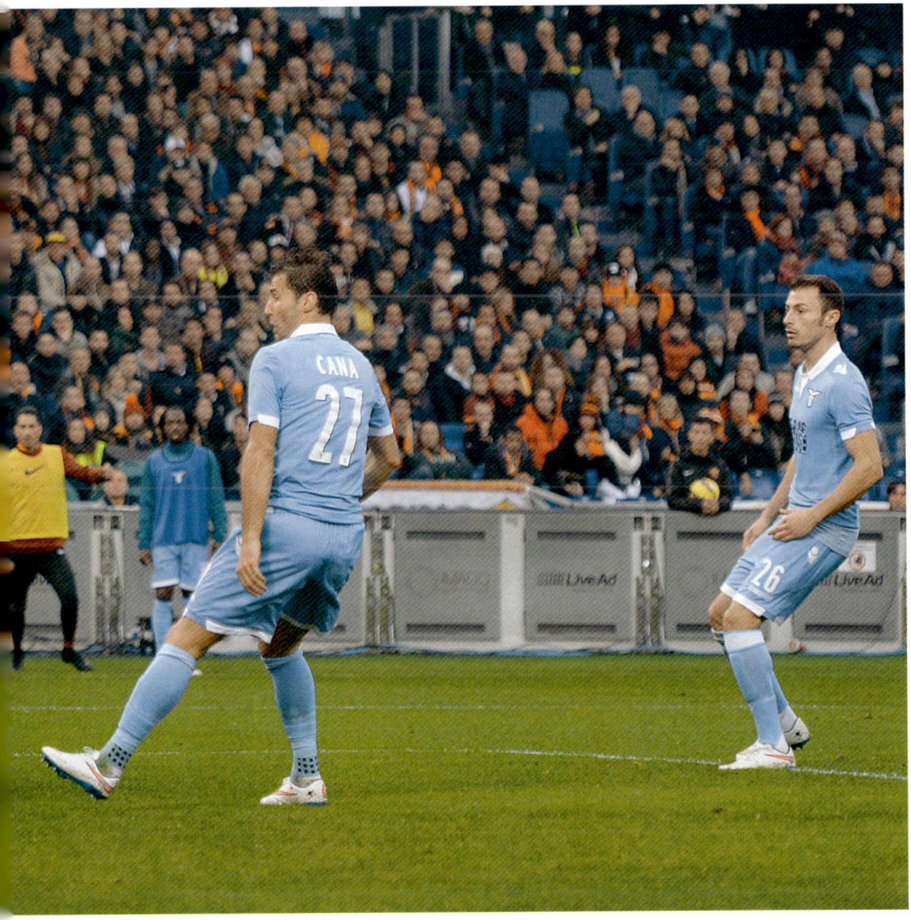

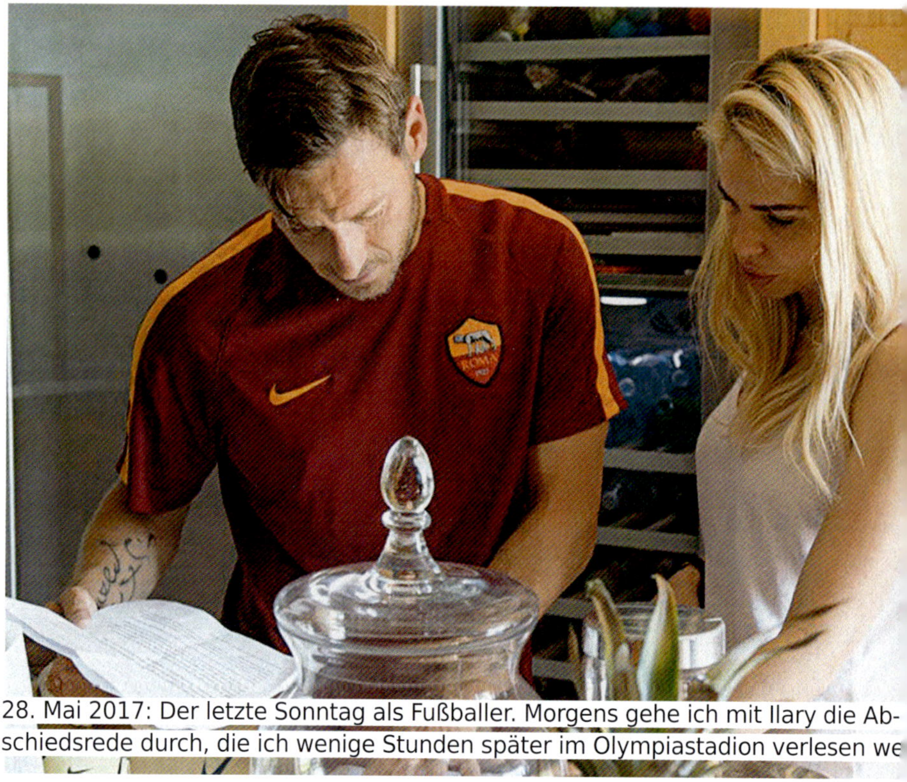

28. Mai 2017: Der letzte Sonntag als Fußballer. Morgens gehe ich mit Ilary die Abschiedsrede durch, die ich wenige Stunden später im Olympiastadion verlesen we

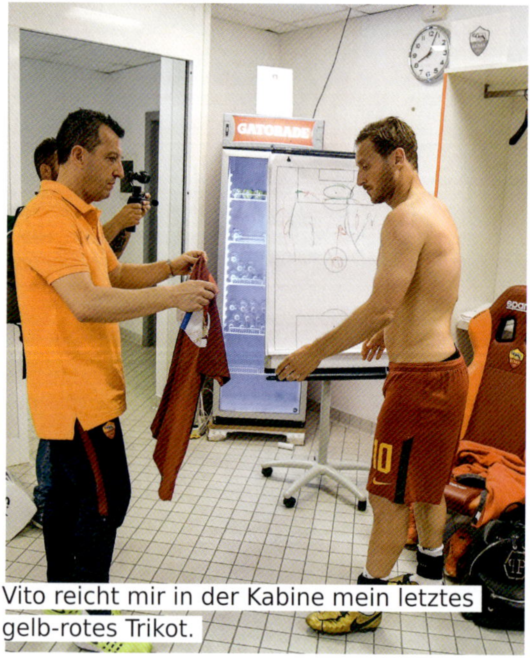

Vito reicht mir in der Kabine mein letztes gelb-rotes Trikot.

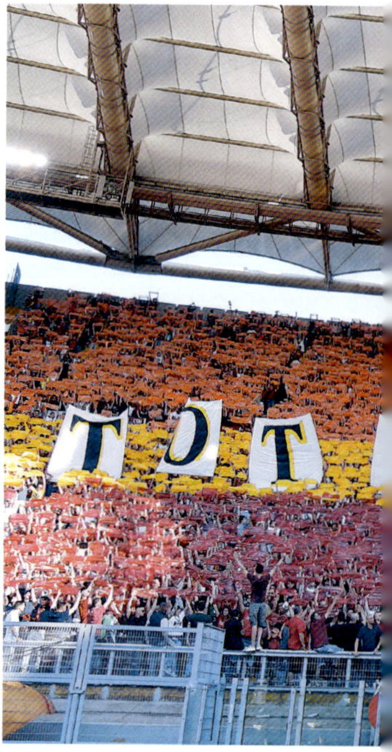

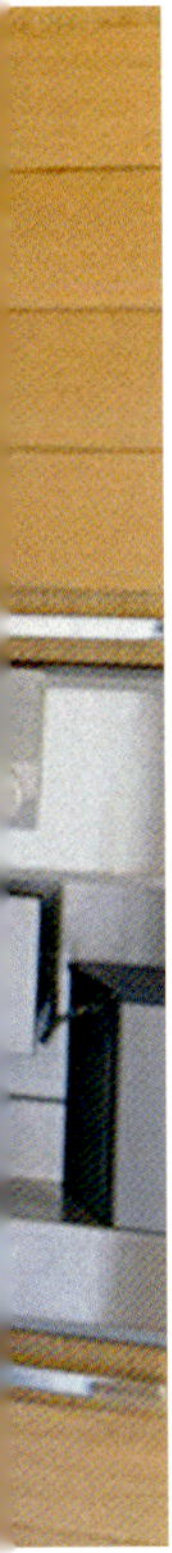

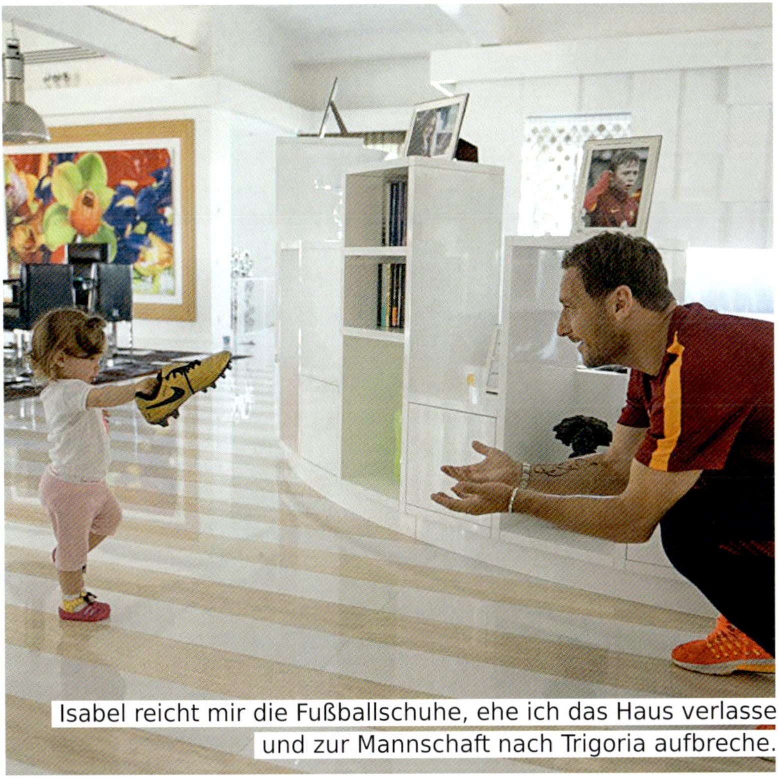

Isabel reicht mir die Fußballschuhe, ehe ich das Haus verlasse und zur Mannschaft nach Trigoria aufbreche.

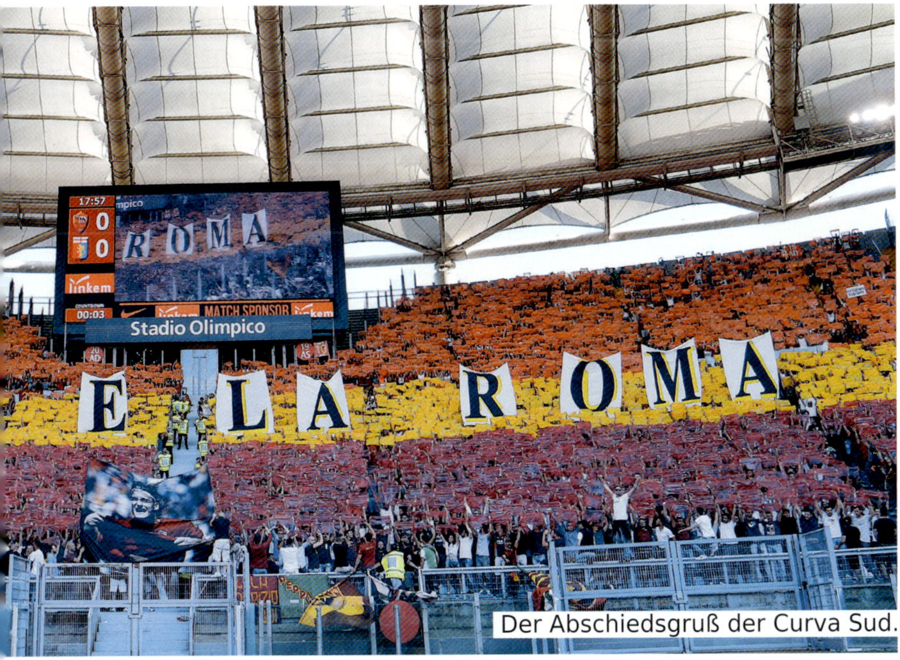

Der Abschiedsgruß der Curva Sud.

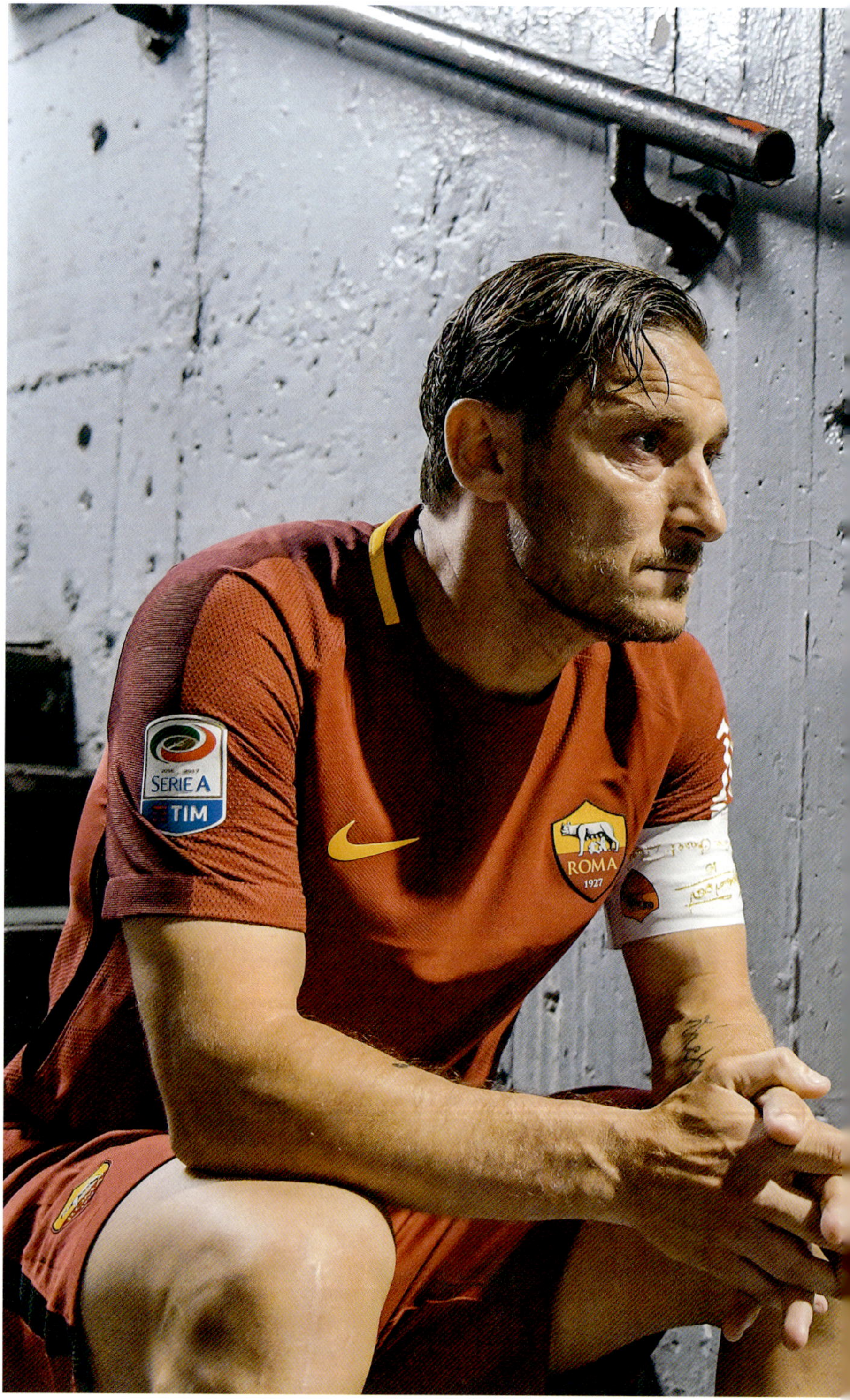
SERIE A
TIM
ROMA
1927

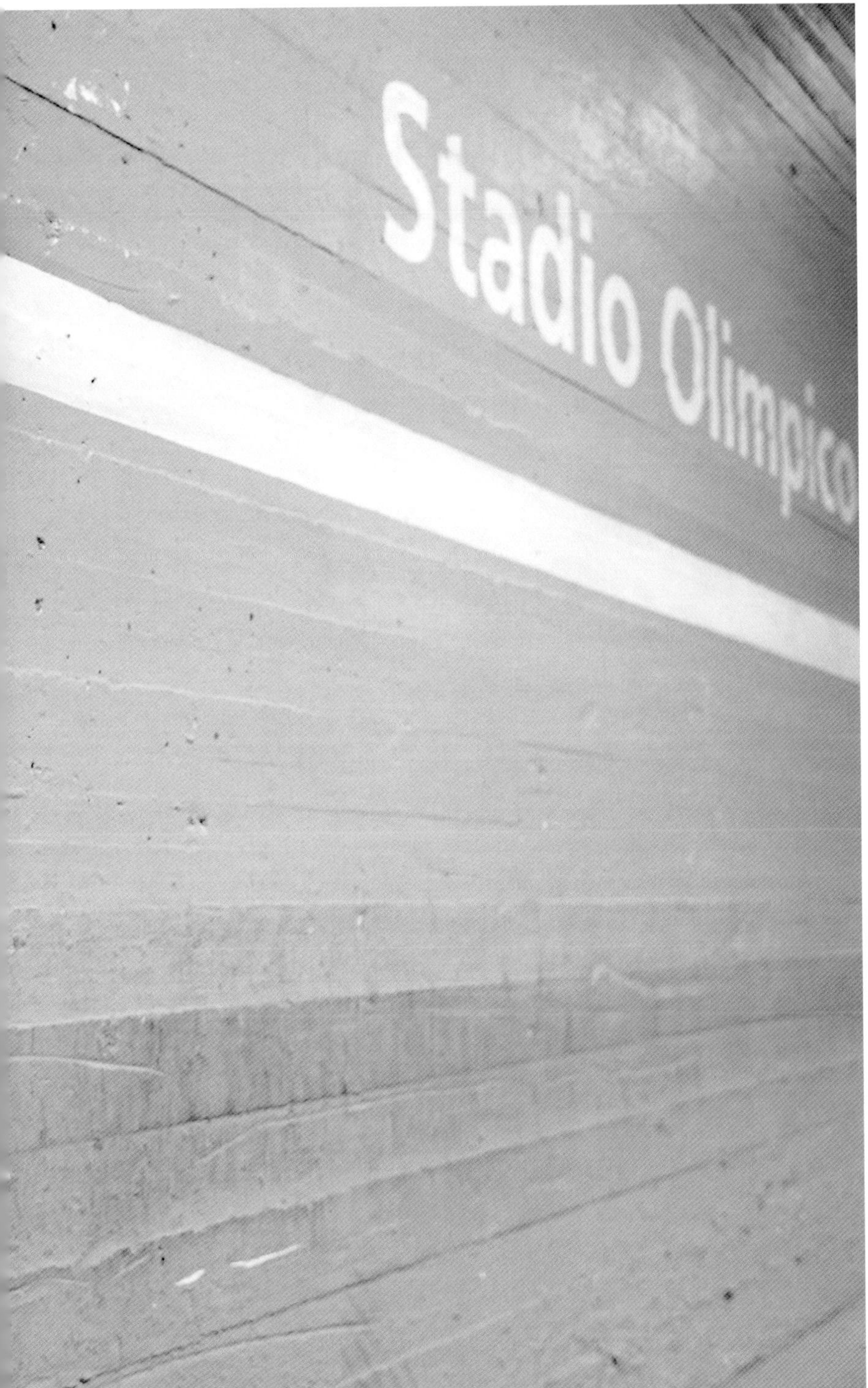
Stadio Olimpico

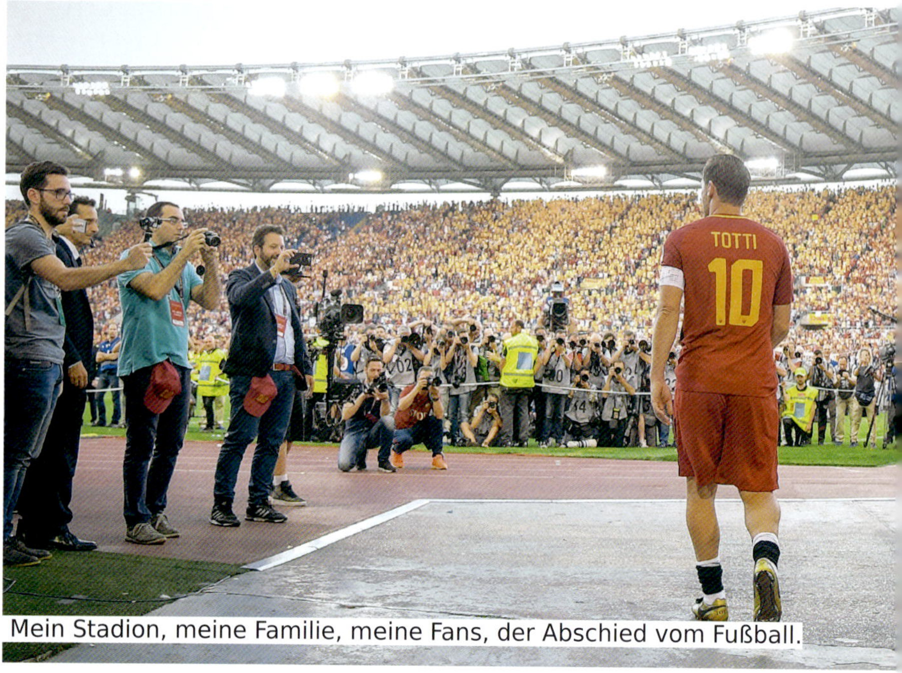

Mein Stadion, meine Familie, meine Fans, der Abschied vom Fußball.

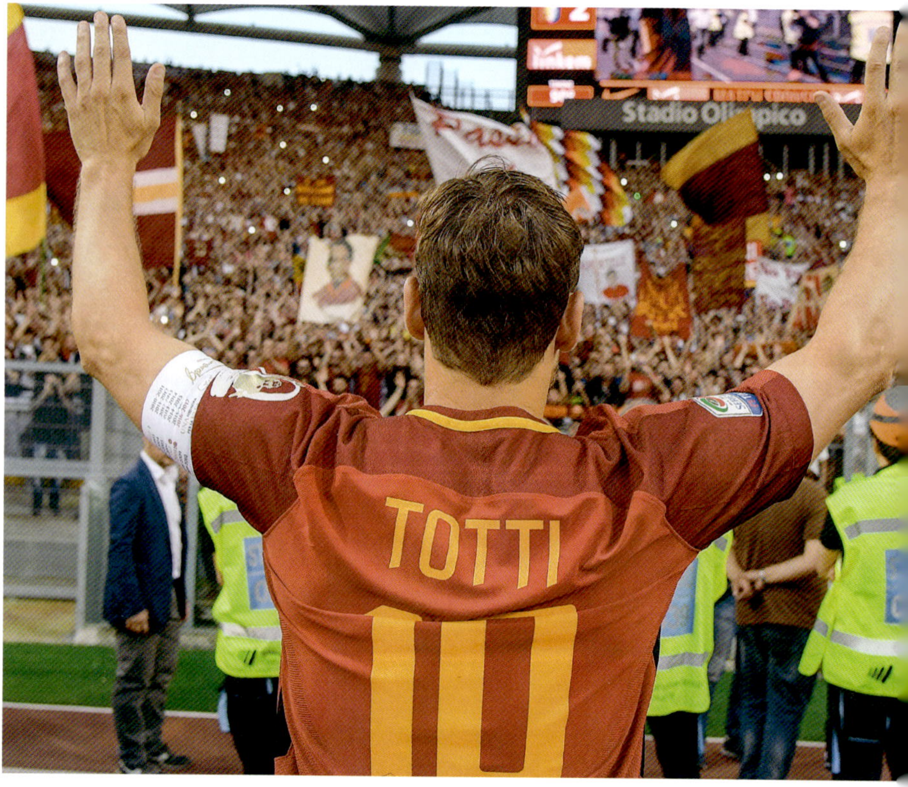

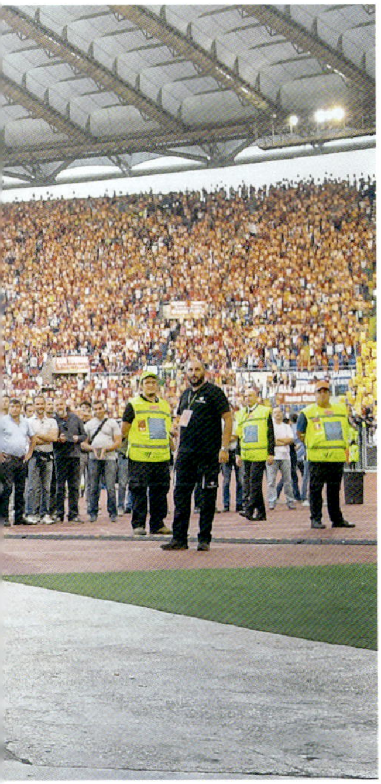
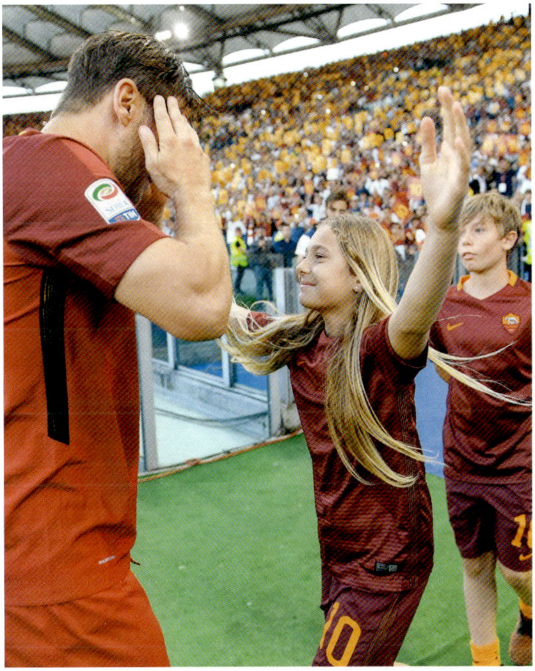
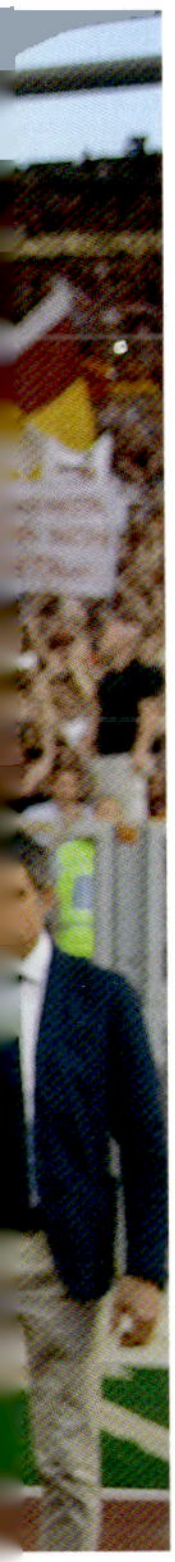
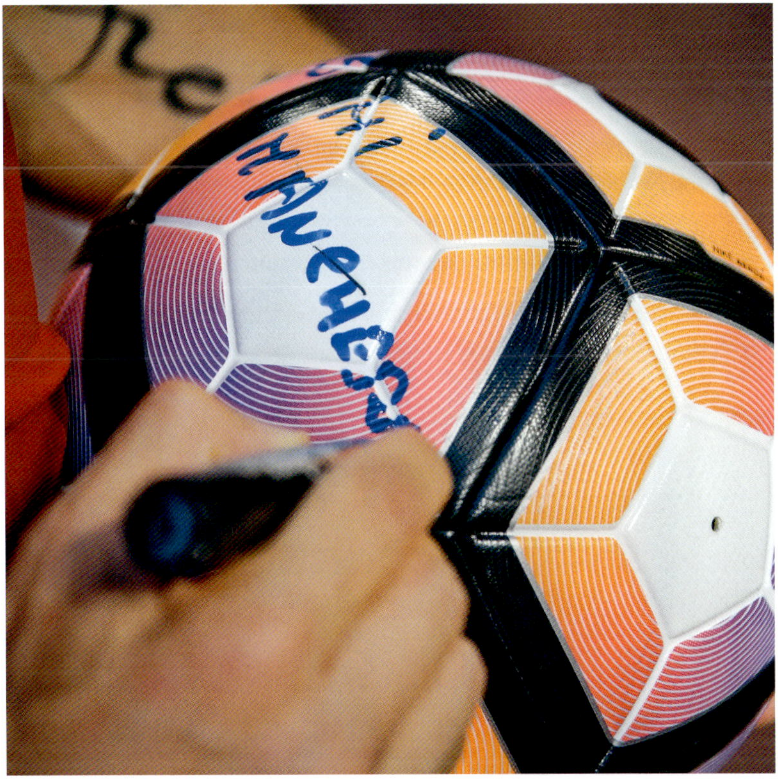

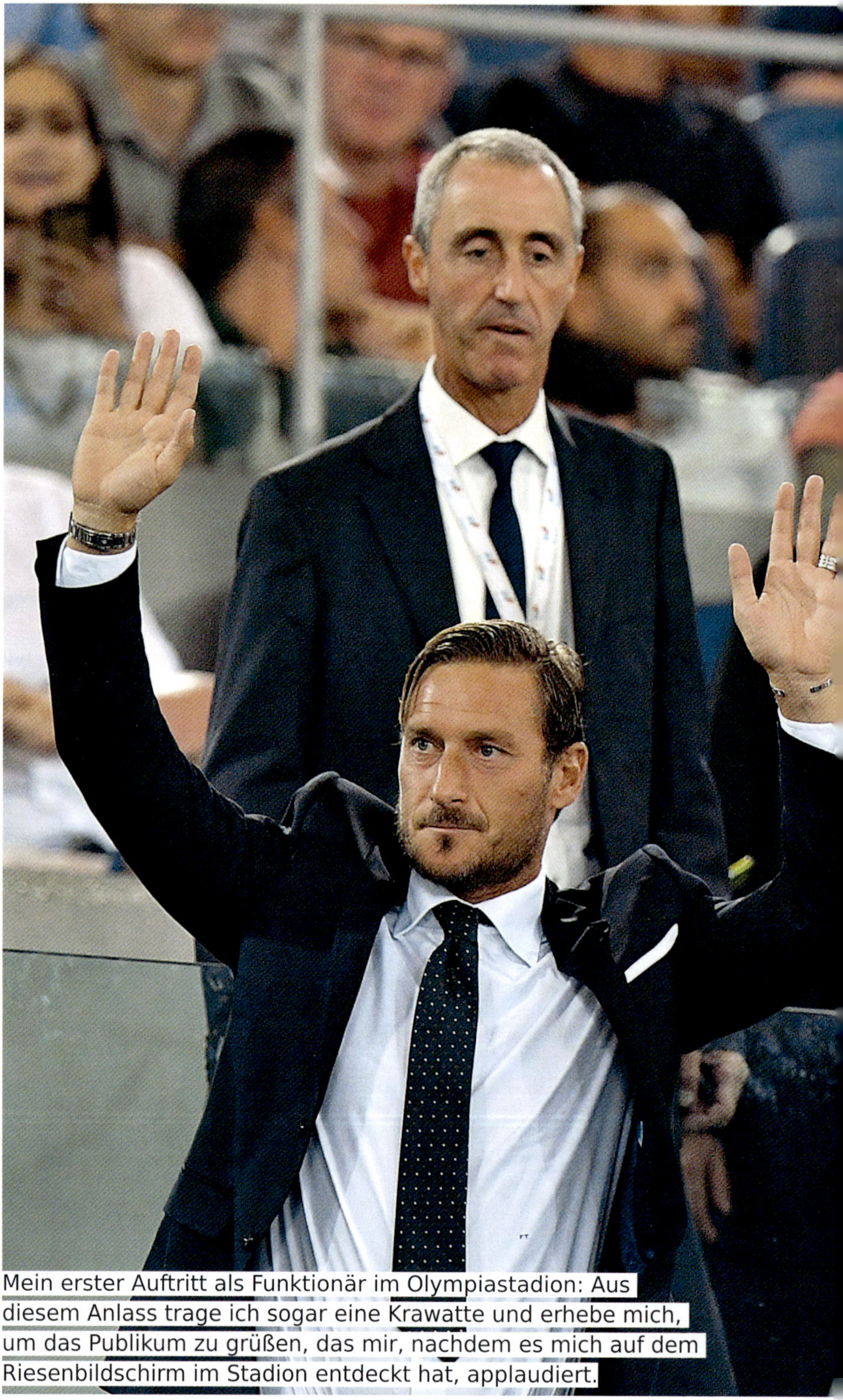

Mein erster Auftritt als Funktionär im Olympiastadion: Aus diesem Anlass trage ich sogar eine Krawatte und erhebe mich, um das Publikum zu grüßen, das mir, nachdem es mich auf dem Riesenbildschirm im Stadion entdeckt hat, applaudiert.

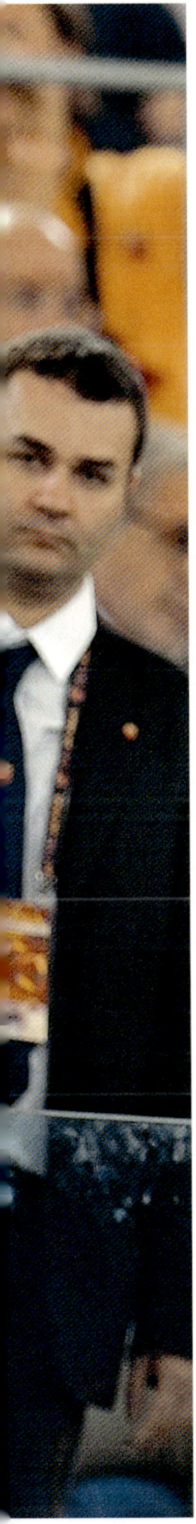

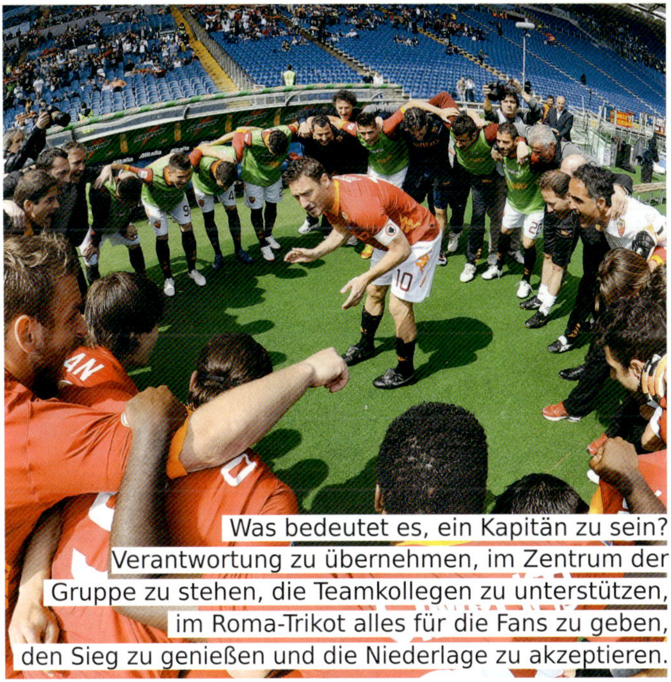

Was bedeutet es, ein Kapitän zu sein?
Verantwortung zu übernehmen, im Zentrum der
Gruppe zu stehen, die Teamkollegen zu unterstützen,
im Roma-Trikot alles für die Fans zu geben,
den Sieg zu genießen und die Niederlage zu akzeptieren.

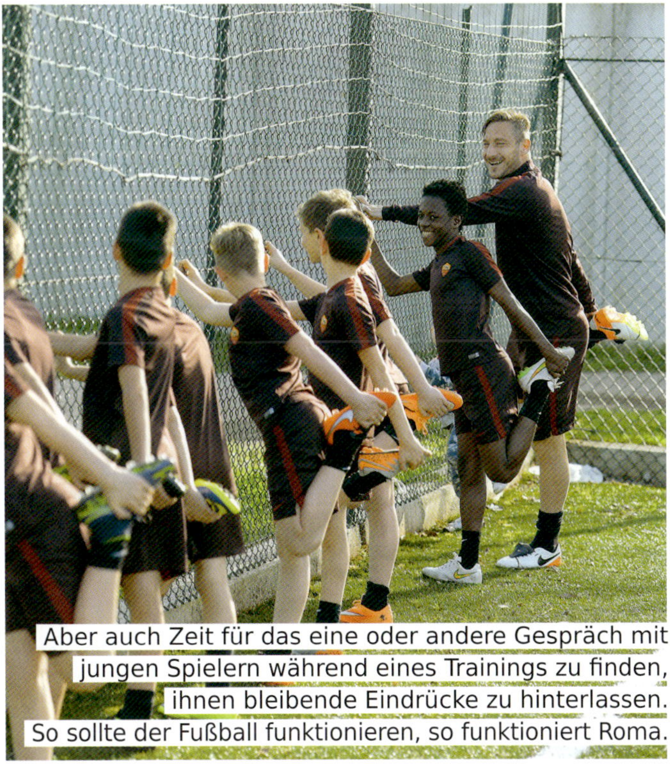

Aber auch Zeit für das eine oder andere Gespräch mit
jungen Spielern während eines Trainings zu finden,
ihnen bleibende Eindrücke zu hinterlassen.
So sollte der Fußball funktionieren, so funktioniert Roma.

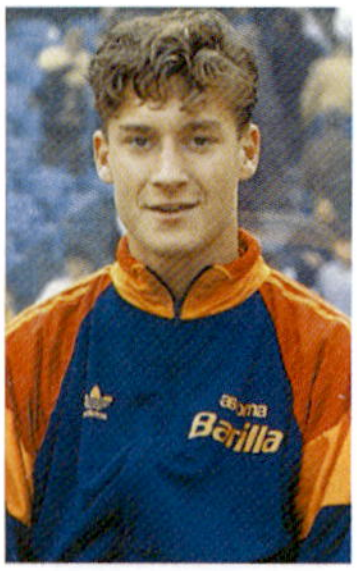
Barilla
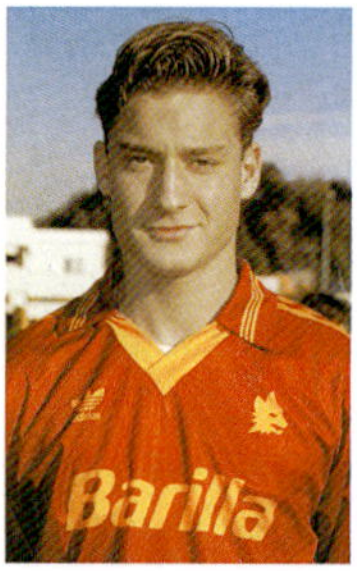
Barilla
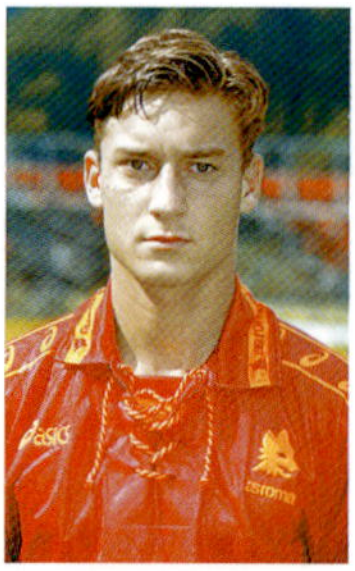
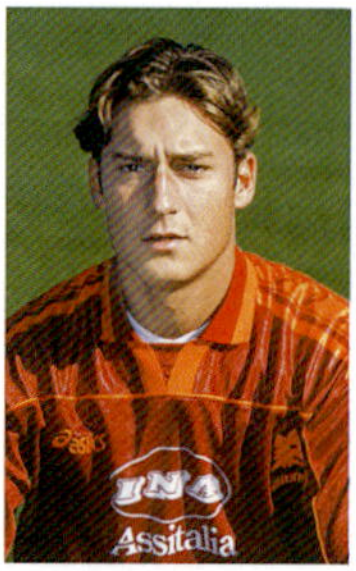
INA
Assitalia
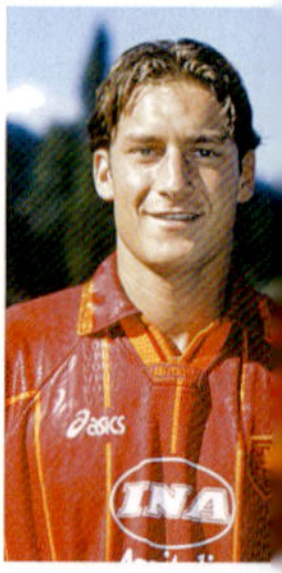
asics
INA
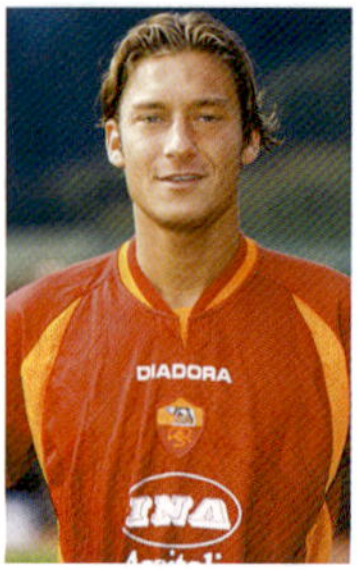
DIADORA
INA
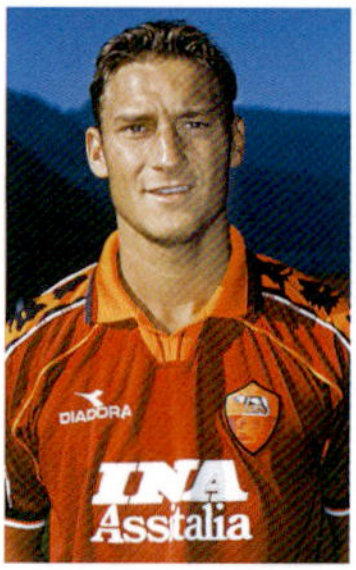
DIADORA
INA
Assitalia
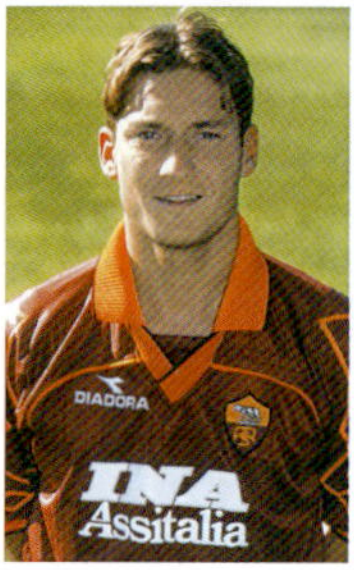
DIADORA
INA
Assitalia
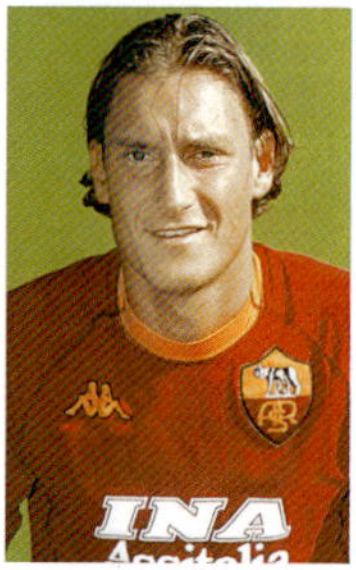
INA
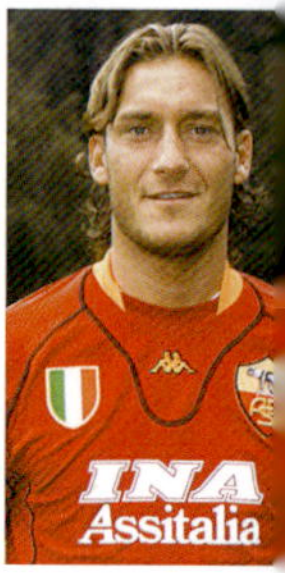
INA
Assitalia
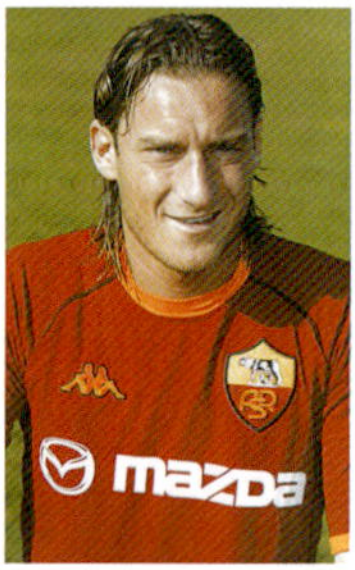
mazda
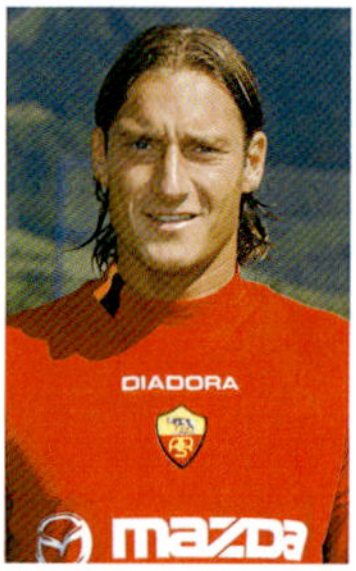
DIADORA
mazda
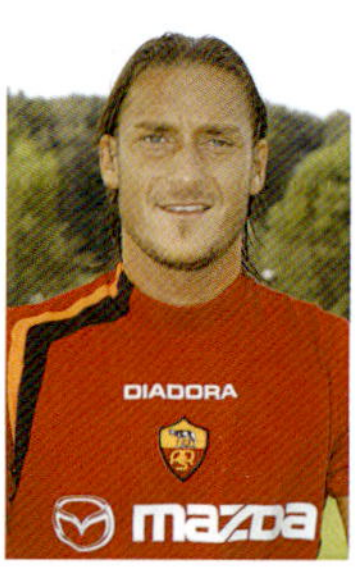
DIADORA
mazda
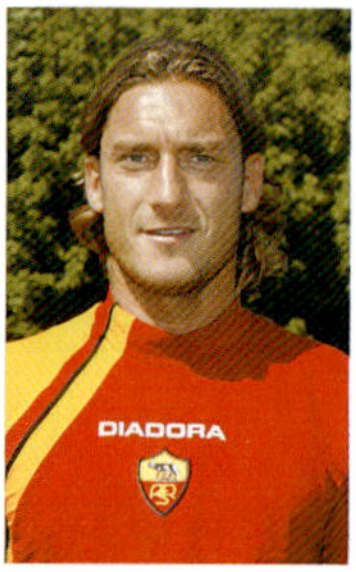
DIADORA
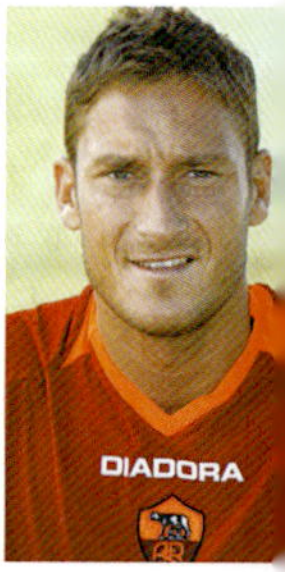
DIADORA
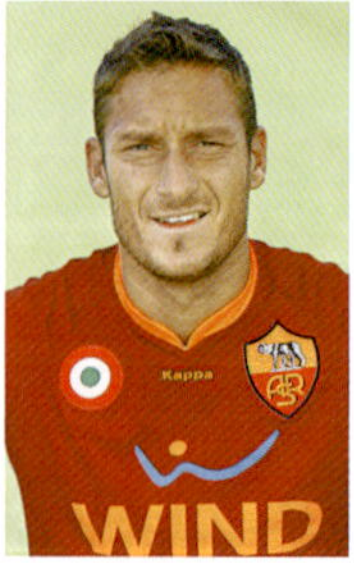
Kappa
WIND
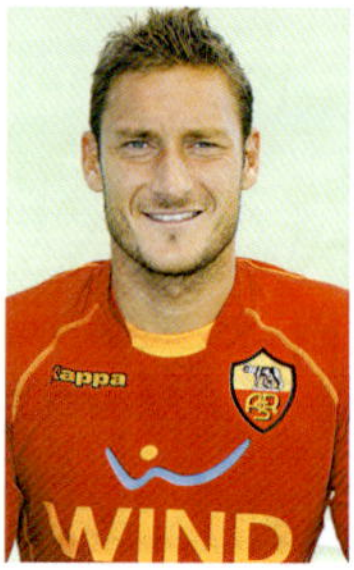
Kappa
WIND
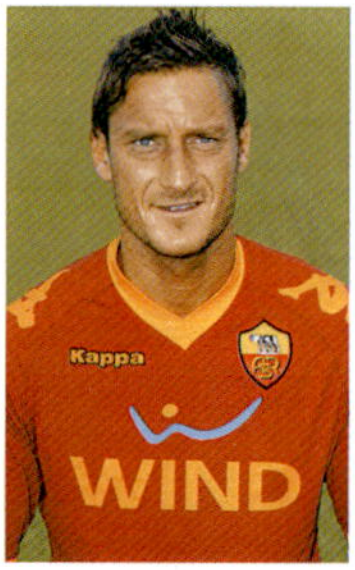
Kappa
WIND
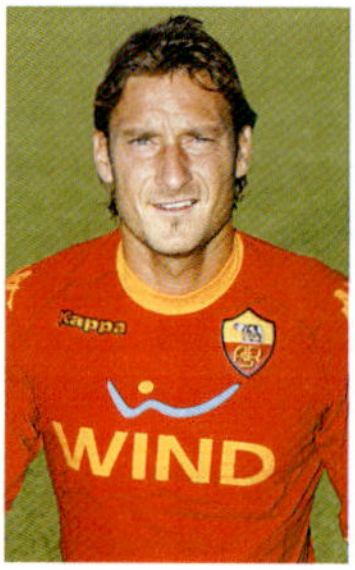
Kappa
WIND
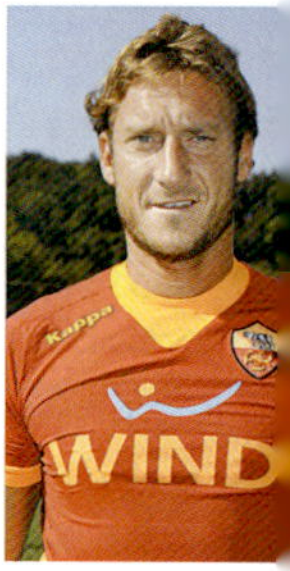
Kappa
WIND
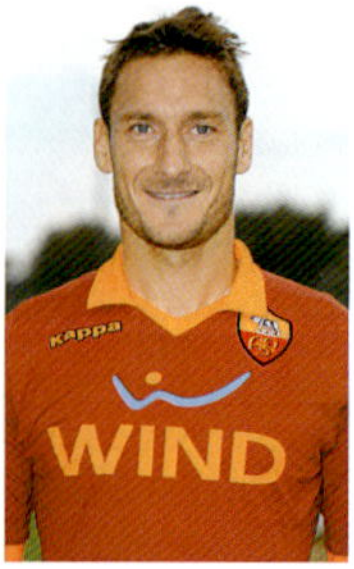
Kappa
WIND
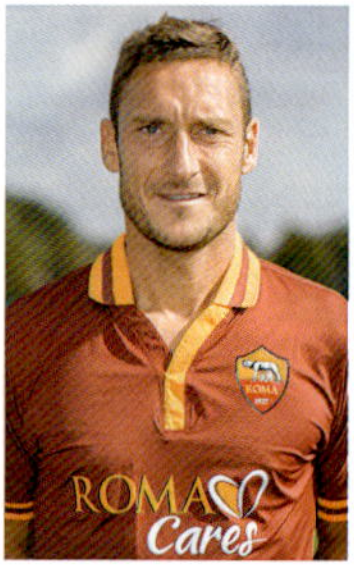
ROMA
Cares
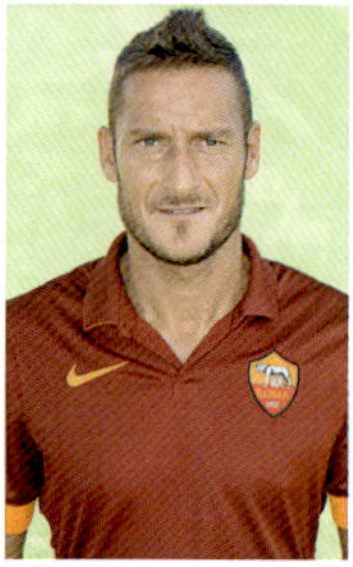
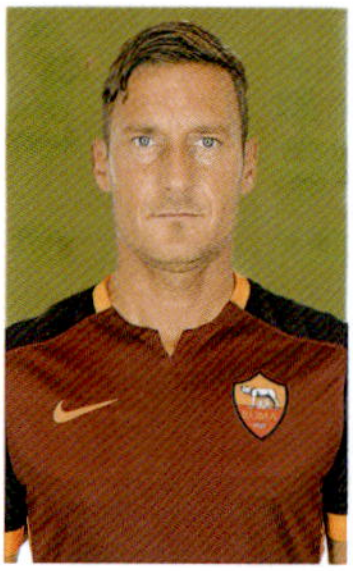
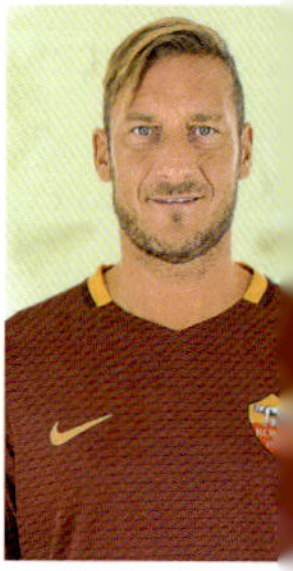

läufe – eine EM und eine WM – auf mich nehmen werde, nicht mehr. Noch öfter will man dafür nicht leiden.

Unter der Dusche beginnt die Wut nachzulassen, mehr als nur ein paar Spieler gestehen murmelnd, dass wir es dem Schiedsrichter erst durch unsere vielen vergebenen Torchancen ermöglicht haben, uns den Sieg zu stehlen, und trotz allem muss ich gestehen, dass dies der Wahrheit entspricht. Trapattoni ist wütend auf den FIFA-Inspektor, Verbandspräsident Carraro verordnet uns ein *silenzio stampa*, also gegenüber den Medien zu schweigen, und teilt mit, dass wir zu angespannt seien und es unnötig wäre, dem erlittenen Schaden auch noch allzu polemische Erklärungen hinzuzufügen. Mir ist es nun völlig egal oder zumindest glaube ich das, doch als wir am nächsten Tag Moreno am Flughafen begegnen, erkenne ich, dass dem nicht so ist. Aus Sicherheitsgründen – in erster Linie ihn betreffend – lassen sie ihn nicht mit uns gemeinsam fliegen. Doch auf dem großen Flughafen der Hauptstadt sehen wir ihn auf der anderen Seite der Glaswand, die die internationale Zone – wo wir sind, bereit nach Italien zurückzukehren – von jener der nationalen Flüge trennt, wo er steht, auf der Durchreise zu einer anderen koreanischen Destination. Ein direkter Kontakt ist natürlich nicht möglich, aber er scheint sich dessen nicht ganz sicher zu sein, denn auf unsere Schreie, Beleidigungen und – ich gestehe es, aber bitte versteht das – Drohungen hin entfernt er sich mit einer Schnelligkeit, die zum Schmunzeln anregt. Letztlich verspotten wir ihn, und es versteht sich von selbst, dass, selbst wenn wir mit ihm in Kontakt getreten wären, niemand ihm auch nur ein Haar gekrümmt hätte. Aber das braucht ihr ihm nicht zu erzählen.

Die folgende Saison verläuft nicht sonderlich glücklich für mich, weder mit Roma noch im Nationalteam – zwischen Verletzungen und Formschwankungen bringe ich es kaum auf zwei Partien am Stück. Die Vorbereitungen für die EURO 2004 in Portugal verlaufen dennoch normal. Die Mannschaft ist nicht schlecht aufgestellt, auch weil zum bestehenden Stamm noch Cassano, der in den Tagen vor seinem Debüt in bestechender Form ist, dazukommt. Trapattoni schickt ihn in der zweiten Hälfte der Eröffnungspartie gegen Dänemark tatsächlich aufs Feld, denn wir mühen uns dabei ab, den Defensivriegel des Gegners zu knacken. Auch Cassano scheitert daran, und so endet das Spiel 0:0.

Von der in Guimarães gespielten Partie habe ich die qualvolle Hitze und Füße, die sich anfühlen, als würden sie brennen, in Erinnerung – sonst wenig. Die Partie ist kurz davor, aus meinem Gedächtnis zu verschwinden, als tags darauf Vito Scala – er hat seine Tätigkeit bei Roma mit einer beim Nationalteam ergänzt – auf mein Zimmer kommt und mich ohne Umschweife fragt, ob ich Poulsen auf dem Platz angespuckt habe.

„Wie bitte, bist du verrückt?“, antworte ich ihm.

Da ihm die Zweifel noch immer vom Gesicht abzulesen sind, schicke ich ihn zum Teufel, nicht ohne hinzuzufügen, dass ich niemanden angespuckt habe, mich allein der Gedanke daran krankmacht und er mich so gut kennen müsste, um zu wissen, dass ich gewisse Dinge einfach nicht mache.

„Es scheint, dass es ein Video davon gibt“, murmelt er vor sich hin, was mich sprachlos macht, denn ich bin mir absolut sicher, niemanden angespuckt zu haben.

„Zeig es mir“, fordere ich ihn auf, und in der Zwischenzeit sind auch der Chef der italienischen Delegation, Innocenzo Mazzini, der Verantwortliche für die Kommunikation, Antonello Valentini, und weitere Funktionäre zu uns gestoßen, alle mit einem perplexen Gesichtsausdruck, der sich für mich sehr schlecht anfühlt. Das Video ist auf der Website des dänischen Fernsehens zu sehen. Die dänischen Kameraleute waren es, die, da sie mir während des gesamten Spiels eine eigene Kamera gewidmet hatten, den Vorfall aufgedeckt hatten. Ich klicke auf die Seite – und sehe es.

Die Spuckattacke gegen Poulsen ist jene Episode in meinem Leben, für die ich mich am meisten schäme. Nicht bloß mein sportliches, sondern mein ganzes Leben betreffend. Ich schäme mich derart dafür, dass ich sie sofort verdrängt habe. Wenn es nicht dieses Video gegeben hätte, hätte ich diese Attacke bis zum Ende meiner Tage bestritten. Ich hätte es in dem absolut guten Glauben getan, überzeugt davon, die Wahrheit zu sagen. Doch nach mehrfachem Betrachten des Clips besteht kein Zweifel mehr, und ich fühle mich wie von einem Zug überrollt. Ich erfahre, dass die UEFA ein Verfahren eingeleitet hat und ich zwecks einer Anhörung vor der Disziplinarkommission nach Lissabon fahren müsse, unser Verband aber alles tun würde, um nur das Strafminimum auszufassen, bla, bla, bla, und schon höre ich ihnen nicht mehr zu. Mir geht es schlecht, weil eine derart vulgäre und widerliche Sache einfach nicht in meinen Kopf will. Damit wir uns nicht falsch verstehen: Ich habe in meiner Karriere Tausende Fouls kassiert und genauso viele ertragen. Aber niemand hat mich je angespuckt, wobei: Wäre es passiert, hätte ich demjenigen den Kopf abgerissen, denn allein schon beim Gedanken daran dreht sich mein Magen um. Was erklärt, warum ich es bis zur Betrachtung des Videos nicht wahrhaben wollte und es dann als die größte Schande meines Lebens einordnete.

Christian Poulsen ist ein lausiger Typ. Ein Provokateur, der, selbst wenn der Ball weit weg ist, nicht aufhört, dich zu zwicken, dir von der Seite kleine Schläge zu verpassen, der dir auf die Füße steigt, um dich die Stollenschuhe spüren zu lassen. Je öfter er dich auffordert zu schweigen, wenn du ihm sagst „Tu es, wenn wir um den Ball streiten, sofern du den Mut dazu hast" und ihn zum Teufel schickst, umso mehr lacht er und macht sich über dich lustig. Zum Glück habe ich ihn nie wieder auf dem Platz getroffen, auch nicht in jenen beiden Jahren, als er für Juventus spielte, denn ich hätte nicht dem Drang widerstehen können, ihm einen Tritt zu verpassen, und hätte mich so ausschließen lassen. Doch in unserem Fußballerkodex ist ein Tritt ein akzeptiertes Fehlverhalten, eine Spuckattacke dagegen eine feige Aktion. Und das ist es, was mich auch Jahre danach noch sehr beschäftigt.

Der Vorfall ist tatsächlich abstoßend, der Verband prophezeit mir eine negative Medienberichterstattung enormen Ausmaßes. Tatsächlich trifft dies ein und übertrifft dabei noch die negativsten Erwartungen.

Ein Massaker. Ein Tsunami. Ich akzeptiere alles, bin mir bewusst, einen Fehler begangen zu haben, aber ebenso bemerke ich einmal mehr das Vorurteil gegen alles Römische und die grundlegende Antipathie, die viele Kommentare prägt. Es sind Reaktionen, die ich mittlerweile zu ertragen und vor allem zu ignorieren gelernt habe. Die ich aber nicht vergesse – womit klar ist, dass sie auf längere Sicht meine Entscheidung, das Nationalteam zu verlassen, stark beeinflussen werden. Es gab schon schwierige Situationen im Nationalteam, wenn auch nicht in dieser Form. Ich hatte immer den Eindruck, dass die Medien aus dem Norden bloß auf den passenden Vorfall warteten, um die Moralkeule zu schwingen. Nicht nur mir gegenüber, sondern gegen ganz Rom. Vielleicht war es der Gegenpol zu der Nachsicht, die man, nicht nur zwischen den Zeilen, in den Kommentaren der römischen Zeitungen und TV-Stationen zu lesen bekam. In diesen schwierigen Tagen – ich bekräftige: weil ich einen Fehler begangen hatte – nehme ich deutlich wahr, dass nicht ganz Italien mir die Ohren mit einer, sagen wir liebevollen Strenge langzieht. Wie du es eben bei deinem Sohn, der eine Dummheit begangen hat, machen würdest: Du machst ihm die Dummheit entschieden zum Vorwurf, doch er bleibt dein Sohn. Aber es gibt auch solche, die dir die Ohren nicht nur langziehen, sondern am liebsten gleich abschneiden würden.

Als meinen Verteidiger engagiert der Verband den Topanwalt Giulia Bongiorno, der auch den Politiker Andreotti vertreten hat. Roms Bürgermeister, Walter Veltroni, zu dem ich ein exzellentes Verhältnis habe, schickt einen Brief an die UEFA, in dem er meine Attacke verurteilt, aber zugleich versichert, mich in diesem Tyrannen nicht wiederzuerkennen. Er verweist zugleich auf die vielen wohltätigen Zwecke, denen wir uns gemeinsam gewidmet hatten. Das ist genau das, was ich mit „liebevoller Strenge" meine: einen Fehler einzugestehen und auch die damit verbundene Strafe zu akzeptieren, aber nachdem man klargemacht hat, dass es sich um einen Wutanfall und nicht um ein übliches Verhalten gehandelt hat. Mit diesem Brief und dem Plädoyer von Bongiorno wird die Kommission – so versichern mir alle, allen voran Carraro – die Strafe nicht zu hoch ansetzen. Daher bin ich zugegebenermaßen enttäuscht, als mich das Urteil der Drei-Spiele-Sperre erreicht, denn ich hatte gehofft, mit zwei davonzukommen. Alle schwören mir, dass es einen Nachlass gegeben hätte, von vier auf drei Spiele, aber um nun nochmals bei dieser EM zum Einsatz zu kommen, müssten wir das Semifinale erreichen – ein schwieriges Unterfangen. Dieses Thema stellt sich letztlich nicht: Es ist das Turnier des berühmten Arrangements zwischen Schweden und Dänemark, eine Woche nach meiner Sperre sind wir schon alle zu Hause. Und ich bin außerhalb Roms mehr oder weniger der Staatsfeind Nummer 1.

Der zweite Flop bei einem großen Turnier kostet Trapattoni den Job. Als Nachfolger wählt der Verband Marcello Lippi, der eben erst seine zweite Amtszeit bei Juventus beendet hat. Bei unserem letzten Aufeinandertreffen im Februar hatte Roma 4:0 gewonnen, als ich nicht der Versuchung des berühmten „vier und nach Hause" widerstehen konnte – eine Geste, die Igor Tudor, der zu viel redete, gewidmet war. Jemand hat geschrieben, dass ich die Geste auch Lippi gewidmet hatte: eine glatte Lüge, aber da wir uns nicht mehr getroffen hatten, gab es auch keine Gelegenheit, um dies klarzustellen. Und nun, nach all dem, was ich bei der EURO angestellt hatte, frage ich mich mit einer gewissen Sorge, was der neue Teamchef über mich denken würde.

Da ich angeschlagen bin, lasse ich die erste Partie nach dem *Ferragosto* aus, ein Testspiel in Island. Mein Klub teilt dies den Ärzten im Nationalteam mit, alles kein Problem. Anfang September stehen zwei WM-Qualifikationsspiele in Palermo auf dem Programm: zunächst gegen Norwegen, gefolgt von der Partie in Moldawien. Da ich gegen Norwegen das letzte Spiel meiner Sperre absitze, wird es mir zunächst gestattet, das Training mit Roma fortzusetzen – ich bin etwas in Verzug –, sodass ich mich dem Team erst am Abend der Partie gegen die Skandinavier anschließen muss. An jenem Vormittag aber werde ich in einer Aufwärmphase für das Spiel gegen Lodigiani in Flaminio am Knöchel getroffen und lande mit einem Eisbeutel in der Kabine. Doktor Brozzi ruft Castellacci, seinen Kollegen im Nationalteam, an, um ihm mitzuteilen, dass ich nicht in der Lage sei, gegen Moldawien zu spielen, und es besser wäre, wenn ich in Rom bliebe, um die Therapie fortzusetzen. Eine völlig normale Prozedur, keinesfalls eine Methode, um sich krankzustellen. Daher ist die Verwunderung groß, als eine Stunde später ein Fax des Verbandes beim Klub eintrifft, wonach ich zwecks eines medizinischen Checks in Palermo zu erscheinen hätte. Die Botschaft ist unmissverständlich: Sie vertrauen uns nicht.

Ich mache mich am nächsten Morgen auf den Weg Richtung Sizilien, mit dem Gefühl, dass die nächsten Stunden für meine Zukunft im Nationalteam entscheidend sein würden. Lippi hat Vito mitgeteilt, dass er mich sprechen will. Letzterer, der den Charakter von uns beiden kennt, fürchtet, dass es zu einem hitzigen Wortgefecht ausarten könnte. Als ich im *Mondello Palace*, dem Quartier des Teams, ankomme, spult die Mannschaft draußen gerade ein Training ab. Die Stimmung scheint fröhlich zu sein. Das 2:1 von Luca Toni fiel tags davor erst zehn Minuten vor Ende, aber in jedem Fall haben wir Norwegen besiegt. Als der Bus eintrifft, ist De Rossi der Erste, den ich umarme: Am Abend zuvor hat er sein Debüt gefeiert und dabei auch gleich sein erstes Tor erzielt. Dann sieht mich Lippi, kommt lachend auf mich zu, fragt, wie es mir geht, und lässt mich wissen, dass er mich nach dem Essen, während die anderen ihre Ruhezeit haben, allein treffen will. Er scheint gut aufgelegt zu sein, und kein Arzt gibt mir einen Termin zwecks des medizinischen Checks. Was ich nicht verstehe.

„Lieber Francesco, wir müssen uns besser kennenlernen", lauten die einleitenden Worte Lippis, „denn in den kommenden zwei Jahren werden wir viel Zeit miteinander verbringen, und ich werde viel von dir verlangen. Du wirst das eine oder andere Interview von mir in den Zeitungen lesen können, in denen ich sagen werde, dass ich den Job als Teamchef akzeptiert habe, weil ich überzeugt davon bin, dass wir die nächste WM gewinnen. Du musst wissen, dass ich mich deshalb so exponiert habe, weil ich überzeugt davon bin, die richtigen Männer zu haben, um diese Mission zu erfüllen. Und du bist einer der wichtigsten. Als gegnerischer Trainer habe ich viele Nächte damit verbracht, zu studieren, wie man dich eindämmen kann, denn dich

gänzlich zu stoppen, ist schier unmöglich. Jetzt freue ich mich, die andere Seite der Medaille genießen zu dürfen: ein Spiel zu organisieren, das deinen Beitrag verbessern kann. Deshalb müssen wir uns besser kennenlernen, einen Draht zueinander finden. Daher hören wir nun auf, über Fußball zu sprechen, und erzählen wir uns, was für Art von Menschen wir sind."
Mir bleibt der Mund offen. Eine derartige Vorgangsweise hatte ich nie zuvor erlebt. Wunderbar. Ich beginne ihm von meiner Familie zu erzählen, dass die Sache mit Ilary sofort eine ernste war, er erzählt mir die letzten Neuigkeiten über seinen Sohn Davide – wir sind Freude, haben gemeinsam den Militärdienst absolviert –, und wir lachen gemeinsam, als wir uns an manch eine Dummheit aus jener Zeit erinnern. Wir verbringen zwei Stunden, um über alles Mögliche zu sprechen: Musik, Politik, Frauen, Federer, Kobe Bryant. Am Ende habe ich das Gefühl, dass wir uns nähergekommen sind.

„Jetzt fahr nach Rom zurück und kuriere dich ordentlich aus, Francesco. Denn ab Oktober werde ich dich wirklich brauchen", sagt er und entlässt mich ohne medizinischen Check. Ich stelle mir die Enttäuschung bei all jenen vor, die starke Spannungen zwischen mir und dem neuen *Mister Azzurro* vorhergesehen hatten. Das zwischenmenschliche Verhältnis mal aufgebaut, ist jenes auf technischer Ebene die logische Folge: Lippi übertreibt nicht, er will mich tatsächlich im Zentrum seines Nationalteams haben. Deshalb holt er in den Qualifikationsspielen richtigerweise alles aus mir raus, greift aber in den Freundschaftsspielen nicht auf mich zurück. So erspart er mir etwa im Juni 2005, als er die Zeit auch für Experimente nutzt, die US-Tournee und gestattet mir zu heiraten. Es ist in Summe die perfekte Abstimmung auf meine Bedürfnisse als mittlerweile 30-Jähriger, der nach wie vor fest entschlossen ist, das große Ziel im Teamtrikot zu verfolgen, dem aber mittlerweile die allzu langen Trainingslager zu schaffen machen. In dieser privilegierten Situation nehme ich das Jahr meiner letzten WM in Angriff. Alles bestens? Nein. Denn ich werde eine weitere, schwierige Prüfung zu meistern haben, ehe ich Richtung Berlin aufbrechen kann.

10

LA GRANDE PAURA

DIE GROSSE ANGST

Der Knacks. Auf diese Weise beginnt der lange Weg zum WM-Titel. Mit einem gebrochenen Wadenbein. Am Sonntag, dem 19. Februar 2006, wenige Minuten nach Beginn der Partie Roma gegen Empoli. Im ersten Moment, als ich nach dem Tackling von Vanigli zu Boden stürze, verspüre ich keinen Schmerz, ergreife mit beiden Händen meinen Fuß, um festzustellen, was passiert ist. Für einen Augenblick scheint alles okay zu sein. Aber nur für einen Augenblick. Kaum nehme ich die Hände von meinem Fuß, neigt er sich auf unnatürliche Weise nach links. Ich habe das Gefühl zu sterben. Die WM. Ich habe die WM verpasst, verdammt. Seit vier Jahren warte ich auf die Revanche für Korea, nun werde ich nie die Gelegenheit dazu haben. Ich hatte schon entschieden und sogar angekündigt, dass ich nach der WM 2006 das Nationalteam verlassen werde. Das war meine letzte Chance. Das ist nicht fair, verflucht, das ist nicht fair, das ist nicht fair …

Erst eine Woche zuvor hatte ich im Einklang mit Doktor Brozzi, dem Teamarzt von Roma, Alarm geschlagen, was die enorme Menge der Fouls von hinten gegen mich betraf. Wohlgemerkt: Die Tritte sind ein Teil des Jobs als Nummer 10. Wer mich anklagt, wehleidig zu sein, hat nichts kapiert, weil ich es bis zu einem gewissen Punkt immer toleriert habe. Auch wenn du der Beste bist, oder vielleicht gerade deshalb, kannst du nicht verlangen, dass die Gegner, begeistert von deinem Dribbling dastehen, um zu applaudieren.

Das unfaire Spiel ist eine Frage des Ausmaßes, das zu jener Zeit reichlich überschritten wurde. Brozzi hatte mit Verweis auf meine Striemen – die Knöchel waren selbst Tage nach dem letzten Spiel noch immer rot und geschwollen – gemeint, dass dies die Schiedsrichter davon überzeugen könnte, mich besser zu schützen. Wochenlang hatte ich aufgrund der Schmerzen Mühe, überhaupt zu trainieren: Von Montag bis Freitag machte ich in erster Linie Physiotherapie, samstags stieß ich zwecks des Abschlusstrainings zur Mannschaft, das für gewöhnlich locker war. Am Sonntag ging ich dann auf den Platz, in der Hoffnung, dass mein Manndecker kein Killer sein würde. Ich habe auch schon vom Willkommensgruß erzählt, den mir Vierchowod bei meinen Startelf-Debüt unter Mazzone verpasst hat. Zwei weitere, schmutzige Kicker waren Couto und Montero, wahre Albträume vor dem Römer-Derby und dem Duell Juve gegen Roma, während jene von Milan – von Maldini bis Costacurta – dir bloß klarmachen wollten, wen du da vor dir hast, ohne dir allzu wehzutun. Das waren Meister auf ihrer Position, wie auch Nesta und Cannavaro. Einer, der ein schlechteres Bild abgab, als es der Wirklichkeit entsprach, war hingegen Materazzi, denn seine auffälligsten Fouls waren nicht so gemeint, sondern entstanden aus der Verspätung, mit der er oft dazwischenging. Natürlich gab es auch bei Roma Spieler, die übertrieben: Ich habe euch schon von Samuel und seiner Art, mich zu beschützen erzählt, aber ich erinnere mich auch an Cufré, der sich vor dem Duell mit Juve heiß machte, da er mit Del Piero eine offene Rechnung hatte, die jedes Mal mit Hieben endete. Nein, es gibt keine Mannschaften mit lauter Heiligen.

Roma gegen Empoli, nun also. Es ist das erste Jahr unter Luciano Spalletti: Nach einem etwas mühsamen Start nahmen wir Fahrt auf, wir haben eben neun Spiele in Serie gewonnen, und niemand hält es für möglich, dass uns Empoli stoppen kann. Auch deshalb, weil in der Woche darauf das Derby steigt. Mein Manndecker heißt Richard Vanigli, kein gewöhnlicher Stammspieler, aber auch kein junger Bursche mehr, dennoch spielt er mit dem Eifer von jemandem, der einen Platz in der Mannschaft erobern muss. Drei Fouls in fünf Minuten, ich fordere Schiedsrichter Messina zu einer gelben Karte auf. Es sind keine heftigen Fouls, aber wenn er da nicht einschreitet, kommt kein Spiel mehr auf, führt jedes Einsteigen zu einem Pfiff.

Doch nichts passiert, Messina dreht sich weg. Ich denke mir, dass die Verwarnung nur eine Frage der Zeit ist – du musst einen weiteren Tritt einstecken, hab Geduld, Francesco …

Es kommt genau so: In der sechsten Minute der ersten Halbzeit das vierte Foul, gelbe Karte, aber sie kommt zu spät. Vanigli hat mich auf der Mittelauflage von hinten getroffen. Ich betone: auf der Mittelauflage. Es wäre „nur" ein weiterer Striemen gewesen, wenn sich der linke Fuß nicht in den Boden hineingebohrt hätte und ich nach vorne stürzte. Später erklärten sie mir, warum ich anfangs keinen Schmerz verspürt hatte: Der Nerv war gerissen, nahm mir jegliches Gefühl. Mir wird die Schwere der Verletzung bewusst, und zum ersten Mal in meinem Leben erfahre ich, was Panik ist. Eine unsägliche Furcht, mit dem furchtbaren Gefühl, dass alles vorbei ist.

Ich weine und schreie auf Vanigli ein, aber das haben sie mir hinterher erzählt, denn für eine gute Minute nehme ich nicht mehr wahr, was rund um mich passiert. Ich schlage zehn Sekunden lang um mich, für weitere zehn liege ich mit dem Gesicht nach unten auf dem Boden, ehe Brozzi, Vito und Physiotherapeut Silio Musa bei mir sind. Ich brülle die drei an: „Ich habe mir alles gebrochen." Ich sehe, wie Vito hektisch winkt, glaube, dass er einen Wechsel anordnet, aber Spalletti hat Montella schon aufgefordert, sich bereit zu machen. Vielmehr ruft Vito die Sanitäter vom Spielfeldrand herbei. Jemand streift mir die Jacke meines Trainingsanzugs über, es ist immer noch Februar, und wenig später werde ich auf der Trage und mit wenig Feingefühl in den Krankenwagen verfrachtet.
„*Presto*, schnell, in die *Villa Stuart*", ruft Vito in Richtung des Fahrers, während Brozzi von der Klinik erfährt, dass Professor Mariani wie jeden Samstag und Sonntag in seinem Wochenendhaus in Anguillara ist, und nun versucht, ihn am Telefon zu erreichen. Zum Glück gelingt es ihm gleich, während der Krankenwagen mit heulenden Sirenen die Kehren von Monte Mario entlangfährt.

Es ist nahezu unglaublich, wie sehr ich mich bei all dieser Hektik ganz deutlich an alles erinnern kann. An den Rollstuhl, der bereits am Eingang der Klinik auf mich wartet, die Digitaluhr, die 15.26 Uhr anzeigt, als ich an der Tür bin – kaum 20 Minuten nach dem Vorfall auf dem Platz –, an die Krankenschwestern und Pfleger, die mich vorsichtig zum MRT-Raum bringen. Und sogar an den Jungen, der mich aufzumuntern versucht, indem er mir mitteilt, dass Perrotta getroffen hat und wir 1:0 voranliegen. 15 Minuten lang bin ich allein in dem Raum, schließe meine Augen und versuche an nichts zu denken, während das Brummen des MRT-Geräts das unheilvolle Urteil ankündigt. Ich habe noch immer die kurze Hose an, meine Oberschenkel sind dreckig und schweißnass. Die Tränen sind getrocknet, aber mir rinnt die Nase, ich würde mich am liebsten duschen.

15 Minuten, das Gerät stoppt nach einem letzten metallischen Seufzer, die Türen öffnen sich, und Ilary steht vor mir – erschüttert und dennoch ruhig. Wir hatten uns vor dem Aufwärmen am Telefon voneinander verabschiedet, sie war mit Cristian in Richtung Fiumicino unterwegs, von wo sie nach San Remo zu den Proben für das Festival, das sie eine Woche später moderieren sollte, abheben wollte. Um 15 Uhr wurde der Flug aufgerufen, aber jemand hatte sie über den Vorfall informiert, und sie war dann nicht mehr aufzuhalten. Nun ist sie hier, umarmt mich, küsst mich und sagt mir, dass Professor Mariani schon eingetroffen sei und gerade die Röntgenbilder studiere. Wir verharren fünf Minuten so, Hand in Hand, das Kindermädchen hat Cristian im Arm. Ich versuche mich zurückzuhalten, aber es ist der Moment, in dem ich für all den Stress zahle: Ich breche in Tränen aus, weine hemmungslos, getröstet von meiner Ehefrau. Ich fange mich wieder kurz, bevor Professor Mariani den Raum betritt, der ohne „Hallo“ zu sagen mit den Aufnahmen winkt und urteilt: „In zehn Minuten ist der Operationssaal fertig, Santucci und ich werden dich sofort operieren, Francesco.“

Ich habe einmal gelesen, dass der Mensch, so schlimm es ihm auch gehen mag, immer ein Gleichgewicht herstellt, von dem er sich dann

nur schwer loslöst. Anhand dieser Charakteristik des menschlichen Wesens habe ich mir dann auch den absurden Satz erklärt, der nach der sehr professionellen Dringlichkeit des Arztes aus mir rausplatzt: „Sofort? Könnte man es nicht auch morgen machen?"
Mariani blickt verdutzt. Er ist eine Koryphäe und nicht daran gewöhnt, dass jemand seine Entscheidung anficht. Er redet mit mir, indem er die Worte deutlich ausspricht, als ob ich ein Kind wäre: „Francesco, du hast dich sehr schwer verletzt. Grob geschätzt wären es sechs Monate, und die WM ist in weniger als vier. Wenn du eine Chance haben willst, musst du jede mögliche Minute nutzen."
Ich würde gerne noch was dazu sagen, denn die Panik ist ein Peitschenhieb, die in wenigen Sekunden geht und kommt, während die Angst – auch vor einem chirurgischen Eingriff – eine weniger brutale, aber dauerhaftere Emotion ist, schwierig zu verjagen. Ich flehe einzig um die Vollnarkose, denn wenn ich den Doktor hören würde, wie er den Assistenten um einen Bohrer bittet, würde ich vor lauter Schreck sterben. Um 16.30 Uhr komme ich in den Operationssaal, die Partie ist noch nicht beendet. Bevor das Anästhetikum seine Wirkung erzielt, versuche ich zu lauschen, was sich die Ärzte zu sagen haben. Doch ich verstehe nichts, und vielleicht ist es besser so.

Ich erwache um 20.30 Uhr, mit einem bitteren Geschmack im Mund. Ich spüre, dass da jemand im Zimmer ist. Um zu prüfen, wer es ist, blinzle ich mit den Augen, ehe ich sie öffne. Sie sind alle da. Sie flüstern, um mich nicht zu stören, aber sie sind alle anwesend: Mama, Papa, Ilary, Riccardo, Angelo, weitere Verwandte, gut zehn Personen, der intimste Kreis. Außerhalb des Zimmers bemerke ich ein größeres Gedränge, das matte Glas der Tür lässt mich nur die Farben erahnen, das dominierende Rot der Trainingsanzüge. Es muss sich um die Mannschaft handeln. Ich huste, und sofort sprinten alle in Richtung Bett. Die Schnellste ist zum Glück eine Krankenschwester, die genau weiß, was zu tun ist: Sie hebt meinen Kopf etwas an, damit es mir möglich ist, aus einem Strohhalm zu trinken. Nun wird mir klar, wie sehr ich das Wasser brauche, um zu rehydrieren und diesen grausigen Geschmack im Mund loszuwerden. Das Durchein-

ander wird nun offenbar auch draußen wahrgenommen. Ärzte und Krankenschwestern mühen sich ab, die Invasion der Teamkollegen und weiterer zehn Neugieriger, die rätselhafterweise bis hier hereingekommen sind, im Zaum zu halten.
„*Capitano*, wir haben gewonnen“, brüllt einer, und das ist alles, was ich hören wollte. Von ihnen. Was alles Weitere betrifft, warte ich auf Mariani, der in mein Zimmer tritt.
„Ich sage dir gleich, dass du es schaffen kannst. Du hast dir das Wadenbein gebrochen und einen Bänderriss im Sprunggelenk erlitten. Der Eingriff hat zweieinviertel Stunden gedauert, ich habe dir eine Platte mit 13 Schrauben eingesetzt, die für immer dortbleiben wird. Plus die Schraube im Sprunggelenk, die das Band für einen Monat blockiert und dann entfernt wird. Die Rehabilitation wird lange, mühsam und auch schmerzhaft, aber ich kenne deinen Körper nur zu gut. Weshalb ich dir versprechen kann, dass du im Juni in der Lage sein wirst, Spiele zu absolvieren. Frag mich aber nicht wie, denn die Zeit ist wahrlich knapp, und eine WM ist kein Scherz, erfordert die totale Leistungsfähigkeit. Ich will damit sagen, dass du dort ankommen wirst, aber ich weiß nicht, mit wie viel Vorbereitung. Es wird von dir abhängen.“
Wie immer, denke ich mir, und es ist der vorletzte Punkt, an den ich mich erinnere, ehe ich in einen langen Schlaf ohne Träume falle. Der letzte betrifft Vito, der, im Wissen um meine Phobien, verhindert hat, dass mich Mariani und Santucci, der Chirurg, vor der Operation über das gebrochene Wadenbein in Kenntnis gesetzt haben. Da hätte ich es erst so richtig mit der Angst zu tun bekommen.

Als ich die Augen um 9 Uhr vormittags wieder öffne, ist einzig meine Mutter im Zimmer. Sie hält eine Zeitschrift in Händen, blättert sie aber nicht durch, denn ihre Augen sind auf mich fixiert. Zu Kindheitstagen zurückzukehren ist in gewissen Situationen unvermeidlich, und meine Gedanken landen in jener Zeit, als sie manch eine Fieberkurve davon überzeugte, mich nicht in die Schule zu schicken. Worüber ich nicht sonderlich betrübt war. Ich hatte keine Wahl, denn sie überwachte mich, indem sie alle fünf Minuten meine Stirn

berührte, um zu eruieren, ob die Temperatur wohl nicht gestiegen war. So sind wir beide 25 Jahre zurückgekehrt, und sie legt lächelnd die Hand auf meine Stirn, um die Wärme zu ertasten und – so stelle ich es mir vor – der Krankenschwester zu erklären, was ich benötige. Ich bin kurz davor, ihr zu sagen, dass ich mir ein Bein gebrochen und keine Grippe habe, halte aber stattdessen für uns beide diesen kurzen Moment der wiedergefundenen Intimität fest. Sehr kurz, in Wirklichkeit. Auf der anderen Seite der Scheibe erscheint ein Profil, klopft an die Tür und betritt, ohne die Antwort abzuwarten, das Zimmer. Es ist kurz nach 9 Uhr, und schon steht Marcello Lippi in meinem Zimmer. Unser Teamchef.
„Mister, wie geht es Ihnen?" Mir kommen nur die banalsten Worte in den Sinn, denn ich bin verblüfft. Mein Gedanke konzentriert sich auf die Stunde, in der Lippi sich in Viareggio ins Auto gesetzt haben muss, um um 9 Uhr hier zu sein.
„Wie es mir geht? Wie es dir geht, das ist der Punkt. Wen interessiert, wie es mir geht? *Ciao*, Francesco, also, erzähl mir …"

Letztlich habe ich, die WM sowie die Trainingslager für die Freundschaftsspiele und die Matches in der WM-Qualifikation eingeschlossen, mit Lippi nicht mehr als drei Monate meines Lebens verbracht. Mir kamen sie wie 30 Jahre vor, denn ich habe nie einen Menschen getroffen, der mich so gut versteht und mich folglich immer richtig anzupacken weiß, auch wenn er mir eine schlechte Nachricht überbringen muss. Zumindest im Fußball. An jenem Tag habe ich in der *Villa Stuart* zwei Optionen: zur Gänze an die Genesung zu glauben und alle damit verbundenen Schwierigkeiten zu akzeptieren. Oder in Depression zu verfallen, mich von den Zweifeln bremsen zu lassen.
„Francesco, ich bin gekommen, um dir zu sagen, dass du ohne Wenn und Aber zur WM fahren wirst. Gestern Abend habe ich mit Vito gesprochen, der mich mit ersten Informationen versorgt hat, später gehe ich zu Professor Mariani, um alle Details zu erfahren. Aber was auch immer er sagt: Du wirst zur WM fahren, denn um das Turnier zu gewinnen, brauche ich dich, auch wenn du nur 30 Prozent leisten kannst. Ich brauche dich. Wir brauchen dich. Denk auch nicht ei-

nen Moment lang negativ und vertraue deiner Fähigkeit, rechtzeitig fit zu werden. Es wird bestimmt eine harte Arbeit, aber ich werde sie an deiner Seite erleben."

Wir sind es gewohnt, zu denken, dass alle nützlich, aber niemand unentbehrlich ist, eine schöne Maxime, die uns demütig bleiben lässt. Aber es ist keine Demut, die ich in jenen Tagen, in denen ich, mit dem Fuß im Streckverband, auf dem Krankenhausbett liege, benötige. Im Gegenteil, ich muss das Gefühl haben, mich unentbehrlich zu fühlen, und Lippi – er hat ein magisches Gespür für das individuelle Bedürfnis jedes einzelnen Spielers – hat das, als er mir ins Gesicht schaut, im Nu erkannt. Ich nehme nach seinen Worten einen geradezu physischen Schub wahr. Um diesen zu verstärken, trudeln nach und nach die Anrufe und Nachrichten der Nationalteamkollegen ein, wobei alle die Botschaft wiederholen. Ich habe ihn nie gefragt, es würde mich aber nicht wundern, wenn Lippi sie dazu aufgefordert hätte, um meine Moral hochzuhalten. In einer derart labilen Situation, wie es meine nun einmal ist, entscheidet sich fast alles im Kopf.

An jenem Vormittag ruft mich auch Vanigli an. Es geht ihm schlecht. Nach dem Foul an mir hat er im Olympiastadion einen schwierigen Nachmittag durchgemacht, denn als nach und nach die Nachrichten die Runde machten, stieg die Wut der Fans. Ich weiß, dass er in der Kabine, als er die Neuigkeiten erfuhr, weinte. Ich sage ihm, dass ich keine Zweifel daran habe, dass er mir nicht wehtun wollte – ich habe sie wirklich nicht –, dass eine oder andere Regelwidrigkeit weniger aber vielleicht seinem Erscheinungsbild guttun würde. Er bekräftigt mir gegenüber, auf dem Platz kein Treter zu sein, und ich antworte ihm: „Okay, bleib ruhig, es war bloß ein Unglück." Für mich denke ich, dass es vor allem und nicht nur ein Unglück war, denn vier Fouls in sechs Minuten sind in jedem Fall zu viele. Aber es ist richtig, das hier zu einem Ende zu bringen.

Der Aufenthalt in der *Villa Stuart* dauert vier Tage, das Klinikpersonal hat Mühe damit, die jeden Tag länger werdende Schlange an Leuten zu kanalisieren – auf der einen Seite Verwandte und Freunde, auf der anderen einfache Fans, die mich ihre Zuneigung spüren lassen wollen. Eine menschliche Wärme, die mich stolz macht, aber auch eine gewisse Verlegenheit erzeugt, denn ich lese in den Gesichtern der Krankenschwestern die Unannehmlichkeiten, die ihnen die ganze Sache bereitet. Ich merke, dass ich ein Ärgernis bin, da reicht auch kein Autogramm, kein Foto oder einige Worte am Telefon („Für meinen Bruder, der ein großer Fan von Roma ist"). So läuft es, und abends, wenn die Lichter ausgehen und auch Mama und Papa als Letzte gegangen sind, denke ich daran. Wer weiß, wie mich jene Personen sehen, die, obwohl sie kein Interesse an Fußball haben, in irgendeiner Weise mit mir in Kontakt kommen – wie es in dieser Stadt früher oder später unvermeidlich ist. Bis zu welchem Punkt sie tolerant sind, und ab welchem Punkt ich zu einer Nervensäge werde, wie es zum Beispiel in der *Villa Stuart* sein könnte? Es sind Gedanken, die mich schon während der Abenddämmerung des ersten Tages meines Aufenthalts beschäftigen. Gedanken, die mich am Einschlafen hindern, auch deshalb, weil ich den ganzen Tag im Bett liege und das dringende Bedürfnis nach zumindest einem Spaziergang hätte.

Beim Versuch einzuschlafen, drehe ich mich zur anderen Seite, die Digitaluhr springt auf 23 Uhr, in der Stille der eleganten Klinik nehme ich zunächst ein Getrampel auf dem Gang und danach ein zurückhaltendes Klopfen an der Tür wahr, in der offensichtlichen Absicht, sich nur mir gegenüber bemerkbar zu machen. Auf der anderen Seite der Scheibe sehe ich einen Schatten. Indem ich „Herein" sage, folge ich bloß einem Automatismus.

Luciano Spalletti. 23 Uhr, und der Mister dringt klammheimlich in mein Zimmer ein. Er hat ein ziemlich voluminöses Paket bei sich, mit dem Zeigefinger vor dem Mund deutet er mir, zu schweigen, und packt es aus. Er zieht einen zusammenklappbaren Ständer und einen Block großer, weißer Blätter heraus. Als ob er plötzlich, während er den Ständer zusammenbaut, Zweifel bekommen hätte, dreht

er sich zu mir und fragt: „Sag, hast du schon geschlafen?"
„Nein, Mister, es gelingt mir einfach nicht einzuschlafen."
„Ah! Gut, gut ...", nimmt er beruhigt seine Arbeit wieder auf.
30 Sekunden später ist er mit seiner Ausstattung fertig. Er zieht einen schwarzen Filzstift aus der Tasche und legt los: „Nun, lieber Francesco, gestalten wir die AS Roma der kommenden Saison. Ich notiere die diversen Optionen, danach studieren wir gemeinsam die Für und Wider jeden Spielers."
Ich bin vor lauter Verwunderung wie betäubt. Er weiß das, muss es gesehen haben, notiert drei Namen von Torhütern, sechs von Verteidigern, sechs von Mittelfeldspielern und fünf von Stürmern: „Fangen wir an: Wähle einen für jede Position, als ob wir keine Probleme mit dem Budget hätten. Das berücksichtigen wir später."

Vier Nächte lang bleibe ich in der *Villa Stuart*, vier Nächte lang trifft Spalletti um 23 Uhr ein und geht um 3 Uhr morgens wieder. Das, was wir im Wesentlichen machen, ist, über Fußball zu plaudern: Die Analyse der Spieler, die Roma erwerben könnte, ist offensichtlich ein Vorwand, denn in Wirklichkeit diskutieren wir über alles, vom fußballerischen Stil der großen europäischen Teams bis zur absoluten Besonderheit des römischen Umfelds, das größte, das er, der von Udinese kommt, bislang kennengelernt hat. Und das trifft auch auf mich zu, der nie ein anderes kennengelernt hat. Es sind vier lange, gemeinsame Nächte im lockeren Stil, in denen mir der Mister großes Vertrauen gewährt und dafür sorgt, dass ich mit dem Kopf ganz bei Roma bleibe – in einem Moment, in dem man eine gewisse Distanz erzeugen hätte können, und sei es nur, weil ich bis August für den Klub nicht mehr spielen würde.

Eine Woche nach der Operation verfolge ich auf Krücken vom Spielfeldrand aus unseren Sieg im Derby. Endstand 2:0, Taddei und Aquilani vergessen im Moment des Torjubels nicht auf mich, laufen jubelnd an mir vorbei. War dieser Abend ein von Glück gekennzeichnetes Intermezzo, so ist der Rest einfach nur noch mühsam, mühsam und nochmals mühsam. Gemäß den Voraussagen von Ma-

riani musste ich einen Monat gewinnen. Ich muss mir also etwas einfallen lassen, um zusätzliche Zeit zu gewinnen, Silio kommt da die richtige Idee. Er zerschneidet ein paar Müllsäcke – die großen schwarzen –, und mit Hilfe von Gummibändern schafft er es, einen wasserdichten Schutz für meine Füße zu basteln. So bin ich in der Lage, bereits im Schwimmbad zu arbeiten, während die Verletzung noch dabei ist, zu verheilen, und außerhalb des Wassers zwingt mich die Schraube, die das Band blockiert, zu den Krücken. Auf diese Weise gewinne ich 20 Tage, denn als sie mir die Schraube entfernen, habe ich im Schwimmbecken bereits etwas von meiner Elastizität und speziell vom muskulären Tonus wiedererlangt. In der Tat laufe ich – einen Monat nach der Operation – am ersten Tag in Trigoria das Hauptspielfeld sehr langsam ohne Krücken ab und fühle mich schon ziemlich sicher auf den Beinen. So sicher, dass ich, als ich bei der letzten Cornerfahne einen Ball sehe, glaube, er hätte auf mich gewartet. Ich kann nicht widerstehen und ziele mit rechts in Richtung Tor. Ich habe den richtigen Touch nicht verloren, denn der Ball landet mit Effet im Netz. Ich habe aber keine Zeit, mich daran zu erfreuen, denn von allen Seiten rufen sie mir zu: „Was machst du da?" oder „Bist du verrückt?" Um mit rechts zu treffen, habe ich wie üblich das Gewicht des Körpers auf die linke Seite verlagert, darauf vergessend, dass das Band eben erst von der Schraube befreit wurde und weniger als einen Monat davor das Wadenbein gebrochen war. Ich setze das Gesicht eines Jungen auf, der mit den Fingern im Marmeladeglas erwischt wurde. Doch im selben Moment höre ich auf den linken Fuß, und dieser hat mir absolut nichts mitzuteilen.
„Ihr seht doch, dass alles gut läuft", sage ich mit leiser Stimme, in der Angst, sie zu beleidigen. Vito, Silio, der Mister … Ich denke, dass sie in genau jenem Moment, sofern sie könnten, mir am liebsten auch das andere Bein gebrochen hätten.

Das Ziel, so viel Zeit wie nur möglich zu gewinnen, kostet mich acht Stunden Arbeit pro Tag: Ich muss das linke Bein sukzessive mehr belasten, um es zu stärken. Nach jedem absolvierten Sprung lege ich einen Stopp ein, um zu prüfen, ob alles okay ist, später nach jeder zweiten, dann jeder dritten, vierten, fünften Bewegung. Um den 30. März herum laufe ich bereits rund. Lippi kommt einmal pro Woche nach Trigoria, um mit einem immer optimistischeren Ausdruck meinen Fortschritten beizuwohnen. Spalletti läuft von Anfang an mit mir, erhöht unmerklich den Rhythmus und verringert ihn nur, wenn er sieht, dass ich humple. Was regelmäßig vorkommt, aber jeden Tag etwas später. Es sind Wochen enormer emotioneller Intensität, denn rund um mich gibt es Menschen, die aufs Tempo drücken, damit ich es schaffe. Und ich merke deutlich, dass sie sich deshalb so verhalten, weil sie mich lieben, und nicht nur, weil für alle die WM auf dem Spiel steht. Und folglich haben die berühmten Fragen, die ich mir immer stelle – was zum Teufel muss ich machen, um mir so eine Zuneigung, Wertschätzung und Beliebtheit zu verdienen –, eine einfache, sofortige und einleuchtende Antwort: Ich muss es schaffen, rechtzeitig für Juni fit zu werden. Das wachsende Vertrauen und das Gefühl, es zu schaffen – das ich Tag für Tag stärker wahrnehme – rufen wunderschöne Emotionen in mir hervor. Ja, ich werde es schaffen. Ja, unsere außergewöhnliche Arbeit wird nicht umsonst sein. Ja, ich werde bei der WM spielen. Wie oft, wie viele Minuten und wie – das wird man sehen, aber ich werde dabei sein.

Das letzte Okay kommt von Professor Mariani, der mich Anfang April besucht, um meine Wiederaufnahme ins Mannschaftstraining zu genehmigen. Ich schildere ihm, dass das Fußgelenk nie geschwollen war, auch nicht nach den höchsten Belastungen, und ich mich sehr gut fühle. Er wertet die Röntgenaufnahmen aus und segnet sie mit einem breiten Lächeln ab: „Francesco, an jenem Nachmittag habe ich nicht übertrieben, als ich dir sagte, dass ein Desaster dieser Art normalerweise sechs Monate zwischen Rekonvaleszenz und Rehabilitation erfordern würde. Ich wusste aber, dass dein Körper speziell ist, und habe meine Bestätigung hiermit erhalten. Es sind nun noch nicht einmal zwei Monate vergangen, aber ich sage dir, dass die WM nun sehr nahe ist."

Nach einem weiteren Monat Arbeit – natürlich mit Vorsicht, vor allem beim Vermeiden von Zweikämpfen – telefonieren Lippi und ich nun täglich. Dazu kommen noch die Aufmunterungen der Teamkollegen, sowohl jener bei Roma wie auch jener des Nationalteams. Bis mich Anfang Mai der Teamchef mit trockener, aber auch etwas emotionaler Stimme – zumindest nehme ich es so wahr – anruft, um die Frage zu stellen, die sein muss: „Francesco, der Zeitpunkt ist gekommen, ich muss der FIFA eine erste Liste von Spielern nennen. Kann ich auf dich zählen?"

Erinnert ihr euch daran, wie ich als Kind an die Gegensprechanlagen läutete und mich als Gerry Scotti ausgab? Nun, in diesem Moment denke ich an das berühmte „Loggen wir ein?" in seinem Quizz, denn bei aller Höflichkeit hat die Frage von Lippi auch eine unweigerlich ultimative Bedeutung. Aber ich habe keine Zweifel – und wie wir einloggen!

„Ja, Mister, ich bin bereit."

Er hat offenbar damit gerechnet, aber ich bemerke auch, dass er seinen Enthusiasmus verbergen will. Oder vielleicht will er ihn auch gar nicht verbergen: „Du konntest mir keine schönere Nachricht überbringen, Francesco. Wir sehen uns in Coverciano."

11

LA CRUNA DELL'AGO

DAS NADELÖHR

Das erste Training in Coverciano verschafft mir einen Eindruck über den Status quo. Die ausgiebige, athletische Trainingsstunde beendet Lippi mit einem Pfiff, und wir bewegen uns ziemlich erschöpft in Richtung Spielfeldrand zum Tisch mit den Trinkwasserflaschen. Nach ein paar Schlucken ertönt hinter unserem Rücken wieder die Stimme des Teamchefs: „Alle unter die Dusche bis auf Francesco, er bleibt mit mir auf dem Platz."
Ich drehe mich um, Lippi hält zwei Bälle in Händen und schmunzelt: „Zeig mir, ob du nach wie vor aufs Tor schießen kannst."

Eine gut gemeinte Herausforderung, denn in Wirklichkeit habe ich nach meiner Verletzung weniger als 90 „offizielle" Minuten gespielt, alle im San Siro, zwischen dem Cup-Final-Rückspiel gegen Inter und der letzten Meisterschaftspartie gegen Milan. Ich habe meinen Part in Trigoria erledigt: Läufe, Richtungsänderungen, einige Partien mit höchst wachsamen Teamkollegen, die darauf achteten, mich nicht zu hart zu berühren. Der Fußball ist aber etwas anderes. Ehe er mich wieder mitten ins Gedränge wirft, will Lippi, dass ich Vertrauen in meine Spielweise gewinne. Daher stellt er sich ins Tor und fordert mich auf, ihn von außerhalb des Strafraums mit Schüssen im schnellstmöglichen Rhythmus zu bezwingen. Er selbst sammelt all die Bälle ein, die neben dem Tor landen, beim zehnten Sprint ist er etwas außer Atem. Viele Jahre später gestand er mir, dass ihn diese zusätzlichen Einheiten – sie wiederholten sich während der gesamten ersten Woche, eine halbe Stunde pro Tag – aus physischer Sicht einiges abverlangt hatten („Ab einem gewissen Punkt war ich irgendwo anders"), aber er ließ sich davon nicht abbringen. Es war das letzte Steinchen im Mosaik der Rehabilitation vor der definitiven Überprüfung, jener auf dem Spielfeld.

Dieser Termin ist der 31. Mai, das Freundschaftsspiel gegen die Schweiz in Genf. Seit der Verletzung sind 101 Tage vergangen, es fehlen acht Tage bis zu unserem WM-Auftakt gegen Ghana. Lippi stellt mich in die Startelf, ohne mir Limits vorzugeben: Ich soll spielen, solange ich Luft habe. Wie wenn du ein neues Auto hast und dabei bist, mit höchster Präzision die Kapazität des Tanks auszuloten. Du fährst solange damit herum, bis es stehen bleibt, weil der Tank leer ist. In der ersten Hälfte bin ich etwas verkrampft. Ich spiele hinter Gilardino, der uns in Führung bringt, indem er einen Querpass von Grosso im Tor unterbringt. Es ist ein 4-2-3-1-System, wobei Camoranesi und Del Piero die Seiten belagern, das alternative Schema zu dem, das Lippi häufiger verwendet. Die Schweizer schaffen mit einem schönen Weitschuss den Ausgleich, ich bewege mich mit Vorsicht, auch weil einige von ihnen nach einem ruhigen Start immer aggressiver werden – sie haben uns irgendetwas, das ich nicht nachvollziehen kann, übelgenommen. In der Pause wendet sich Lippi mit einer fragenden Geste an mich, um herauszufinden, ob alles okay ist, und ich beruhige ihn. Spielerisch habe ich wenig beigesteuert, aber das Bein hat sich mit jeder Minute besser angefühlt. In der Tat hebe ich nach der Pause mein spielerisches Niveau, auch weil wir zum klassischen Schema zurückgekehrt sind, zwei Spitzen vorne und ich in ihrem Rücken, mit drei Mittelfeldspielern dahinter, die mich unterstützen. Tore fallen keine mehr, aber die 90 absolvierten Minuten – ich lasse mich nicht einmal im Finish austauschen – liefern die erhoffte Bestätigung. Mir geht es gut.

Wir bleiben in der Schweiz, denn zwei Tage später steigt diesmal in Lausanne gegen die Ukraine der zweite und letzte Test vor der WM. Logischerweise spielen vor allem jene, die in Genf zugeschaut haben, aber nach einer Stunde bringt mich Lippi anstelle von Del Piero ins Spiel, um herauszufinden, wie weit ich schon bin. In dieser halben Stunde geschieht wenig, außer einem heftigen Schlag von Gusin, der als Crashtest für das genesene Bein dient. Wenn man so was heil übersteht, heißt das, dass der Knochen stärker als zuvor ist. Dennoch rutscht mir gegenüber dem Blondschopf das „F-Wort“

heraus. Um mich herum erkenne ich das Lächeln und Aufatmen in den Gesichtern meiner Teamkollegen. Während der WM und auch in den Jahren danach wird mir Lippi wiederholt sagen: „Du hast keine Vorstellung von der liebevollen Aufmerksamkeit, mit der sie deine Genesung verfolgt haben. Sie riefen mich an und schickten mir Nachrichten, alle mit demselben Tenor: ‚Mister, bringen wir Francesco auch zu 50 Prozent, damit erschreckt er zumindest die Gegner und öffnet uns Spielraum.'"

Wir reisen mit der Gewissheit, eine gute Mannschaft zu sein, nach Duisburg, wo unser WM-Hauptquartier eingerichtet ist. Wir haben in jeder Position die stärksten Spieler. Buffon ist, so die einhellige Meinung, der beste Torhüter der Welt. Im Defensivzentrum gibt es mit Cannavaro und Nesta zwei Ausnahmekönner auf ihrer Position. Die Mittelfeldachse reicht von Pirlo, der vor der Abwehr postiert ist, bis zu mir hinter den Spitzen. Vorne gibt es die Qual der Wahl: Del Piero, Toni, Gilardino, Inzaghi, jeder auf seine Art torgefährlich. Und abgesehen von diesen Champions sind da noch weitere großartige Spieler, die in Momenten, wenn es notwendig ist, zu Hauptdarstellern werden können.

Eigentlich dürfte man es, um den Jungen nicht die Hoffnung zu nehmen, nicht sagen, aber ich denke, dass wir nie mehr ein derart starkes Nationalteam haben werden. Oder zumindest so lange nicht, bis man in den Klubs einen Weg findet, um eine angemessene Anzahl an italienischen Spielern auszubilden. Denn die Auswahl ist gering: Du kannst zwar immer einen einzelnen Ausnahmespieler finden, aber nicht mehr sieben, acht Champions auf einmal, die Wahrscheinlichkeitsrechnung spricht da dagegen.

Um deutlicher zu werden: In der heutigen Kabine von Roma spricht man Englisch, und das scheint mir nicht mehr normal zu sein. Gott bewahre, ein paar Brocken Englisch schaffen wir alle, aber jahrelang wurden die neu hinzugekommenen Legionäre von ihren Teamkollegen solange unterstützt, bis sie Italienisch konnten. Nun lernen es die meisten gar nicht mehr, weil sie wissen, dass sie maximal ein, zwei Jahre in Rom bleiben werden, da macht es keinen Sinn, sich zusätzlich anzustrengen. Mit dem Ergebnis, dass in einer Kabine wie unserer, die immer in der Lage war, sich geschlossen hinter römische Kapitäne zu stellen – von Bartolomei bis zu Bruno Conti, von Giannini bis hin zur mir und Daniele –, heute miteinander gesprochen wird, als wären wir Arsenal oder Chelsea. Ist das normal? Ach, komm schon … Das Nationalteam von 2006 war das Ergebnis jahrelanger erfolgreicher Selektion und von gemeinsamen Wegen bereits in der Jugend. Ihr erinnert euch an mein Tor bei der U17-WM in Japan gegen Mexiko und an Buffon, der über den ganzen Platz lief, um mich zu umarmen? Das war 1993, und wir waren damals schon Kollegen im Nationalteam.

Ein weiterer Aspekt der modernen Zeit, den ich für schädlich für den Mannschaftsgeist halte, ist das Smartphone. Mit seiner Fähigkeit – was in manch anderer Hinsicht fantastisch ist –, dich in entfernte Welten zu bringen und gleichzeitig zu isolieren. Das Nationalteam von 2006 hörte – wie jede Mannschaft zu jener Zeit – auf dem Weg ins Stadion im Bus dieselbe Musik, mit von Materazzi bereitgestellten, übertrieben großen Lautsprechern. Nicht bloß das berühmte *Seven Nation Army*, da gab es eine ganze Playlist, die wir gemeinsam hörten und die uns heiß machte.

In den darauffolgenden Jahren schlug ich Roma mehrmals eine Rückkehr zur Vergangenheit vor: ausgeschaltete Handys, keine Headsets, gemeinsame Musik. Nun ja, das ist nicht mehr möglich, alle finden einen Grund, um ihr Smartphone eingeschaltet zu lassen: Da gibt es den, der seiner Frau mitteilen muss, an welchem Eingang er die Karten hinterlassen hat. Jenen, der auf das WhatsApp seiner Freunde wartet, um zu erfahren, in welchem Restaurant sie sich nach dem Spiel befinden. Und einen anderen, der bis eine Minute vor Spielbeginn wissen will, wie hoch das Fieber bei seinem Baby ist … Alles legitime Dinge, die dich aber fatalerweise von den anderen distanzieren.

Eine Stunde vor Spielbeginn, wenn du weißt, dass du dich in Kürze für einen anderen opfern wirst müssen oder sich ein anderer für dich opfern wird müssen, sind die Mitspieler deine Familie, dein Rückzugsort, deine Motivation. Du kannst sie nicht wie Fremde behandeln, es sind keine Bürokollegen. Sie sind Brüder, und das Resultat wird für alle dasselbe sein: Es gibt keine Situation, in der du gewinnst und sie verlieren. Die individuellen Emotionen müssen synchronisiert sein, und so seltsam ein gemeinsam im Bus gehörter Song auch erscheinen mag – es erzeugt eine Empathie, die man auf dem Platz wahrnimmt. Ich schließe den Exkurs mit einem Rückblick auf meine letzte Saison als Spieler, als sich manche einbildeten, dass ich mich müde in den Beinen fühlen würde. Während ich mich, wenn überhaupt – aufgrund dieser Gedanken, dieser Vergangenheitsnostalgie –, alt im Kopf fühlte. Alt, aber nicht fehl am Platz.

Nehmen wir nun die Erzählung über unsere Abreise nach Deutschland und das vertrauensvolle Klima, das zwischen uns herrschte, wieder auf. Ganz im Gegensatz zu der stickigen Luft, die wir um uns herum wegen des *Calciopoli*-Skandals, wegen der manipulierten Spiele in der Serie A, wahrnahmen. Zu diesem Thema halten wir zu Beginn des Trainingslagers eine Versammlung ab und fällen dabei zwei einstimmige Entscheidungen: Die erste ist, jede Frage darüber seitens der Journalisten zu verweigern, die zweite, auch untereinander nicht darüber zu sprechen und auch keine Witze darüber zu reißen, zumal wir alle zutiefst von der Aufrichtigkeit unserer Teamkollegen überzeugt sind. Nicht von jener der Klubbosse, und in der Tat verschlingen wir jeden Morgen die Artikel über die Untersuchung. Für uns steht dabei von Anfang fest, dass Buffon, Cannavaro, Del Piero und die anderen Spieler mit *Calciopoli* unmittelbar nichts zu tun haben. Und da wir ihre schwierige Situation sehr gut nachvollziehen können, ist es auch besser, Witze darüber zu vermeiden. Ich gestehe euch etwas: Als Gerüchte über ihre Transfers im Falle einer Verurteilung von Juve die Runde zu machen beginnen, spitze ich meine Ohren, um ja kein Wort von Buffon zu verpassen. Aus Gründen des Respekts habe ich ihn nicht offen danach gefragt – ausgenommen in der Nacht der

Feier im Circus Maximus, als die Atmosphäre eine spezielle und etwas von Alkohol geprägt war –, aber wenn er auch nur ein Wort in diese Richtung erwähnt hätte, hätte ich ihn gequält und am Ende gezwungen, zu Roma zu kommen. Aber Gigi gab mir nie eine Chance dazu.

Doch das Debüt rückt näher, und so verblasst jedes andere Thema und verschwindet letztlich zur Gänze. Unser erster Gegner ist Ghana, eine afrikanische Mannschaft mit vielen „europäischen" Spielern mit hohem Niveau. Dass wir Angst vor ihnen haben, wäre übertrieben. Es ist der 12. Juni, der vierte Tag des WM-Turniers, und im Vorfeld, vor dem Abflug nach Hannover, stellen wir fest, dass sich auch Holland nach Deutschland, England und Argentinien in die Liste jener Favoriten einreiht, die die erste Prüfung bestanden haben, ohne dabei zu begeistern, aber mit drei Punkten. Ich beneide sie, weil sie den ersten Test bereits hinter sich haben, aber in jedem von uns wächst das heftige Verlangen, sich zu messen, sich zu duellieren. Wir sind sehr angespannt: Ich habe Mühe, während unserer Pause am Nachmittag zu schlafen, daher schaue ich mir zunächst die andere Partie in unserer Gruppe an – in der Tschechien zu einem relativ einfachen Sieg über die USA kommt – und bitte dann, da noch eine halbe Stunde Zeit bleibt, unseren Friseur, mir die Haare zu schneiden. Es ist eine spontane, in keinster Weise überlegte Entscheidung, ich gebe einfach meiner Gemütsstimmung nach. Als ob ich mich bei der WM verändert präsentieren wollte und dies auch ein ästhetischer Wechsel bestätigen müsste. Bei der letzten Besprechung vor dem Spiel schaut mich um 18.45 Uhr mehr als ein Mitspieler fragend an, aber wenn ich jetzt nochmals darüber nachdenke, dann trifft dies hauptsächlich auf die Gesichter der Ersatzspieler zu. Wir Spieler aus der Startelf, die Lippi Name für Name herunterleiert, sind derart konzentriert, als hätten wir einen Atemstillstand.

Bang. Der Pfiff des brasilianischen Schiedsrichters hört sich wie der Startschuss bei einem 100-Meter-Lauf an. Ich spiele hinter Toni und Gilardino in einer sehr offensiven Formation, die Absicht von Lippi ist klar: Gleich mit hohem Tempo loslegen, um das Selbstvertrauen der Mannschaft zu stärken und damit unsere Gefährlichkeit unter Beweis zu stellen. Der stärkste Spieler Ghanas ist Michael Essien, eine Mittelfeldmaschine, für den Chelsea, um Mourinho zufriedenzustellen, eine Menge Geld an Lyon überwiesen hat. Ich laufe ihm öfters über den Weg, aber jener Spieler, der sich aus nächster Nähe um mich kümmert, ist Addo, ein defensiver Mittelfeldspieler, der in Holland bei PSV Eindhoven spielt. Und wenn ich versuche, seiner Manndeckung zu entkommen, lande ich in der Zone von Paintsil, der mir an einem gewissen Punkt einen heftigen Tritt gegen das operierte Fußgelenk verpasst, wobei es gut ist, dass er mich dabei nicht voll erwischt. Jedenfalls ist Ghana ein Gegner mit Niveau, physisch stark, technisch bescheiden und alles andere als taktisch unerfahren. Wir erwischen den besseren Start, ich finde zwischen den Linien ausreichend Platz, vorausgesetzt, wir spielen mit ein, maximal zwei Berührungen. Schade nur, dass ich ein – für uns natürlich weniger – überraschendes Pirlo-Zuspiel aus einem Freistoß heraus nicht verwerten kann und den Ball aus 16 Metern übers Tor jage. Ich erwische den Ball leider in Rückenlage, mein Abschluss kommt einem Zielschuss beim Rugby gleich. Nicht weiter schlimm, denn als ich einen Eckball kurz auf Pirlo abspiele, erzielt er ein großartiges Tor von der Strafraumgrenze aus. Es ist die Umsetzung eines Spielzugs, den wir uns auf dem Reißbrett ausgedacht haben, aber mir ist nicht danach, von einem Assist zu sprechen. Es ist einzig sein Verdienst, wir sind in Führung. Meine beste Aktion des Spiels ist der pfeilschnelle Pass, mit dem ich Gilardinos Abschluss kurz nach der Pause einleite: Leider ist der Torhüter zur Stelle. Wenig später steigt Paintsil erneut heftig ein, und auch wenn mir nichts passiert, bevorzugt es Lippi nun, mich durch Camoranesi zu ersetzen. Gut so. Es gilt, den Vorsprung zu halten, das 4-4-2 ist die ideale Absicherung dafür. In den letzten Minuten misslingt der Rückpass von Kuffour – in jenem Jahr mein Teamkollege bei Roma – zum Torhüter, damit leitet er das 2:0 von Iaquinta ein. Sieg! Als ich mich nach Spielschluss von der Ersatzbank erhebe, schütte ich die Trinkflasche über die Locken von Ciro Ferrara, dem Assistenten von Lippi, während aus den Lautsprechern im Stadion von Hannover in voller Lautstärke *Azzurro* in der Version von Adriano Celentano dröhnt.

Es ist unvermeidbar, dass solch ein brillantes Debüt – nach den vielen Fragen, die sich vor allem das externe Umfeld in Bezug auf unseren wahren Wert gestellt hat – zu einer Entspannung führt. Lippi gewährt uns einen freien Tag, aber da meine Leute noch nicht da sind, bleibe ich im Hotel, um mit Gattuso Karten zu spielen. Nicht wissend, dass ich in der folgenden Partie rausgehen werde, um just für ihn Platz zu machen. Bei einer WM läuft die Zeit schnell dahin, nach zwei Trainingstagen erfolgt schon die Abfahrt zum zweiten Spiel. Dieses Mal nehmen wir mit einer wesentlich positiveren Grundstimmung ein Flugzeug Richtung Süden: Kaiserslautern ist nicht weit von der französischen Grenze entfernt. Wohl zu positiv, denn nach der letzten guten Nachricht mit dem Sieg Ghanas über Tschechien im Nachmittagsspiel verbreitet sich das Gefühl, dass die Gruppenphase für uns quasi schon erledigt ist. Ein kapitaler Fehler: Die Amerikaner verlangen uns physisch 90 Minuten lang alles ab, denn sie laufen schneller und sind auch widerstandsfähiger. Wir schaffen es irgendwie, durch Gilardino in Führung zu gehen, aber ein Schnitzer von Zaccardo, mit dazugehörigem Eigentor, stellt sofort das Gleichgewicht wieder her. Und eine Minute später fabriziert De Rossi den Absturz.

Ich habe Daniele sehr gerne. Seine absolute, übertriebene, fast schizophrene Liebe für Roma war klarerweise eine Gemeinsamkeit, die uns seit seiner Ankunft in Trigoria verband. Und mit der Zeit wurde unser Verhältnis in jeder Hinsicht enger, wir haben uns auch außerhalb des Platzes getroffen. Nach Jahren, in denen er seine Höhen und Tiefen erlebt hat, bin ich nun erleichtert, ihn glücklich und heiter zu sehen. Auch Daniele hat seine gesamte Karriere bei Roma verbracht, hat dafür aber öfter als ich „Nein“ sagen müssen. Denn die großen internationalen Klubs glaubten nicht an seine Entschlossenheit, ein Leben lang hier zu bleiben, und daher trudelten jedes Jahr bedeutende Angebote ein. Und wenn ihr euch das Video meines Abschieds anschaut, seht ihr ihn am Boden zerstört, die Geste einer aufrichtigen Zuneigung.

An jenem Abend in Kaiserslautern, Mitte der ersten Halbzeit beim Stand von 1:1, verpasst Daniele dem US-Amerikaner McBride in einem Luftduell vor den Augen des Schiedsrichters einen Ellbogenschlag. Die rote Karte ist unvermeidlich. Daniele versucht zu erklären, dass er nur ausgeholt hat, um Schwung zu nehmen. Wir stehen ihm, wie es sein soll, sofort zur Seite, aber in Wahrheit hat niemand den Vorfall so richtig gesehen. Daher vertrauen wir ihm, während er den Schiedsrichter vergebens mit den Worten „Ich habe nichts getan, ihn nicht einmal berührt" anbrüllt. Mit dem dringlichen und verzweifelten Ton eines Spielers, der seine Kollegen in einer WM-Partie zu zehnt zurücklässt. Gebrochen, mit dem Kopf zwischen den Händen, verlässt Daniele den Platz, und wir organisieren uns neu. Ich ziehe mich auf die Höhe des Mittelfelds zurück und schaffe es sofort, einen Ball an drei US-Boys vorbei auf Pirlo zu spielen, der wiederum Toni in Schussposition bringt. Schade, dass dieser verzieht, denn das ist keine kleine Chance. Aber mir ist klar, dass das Ganze nicht von Dauer sein wird. Und in der Tat beordert mich Lippi in der 35. Minute, sieben Minuten nach der roten Karte für Daniele auf die Bank, um Gattuso einzuwechseln. Da gibt es nichts einzuwenden. Es ist eine Partie, aus der wir nur deshalb heil rauskommen, weil der Gegner naiv ist: In der 45. Minute liefert Mastroeni dem uruguayischen Referee mit einem furchterregenden Einsteigen einen Grund, das numerische Gleichgewicht wiederherzustellen. Und zu Beginn der zweiten Halbzeit bleiben die Amerikaner nach dem Ausschluss des bereits verwarnten Pope nur noch zu neunt zurück. Ein Glücksfall, denn wir sind mit dem Kopf nicht bei der Sache, riskieren auch so eine Niederlage. Wenn wir auf einen erfahrenen Gegner gestoßen wären, hätten wir unsere Haut diesmal nicht gerettet.

In der Kabine ist Lippi sehr wütend auf De Rossi, ich erkenne es an der Tatsache, dass er kein Wort über ihn verliert. Daniele sitzt da, mit gesenktem Kopf. Schon im Test gegen die Schweiz hatte er einem am Boden liegenden Gegner einen Tritt verpasst. Der Teamchef hatte uns daraufhin eine zehnminütige Standpauke über die Notwendigkeit, solche Dummheiten tunlichst zu unterlassen, gehalten. Laut Lippi hatte der Schiedsrichter in jener Situation alles gesehen, sich aber dabei zurückgehalten, Sofortmaßnahmen zu ergreifen, um

Daniele nicht die ganze WM zu verderben. Daher kann der Teamchef nun nicht glauben, dass er schon wieder darauf reingefallen ist. Jedenfalls sagt er nichts und gibt auch uns ein Zeichen, dass wir Daniele beim Verarbeiten seines Adrenalinrausches zunächst einmal allein lassen sollen. Nach zwei weiteren Bemerkungen zum Spiel und zur Tatsache, dass wir nun gegen Tschechien zwei Optionen haben, um aufzusteigen, ist die Besprechung beendet. Wir sind gerade dabei, die Kabine zu verlassen, als sich Daniele erhebt und mit gesenktem Blick und lauter Stimme das sagt, was er sagen muss: „Ich bitte euch um Verzeihung. Wirklich, ich entschuldige mich bei euch allen. Ich habe Mist gebaut, der uns teuer zu stehen gekommen ist. Ich bin untröstlich, Entschuldigung nochmals." Und geht als Erster.

Abgesehen davon gibt es einen Aspekt, der alle betroffen macht: Die Diskrepanz zwischen der Überzeugung, mit der Daniele auf dem Platz geschworen hat, nichts getan zu haben, und der Wahrheit, die das Video offenlegt. Den Ellbogencheck hat es gegeben, und noch dazu so heftig, dass einigen in den folgenden Tagen manch flotter Spruch über De Rossi von den Lippen kommt, über den dieser schweren Herzens lachen muss. Das Lachen vergeht ihm aber, als das Urteil eintrudelt: vier Spiele Sperre, die WM ist damit für ihn so gut wie beendet. Wir müssten, um nochmals auf ihn zurückgreifen zu können, das Finale erreichen, und im Moment reicht kein einziger Gedanke so weit. Die Niedergeschlagenheit ist derart groß, dass Daniele noch am selben Tag nach Hause fahren will. Das ist jener Moment, in dem es an mir liegt, einzugreifen, denn bei Roma bin ich sein Kapitän und auch sein dienstältester Freund. Ich will ihn aufmuntern, sage ihm, dass das Schlüsselloch, durch das wir heute das Finale sehen, von Tag zu Tag größer werden könnte.

Die dritte Partie gegen Tschechien ist die letzte von Sandro Nesta. Er zieht sich in der ersten Hälfte eine Zerrung in der Leistengegend zu, verlässt den Platz und erfährt schon zur Halbzeit die Diagnose: einen Monat Pause, bis zum Ende der WM fehlen weniger als drei Wochen. Ich leide mit ihm, meinem Lazio-Zwilling seit Jugendtagen. Ich leide mit ihm, weil er bei jedem großen Turnier mit dem Nationalteam eine Verletzung erleidet. Trotz der Gewissheit, keine Minute mehr spielen zu können, denkt Sandro aber keine Minute daran, nach Hause zurückzukehren. Er bleibt bei der Mannschaft. Seine Wahl hat auch einen positiven Einfluss auf Daniele, der die Idee von der Heimkehr definitiv aufgegeben hat – er hat nach wie vor die Chance auf einen, wenn auch weit entfernten Einsatz – und Sandro während den Partien Gesellschaft leistet. Wir nennen sie letztlich *Cip* und *Ciop* …

So wie die Sperre von De Rossi Gattuso zurück in die Mannschaft gebracht hat, so ebnet nun Nestas Verletzung Materazzi den Weg. Über die Rolle des Zufalls bei der Entwicklung eines WM-Teams nachzudenken, ist schlicht beeindruckend. Zu sagen, dass Marco bereit dafür ist, ist sogar eine Untertreibung: Wenige Minute nach seiner Einwechslung trete ich einen Eckball und sehe, wie er aus dem Hinterhalt lossprintet und die Finger gegen den Himmel richtet, um anzuzeigen, dass er die Flanke an der zweiten Stange erwartet. Eine sehr gute Wahl, denn ich sehe ihm dabei zu, wie er alle anderen um einen Kopf überragt und den Ball ins Eck ablenkt, außer Reichweite für Cech. 1:0. Ich balle die Fäuste und laufe auf ihn zu, um ihn zu umarmen. Es ist ein wichtiges Tor, denn in den ersten Minuten hatten uns die zum Sieg verdammten Tschechen mit großer Aggressivität attackiert. Nedvěd ist an jenem Tag in großartiger Form, es kostet mich einiges, dies zu sagen, denn auf dem Platz habe ich ihn nie ausgehalten: eine grauenhafte Heulsuse, er hebt zehn Meter weit ab, sobald du ihn auch nur streifst, und fordert dann beim Schiedsrichter eine Karte ein, dass du Lust verspürst, ihn zu schlagen, und damit ist alles gesagt. Doch er war stark, in diesem Spiel noch stärker als sonst, sodass Buffon drei oder vier Klasseparaden zeigen muss. Nachdem ich nun bekräftigt habe, wie sehr er mich als Spieler genervt hat, und ich gestehe, dies nie verborgen zu haben, muss ich ihn aber für seine nette Art mir gegenüber würdigen, als wir uns später das erste Mal abseits des Platzes begegnet sind – nämlich bei der Auslosung zur Gruppenphase der Champions League in Monte Carlo. Er kam auf mich zu – ich war der Debütant –, fragte mich, wie es mir nun nach meinem Karriereende ginge, und ermahnte mich im Scherz, bei der Auslosung eine gute Wahl zu treffen. Als ich die Kugel mit Barcelona zog, zuckte er lachend mit der Schulter, so als würde er mich vom Gewicht des denkbar schlechtesten Loses, das ich ihm beschert hatte, befreien. Im Gegenzug zu meinem Freund und Sitznachbarn Buffon, dem in der ersten Reihe ein „Verflixt" rausrutschte.

War der Eckball zum 1:0 durch Materazzi mein erster persönlicher Beitrag zum Sieg über Tschechien, so war der zweite und definitive meinen Knöcheln geschuldet, die gut zehnmal von Polak von hinten getroffen wurden. Nach dem x-ten Foul in der Nachspielzeit der ersten Halbzeit sieht er vom mexikanischen Schiedsrichter die zweite gelbe Karte. Die zweite Halbzeit besteht aus purer Verwaltung, auch wenn Nedvěd nicht aufhört, das Tor von Gigi zu bedrohen. Lippi lässt mich bis zum Ende auf dem Platz. Aus der Startelf hat er einen Stürmer entfernt, um Platz für Perrotta zu machen – ein mir gewidmeter Zug unter dem Gesichtspunkt, dass Simone bei Roma und auch im Nationalteam jener Spieler ist, der am meisten die Räume sucht und mir somit die Pässe in die Tiefe diktiert. Gilardino spielt eine Stunde lang einzige Spitze, macht dann Platz für Pippo Inzaghi, der nach zwei verpassten Möglichkeiten in der 87. Minute das 2:0 erzielt. Wir steigen als Gruppenerster auf, scheinen im WM-Raster nun auf der gegenüberliegenden Seite von Favorit Brasilien auf. Abends erfahren wir, dass nicht Kroatien, wie wir alle dachten, sondern Australien unser Achtelfinalgegner sein wird. Das Duell zwischen den beiden Teams endete 2:0, und ich kann nicht sagen, dass wir über dieses Resultat enttäuscht waren.

Doch es ist der darauffolgende Abend, als sich uns der berühmte Gang öffnet: Denn auch Frankreich landet als Gruppenzweiter auf der anderen Seite des WM-Rasters, eine Grafik des deutschen Fernsehens lässt keinen Zweifel: Nach Australien werden wir auf den Sieger des Duells Ukraine gegen Schweiz treffen. Bei allem Respekt: Im Viertelfinale eines WM-Turniers kann es dich wesentlich schlimmer treffen. Lippi versammelt uns am folgenden Morgen im Frühstücksraum und überbringt uns mit seiner Eloquenz zwei Nachrichten: Einerseits müssen wir uns ausschließlich auf Australien konzentrieren, denn während einer WM darf man einzig und allein von Spiel zu Spiel denken, erst recht dann, wenn die K.-o.-Phase begonnen hat. Andererseits muss uns klar sein, dass wir eine einzigartige Chance haben, zumindest das Semifinale zu erreichen, und dass alle in Italien dies nun als Minimalziel erachten. Was, so fügt er hinzu, richtigerweise unserem Wert entspricht. Es ist klar, dass wir nun in der Kabine über nichts anderes mehr sprechen als über unseren „Korridor" und die potenziell versteckten Fallen. Wir fühlen uns natürlich viel stärker als Australien, zudem sind die Schweiz und die Ukraine Nationen, auf die wir erst in den letzten beiden Tests vor der WM gestoßen waren. Wir spielten jeweils remis, hatten aber in beiden Matches das Gefühl, dass wir mit leichten Beinen – und nicht jenen von der Vorbereitung erschöpften – locker gewonnen hätten. Doch wenn das Schicksal derart günstig erscheint, ist es, als ob es dir etwas mitzuteilen hätte: Nutze diese Chance, denn du wirst keine weitere erhalten. Was dir auf den ersten Blick Angst macht, aber dich in Wirklichkeit in deiner Entschlossenheit bestärkt. Der Abstand zwischen dem letzten Gruppenspiel und dem Achtelfinale ist sehr kurz, nur vier Tage, das Minimum bei einer WM. Das heißt regenerien, einmal trainieren und schon geht es mit dem Flieger in Richtung Kaiserslautern.

Bis zu diesem Zeitpunkt habe ich rund eine Stunde gegen Ghana gespielt, 35 Minuten gegen die USA und das ganze Spiel gegen die Tschechen. Jetzt von einer programmierten Pause bei einer WM zu sprechen, wäre überheblich, aber genauso kam es: Zu Beginn war ich bei 50 Prozent, jetzt fühle ich mich dank erhöhter Kondition bei zumindest 70 Prozent angekommen, was bei jemandem, der seit Februar kein offizielles Match bestritten hat, logisch ist. Unterm Strich verläuft alles nach Wunsch. Und daher tut es weh, als Lippi nach dem Essen und kurz vor der Abfahrt ins Stadion auf mein Zimmer kommt, um mir mitzuteilen, dass ich diesmal auf der Ersatzbank Platz nehmen werde: „Du hast die ersten drei Partien gespielt und brauchst nun eine Pause. Denn wenn die Dinge sich in eine gewisse Richtung entwickeln sollten, dann wird dieses Spiel genau die Halbzeit unseres Weges beim Turnier darstellen. Wir hatten einen Tag weniger zur Regeneration, und jemand mit so einer Verletzung könnte dies spüren. Zudem sind die Australier ein physisch starkes Team, lass uns sehen, wie sie sich dabei aufreiben ...“

Ilary ist gekommen, begleitet von ihrer Schwester Silvia, und der Ärger, ihr sagen zu müssen, dass ich just heute nicht spiele, erzeugt Wut und nochmals Wut. Doch ich beklage mich nicht. Mehr noch: Ich stimme Lippi zu, indem ich ihm sage, dass es so passt, ich kein Problem damit habe und im Fall der Fälle als Joker bereitstehen werde. Ohne mir dabei auch nur einen Hauch von Enttäuschung anmerken zu lassen. Ich bin es ihm schuldig, nach all dem, wie er in diesem langen Frühling auf mich gewartet und mich ermutigt hat. Auch heute noch, wenn ihr ihn fragt, wie ich die Entscheidung aufgenommen habe, wird er euch zur Antwort geben, dass ich seine Entscheidung wortlos hingenommen habe. Wenn er diese Zeilen liest, wird Lippi wissen, wie schlecht es mir damals in diesem Moment ging, und weiß dies möglicherweise noch mehr zu würdigen.

Ich lasse bei Ilary Dampf ab, die sich aber, nachdem sie mich angehört hat, der Linie von Lippi anschließt. Sie verfolgt den Fußball nicht, versteht aber die Entscheidung des Teamchefs instinktiv und findet sie richtig. Denn in einem Umfeld mit 23 herausragenden Spielern ist es normal, bei einer einfachen Partie – von dieser Vorstellung können wir uns nach wie vor nicht lösen – eine Pause einzulegen. Sie sieht sich nicht an Worthülsen und Aberglauben gebunden, kann das sagen, was ganz Italien denkt: Die Partie gegen Australien wird eine einfache sein. Wenn sie nur wüssten ... Vor der Abfahrt ins Stadion gibt Lippi die Aufstellung bekannt, und ich denke über zwei Dinge nach: Erstens hatte er das Feingefühl, mich vorab unter vier Augen über meine Rolle als Ersatzspieler zu informieren, und das ist ein Ausdruck von großer Wertschätzung. Zweitens spielt Alessandro Del Piero an meiner Stelle – wenn du von einem solchen Champion ersetzt wirst, bleibt dir nichts anderes übrig, als die Verbitterung runterzuschlucken und ihn uneingeschränkt zu unterstützen.

Von der EM 2000 bis zur WM 2006 habe ich mit Alessandro im Nationalteam vier große Turniere bestritten, und es gab keines, bei dem sich nicht jemand im Vorfeld den polemischen und plakativen Titel „Tauziehen um die Nummer 10" – offensichtlich zwischen ihm und mir – ausgedacht hatte. Die Geschichte der Nummer 10 im Nationalteam ist schnell erzählt: Bei der EURO 2000 trug sie richtigerweise er, nachdem er zwei Jahre zuvor bereits die WM bestritten hatte, während ich als Debütant mit großer Freude um die 20 bat und sie auch erhielt. Aber das Finale 2000 meinte es nicht gut mit Alessandro, der mir folglich zwei Jahre später, vor der Abfahrt nach Japan, vorschlug, dass ich die 10 nehmen solle: „Die 7 ist eine Nummer, die mir immer Glück gebracht hat, und ich weiß, dass die 10 bei dir sehr gut aufgehoben ist."

Für die EURO 2004 führte er dasselbe Argument ins Rennen, daher sagte ich ihm im Vorfeld der WM 2006 in Deutschland – nachdem keine der beiden vorangegangenen Expeditionen Erfolg gebracht hatte –, dass wir bezüglich der 10 beruhigt die Münze entscheiden lassen könnten. Lippi hatte uns wissen lassen, dass wir die Frage unter uns lösen mussten. Alessandro sagte mir aber: „Francesco, abgesehen davon, dass es mich nicht interessiert, habe ich auch erkannt, dass es dir wichtig ist. Daher gibt es keinen Münzwurf, die 10 gehört dir, und wir sind alle glücklich damit."

Die Nummer-10-Diskussion, die nie eine Diskussion war, dient als Anlass, um eine der schönsten Freundschaften zu beschreiben, die ich in der Welt des Fußballs hatte und nach wie vor habe: Alessandro Del Piero ist eine ganz spezielle Person, großzügig, intelligent, ein loyaler Mann. Ganz abgesehen davon, dass er ein unglaublicher Champion ist. Die Rollen, die wir in unserer Karriere bekleideten, führten uns zu einer unvermeidlichen Rivalität, und angesichts der Art, wie die Duelle zwischen Roma und Juventus von der jeweiligen Umgebung gesehen wurden, hätte wenig gereicht, um sich zu hassen. Von der ersten Partie weg, von der ersten Begegnung im Tunnel des Olympiastadions, wenn sich die Blicke in Erwartung des Schiedsrichters, der den Weg auf den Platz anordnet, kreuzen, waren für uns sofort sympathisch. Eine Sympathie, die sich in den Zeiten im Nationalteam zu Freundschaft gewandelt hat. Und mit dieser Wertschätzung für den Menschen, der an meiner Stelle spielt, habe ich mit dem Anpfiff gegen Australien jegliche Traurigkeit bereits zu den Akten gelegt.

Die K.-o.-Duelle sind schnell erklärt: Wer verliert, fährt nach Hause. Ich will damit nicht sagen, dass man vor dem Verlassen des Hotels die Koffer packt – das würde dich sofort als Verlierer abstempeln –, aber man nimmt sich zumindest fünf Minuten Zeit, um alles zusammenzusuchen: unters Bett zu schauen, ob dort der Hausschuh liegt, den man seit zwei Tagen sucht; das letzte Gramm Zahncreme aus der Tube zu drücken, statt eine andere anzugreifen. Ach was. Man erlebt jeden Tag im Quartier, als wäre es für ewig, so auf die Art: „Von hier gehe ich nie weg und gewiss nicht vor dem Finale." Du beschäftigst dich im Vorfeld einer Partie mit viel Hokuspokus, und auf der Ersatzbank beschäftigt dich das weiterhin, weil du es auf dem Feld nicht abschütteln kannst. In der ersten Halbzeit spielen wir nicht gut, oder besser gesagt, wir arbeiten viele Torchancen heraus, vergeben aber alle, da es uns plötzlich an Präzision fehlt. Zur Pause erhebt Lippi die Stimme, wie ich es nie zuvor gehört habe, er hält uns vor, dass wir zu viel herumtänzeln, wir seien nicht beim Ballett, sondern bei einem Spiel mit dem Motto: Alles oder Nichts! Er ist extrem wütend auf einen, den er nicht beim Namen nennt, wirft ihm vor, zu viel mit den Journalisten zu plaudern, weil er damit dem Gegner unsere taktischen Pläne offenbart hätte. Er schaut die Spieler der Startelf, aber auch jene auf der Ersatzbank an, niemand kann sich von seinem Wutausbruch ausgenommen fühlen. Er meint, dass die Australier unsere Passwege zu gut kennen. Da die Aufstellung und das taktische Modul neu sind, ist klar, dass jemand unsere Veränderungen verraten hat, und dieser Teufel von Hiddink – dieses Mal Teamchef von Australien – somit die Partie mit den richtigen Informationen vorbereitet hat. Wenn ich im Nachhinein darüber nachdenke, glaube ich, dass Lippi einfach ins Blaue gezielt oder sogar einen Vorwand gebraucht hatte, um uns seinen Ärger mitzuteilen. Wenn ich selbst erst wenige Stunden vor dem Spiel erfahren habe, dass ich auf der Bank Platz nehmen werde, dann war es nicht möglich, dass es jemand einem Journalisten gesteckt hat, damit es Hiddink noch rechtzeitig erfährt. Lippis Weckruf zur Halbzeit scheint in jedem Fall angekommen zu sein. Doch die wahren Missgeschicke sollten noch auf uns zukommen.

Fünf Minuten nach der Pause springt Bresciano, flankiert von Zambrotta los, und Materazzi holt ebenfalls zum Tackling aus. Das Foul ist klar und ziemlich unnötig. Aber da es hauptsächlich Zambrotta erwischt, lässt uns die Entscheidung des spanischen Schiedsrichters Medina Cantalejo vor Schreck erstarren: Es war ein gelbwürdiges Foul, doch er zieht die rote Karte hervor. Auf der Bank springen wir alle empört und entsetzt auf, wie es oft in solchen Situationen passiert. Zum zweiten Mal in vier Spielen finden wir uns zu zehnt gegen elf wieder, aber das hier ist ein K.-o.-Spiel. Wir stehen am Rande des Abgrunds.

Es fehlen noch 40 Minuten auf die 90. Minute und 70 bis zum Elfmeterschießen. Viel Zeit, die wir zu zehnt zu verbringen haben. Einige Momente, um sich neu zu organisieren, Australien übernimmt das Kommando. Nichts Gefährliches, aber Lippi, der schon zur Pause Gilardino durch Iaquinta (er ist besser geeignet, nach hinten zu arbeiten) ersetzt hat, holt Toni vom Platz, um mit Barzagli die traditionelle Viererkette wiederherzustellen. Nach dem zweiten Wechsel schickt er mich zum Aufwärmen und signalisiert mir, dass ich wahrscheinlich der dritte (und letzte) Wechsel sein werde. Während des Aufwärmens im schmalen Rasenbereich zwischen der Outlinie und den Werbebanden nehme ich von der Eckfahne die Sicherheit wahr, mit der Buffon einige Schüsse von außerhalb des Strafraums blockiert, und einen Kopfball von Cahill, der uns in Gefahr bringt, aber übers Tor geht. Die Mannschaft zieht sich zurück, in der vierten Partie kommt die Müdigkeit dazu.

„Francesco! Francesco!" Lippi ruft mich aufgeregt zu sich, als ob ich mich zu weit entfernt hätte. Ich bin flugs bei ihm. „Du kommst jetzt rein, musst tiefe Pässe auf Iaquinta spielen, der noch ziemlich frisch ist. Überlass ihm den Ball, damit wir hinten durchschnaufen können, und rücke zu ihm auf. Wenn er ihn dir zurückspielt, findest

du vielleicht den Freiraum vor, um einen Weitschuss zu probieren. Geh schon."
Seine letzten Worte gehen im Höllenlärm des Stadions unter. Alessandro verlässt den Platz, wir umarmen uns flüchtig. Die Gesichter meiner Teamkollegen sind gezeichnet von der Anstrengung, aber sie sind fest entschlossen, nicht aufzugeben. Die Uhr zeigt die 75. Minute an.

Ich sehe sofort, dass es Platz für Konter gibt. Die Australier sind starke Athleten, aber nicht einmal Hiddink ist es gelungen, ihnen eine vernünftige taktische Ordnung einzuimpfen. Sie laufen viel ins Leere, sind nicht in der Lage, die Überzahl auszunützen, und trotz der numerischen Überlegenheit haben sie noch keinen einzigen Wechsel vollzogen. Ein Zeichen dafür, dass es auf der Bank wenig Qualität gibt. Ich rücke zweimal zu Iaquinta auf, doch er spielt den Ball nicht zurück. Die Uhr zeigt nun die 90. Minute an, wir sind in der Nachspielzeit, fast in der Verlängerung. Wer weiß, ob wir bis zum Elfmeterschießen durchhalten.

Doch in diesem Moment startet Fabio Grosso entlang der linken Seitenlinie mit dem Tempo eines 400-Meter-Läufers. Ich führe den Ball im Mittelfeldkreis, sehe ihn aus dem Augenwinkel und entscheide mich für ein Zuspiel auf ihn. Er lässt die weite Flanke laufen, verschafft sich so einen entscheidenden Vorteil gegenüber Bresciano, überspielt ihn und dringt entlang der Outlinie in den Strafraum ein. Iaquinta wartet im Zentrum, und ich habe mich von jener Stelle, an der ich zur Flanke ansetzte, nicht mehr wegbewegt.

Ich weiß nicht, wie ich es erklären soll, aber in meiner Erinnerung ist es so, als ob ich alles in HD sehen würde. Fabio, der den Ball an Neill vorbeispielt und dann im Kontakt mit ihm zu Fall kommt. Der Schiedsrichter, der einen Moment lang nachdenkt und dann auf den Punkt zeigt. Iaquinta, der jubelt und dann auf den am Boden liegenden Grosso zustürmt, um ihn zu umarmen. Der Ball, der mir mysteriöserweise sofort überbracht wird. Ich habe nie erfahren, wer ihn mir zugespielt hat, ob es Absicht war oder nicht. Als ich ihn in die Hand nehme und mich umschaue, sehe ich weit und breit kein italienisches Trikot.

Unser Team hat keinen vorbestimmten Elfmeterschützen. Lippi wollte es nie, weil in gewissen Partien die Auswechslungen alles verändern können. Denkt zum Beispiel an Del Piero, der eben rausgegangen ist, und an mich, der an seiner Stelle reingekommen ist. Und auch die Emotionen sind in entscheidenden Momenten nicht programmierbar. Wenn ich einen Blick auf die damalige Formation werfe, dann sind Andrea Pirlo und ich die zuverlässigsten Schützen. Wenn der Ball in den Händen von Andrea wäre, würde ich kein Wort verlieren, um ihn nicht in seiner Konzentration zu stören. Doch ich würde vielleicht etwas zu Gattuso sagen, wenn dieser sich den Ball in einem Anfall von Großmut schnappen würde.

Ich schaue mich erneut um. Buffon hat sich in Richtung Kurve gedreht, will wie immer die Ausführung nicht sehen. Pirlo steht neben der Bank, trinkt etwas. Er muss einen riesigen Durst haben, wenn man bedenkt, wie viel Zeit er dafür benötigt. Der Weg zum Elfmeterpunkt ist völlig verwaist, die Proteste der Australier beginnen sich zu verflüchtigen – ich verstehe sie, denn es ist ein an den Haaren herbeigezogener Elfmeter. Sie haben eine andere Mentalität, es kommt niemandem in den Sinn, mich in irgendeiner Weise zu stören, mir den Weg abzuschneiden oder etwas Unschönes zu sagen. Ich steuere auf Schwarzer zu, der bereits mit der Torhüterliturgie vor einem Strafstoß begonnen hat: die Bewegungen, die Schritte in Richtung Schiedsrichter, ein, zwei Worte zu ihm, um die Situation zu entdramatisieren. Ich gehe vorwärts und denke nach, spreche sogar, flüstere mir selbst zu: „Mache ich den kurzen Heber wie bei der EURO gegen Holland?“

Später am Abend wird mir Lippi sagen, dass er Momente voller Angst erlebt hätte, denn er fürchtete ernsthaft, dass ich erneut den Trick von Amsterdam versuchen könnte. In Wirklichkeit stehe ich knapp davor, denn selbst noch zehn Meter vor dem Punkt bin ich unentschlossen. Dann denke ich, dass Schwarzer ein erfahrener Torhüter ist – ich weiß, dass er bei Middlesbrough spielt –, der im Vorfeld des ersten K.-o.-Spiels bestimmt die Elfmeterschützen des Gegners studiert hat. Folglich wird er alles über mich wissen, beginnend beim berühmtesten meiner Strafstöße: Daher ist es besser, ihm nicht die Möglichkeit zu geben, am Ende als schlauer Kerl dazustehen, während mir nur die Rolle des Trottels bleibt. Ich lege den Ball auf den Punkt und mich fest: hoch und links, mit Wucht direkt unter die Latte – auf geht's!

Ich denke an nichts anderes als an die Ausführung, aber da der Schiedsrichter – ich blicke nur auf ihn, nicht auf Schwarzer – sich etwas Zeit für den Pfiff lässt, werde ich unruhig, will meine Anspannung lösen, die verrückte Ausmaße angenommen hat. Plötzlich bin ich sechs Jahre alt, ich stehe vor meiner alten Schule und spiele *Paperelle*, der letzte Schuss, um die Partie zu gewinnen, obliegt mir. In diesem Schuss steckt unsere große Hoffnung, ich weiß nicht, ob wir die Verlängerung überleben werden, zehn gegen elf über solch eine lange Zeit ist eine einzige Qual. Medina pfeift, während ich ihn noch immer anschaue, ich bin konzentriert wie nie zuvor im Leben. Geh jetzt, Francesco. Geh und mach den Sack zu.
Die Bombe im Kopf explodiert, als ich sehe, wie sich das Netz bauscht, denn das ist der Moment der Gewissheit. Ich will damit sagen: Ich bin dermaßen gespannt, dass ich nicht einmal meinen eigenen Augen traue. Vielleicht unterliege ich der optischen Täuschung, wonach der Ball die Torlinie überquert hat, aber Schwarzer ihn in Wirklichkeit noch immer abwehren kann. Der Ball ist drin, nichts und niemand kann ihn mehr herausholen. Ich habe es vollbracht, das Ziel ist – in Anlehnung an *Paperelle* – abgeschossen. Ich nehme den Finger in den Mund und beginne zu lachen. Nicht zu lächeln, sondern zu lachen, denn es ist jener Moment, in dem alles hochkommt: die Verletzung, die Angst, die Furcht, es nicht zu schaffen, die Krücken, der Kampf gegen die Zeit, alles ist präsent und fügt sich in jenem Moment absoluter Freude zu einem Bild zusammen. Ich würde sagen, einer der drei schönsten und wichtigsten Momente

in meinem sportlichen Leben. Ich suche Ilary, weiß ungefähr, wo sie sitzt, aber ehe ich den Blick schärfer stellen kann, eins, zwei, drei, zehn, stürzen schon alle Kollegen auf mich zu.

„Wir gewinnen diese WM!", ruft einer. „Ja, wir werden gewinnen!" und „Uns hält niemand mehr auf!" und „Wir sind die Stärksten!" Eine völlig verrückte Euphorie. Die 95. Minute ist überschritten, der Schiedsrichter pfeift die Partie nicht einmal mehr an, mit sehr viel Mühe haben wir das Viertelfinale erreicht. Lippi lacht mich wie ein Vater an. Auch sein Aufbruch in der Morgendämmerung von Viareggio, um an jenem Februartag frühzeitig in der *Villa Stuart* anzukommen, hat nun einen tieferen Sinn bekommen. Ich erzähle ihm, dass ich erstmals seit meinem Comeback wieder getroffen habe, er applaudiert bedächtig: „Gratulation, du hast wahrlich den passenden Moment dafür gewählt."

Als ich als Kind Ministrant war und etwas zerstreut den Predigten des Pfarrers lauschte, gab es eine Passage im Evangelium, die ich nicht kapierte, jene mit dem Kamel, das durch ein Nadelöhr geht. Ich verstand einfach nicht, wie es möglich war: ehe mir der Begriff der Metapher erklärt wurde und alles einen Sinn ergab, einschließlich der Geschichte des Kamels. Mit dem Adrenalinausstoß, der mich daran hindert, einzuschlafen, kehrt der Gedanke zum Elfmeter zurück. Ein Schuss, der mir für gewöhnlich leichtfällt, aber nicht unter diesen Bedingungen: Um den Druck auszuhalten, habe ich jede Reserve meiner mentalen Energie aktivieren müssen. Auf diese Weise habe ich mein Nadelöhr durchschritten. Letztlich schlafe ich ein. Erschöpft. Glücklich. Mein letzter Gedanke ist derselbe wie jener meiner Teamkollegen: Jetzt werden wir dieses Turnier gewinnen.

12

*„ANDATE.
SEGNATE.
VINCETE.“*

„GEHT.
TREFFT.
SIEGT.“

Der psychologische Wandel – von der Hoffnung, im Turnier voranzukommen, hin zu dem Bewusstsein, dass wir es gewinnen können – verändert unseren Alltag. Bis zum Achtelfinale wurde die schrittweise Annäherung an die Spiele mit einer gewissen Unruhe erlebt. Von jetzt an scheint das ganze Team von einem Fieber erfasst zu sein – zwischen den Begegnungen mit Australien und der Ukraine liegen vier Tage. Wir warten nicht mehr auf den Gegner, sondern gehen mit dem enormen Verlangen, ihn zu schlagen, auf ihn zu. Lippi mahnt verstärkt zur Vorsicht, denn die Gefahr, die Osteuropäer zu unterschätzen, ist sehr groß. Aber ich denke, dass er in seinem Innersten die gleichen Empfindungen wie wir wahrnahm.

Wenn es dann noch einer weiteren Motivation bedurfte, so traf diese beim Mittagessen am Tag nach dem Australien-Spiel ein, als wir durch die späte Rückkehr in der Nacht noch etwas durcheinander waren. Fabio Cannavaro und Gianluca Zambrotta, die eben einen Anruf aus Turin erhalten hatten, überbringen uns die Nachricht. Würden sie es nicht mit schweren, zitternden Stimmen tun, hätte ich es für einen blöden Scherz gehalten: „Heute früh hat sich Gianluca Pessotto aus dem zweiten Stock unserer Klubanlage geworfen. Er liegt im Spital im Koma."

Von den vielen Arten von Freundschaften, die auf einem Fußballplatz entstehen können, gibt es eine, die die Elfmeterschützen einer Finalserie betrifft. Im Inneren des Mittelkreises wartest du darauf, bis du an die Reihe kommst. An diesem Punkt des Wettbewerbs ist der Druck extrem hoch. Es lässt sich nicht vermeiden, dass dein Blick über die Reihen deiner Mitspieler geht, um dann zu den Gegnern abzuschweifen und wieder zu deiner Mannschaft zurückzukehren. Es ist ein Duell. Eines, bei dem man unter den Freunden Zeichen von Mut und unter den Rivalen Zeichen der Angst sucht. Es ist entscheidend, dass jener, der das gleiche Trikot wie du trägt, eine robuste und mental starke Person ist. Einer, der nicht zittert, der nicht vor der Emotionalität des Moments in die Knie geht. Ich denke genau daran, um die schreckliche Nachricht zu verarbeiten, während andere ihr „Nein" rausschreien und sich rund um Gigi, Fabio, Ciro und die anderen Juve-Spieler mit der klassischen Frage in solch einer Situation abmühen: Warum, warum, warum? Ich denke an die grausigen und tosenden Minuten von Amsterdam, als wir gegen Gastgeber Holland im Elfmeterschießen um das Ticket fürs EM-Finale kämpfen. Ich denke an *Pessottino*, der vor mir zum Punkt aufbricht: Er war der zweite, ich der dritte Schütze. Ich erinnere mich an seinen ruhigen Gang, während in ihm, wie bei allen in jener Situation, das Inferno wütete. An Van der Sar, der ihn zu stören versuchte, indem er seine breiten Arme bewegte. Und die Gewandtheit, mit der er flach einschoss und den Goalie austrickste. Dann drehte er sich um, ballte einen Moment lang die Faust. Auf dem Weg zurück zur Mittelauflage begegnete er Jaap Stam, der, verwirrt von seiner großen Sicherheit und psychologischen Festigkeit, bei seinem Versuch scheiterte und mir damit den Entschluss, den kurzen Heber zu wagen, erleichterte.

Was muss passiert sein, damit ein solch charakterstarker Mensch seine Prinzipien derart über Bord wirft? Jemand spricht von einer Depression nach dem Karriereende, ein anderer von häuslichen Problemen, aber die Erschütterung und der Schmerz sind stärker als die Neugier, und der einzige Gedanke, der nun aufkommt, ist jener, wie es ihm geht. Niemand wagt es auszusprechen, aber innerlich fragen wir uns, ob er es schafft, durchzukommen. Gianluca hat erst kürzlich seine Karriere beendet und bei Teamkollegen und Gegnern den Eindruck von enormer Tüchtigkeit und Sportlichkeit hinterlassen. Ein starker Gegenspieler, erst bei Torino und dann bei Juventus, aber einer von denen, die man mit Freude und Anteilnahme vor und nach dem Spiel umarmt. Er konnte dich sogar foulen, schließlich war er Verteidiger:

Aber wenn du gefallen bist, blieb er prompt stehen, um dir mit ausgestreckter Hand wieder auf die Beine zu helfen. Ich höre, dass der Verband auf die Schnelle ein Privatflugzeug vorbereitet, denn Fabio Cannavaro will ihn unbedingt im Spital besuchen, und einige Teamkollegen beabsichtigen, sich ihm anzuschließen. Es ist gut und richtig so. Ehe er das Trainingslager verlässt, ruft uns Fabio zu sich: „Ihr sollt wissen, dass ich ihm versprechen werde, dass wir die Ukrainer schlagen, um ihm den Sieg zu widmen."
In meinem Inneren denke ich mir, dass ich gerne darauf verzichtet hätte, aber eine derart extreme Motivation muss den Ukrainern jegliche Chance rauben.

Nach dem zweiten Spiel in Kaiserslautern kehren wir wieder nach Hamburg zurück. Während des Fluges wird mir klar, dass Lippi einmal mehr recht gehabt hat: Abgesehen von dem Umstand, dass ich bereits einen Weg gefunden habe, mich nützlich zu machen, hat es mir der 20-minütige Einsatz gegen Australien ermöglicht, dass ich die in der ersten Phase des Turniers verbrauchte Energie nun wiedererlangt habe. Sollten wir es tatsächlich bis ins Finale schaffen, würden nun drei Partien binnen zehn Tagen warten: Ich habe an dieser Rolle des Ersatzspielers ziemlich genagt, aber jetzt begrüße ich sie nahezu. Mein Horizont ist der klassisch eingeschränkte eines Fußballers, der nicht über die 90 Minuten hinausblickt. Die Trainer, die über mehr Weitblick verfügen müssen, bezahlen dies mit wesentlich höherem Stress. Schaut sie euch an, manchmal machen sie mir Angst: Binnen weniger Monate verlieren sie ihre Haare, nehmen zu, sprechen mit sich selbst, fühlen sich im Visier von allen. In den meisten Fällen liegen sie richtig, wie dieses Mal auch Lippi: Aber um es uns verständlich zu machen, muss er sich reichlich abmühen.

Die Ukrainer sind natürlich schwächer als wir, wir sind der Überzeugung, dass wir sie auch mit 60 Prozent unserer Fähigkeiten schlagen können. Natürlich sagen wir das nicht dem Teamchef, der, wenn er davon erführe, einen Aufstand initiieren würde. Aber in keiner Phase erscheint mir unsere Wahrnehmung überheblich. Die Mannschaft ist nun reif genug, um ohne falsche Bescheidenheit an die Spiele heranzugehen. Mehr noch: Bevor wir den Platz betreten, um uns aufzuwärmen, werfen einige von uns einen Blick auf die TV-Schirme in der Zone vor den Kabinen, um mit stockendem Atem das Elfmeterschießen zwischen Deutschland und Argentinien zu verfolgen und unseren Gegner im Semifinale zu erfahren. Ich weiß, man müsste „eventuell" hinzufügen, aber in diesem Moment streift uns die Vorstellung, ausscheiden zu können, nicht einmal. Ganz im Gegenteil. Der größere Teil von uns hält offen Deutschland die Daumen. Als Cambiasso den letzten Elfmeter vergibt, ist es zwar nicht so, dass wir uns umarmen, aber die Stimmung ist mehr als gelöst und auch das eine oder andere *High five* wert. Argentinien war ein technisch beschlagenes Team, das wir fürchteten, auch weil außerhalb der Startelf Jungs standen, von denen alle sprachen: von Tévez, im Übrigen schon ziemlich bekannt, bis zum kleinen Wunderkind von Barcelona, Leo Messi. Wer ihn live erlebt hat, versichert, dass er wirklich der neue Maradona ist. Nicht wie die vielen anderen Male, als irgendein argentinisches Bürschlein mit Maradona verglichen wurde, um letztlich, erdrückt von diesem absurden Vergleich, zu scheitern. Die Geschichte lief dann letztlich anders: Messi entpuppt sich tatsächlich als das Wunderkind, von dem man gesprochen hatte. Aber 2006 war er, zumindest in meinen Augen, noch ein Versprechen. Auch deshalb, weil er nach einer Verletzung gegen Ende des Winters die entscheidenden Partien mit Barcelona in der Champions League (die die Katalanen am Ende gewannen) verpasst hatte.

Jedenfalls liegt uns Deutschland besser, auch weil wir sie bei WM-Turnieren immer wieder besiegt haben. Doch zunächst müssen wir erst einmal die Ukraine schlagen, in den Augen meines Altersgenossen Schewtschenko lese ich in dem Moment, in dem wir auf den Platz kommen, dieselbe Entschlossenheit wie bei mir: Jetzt oder nie, denn mit 30 ist es vielleicht die letzte Gelegenheit, eine WM zu gewinnen. Der Unterschied ist, dass er – ein großartiger Stürmer – keine Teamkollegen hat, auf die er zählen kann. Ich hingegen schon.

Wir gehen nach kaum sechs Minuten in Führung, was auch mein

Verdienst ist: Mit einem gut anvisierten Fersler entkomme ich dem Tritt von Gusin und schließe das Dreieck mit Zambrotta, mache ihm den Weg zum Abschluss frei. Die Aktion ist sehr schnell und effizient: Der Abschuss von Gianluca fällt scharf und präzise aus, Torhüter Schowkowskyj taucht mit einem Moment Verspätung ab und kommt nicht mehr an den Ball. 1:0 für uns, das Semifinale ist derart nahe, dass ich es für greifbar halte. Auch weil die Ukraine, obwohl sie in der Mehrheit der Duelle das Nachsehen hat, auf Manndeckung setzt.

In der Tat stellen sie uns vor ein paar Probleme, denn auf diesem Niveau – WM-Viertelfinale – wird das geringste Nachlassen erkannt und sofort auf Angriff umgeschaltet. Der Verteidigung gelingt es stets, Schewtschenko auf Distanz zu halten, aber um ihn mit mehreren Spielern decken zu können, sind wir gezwungen, andere ungedeckt zu lassen. Kalynytschenko hätte zu Beginn der zweiten Halbzeit beinahe davon profitiert, als Buffon seinen Abschluss aus nächster Nähe an die Stange lenkt. Ich interpretiere es als Zeichen, um das 2:0 einzuleiten. Bei einem Corner von links fordere ich Grosso zum Doppelpass auf, auf Grundlage eines Schemas, das wir im Training immer und immer wieder geübt haben: Er spielt mir den Ball perfekt zurück, meine Flanke mit rechts landet auf dem Kopf von Luca Toni. Um die Wahrheit zu sagen, versucht Cannavaro, vor ihm am Ball zu sein, springt aber mit einem Moment Verspätung ab. Es ist erneut das Bauschen des Netzes, das mir signalisiert, dass die Mission vollendet ist. Eine Kombination zwischen Pirlo und Zambrotta macht Toni den Weg zum 3:0 frei, wir gewinnen deutlich, und ich freue mich über einen nunmehr offiziellen Bescheid: Ich habe zwei Assists beigesteuert, und es war jene Partie, zu der ich am meisten beigetragen habe – abgesehen vom Elfmeter gegen Australien. Nach Spielschluss lache ich zufrieden, während ich gemeinsam mit den Teamkollegen eine italienische Flagge in die Höhe halte, auf die wir „*Pessottino*, wir sind bei dir“ geschrieben haben. Ich schulde es ihm angesichts der Unbeschwertheit, die er mir in Amsterdam ermöglicht hat. Ich schulde es ihm, weil ich ihn einfach mag.

Wir reisen in der Nacht wieder aus Hamburg ab, kommen praktisch im Morgengrauen des 1. Juli im Hotel in Duisburg an. Das Zählen der Tage ist schnell erledigt: Das Semifinale gegen Deutschland steigt am Dienstagabend in Dortmund, von da an teilt sich der Weg. Entweder geht es am Samstag zum Spiel um Platz drei nach Stuttgart oder am Sonntag zum Finale nach Berlin. Der Sieg gegen die Ukraine brachte uns auf jeden Fall die Gewissheit, bis zum Ende dabei zu sein, was schon eine große Genugtuung ist. Vito sagt, dass die Journalisten nach vielen gemeinen Äußerungen – sie haben sogar geschrieben, dass ich im Rollstuhl spiele – nun merken, dass ich wichtige Dinge mache. Halb so schlimm! Ich überlasse ihm die Presseschau, will mich nicht von vorgefassten Kritiken ablenken lassen und nicht in Rage geraten. Ich weiß sehr gut, was sie nach dem Ausschluss von Daniele geschrieben haben: Zwei Jahre zuvor die Spuckaffäre von Totti, nun der Ellbogenschlag von De Rossi – diese Römer sind unzuverlässig und schaffen es nicht, ihre Nerven im Zaum zu halten. Um Himmels willen, die Vorfälle sind unwiderlegbar, aber bei jemandem, der in Rom geboren ist, gleich einen genetischen Defekt zu vermuten, ist schon sehr, sehr weit hergeholt.

Der Übergang vom sympathischen Außenseiter zum nächsten Gegner – vielmehr Feind – Deutschlands ist fließend. Nach dem Schlusspfiff gegen die Ukraine betrachten uns alle auf andere Weise: die Freiwilligen vom Organisationskomitee, die Polizeieskorte, die Flughafenangestellten. Und dann wiederum gibt es das Personal im Quartier in Duisburg, lauter Italiener, die uns genau im gegenteiligen Sinn Druck machen: Wenn wir Deutschland schlagen, wäre es der schönste Tag in ihrem Leben. Sollten wir verlieren, bliebe eine offene Wunde zurück. Am Samstag versuchen wir, das Quartier, das an jenem Tag auch für die Familien geöffnet ist, zu verlassen. Aber kaum habe ich mich 200 Meter davon entfernt, entschließe ich mich wieder zum Rückzug, denn ein Spaziergang ist unmöglich: Unsere Fans haben mittlerweile die ganze Gegend eingenommen. Auf der einen Seite erkennst du, dass es uns gelungen ist, riesige Erwartungen und Begeisterung in Italien zu erzeugen. Auf der anderen Seite kannst du aber nicht allen dein Gehör schenken, da ist es besser, im Hotel zu bleiben.

Lange Gesichter. Lippi erkennt, dass die Anspannung zunimmt, und um sie wieder etwas zu lockern, plant er einen Streich zulasten von Angelo Peruzzi. Bevor ich davon erzähle, ist es notwendig, Angelo, einen lieben Freund und Gefährten bei unzähligen Schlachten, fast immer auf der gegnerischen Seite – angesichts dessen, dass er zunächst viele Jahre bei Juventus und dann bei Lazio, unseren beiden größten Rivalen, gespielt hat –, zu beschreiben. Angelo ist das, was man – natürlich im positiven Sinne – eine Bestie nennt. Er hat einen explosiven Körper, der Bizeps ist so groß wie der Oberschenkel, und wenn er dich gegen die Wand presst, schaffst du es nicht, auch nur einen Muskel zu bewegen. Zum Glück ist er ein Kumpel, andernfalls wäre er eine tödliche Waffe. Da er sehr stolz ist, ist es einfach, ihn aufzuziehen: An einem jener Abende forderten wir ihn beispielsweise in einer Pizzeria dazu heraus, eine Pizza in acht Stücke zu zerlegen und mit ein paar Bissen aufzuessen. Er nahm die Herausforderung natürlich an – er tut dies immer –, und ihr wollt bestimmt nicht hören, wie er sich die Ärmel aufkrempelte, beim (geglückten) Versuch, die Wette für sich zu entscheiden. Über Angelo kursieren verrückte Gerüchte, etwa, dass er ein Wildschwein mit bloßen Händen töten kann, mit nur einem Faustschlag. Und eine Kunst, von der er oft erzählt: wie man nur mit den Händen Fische fängt, dank blitzartiger Reflexe und einem eisernen Griff. Alles in allem: eine Bestie.

Im Garten des Hotels von Duisburg gibt es einen kleinen Teich, in dessen Umgebung wir unsere Freizeit verbringen. Das Wasser ist ehrlich gesagt grausig: extrem schmutzig, matschig, praktisch nur Schlamm. Was einen ziemlich großen Schwarm Fische nicht daran hindert, sich darin zu tummeln. Wenn auf der Speisekarte Fisch steht, macht unweigerlich der Witz über den Koch die Runde, der aus dem Fischteich das herausgezogen hat, was nun auf unseren Tellern landet. Peruzzi schikaniert uns vom ersten Tag an mit der Sache, im Scherz natürlich, denn nicht einmal er brennt darauf, in den Tümpel zu greifen: „Lasst mich sehen, ob ihr fähig seid, ohne Harpune einen Fisch zu fangen."
Aber kehren wir zu jenem Samstag zurück und zu Lippi, der die Anspannung aus dem Team herausnehmen will. Er geht, ohne dabei von

jemandem gesehen zu werden, in die Küche und spießt, unterstützt von einem Kellner, mit einer Grillgabel eine frisch vom Markt eingetroffene Goldbrasse auf. Danach, während wir noch bei der Massage sind, platziert er den Fisch an einem strategischen Punkt im Teich und prägt sich die Position ein. Und so stellt er sich nach dem Essen – und nachdem er uns eingeweiht hat – vor Peruzzi und sagt, dass das mit den mit der Hand gefangenen Fischen eine nicht so schwierige Angelegenheit sei und er perfekt dazu geeignet sei, es zu machen. „Wie alle aus Viareggio", präzisiert er, womit die Kampfansage offiziell eröffnet ist.
Angelo lacht nur: „Schauen Sie, Mister, Sie wissen nicht, auf welches Schlamassel Sie sich da einlassen. Es ist in keinster Weise einfach, Sie werden das noch einsehen müssen."

Selbstverständlich bricht nun die gesamte Bande zum Teich auf. Peruzzi stellt sich mit verschränkten Armen am Rand hin, während Lippi, nachdem er sich die Schuhe ausgezogen und die Hose des Trainingsanzugs hochgekrempelt hat, behutsam ins Wasser steigt und im Zickzack auf den Punkt, wo er die Beute versteckt hat, zusteuert. Als er einen Fisch vorbeischwimmen sieht, taucht er mit den Händen ins Wasser, und kaum dass er sie mit enttäuschter Miene rauszieht, lacht Peruzzi erneut höhnisch: „Ich habe es Ihnen gesagt, Mister. Wir kommen hier nie zu einem Ende."
Ehe der große Moment folgt: Der Teamchef greift erneut ins Wasser, wachelt mit seinen Händen herum, um ein bisschen Schaum zu erzeugen, drückt sie mit aller Kraft auf den Fisch und simuliert dabei eine höllische Anstrengung, um ihn bloß nicht wieder aus den Händen gleiten zu lassen. Es sind Momente fälschlicher Dramatik, die Lippi in Wirklichkeit dazu nutzt, um die Grillgabel rauszuziehen, die Peruzzi aber mit wachsender Besorgnis erlebt.
„Aber was, schafft er es?", höre ich ihn vor sich hin murmeln mit einer nunmehr weit weniger amüsierten Miene.
Und als der Teamchef den Fisch triumphierend aus dem Schlamm zieht und damit lautes Gebrüll unter dem nun zahlreichen Publikum auslöst, weiß Peruzzi nicht, ob er weinen oder lachen soll. Wir hinge-

gen schon, wir lachen wie die Verrückten, und sofort kehrt die gute Laune zurück.

An jenem Samstag trifft eine weitere Nachricht ein, die uns aufrüttelt: Das Scheitern von Brasilien, das sein Viertelfinale in Frankfurt gegen Frankreich durch ein Tor von Henry mit 0:1 verliert. Das Resultat kommt überraschend, denn nach einem verhaltenen Beginn schien der Titelverteidiger Fahrt aufgenommen zu haben. Seit einem Jahr – als die Brasilianer auf überzeugende Weise den Confederations Cup gewonnen hatten – galten sie allseits als absolute Favoriten: Ronaldo, Ronaldinho, Kaká und Adriano im Sturm, dazu alte Bekannte wie Dida, Cafu und Roberto Carlos. Ein Spitzenteam, weshalb wir sehr glücklich darüber waren, sie nicht auf unserer Seite des Tableaus zu haben, die sich aber jeder als logischen Gegner ausgemalt hat, sollten wir es bis ins Finale schaffen. Die Tatsache, sie nun scheitern zu sehen, während wir noch immer Teil des Turniers sind, sorgt für Aufatmen: Viele kommentieren es mit: „Einer weniger!" Ohne daran zu denken, dass anstelle der gescheiterten Brasilianer die wiedererstarkten Franzosen warten könnten. Die früheren Duelle – ich meine damit die jüngsten – tun immer noch weh.

Die italienischen Journalisten erzählen mir von den aufkommenden Polemiken seitens der Deutschen rund um die Sperre von Frings – sie behaupten, dass wir sie veranlasst hätten – und auch von den üblichen Verhöhnungen der Pizzaesser. Als ob sie ihnen nicht schmecken würde: Denn in jenem Monat habe ich sicher mehr *Pizzerie* als Bierlokale gesehen. Eine psychologische Kriegsführung, die mich nicht berührt, da ich kein Deutsch verstehe und auch kein Interesse daran habe, das Thema zu vertiefen. Gattuso hackt mehr darauf herum und würzt unsere endlosen Kartenrunden mit einigen Bewertungen der medienwirksamen Strategie unserer Gegner, die ihm offenbar jemand erzählt hat. Am Sonntag bittet er darum, zur Pressekonferenz gehen zu dürfen, und sagt dort den Deutschen seine Meinung über den fehlenden Respekt gegenüber den Italienern. Als er zurückkommt, applaudieren wir, mehr amüsiert als polemisch. In der Zwischenzeit ist in unserem Hotel die Hölle los: Journalisten, FIFA-Angestellte, Verwandte und vor allem Hunderte von Fans, die uns belagern, auf der Suche nach einem Ticket, einem Autogramm, nach 15 Minuten Ruhm. Als alles außer Kontrolle zu geraten scheint, wird ein Ordnerdienst organisiert, zur Überwachung der für uns Spieler reservierten Zone, wo einzig uns bekanntes Personal Zugang erhält – und das auch nur auf unsere Bitte hin. Man weiß nie, wir spielen immerhin gegen die Gastgeber.

Die Strategie der Deutschen, uns nervös zu machen, macht auch vor dem Hotel in Dortmund nicht Halt. Für gewöhnlich verbringt man die Nächte im Vorfeld eines Spiels in einem großen Hotel, das einen Flügel für die Mannschaft und die Delegation des Gegners reserviert. Dieses Mal schicken sie uns aber in eine grässliche Drei-Sterne-Absteige, klein und eng – und überall Teppichböden: Wenn jemand von uns auf irgendwas allergisch wäre, wäre er erledigt. Eine Unhöflichkeit, die uns letztlich nur noch heißer macht. Wir teilen es uns offen mit: „Sie haben derart große Angst vor uns, dass sie uns sogar am Schlafen hindern wollen." Wir lachen nur noch, um uns Mut zu machen, um unseren Enthusiasmus weiter zu erhöhen. Die Anspannung ist extrem hoch, dennoch finden wir erstaunlicherweise in den Schlaf. Soviel zu den drei Sternen und den Teppichböden.

Dienstag, 4. Juli 2006. Eine der mir oft gestellten Fragen ist die, was ich dafür geben würde, um die Emotionen dieses Tages noch einmal erleben zu dürfen. Würde ich eine Million Euro dafür zahlen? Die Frage ist müßig, aber meine Antwort absolut ernst gemeint. Wenn das Happy End nicht garantiert ist – nein. Schon allein die Vorstellung, diesen Tag mit einer Semifinalniederlage zu beenden, hätte zur Folge, dass ich mich krankärgern würde. Aber wenn mir jemand garantieren könnte, die Emotionen beim Einzug ins Finale noch einmal erleben zu dürfen, gäbe ich dafür auch zwei Millionen, denn es gibt keinen Tag, an dem ich mich lebendiger, vitaler und erleuchteter gefühlt habe. Es war wie ein Spaziergang auf dem Mond: Fragt einen der Astronauten, die dort waren, was er dafür geben würde, um es nochmals zu machen … natürlich unter der Voraussetzung, dass er sicher sein kann, erneut auf die Erde zurückzukehren.

Das Stadion von Borussia Dortmund ist wunderbar, denn wenn du es betrittst, scheint es gar nicht so riesig zu sein – seiner Größe wirst du dir erst bewusst, wenn du dich der Mitte des Platzes näherst. Ich habe dort schon ein Freundschaftsspiel mit Roma absolviert, damals war es aber nicht ausverkauft. Der Eindruck, den es an jenem Tag auf mich macht – brodelnd vor Begeisterung, Hoffnungen und Ängsten schon zwei Stunden vor Spielbeginn – ist schlicht überbordend. Ich denke mir, dass die Deutschen ein fantastisches Theater inszeniert haben, um ihren Einzug ins Finale zu feiern, und dass die Enttäuschung gewaltig wäre, sollten wir es schaffen. Nun ja, Geduld. Während ich auf den Platz spaziere, um mich mit dem Ambiente vertraut zu machen, suche ich den für unsere Fans reservierten Tribünenabschnitt. Für gewöhnlich ist er klein, aber gut zu sehen (während des Spiels nehme ich überall Fahnen wahr): Ich deute einen Gruß an, und schon bricht enthusiastischer Jubel aus.

Wenn du dich auf ein sehr schwieriges Auswärtsspiel vorbereitest – und dieses Spiel ist natürlich in diesem Sinne der Höhepunkt meiner Karriere, denn ich habe nie wieder in einem derart feindlichen Ambiente gespielt –, dann gibt es nichts, was dich mehr aufmuntert als der Anblick deiner Fans. Deine Leute sind dir gefolgt, weil sie dich nicht allein lassen wollen, wie es die Hymne von Liverpool so schön ausdrückt. Wunderschön. Je mehr die gegnerischen Fans die deinigen auspfeifen, umso mehr wächst in dir die Lust, für sie zu siegen, um ihnen etwas von der Opferbereitschaft zurückzuzahlen, die sie aufgebracht haben, um an deiner Seite zu stehen. Du spielst für deine Fans, denn du willst sie mit erhobenem Haupt und glücklich das Stadion verlassen sehen, gefolgt von den enttäuschen und neidvollen Blicken der gegnerischen Fans.

In jenem Tribünenabschnitt sind auch meine Leute: Silvia – während Ilary nicht kommen konnte –, Onkeln und andere Verwandte, einige

Freunde. Ich kann sie nicht ausfindig machen. Aber ich weiß, dass sie da sind, und das genügt mir. Währenddessen hat die für gewöhnlich tolerante deutsche Polizei unsere Zeugwarte, die kein Ticket haben, vom Platz gejagt, obwohl sie die auf ihren Namen ausgestellte Akkreditierung inklusive Foto um den Hals tragen. Bei den anderen Spielen durften sie auf ihren Plätzen hinter der Bank sitzen, diesmal allerdings waren die Polizisten unflexibel. Wütende Gesichter, sogar eine Schlägerei droht, aber letztlich halten die Nerven.

Auf geht's! Wir finden sofort ins Spiel, attackieren entschlossen und kontinuierlich. Ich finde zwischen den Linien sehr gut Platz. Nach einem gut platzierten Freistoß, der aber Lehmann keine Probleme bereitet, folgt jene Gelegenheit, auf die ich gewartet habe: Ich erhalte kurz nach der Mittellinie den Ball, nehme im Moment eine deutsche Abwehr in Bewegung wahr, denn ein Außenspieler ist außerhalb seiner Position. Perrotta sieht die Lücke zwischen den zentralen Spielern und taucht mit Entschlossenheit dorthin ein, weder Ballack noch Friedrich sind nahe genug, um meinen Steilpass zu unterbinden, der perfekt vor meinem Mitspieler landet. Es ist ein üblicher Spielzug bei Roma, ich halte voller Hoffnung den Atem an. Jedes Mal, wenn er seinen Vertrag verlängert, umarmt mich Perrotta, um mir zu sagen: „Alles das Verdienst der perfekten Bälle, die du mir servierst." Aber dieses Mal fällt seine zweite Berührung etwas zu lang aus und erlaubt es Lehmann, aus dem Tor zu kommen und mit einem perfekten Timing einen Treffer zu verhindern. Schade, das war eine Riesenchance. Einige Minuten später spielt Pirlo, nachdem er mir ein vorher festgelegtes Zeichen signalisiert hat, einen Eckball von rechts. Gegen die Ukraine hatte ich hoch übers Tor geschossen, diesmal achte ich sorgsam auf die Position des Körpers, um den Ball flach zu halten, ich befreie mich mit einem Ellbogenstoß von Materazzi und treffe den Ball gut. Aber der Strafraum ist zu überfüllt, und es endet damit, dass ich Cannavaro treffe. Die Tatsache, dass es unsere beiden Innenverteidiger sind, die mich im Strafraum behindern, beschreibt gut den Drang, der uns in der brütend heißen Luft antreibt: Die Deutschen sind stark, und ihre Fans glauben daran, aber der Druck droht nicht nur uns zu zerquetschen. Im Gegenteil. Das Gefühl ist, dass die Angst bei ihnen größer ist, und unser aggressiver Beginn sie zusätzlich besorgt macht. Klinsmann gestikuliert wild – ich komme oft bei seiner Bank vorbei –, es sind aber weniger taktische Anweisungen, sondern er scheint all jenen Mut einimpfen zu wollen, die nicht genug davon haben. Lippi hingegen ist sehr ruhig. Wir kommen in die Pause – mit dem klaren Gefühl, nach Punkten voranzuliegen. Schade, dass wir nicht beim Boxen sind.

„Ihr müsst die Partie innerhalb der 90 Minuten gewinnen", sagt der Teamchef, der von einer Bank zur nächsten schreitet. „Ihr habt die Möglichkeit dazu, ihr spielt besser. Macht weiter so, ihr habt die Beine, um es zu schaffen, ihr arbeitet seit einem Monat darauf hin, um dieses Spiel zu gewinnen. Nichts kann euch das wegnehmen."
In Wirklichkeit verläuft die zweite Hälfte ausgeglichener, Buffon muss die Deutschen einige Male daran erinnern, welch Weltklassespieler er ist. Wir nutzen einige entschlossene Aktionen von Grosso und Perrotta, um in die Nähe ihres Torhüters zu gelangen, aber beim Herauslaufen erweist sich Lehmann als Drache, der in beiden Fällen die Steilpässe besser berechnet als unsere Stürmer.

Die reguläre Spielzeit endet bei 0:0. Mitte der zweiten Halbzeit hatte Gilardino Toni ersetzt, Lippi versammelt uns neben der Ersatzbank, während wir über unsere Trinkflaschen herfallen.
„Jetzt kommt Iaquinta für Camoranesi rein. Wir verändern unsere Ordnung nicht, Vincenzo ist frisch, und wenn sie den Ball haben, kann er die Seite abdecken. Aber ich will das Signal aussenden, dass wir weiterhin angreifen, denn dieses Spiel wird vor dem Elfmeterschießen gewonnen, wir sind gefährlicher als sie."
Die Bewertung ist korrekt, und in der Tat zündet Gilardino in dieser ersten Hälfte der Verlängerung nach einem schönen Konter einen Stangenschuss, und Zambrotta trifft mit einem Weitschuss die Latte. Die Waage schlägt immer mehr in unsere Richtung aus. Nun kommt auch Del Piero rein, anstelle von Perrotta. In der letzten, sehr kurzen, aber extrem wertvollen Pause wird mir bewusst, dass wir mit

einem Torhüter, vier Verteidigern, vier Stürmern, einem Spielmacher und dem armen Gattuso auf dem Platz stehen. Man sieht, wie Lippis Halsvene vor lauter Aufregung pocht: „Bringt es zu einem Ende. Jetzt. Sie sind nur noch ein leerer Sack, sie träumen vom Elfmeterschießen. Aber das dürft ihr nicht zulassen, denn ihr seid stärker, und es wäre falsch, ihnen eine weitere Chance zu geben. Die beiden Mittelfeldreihen existieren nun nicht mehr, es ist ein Spiel Angriff gegen Verteidigung, und unsere Verteidigung ist unschlagbar. Geht. Trefft. Siegt."

Als ich mich wieder der Mitte des Platzes nähere, wird mir plötzlich bewusst, dass der Lärm im Stadion an Intensität nachgelassen hat und man in erster Linie unsere Fans hört. Die Angst der Deutschen ist spürbar. Gattuso signalisiert mir, dass auch er die Ruhe bemerkt hat. Ich balle die Fäuste, jetzt muss es schnell gehen. Die letzten 15 Minuten verstreichen, wie es Lippi vorhergesagt hat: Sie greifen an, scheitern aber an Buffon, der den Schuss von Podolski – den gefährlichsten an jenem Abend – pariert. Wir greifen an und vermitteln den Eindruck, gefährlicher zu sein. Aber es reicht nicht. Die Zeit verrinnt, Pirlo setzt zu einem tollen Schuss außerhalb des Strafraums an, aber Lehmann wehrt diesen zum Eckball ab. Er schien mir während seiner Milan-Zeit nicht so stark zu sein … Die Dynamik der Aktion hat mich bis zum Zentrum des Strafraums geführt, ich hatte versucht, Andrea zu einem Zuspiel einzuladen. Del Piero ist der Frischere, er läuft bis zur Cornerfahne, um den Eckball zu treten, auch wenn es nicht seine Aufgabe ist. Pirlo ist im Halbkreis des Strafraums geblieben, Zambrotta – ein weiterer Schütze – schließt zu ihm auf und positioniert sich halbrechts. Gilardino platziert sich vor mir, sodass ich drei Schritte zurückweiche, jenseits des Elfmeterpunkts. Grosso bewegt sich in Richtung Del Piero, um einen eventuellen Doppelpass zu ermöglichen. Auch Materazzi und Cannavaro treffen ein, bei Eckbällen sind sie immer mit dabei, während Iaquinta sich zentral im kleinen Strafraum postiert, er steht damit am nächsten zur Torlinie. Von der Bank wird uns gedeutet, dass noch zwei Minuten zu spielen sind. Zwei Minuten bis zum Elfmeterschießen.

Halten wir nun diese Szene fest, und betrachten wir sie wie ein Stillleben, das darauf wartet, wiederbelebt zu werden. Die Anzahl an italienischen Trikots, die daran teilnimmt, sagt schon alles: Wir sind zu neunt. Es fehlen Buffon, der in unserer Abwehrzone wartet, und Gattuso, der am Mittelfeldkreis steht. Im Falle eines schnellen Konters der Deutschen bekäme er es allein mit zwei oder drei Gegenspielern zu tun. Außer es würde jemandem von uns – ich weiß nicht, mit welchen Kräften – gelingen, dorthin zurückzukehren, um ihn zu unterstützen: Aber im Augenblick – ich wiederhole – wäre Gattuso allein. Ein taktischer Wahnsinn, in der 118. Minute eines WM-Semifinales gegen die Hausherren. Aber es ist einer jener Momente, die dir im Leben nur selten unterkommen, der absolute Moment. Das ist eine Geschichte von Männern, nicht so sehr von Fußballern. Nehmen wir nur Gattuso her. Abgesehen davon, dass er technisch besser beschlagen war, als man allgemein annahm, habe ich einen Fußballer kennengelernt, der bereit ist, Opfer zu bringen. Will heißen, sich auf dem Platz abzukämpfen, mit Schmerzen zu spielen, bei denen andere nicht auf der Bank, sondern zu Hause auf dem Sofa bleiben würden. Gattuso ist ein Mensch, der sich selbst aufgibt, wenn er spürt, dass jemand, an dem er hängt, ihn braucht. Er ist der, den du immer an deiner Seite haben willst, denn du weißt, dass du dann nichts zu befürchten hast, er ist da, um dich zu schützen. Er ist da, um sich einem möglichen Angriff der zwei oder drei Deutschen entgegenzustellen, und wird sich etwas einfallen lassen, um sie zu stoppen. Wir müssen aber nun alle in den Strafraum gehen, denn es ist der Moment, um die Partie zu Ende zu bringen.

Del Piero spielt den Ball zur Mitte, Friedrich ist per Kopf vor Gilardino am Ball, aber der Klärungsversuch fällt zu schwach aus. Der Ball landet im Halbkreis des Strafraums bei Pirlo. Hier beginnt er, da er ein Genie ist, seine Reise. Ich habe mir dieses Tor inzwischen wohl Tausende Male angeschaut und bin davon noch immer begeistert. Pirlo streichelt den Ball viermal, bewegt sich von links nach rechts, parallel zu einer deutschen Verteidigungslinie, die daran denkt, den Raum für ihn zu schließen, anstatt ihn zu attackieren. Ich habe dabei immer einen Bahnhof zur Stoßzeit vor mir, mit Zügen, die immerfort durchfahren: Und da bist du, der einen kurzen Moment lang von einem Bahnsteig zum anderen sieht, ehe wieder ein Zug vorbeifährt, der dir den Blick verstellt. Das „Fenster“ zum Pass auf Grosso öffnet sich bei der fünften Berührung, ein Assist, ohne direkten Blickkontakt zwischen den Beteiligten, in einer Art, wie man es normalerweise beim Basketball sieht, nicht beim Fußball. Ich habe mich in diesem Moment auf die Höhe des 16-Meter-Raums zurückgezogen, um Pirlo eine Schussalternative zu bieten – für den Fall, dass er am Ende seines Laufs wenden müsste. Sogar ich, der in seinem Rücken lauert, aber keinen Deutschen vor sich hat, bin mir nicht sofort seiner Bewegung bewusst, denn er bewegt keinen Muskel seines Körpers in Richtung Grosso, außer seinen rechten Fuß. Und die verlangsamte Reaktionszeit genügt mir gerade, um den perfekten Linksschuss von Grosso einzuordnen, ein Bogenschuss, der Lehmann keine Chance lässt.

Ehrlich gesagt, erinnere ich mich an nichts in den unmittelbar auf Grossos Tor folgenden Momenten. Er läuft sofort in die Mitte des Platzes, so weit, dass man in den Videos Buffon wie einen Verrückten auf ihn zustürmen sieht. Ich muss Pirlo nachgelaufen sein, verzaubert von seinem Zuspiel, aber in jenem Meer der Freude und Erregtheit könnte ich alles Mögliche gemacht haben. Es gibt Trauben von italienischen Trikots überall auf dem Platz, nicht nur jene, die gerade spielen, sondern alle 23 plus Betreuerstab, den Masseuren und den Verbandsleuten. Der arme Lippi, nachdem er sich auch einen kurzen, aber überwältigenden Jubel gegönnt hat, hat er alle Hände voll zu tun, um uns schnellstmöglich wieder ins Spiel zu bringen. Denn es ist zumindest noch eine Minute ausständig, vielleicht zwei inklusive Nachspielzeit. Gattuso eilt ihm zu Hilfe, indem er irgendwas brüllt, um uns wieder aufzuwecken. Wir haben unsere Ordnung wiedererlangt. Lachend, aber jeder in seiner Position.

Wenn sich das Resultat, von dem du träumst, im Finale einer Partie (und mehr Finale wie in diesem Spiel geht nicht) zu konkretisieren beginnt, erlebst du die Momente, die dich vom Schlusspfiff trennen, in einem Mix aus Begeisterung und Angst. Dieses Mal empfinde ich allerdings keine Angst. Es ist merkwürdig, vielleicht aber auch das Ergebnis der spektakulären Sicherheit, die wir in diesem Moment haben. Wir können nicht verlieren. In der kurzen verbleibenden Zeit feuern die Deutschen noch einen Ball in Richtung Strafraum ab, aber Cannavaro wehrt ihn zunächst per Kopf ab, jagt ihn dann – neuerlich per Kopf – Podolski ab, der, entmutigt, den Ball nicht unter Kontrolle bringt. Grosso ist einem tranceähnlichen Zustand, würde am liebsten zu Lehmann fliegen: Der Zufall will es, dass er während seines Sprints praktisch auf mich aufläuft, und in meinem Aktionskreis entscheide ich, was zu tun ist. In der Tat habe ich bereits eine Idee – doch um den Ball letztlich an mich zu reißen, bin ich gezwungen, Cannavaro einen Schubser zu verpassen, so auf die Art: „Lass mich mal machen!" Grosso schafft es nicht einmal rechtzeitig zu erkennen, dass mein Ball – ja, inzwischen ist er nun meiner – bereits schnell und präzise in Richtung Gilardino unterwegs ist. Der – wie ich – erkannt hat, dass Del Piero dreimal so schnell ist wie alle anderen: Er wartet, bis er links an ihm vorbeizieht, um ihm den Ball zuzuspielen, und Del Pieros herrlicher Schuss mit dem rechten Innenrist schlägt im Kreuzeck ein. Es ist für ihn eine tolle Rache nach den Fehlern von Rotterdam, wunderschön und verdient. Ich freue mich riesig für ihn, die Wahrheit ist, dass wir uns stets gegenseitig angespornt haben.

Das Dortmunder Stadion ist gebrochen, leidet unter einem gewaltigen Schmerz, ultimativ, eine negative und intensive Emotion. Ich bin einer der Ersten, der Del Piero erreicht, um ihn zu umarmen. Die Partie ist vorbei, unsere Fans völlig entfesselt. Doch das, was selbst Jahre später von jenem Augenblick in mir haften geblieben ist, ist die beeindruckende Stille. Vor eigenem Publikum eine WM zu verlieren, ist eine entsetzliche Qual.

13

INSONNIA DA FINALE

SCHLAFLOS VOR DEM FINALE

Die Rückkehr in die Kabine ist weniger chaotisch, als man annehmen könnte, denn auch wenn wir im Party-Modus sind, ist das, was uns umgibt, eigentlich ein ohrenbetäubendes Schweigen. Ich wäre ein Lügner, würde ich sagen, dass wir uns in jenen Momenten aus Feingefühl gegenüber den Deutschen zurückgehalten haben. Ich befürchte vielmehr, dass wir noch mehr Salz in ihre Wunde gestreut haben, aber ohne Bösartigkeit. Wir sind schlicht alle berauscht vor Enthusiasmus und Müdigkeit, ein gefährlicher Mix, denn er löst alle Hemmungen. Ich erzähle euch Folgendes: Erschöpft von den Tänzen und Gesängen und nachdem das ganze Obst in der Kabine verschlungen ist, tauche ich in das Entspannungsbecken ein. Als ich wieder auftauche, zeichnet sich über mir der bedrohliche Schatten von Peruzzi ab, nackt und mit einer aufgeklappten Massageliege über seinem Kopf. Was zum Teufel hat er damit vor? Es bleibt kaum Zeit, dass ich mir die Frage stelle, da wirft Angelo die Liege mit großer Wucht auf den Beckenrand. Zum Glück ist sein Wurf präzise, denn wenn er mich getroffen hätte, hätte er mich ziemlich verletzt. Ich schaue ihn entsetzt an, aber er ist schon zufrieden lächelnd verschwunden. Ich verlasse eilig das Becken, bevor er vor lauter Begeisterung noch auf die Idee kommt, einen Spind ins Wasser zu werfen.

Anziehen. Mixed-Zone. Interviews. Die Routine internationaler Partien unterscheidet sich, wenn man auf diesem Niveau unterwegs ist, denn auf der anderen Seite der Absperrung sind die italienischen Journalisten – die ich seit Ewigkeiten kenne – in klarer Minderheit gegenüber den Dutzenden Berichterstattern aus den anderen Ländern. Irgendjemand platziert das Aufnahmegerät vor deinem Mund, um eine Erklärung zu erhaschen. Es ist der Moment, in dem mir der

Schmerz Deutschlands in seiner gesamten Dimension deutlich wird. Denn hier sind auch die Freiwilligen der WM, die uns immer begleiten und einweisen. Es sind junge Leute, die an diesem Abend von einem anderen Ausgang geträumt hatten. Ich erinnere mich speziell an eine junge Frau, die, während sie mich von einer Runde Journalisten zur anderen dirigiert und mich auf deren Nationalität hinweist, Mühe hat, ihre Tränen zurückzuhalten. Als ich sie anblicke, dreht sie verstohlen den Kopf zur Seite, damit ich ihre geröteten Augen nicht sehen kann. Es war ein Spiel, würde ich am liebsten zu ihr sagen, und heute Abend waren wir die Besseren. Blödsinn, es gibt natürlich nichts zu erklären, geschweige denn sich für etwas zu entschuldigen. Während sie mich in ihrer Traurigkeit zum Bus begleitet, ändert sich mein Verhalten. Gemäßigtes Lachen statt ausgelassenes Gelächter. Daumen hoch anstatt ein lärmendes *High five*. Beim Verabschieden streichle ich ihr über den Kopf. Wer weiß, ob sie meine Verlegenheit durchschaut hat.

Ich sehe niemanden von meiner Familie. Sie sind kurzfristig mit einem Charter nach Dortmund gekommen, machten Flughafen – Stadion – Flughafen, und um diese Zeit sind sie schon auf dem Weg zurück nach Italien, damit beschäftigt, den Megatransport fürs Finale zu organisieren. Es hört sich komisch an, doch sie gehen mir kaum ab, denn in diesen Momenten ist die Mannschaft die Familie, die du spürst, deine Teamkollegen, die Gruppe, mit der du eben bis zum Umfallen gekämpft hast. Und mit der du gewonnen hast. Das physische Bedürfnis nach der Familie entsteht eine Minute nach der Niederlage, nach dem Ausscheiden, wenn dir bewusst wird, dass du mit deiner Frau und deinen Kindern seit mehr als einem Monat nicht einmal eine Stunde zusammen warst, und allein der Gedanke erscheint dir absurd. Aber solange du im Turnier bist und sogar das Finale mit dem Sieg über die Hausherren erreicht hast, lebst du in einer Blase, in der nur Platz für dich und deine Teamkollegen ist. In Bezug auf die Begeisterung entscheidet Lippi auf dem Rückflug nach Düsseldorf – und von dort nach Duisburg –, dass wir uns eine Belohnung verdient haben, und gibt den Weg frei für all das seit dem ersten Tag des Trainingslagers verbotene ungesunde Zeug: Pizzen, Chips, Schokolade, kohlensäurehaltige Getränke – es ist ein gewaltiger Run darauf.

Wie dem auch sei, es ist eine richtige Party, die im Hotel ihre Fortsetzung findet, um 2 Uhr morgens. Uns erwarten Fans, so weit das Auge reicht, die Zeitungen schreiben von 10.000: am Flughafen, auf den Straßen von Duisburg, außerhalb des Hotels. Es sind Italiener auf Urlaub, aber auch und vor allem Italiener von hier, die aus dem Schatten treten, um mit ihrem Nationalteam zu feiern, doppelt glücklich darüber, dass wir Deutschland eliminiert haben. Du nimmst viele Dinge wahr: die Freude, die auf der Straße herrscht, die leidenschaftlich geschwungenen Fahnen. Es berührt dich, du fühlst dich gut, erkennst, dass du für viele Menschen etwas Wunderschönes realisiert hast. Du überlegst hin und her: dort die weinende, deutsche junge Frau und hier deine jubelnden Landsleute. Möglicherweise hast du ihnen die Chance zur Revanche gegeben, ja, es muss so sein. Die Hotelbediensteten empfangen uns mit einem Sprechchor wie im Stadion. In der Hotelhalle sind gut 400 Leute, die „Großfamilie" mit unseren Angehörigen, die Freunde von Gattuso, die Verwandten von Gilardino. Lippi ist sichtlich erschöpft, ruft uns auf dem Weg ins Zimmer noch zu, dass wir es nicht zu spät werden lassen sollen, aber in jener Nacht schläft niemand. In dem von uns reservierten Teil des Hotels – Restaurant, Bar und Spielhalle – bleiben die Lichter bis zum Morgengrauen an. Das Training am folgenden Tag – ohnehin bestimmt für jene, die nicht gespielt haben – wird wohlweislich für den Nachmittag angesetzt.

Mittwoch. Ein freier Tag, aber so gut wie niemand verlässt das Hotel. Unmöglich: Halb Italien ist dabei, Duisburg einzunehmen, um uns dann bis nach Berlin zu folgen. Einmal mehr wüsste ich nicht, was ich ohne Vito täte: Wir nehmen uns eine halbe Stunde, um auszurechnen, wie viele Tickets ich brauchen werde – natürlich, nachdem ich mit Ilary und Mama gesprochen habe –, und das Ergebnis ist erschreckend. Nachdem ich unter all den „nicht Unentbehrlichen" eine Linie gezogen habe – was eine schlechte Ausdrucksweise ist, aber mir fällt keine andere ein –, bleiben 100 Namen übrig. 100 Tickets, nicht eines weniger. Ich bitte Antonello Valentini, den Kommunikationschef des italienischen Verbandes, um Hilfe: Er verdreht im ersten Moment die Augen, verspricht mir aber dann, sein Bestes zu tun. Nachdem wir die knifflige Aufgabe gemeinsam begonnen haben, übernimmt nun Vito die Kontrolle über die Situation: „Ab jetzt kümmere ich mich darum. Du sollst nur ans Finale denken." Ich könnte ihm nicht dankbarer sein.

Der Tag lebt von zwei langen Momenten: Der erste, nach dem Frühstück, besteht aus Lesen von diversen Meldungen im Internet, die von einem Italien und seinen Menschen erzählen, die die Straßen fluteten, um den Sieg zu feiern. Ein wunderschönes Gefühl. Ich koste es bis zum Äußersten aus: die Bedeutung der Heldentat und ihre Wirkungen. Von einem Zimmer zum nächsten – es sind alle offen – weisen wir uns auf eine Internetseite, eine Fotogalerie oder eine eben entdeckte Chronik der italienischen Nacht hin. Wir sind Krieger, die kurz eine Pause einlegen, denn schon am Abend sind wir wieder im Gefechtsmodus: Im Fernsehen läuft Frankreich gegen Portugal, das zweite Semifinale, und wir versammeln uns alle nach dem Abendessen vor dem Riesenbildschirm. Überflüssig zu sagen, dass wir für Portugal halten: Großartige Spieler wie Deco und Figo, das große Versprechen Cristiano Ronaldo, aber was die Spielstärke betrifft, ist es eben kein Vergleich zu Frankreich. In der Tat gewinnen Letztere, mit dem Nötigsten vom Nötigen: Ein Elfmeter von Zidane bedeutet den 1:0-Sieg. Folglich geht es erneut gegen Frankreich. Ich habe keine Angst, glaube, dass das Schicksal entschieden hat, uns eine weitere Chance zu geben.

Donnerstag. Vito versichert mir, dass die Tickets rechtzeitig da sein werden, er klärt mit dem Verband das Organisatorische. Wenn ich das machen müsste, hätte ich keine Zeit mehr zum Trainieren. An jenem Tag unterhalte ich mich auf dem Weg zum Training im Bus mit Buffon. Wenn ich an den besten Freund im Nationalteam denke, dann denke ich an ihn, ein bodenständiger und aufrichtiger Mensch, sehr offen und ziemlich verrückt, was nicht schaden kann. Wir sind fast gleich alt, Teamkollegen in all den italienischen Auswahlen, seit Jugendtagen haben wir gemeinsam in einem Zimmer geschlafen. Und jetzt, noch immer gemeinsam, marschieren wir auf ein WM-Finale zu. Der Inhalt des Dialogs an diesem Tag ist: „Schau, wie weit wir es gebracht haben", wird aber nicht direkt ausgesprochen. Das wäre zu banal. Wir amüsieren uns mehr über die Vorkommnisse abseits der Partien, zum Beispiel über ein Turnier in Spanien mit der U18, als wir eines Nachts vom Balkon im ersten Stock sprangen, um tanzen zu gehen. Was nicht sonderlich schwierig war. Doch da war auch noch Coco mit seinen Krücken. Er hatte sich im Spiel verletzt, doch es hatte genügt, die Disco zu erwähnen, um ihn in unserem Windschatten zu haben. Er wollte unbedingt mit. Gigi musste ihn praktisch auffangen, um ihm eine Landung ohne weitere Schäden zu ermöglichen. Wieder daran zu denken, sorgt für herrliches Gelächter, ein großartiges Gegenmittel zur stetig wachsenden Anspannung.

Freitag. Die 100 Tickets sind da: 20 davon ein Geschenk des Verbandes, die restlichen 80 bezahle ich, was vollkommen okay ist, denn das Wichtigste ist, dass am Sonntag meine ganze Bande im Stadion ist. Ich feiere es, indem ich mit Gattuso auf dem Bett mit überkreuzten Beinen *Scopa* spiele. Wie Roboter wiederholen wir stets die gleichen Gesten: Ich glaube, dass Rino und ich seit dem Beginn der WM öfter über den Punktestand im Spiel als über sonst etwas gesprochen haben. Das Schöne ist, dass wir uns gegenseitig verdächtigen, zu schummeln, daher gibt es laufend Beschimpfungen. Ein wahrer Spaß.

Auch einen Monat nach der Ankunft in Deutschland ist es Cannavaro, der in der Gruppe weiterhin den Ton angibt. Der sowohl sympathisch und verspielt außerhalb als auch entschlossen auf dem Platz ist. Mit ihm gibt es keine lockere Partie, er geht bei allen dazwischen, als wäre es ein echtes Spiel, wenn du dein Bein nicht schnell genug wegziehen kannst, riskierst du einen Tritt. Es gibt einen weiteren unter uns, der mit doppelter Intensität zu Werke geht. Es ist De Rossi, der für vier Spiele gesperrt war. Als wir damals zu ihm sagten, er solle nicht nach Italien zurückkehren, um ihm eine weitere Chance zu geben, waren wir noch weit vom Finale entfernt ... Nach Tagen des Schweigens hat er wieder zu sprechen begonnen, an den Diskussionen und am Gruppenleben teilgenommen. Ich weiß nicht, ob Lippi etwas für ihn in der Hinterhand hat, aber im Fall der Fälle findet er ihn sicher bereit dafür vor.

Samstag. Das Training steigt am frühen Morgen, anschließend nehmen wir den Flieger nach Berlin. Die Aufregung um uns herum ist riesig, die Leute im Hotel, die uns einen ganzen Monat lang bedient haben, verabschieden sich von uns, als würden wir in den Krieg ziehen. Es ist bewegend. Vito hat den Strom der Ankommenden aus Italien organisiert, wie er es besser nicht machen hätte können. Während des Fluges verbringe ich einige Zeit mit Alessandro Nesta, der trotz seiner Verletzung, die ihn seit der dritten Partie zum Zuschauen verdammt, geblieben ist. Wenn Buffon ein Bruder ist, dann ist Sandro geradezu ein Zwilling. Wir haben uns immer gut verstanden, weil wir einander ähnlich sind: ruhig, sehr zurückhaltend, nicht selten haben wir, wenn einer von uns gerade schwierige Zeiten durchgemacht hat, heimlich miteinander telefoniert, um darüber zu reden, uns gegenseitig Ratschläge zu geben – ohne dass jemand Wind davon bekam. Wir kamen immer gut miteinander aus, daher tat mir seine Abwesenheit auf dem Platz doppelt leid: Er hätte es sich hundertprozentig verdient. Aber Sandro hatte im Nationalteam immer Pech, sich auch bei drei weiteren wichtigen Gelegenheiten verletzt.

Das Hotel in Berlin ist sehr luxuriös, eine echte Wiedergutmachung nach der Bruchbude von Dortmund. Kaum haben wir eingecheckt, wartet schon der Bus in Richtung Stadion: Erkundung und kurzer Lauf, Pressekonferenz von Lippi und Cannavaro, schnell und ruhig durch die Mixed-Zone, keiner will etwas sagen, es ist jetzt nicht der Moment dafür. Je später es wird, desto stärker tritt der Gedanke ans Finale in den Vordergrund, manch einer wird wortkarger, als man es von ihm gewohnt ist, andere suchen die Gesellschaft, weil sie nicht allein sein wollen. Beim Abendessen wird wie immer gescherzt, aber in Wirklichkeit etwas weniger als sonst. Die Anspannung ist greifbar. Lippi verschiebt jeglichen taktischen Diskurs auf den folgenden Tag. Wir kennen Frankreich inund auswendig, auch wenn im Vergleich zum verflixten EM-Finale sechs Jahre zuvor nur Cannavaro, Del Piero, Zambrotta, Inzaghi, Nesta und ich nach wie vor Teil der Mannschaft sind. Der Mister verspätet sich um einige Minuten mehr als gewöhnlich in der Empfangshalle, möglicherweise ist seine Familie schon da, während ich und viele Teamkollegen unsere Liebsten erst am nächsten Tag erwarten. Dann, bevor er aufs Zimmer geht, kommt er vorbei, um uns mit seiner üblichen, männlichen Methode „Gute Nacht" zu wünschen. Im Wesentlichen empfiehlt er uns, es nicht zu spät werden zu lassen, unabhängig davon, welches Vergnügen wir im Laufe des Abends auch finden würden. Auch wenn es für alle offensichtlich ist, dass dies mehr eine Redensart als eine wirkliche Möglichkeit darstellt. Denn die Hotels einer WM werden strengstens überwacht, und jeder von uns wartet einzig darauf, seine Partnerin, ob Ehefrau oder Verlobte, zu treffen. In Wirklichkeit wollte uns Lippi sein Vertrauen beweisen – im Unterschied zu anderen Trainern vermeidet er Inspektionen und überraschende Kontrollen. Denn er ist überzeugt von uns und unserer Professionalität.

Diese Nacht ist allerdings anders: Auch wenn wir uns um 23 Uhr in den Zimmern einschließen und das Licht ausmachen, vergehen nur wenige Minuten, ehe deutlich hörbare Schritte am Gang zu vernehmen sind. Dann höre ich eine Tür, die mit wenig Feingefühl geöffnet wird, und dann meine, die halb geöffnet wird, im Lichtschein nehme ich das Profil von Gattuso wahr. „Was machst du, schläfst du?"
„Aber wo, ich schaffe es nicht."
„Hast du Lust, eine Runde zu spielen?"
Ohne dass er erneut fragen muss, springe ich aus dem Bett und

schalte das Licht an. Rino hält den Kartenstapel bereits in der Hand: „Heb ab", und schon startet die x-te Kartenrunde.
„Das wirkt einschläfernd", meint Rino, „eine halbe Stunde, und dann ab in die Kiste."
Perrotta schaut zur Tür herein: „Was macht ihr? Kann ich zuschauen?", und von jetzt an beginnt die von uns reservierte Etage wieder zum Leben zu erwachen. Ich mache eine Erkundungstour, inzwischen ist es nach Mitternacht. Am nächsten Abend haben wir ein WM-Finale zu spielen, möchte ich an dieser Stelle nochmals erwähnen.

Die Tür zum Zimmer von Materazzi ist geschlossen, aber der Lärm, der von drinnen kommt, ist unverkennbar. Ich öffne die Tür, aber die Gruppe im Zimmer nimmt dies nicht einmal wahr. Ich erinnere mich an Marco, De Rossi, Oddo, Pirlo, Barone und Iaquinta, aber es sind noch weitere da: Sie spielen auf der Playstation ein FIFA-Turnier, zwei gegen zwei, ein Gebrüll wie im Stadion bei jedem Tor. Ich muss lachen, sage ihnen aber auch, dass sie leise sein sollen. Materazzi blickt mich an, als ob ich plemplem wäre.
„Du siehst ja, dass niemand schläft", sagt er, und Pirlo nickt, als ob er der Notar wäre, der alles abzusegnen hätte.
Daher kehre ich auf den Gang zurück, wo inzwischen alle Türen zu den Zimmern offen stehen. Buffon schaut sich eine aufgezeichnete Partie aus Wimbledon an – das Turnier findet ebenfalls in diesen Tagen statt –, und da er den Endstand nicht kennt, fiebert er intensiv mit einem der beiden Spieler mit.
Amelia, nun ja … Amelia ist sozusagen die Nummer 1, denn er liest ein Buch.
„Wovon handelt es?", frage ich ihn.
„Philosophie. Ich lese zum einen, weil ich es studiere, und zum anderen, um so vielleicht in den Schlaf zu finden."
Auf dem Gang ist mit mir Inzaghi als zweiter Inspektor unterwegs: Auch er geht kichernd von Zimmer zu Zimmer. Ab und zu erinnert er daran: „Aber morgen ist das Finale", wird aber umgehend zum Schweigen gebracht. Nach Beendigung der Erkundungstour kehre ich zu meiner Kartenrunde zurück, die Stunden verstreichen.

Der Einzige, der etwas Schlaf findet – zumindest nach 2 Uhr früh – ist Del Piero. Er kommt vorbei, um sich zu verabschieden, lacht ironisch: „Ihr müsst wissen, ich bin es gewohnt, diese Endspiele zu bestreiten. Folglich hat der Abend davor nicht diese Wirkung auf mich."
Er wird mit einer Reihe von Beschimpfungen und dem Wurf manch eines Hausschuhs bedacht. Großartiger Alessandro.

Die meisten von uns sind bis 6 Uhr früh munter. Das Adrenalin fließt vor der wichtigsten Partie unseres Lebens in Strömen. Wir finden erst völlig erschöpft in den Schlaf. Ich stelle mir vor, dass es im Quartier der Franzosen genauso abläuft, und es ist jedenfalls offensichtlich, dass du die Energien für solch eine Partie – die siebente und emotionalste innerhalb eines Monats – mehr im Kopf als in den Muskeln finden musst. Ich schlafe knapp drei Stunden, das Frühstück ist für 8.30 Uhr angesetzt, ich stehe höchstens zwei Minuten davor auf: Beim Buffet wirken wir alle wie Geister, praktisch niemand macht den Mund auf, bloß müde und angespannte Blicke. Fünf Tage zuvor, am Morgen des Semifinales gegen Deutschland, waren wir wesentlich heiterer und lauter, doch da hatten wir die Nacht zuvor auch geschlafen. Schweigen auch im Bus, 20 Minuten, um am reservierten Fußballplatz anzukommen, wo die letzte Bewegungseinheit ansteht. Manch einer beginnt wieder damit, flotte Sprüche zu reißen, Gelächter über die schlaflose Nacht macht die Runde. Aber das dauert nur fünf Minuten, denn mit großem Gefolge seitens des Verbandes erscheinen Sportministerin Melandri und Staatspräsident Napolitano auf dem Platz. Lippi schlüpft in die Rolle des Gastgebers und begleitet sie zur Mitte des Platzes, wo wir in Erwartung der Besucher im Halbkreis aufgestellt sind.

Die Rede des Präsidenten entspricht jener, die man bei solchen Gelegenheiten erwartet. Man erkennt, dass der Fußball nicht zu seinen vorrangigen Beschäftigungen zählt, aber auch dass der Umstand, wonach unsere Siege das Land wiedervereint haben, ihm große Freude bereitet. Seine Worte klingen sehr aufrichtig, und mir wird klar, dass

es für den Präsidenten der Republik nichts Bittereres geben kann, als ein geteiltes und verbittertes Italien zu regieren. Napolitano schließt mit den Worten, dass sich alle unseren Sieg wünschen, aber – wie immer es auch laufen würde – das Land für diesen Moment voller Leidenschaft und das erzielte Resultat dankbar sein wird. Und genau an diesem Punkt – zur allgemeinen Überraschung, anfangs verlegen und dann immer vergnügter – schreitet Lippi ein. Es wäre übertrieben zu sagen, dass er ihn brüsk unterbricht, aber gewiss nutzt er die erste Pause von Napolitano, um sich einzubringen. „Entschuldigen Sie, *Presidente*, aber es ist noch nicht die Zeit für Danksagungen. Diese Jungs haben noch nichts erreicht, jedenfalls versuche ich es ihnen klarzumachen. Heute Abend will ich nichts weniger als den Sieg. Nichts weniger als den WM-Titel. Die Dankbarkeit ist ein Kopfkissen, auf dem man sich hinterher ausruhen kann. Solange wir im Turnier sind, ist es besser, nicht darüber zu sprechen, um Konditionierungen zu vermeiden. Wir sind im Finale angekommen, aber sollten wir es verlieren, ruinieren wir uns die bis jetzt geleistete Arbeit. Ich entschuldige mich nochmals, die Jungs wissen von diesen Dingen, aber es war mir wichtig, sie nochmals zu wiederholen."
Und er schweigt, während die Blicke wieder auf den Präsidenten gerichtet sind. Der kurz seine Gedanken sammelt und sich dann mit einem Lächeln auf den Lippen direkt an uns wendet: „Habt ihr euren Teamchef gehört? Geht und siegt, wir haben alle vollstes Vertrauen in euch. Ich bin überzeugt, dass ihr mich heute den WM-Pokal berühren lässt."
Er reicht jedem die Hand, Lippi eine Spur länger. Seine klärenden Worte müssen ihm gefallen haben.

Der Teamchef überrascht an jenem Vormittag auch mich, denn vor der Rückkehr ins Hotel hält er mich zurück, um mir zu sagen, dass ich heute Abend Makélélé nicht aus den Augen verlieren dürfe. Es ist seltsam: Generell lässt mir Lippi große Freiheiten in Phasen des Nicht-Ballbesitzes. Er verlangt höchstens von mir, dass ich die Aktion des Gegners in der Startphase störe, wenn die zentralen Verteidiger dies übernehmen. Einen Mittelfeldspieler, noch dazu einen dynamischen wie Makélélé, zu decken, davon hatte er nie gesprochen. Ich zucke jedenfalls nicht mit der Wimper. Wie ich schon gesagt habe, hat Lippi zu viel für mich getan, weshalb ich seine Entscheidungen nie infrage stellen könnte. Bei der Rückkehr ins Hotel finden wir den Tisch fürs Mittagessen gedeckt vor, und danach, um 13.30 Uhr, werden die Türen des für uns reservierten Bereichs geöffnet, und wir können unsere Familienangehörigen treffen. Eine Stunde Zeit, signalisieren die Zuständigen des Verbandes und zeigen auf die Uhr. Das letzte Mal vor dem Spiel: Wir werden sie als Weltmeister oder als Verlierer wiedersehen.

Es ist eine sehr spezielle Stunde, die uns allen neue Energie gibt, denn wenn du sagst „Ich spiele für Italien", denkst du im Grunde an deine Liebsten, an deine Familienangehörigen und Freunde. Es sind zuallererst sie jenes Italien, für das du gewinnen willst. Nicht alle, die meine 100 Tickets erhalten haben, nehmen an dem Treffen teil, das wäre auch nicht möglich, aber es sind in jedem Fall genug Leute da. Alle tragen ein azurblaues Trikot, einschließlich der acht Monate alte Cristian, der mich anschaut, als würde er diesen Moment für immer festhalten wollen. Meine Frau ist sehr süß, Mama etwas gerührt, Papa ist … Papa. Keine Küsse oder Umarmungen, das ist nicht unser Stil, aber wir schauen uns lange in die Augen, und dort lese ich all die Genugtuung, seine Zuneigung, seine Nähe. Es ist ein Moment höchster Intensität, den ich in dieser Form aber auch benötige. Kaum habe ich alle verabschiedet, gehe ich aufs Zimmer und schlafe letztlich – wie der überwiegende Teil der Teamkollegen – ein. Zwei Stunden Tiefschlaf, ohne Traum, mit dem Handy im Ruhemodus, denn es gibt schließlich eine Welt da draußen, die dir laufend ihr „Hals- und Beinbruch" schickt. Ich muss mich ausruhen.

Der Wecker. Der Snack. Die Dusche – lang, kalt, erfrischend –, die ich immer vor der Abfahrt ins Stadion nehme, egal, ob mit Roma oder dem Nationalteam. Die Liturgie der Uniform: Heute Abend müssen wir, neben vielen anderen Dingen, auch elegant sein. Der

Lärm der Trolleys, die auf den Stufen aufschlagen, wir gehen von den Zimmern direkt in den Besprechungssaal. Lippi hat schon in den letzten Tagen gesprochen, die finale taktische Besprechung dient nur dazu, letzte Details zu fixieren. Höchstes Augenmerk auf Zidane, das ist auch der Grund, warum ich mich um Makélélé kümmern muss: damit sich ein anderer unserer Mittelfeldspieler um die Deckung von Zidane kümmern kann. Frankreich stellt ein Team voller Champions, aber es besteht kein Zweifel daran, dass der Superstar von Real Madrid herausragt. Superstar, ohne Zweifel der beste Spieler, den ich je am Werk gesehen habe, auch wenn Zizou in Wirklichkeit ein Mittelweg zwischen mir und Pirlo war. In der Tat hatte er nicht – obwohl er oft traf – die Durchschlagskraft in Tornähe, doch er war eindeutig der wahre Spielmacher. Auf dem Platz spürte man ganz deutlich die Sicherheit, die er seinen Teamkollegen vermittelte. Dies vorausgeschickt, hat mich Zizou auch immer wegen seiner eigenartigen Charakterzüge fasziniert, die gelben und roten Karten, die er erhielt, seine Reaktionen darauf – klar nehme ich nicht an, dass er gerade an jenem Abend eine weitere haben wollte, sogar die schwerwiegendste seiner Karriere.

Vor dem Spiel kreuzen sich unsere Wege nicht mit jenen der Franzosen. Die Umkleidekabinen sind weit voneinander entfernt, die Aufwärmphasen finden getrennt statt: Sie gehen zuerst auf den Platz, als wir an der Reihe sind, ist das Stadion bereits voll. Der Pokal steht dort, auf einem Tisch. Ich betrachte ihn fasziniert, bis Gattuso und Vito Scala vorbeigehen und, ehe sie zu dem Bereich laufen, in dem ihre Familienangehörigen sitzen, wiederholen: „Schau ihn nicht an, wenn du es dennoch tust, bringt es Unglück." Erst nach dem Spiel erfahre ich, dass Cristian – nochmals, acht Monate alt! – keine Karte hatte und die Deutschen ihn genau aus diesem Grund nicht ins Stadion lassen wollten. Bei der Rückkehr in die Kabine ist die Spannung, die wir eigentlich ausblenden wollten, offensichtlich.

Das WM-Finale ist ein singuläres, ein unvergleichliches Event. Im Laufe der folgenden Jahre hat Lippi unseren Sieg mit der Kompaktheit des Teams erklärt, und ich gehe da mit ihm zu 100 Prozent konform. In bestimmten Momenten ist es die Aufmunterung desjenigen Teamkollegen, der nicht spielt, die dir am meisten gibt. Die Bereitschaft der Reserve, den Stammspieler ohne Hintergedanken anzufeuern, ist einer der prinzipiellen Indikatoren für den gesunden Geist einer Mannschaft. In der Tat passiert es oft, dass jemand auf der Bank sich zwar wünscht, dass das Team siegt, aber derjenige, der auf seiner Position spielt, enttäuscht. In unserer Kabine dagegen werden die elf Startspieler von ihren möglichen Ersatzspielern umarmt und aufgemuntert. Ich erinnere mich an die Aufrichtigkeit in den Augen von Del Piero, als er zu mir sagt: „Geh hinaus und reiße alles nieder, Francesco."

Die Sirene ertönt. Wir verlassen die Kabine, gehen den Gang entlang, betreten die große, zum Spielfeld hin offene Halle, noch einige steile Stufen, und schon sind wir da: Die Franzosen treffen vom gegenüberliegenden Gang ein, wir begrüßen einander mit Lockerheit und Herzlichkeit – alle kennen sich –, manch einem gelingt es sogar, die Situation mit einem flotten Spruch zu entschärfen.

Der argentinische Schiedsrichter Elizondo und seine Assistenten sind die Letzten, wir geben den Kindern, die uns verträumt anschauen, die Hand. Auf geht's! Vor mir kann manch einer nicht der Versuchung widerstehen, den Pokal im Vorbeigehen zu berühren: Materazzi, Camoranesi, auch Cannavaro, sogar einige Franzosen – ich vermeide es, denke mir, wenn ich es jetzt tue, dann kann ich es vielleicht am Ende nicht machen. Reiner Aberglaube. Die zwei Reihen an Spielern gehen durch das Heer an Fotografen, die Mannschaften stellen sich auf. Wo immer ich auch hinschaue, sehe ich Leute, die die Fäuste ballen, blinzeln, einen Kuss schicken. Es ist die totale Anteilnahme. Wir hören die Hymne mit den Händen auf den Schultern des danebenstehenden Teamkollegen, auf der Bank machen sie dasselbe. Cannavaro gibt Toni und mir ein Zeichen, zur Mittelauflage zu kommen, denn wir haben Anstoß. Elizondo wartet lange, bis auch das kleinste Detail passt, dann pfeift er an. Luca Toni, der seit gut 30 Sekunden den Ball am Fuß hat, berührt ihn, damit er auf meinen rechten rollt: Ich stoppe ihn, drehe mich um, sehe Pirlo, der außerhalb des Mittelkreises wartet, und spiele ihm den Ball zu. Die übliche Kette ist in Gang gesetzt. Auch im WM-Finale.

Es kann niemals eine Partie wie jede andere sein, und in der Tat erinnere mich nur noch an einzelne Sequenzen. Nicht an einen logischen Verlauf – zu große Anspannung, um es einordnen zu können –, aber an eine Reihe von Situationen, die sehr schnell aufeinanderfolgen. Nach nicht einmal 60 Sekunden prallt Henry mit Cannavaro zusammen und bleibt einige Minuten liegen. Kein Foul, aber die Franzosen maulen etwas von den „üblichen Italienern", und der Schiedsrichter ergreift unmerklich ihre Partei. Er verwarnt nämlich Zambrotta für ein Einsteigen mit ausgestrecktem Bein gegen Vieira an der Strafraumgrenze. Kaum dringt Malouda in unseren Strafraum ein, kommt es zu einem Kontakt mit Materazzi, der live klar erscheint, aber es in Zeitlupe im Fernsehen deutlich weniger ist: Elfmeter, und es wurde praktisch noch kein Ball gespielt. Ich denke nicht, dass ich jemals den gegnerischen Elfmeterschützen derart mit einem Fluch belegt habe, und juble einen Augenblick lang innerlich, weil der Heber von Zidane – etwas hoch – die Unterkante der Latte berührt und im Bereich der Torlinie aufschlägt. Vor oder hinter der Linie? Nach kurzer Unentschlossenheit zeigt der Linienrichter zum Mittelkreis. Zidane jubelt, nachdem er auf diesen Hinweis gewartet hat, und die Wiederholung auf dem Riesenbildschirm beseitigt alle Zweifel: Der Ball war drin, und das sogar eindeutig. Ich denke wieder an eine Statistik, die ich tags zuvor gelesen habe: Es passierte zuletzt 1974, beim Finale zwischen Deutschland und Holland, dass die Mannschaft, die zuerst in Rückstand geriet, am Ende noch den Titel gewann. Ein netter Gedanke: Da Frankreich allein nicht genügt, kämpfen wir auch gegen die Geschichte.

Die Partie wird ohne großartige Veränderungen fortgesetzt, es ist zu früh, um die Partitur zu verändern. Wenn man von meiner Deckung Makélélés absieht, ist der taktische Plan immer der gleiche:

Das Wichtige ist, ruhig zu bleiben, was nicht leichtfällt, denn die Bälle fliegen über mich hinweg, anstatt dass sie vor meinen Beinen landen. Das 1:0 der Franzosen hat das Gleichgewicht verschoben. Immer wieder startet einer von uns nach vorne, ohne das Kurzpassspiel zu suchen, das unserer Charakteristik entspräche. Zum Glück kommen wir schnell zum Ausgleich, durch einen großartigen Kopfball Materazzis nach Eckball von Pirlo. Ich war in meiner üblichen Position bei Eckbällen postiert, zentral 16 Meter vor dem Tor, bereit, um eine zu kurze Abwehr volley zu übernehmen. Ich rufe nach ihm, aber er nimmt mich nicht wahr. Ehe er in den Umarmungen seiner Mitspieler versinkt, will er das Tor seiner Mutter widmen. Er hebt die Arme und seinen Blick in Richtung Himmel, und es wird einem bewusst – wie bei Grosso gegen Deutschland –, dass er nicht im Entferntesten daran gedacht hatte, im WM-Finale ein Tor zu erzielen. Danach sieht man nur noch einen Haufen Arme, hört Schreie und Aufmunterungen – das Aufatmen ist groß. Das Spiel beginnt für die kommenden 70 Minuten wieder bei null, oder zumindest dachten wir so bei der Rückkehr zur Mittelauflage.

Die Partie ist wie ein Stellungskrieg mit zwei hervorzuhebenden Generälen. Zidane aufseiten der Franzosen, die versuchen, sich in unserer Verteidigungszone festzusetzen. Pirlo auf unserer Seite, und in der Tat fangen wir tief aufgestellt wieder an, seiner Regie zu vertrauen. Mein Problem ist, dass die Passlinien verstopft sind, und beim Versuch, neue Räume zu schaffen, darf ich mich nicht zu sehr von Makélėle entfernen, der in Wirklichkeit jener Mann ist, der ihre Aktionen von Neuem startet, indem er sich den Ball von der Abwehr zuspielen lässt und sofort nach Zidane Ausschau hält. Frankreich hat mehr vom Spiel, Henry verlangt kontinuierlich Zuspiele, und wenn er sie rechtzeitig erhält, wird es extrem gefährlich. Ein böser Kunde für unsere Verteidiger, der böseste des Turniers, und im Übrigen handelt es sich hier ums Finale, da geht niemand halbherzig ans Werk. Doch eine zweite Standardsituation könnte uns genügen, um in Führung zu gehen. Nach dem Ausgleich von Materazzi trifft Toni nach einem perfekt getretenen Eckball von Pirlo mit einem Kopfball nur die Latte. Nach rund 30 Minuten verletzt sich Perrotta, der ein paar Minuten auf dem Boden liegen bleibt. Ich gehe zur Bank, um etwas zu trinken, Lippi wendet sich mit Nachdruck an mich. Aber nicht, um mir zu gratulieren.

„Francesco, was ist los mit dir? Du machst zu wenig, das muss deine Partie sein."
Ich versuche zu erwidern, dass der Ball über mich hinwegfliegt, aber er deutet mehr Bewegung an: „Du musst dich blicken lassen, stehst immer hinter einem Franzosen."
Ich signalisiere mit dem Daumen nach oben, dass ich verstanden habe, werfe einem Masseur die Trinkflasche zu und kehre in Richtung Mittelauflage zurück. Auch ich weiß, dass ich keine großen Dinge mache, diese Geschichte mit Makéléle hat ein noch immer empfindliches Gleichgewicht zerstört. Ich habe erst vor einem Monat wieder zu spielen begonnen. Ich fordere Pirlo zum Doppelpass auf, versuche mit Zambrotta einen Seitenwechsel, den er gegen die Ukraine in ein Tor verwandelt hat, probiere von Toni, den ich ein wenig seinem Schicksal überlassen habe, weniger weit entfernt zu sein. Aber als Elizondo zur Pause pfeift, sehe ich meine persönlichen Erwartungen enttäuscht. Und Lippi stimmt dem zu. In der Kabine ruft er mich zur Seite und bringt mich in ein Bad, schiebt die Türflügel zu und explodiert erneut: „Du musst mehr geben, Francesco. Diese Spiele werden von Champions gespielt, und du bist unserer. Denke daran, was du alles getan hast, um hier zu stehen, wie viel du in all den Monaten gearbeitet hast, wirf alles auf den Platz, was dir geblieben ist. Denn das Finale ist ein Spiel, das kein Morgen kennt. Ich will den Titel, Francesco, alle deine Teamkollegen wollen ihn. Auch du musst ihn wollen, mit aller Kraft. Andernfalls tausche ich dich bald aus."

Ein kurzer, aber sehr eindringlicher Vortrag von nicht einmal einer Minute. Wenn ich heute an diese Szene denke, muss ich schmunzeln – in einem Bad, denn es war natürlich keine Zeit, um einen Besprechungssaal zu suchen. Ich fand es sehr korrekt von Lippi, es mir privat zu sagen, und ich rufe wahrhaftig meine ganze Energie ab: Aber es ist nichts mehr übrig – es ist der Moment, in dem ich den Preis für drei Monate ohne ein einziges Spiel zahle. Was ich in diesem Moment brauchen würde, wäre eine andere taktische Ausrichtung, doch diese ist unter diesen Bedingungen unrealisierbar. Als wir auf dem Platz zurück sind, bekommt nämlich Frankreich die Oberhand. Ich laufe weiterhin planlos ins Leere, immer abseits des Balls. Die Entscheidung Lippis, mich auszuwechseln, ist daher richtig, genauso wie jene, das Mittelfeld zu stärken: Schon einige Minuten zuvor habe ich bemerkt, dass Daniele De Rossi sich aufwärmt, ich bin nicht überrascht von der Tatsache, dass er meinen Platz einnimmt. Auch Iaquinta wird anstelle von Perrotta eingewechselt, und folglich wird eine ganze Kette in unserem Spiel verändert. Unterm Strich werde ich auf rund zehn Ballkontakte gekommen sein, und kein einziger davon war ein tiefes Zuspiel auf Simone. Es war einfach nicht der Platz dafür, und ich vermute, dass Frankreichs Teamchef Domenech damit zu tun hatte.

So wurde ich nach 60 Minuten des WM-Finales ausgewechselt, und mir ist bewusst, dass ich kein weiteres spielen würde. Ich hätte zumindest etwas wütend sein müssen, enttäuscht, beschämt. Ich sollte mich krankärgern, auch weil ich schon geschildert habe, dass mein Charakter in diese Richtung geht. Doch ganz im Gegensatz dazu verlasse ich den Platz frei von negativen Gefühlen, überzeugt davon, dass so, wie sich die Dinge entwickelt haben, Daniele sich als nützlicher erweisen kann. Von all den Dingen, die ich euch bislang erzählt habe, ist das jenes, das am meisten einem Wunder gleicht: Ich habe eine WM als Stammspieler gespielt, den Spirit der Reservespieler würdigend. In dem Moment, in dem ich nun selbst zur Reserve werde, interessiert mich einzig, dass die Elf auf dem Platz die Partie gewinnt. Ich unterstreiche das nicht, um mich sagen zu hören, wie brav ich bin, sondern um euch wissen zu lassen, was eine siegreiche Mannschaft ausmacht: Das Lob geht an alle 23, und in weiterer Folge an den Trainer, denn es ist das Wissen, Distanz zu persönlichen Interessen auch in den heikelsten Momenten wahren zu müssen, die die Güte der kollektiven Arbeit beschreibt. Ich lasse mich erschöpft auf die Bank fallen, trinke einen Schluck Wasser und richte meine Konzentration sofort auf Daniele, der den Platz mit einem unvorstellbaren Druck betreten hat: Du kommst nach vier wegen einer Sperre verpassten Spielen nun im WM-Finale zum Einsatz, hast folglich nicht den Spielrhythmus. Was dir alle, im Fall der Fälle, zum Vorwurf machen werden, anstatt es dir als Alibi anzurechnen. Es ist, wie mit zehn Gorillas auf den Schultern zu spielen, und ich halte den Atem an, als Daniele den ersten Ball erhält: Er bringt ihn gut unter Kontrolle, hebt den Kopf und spielt ihn durch eine alles andere als banale Passlinie nach vorne. Von jetzt an wird alles weniger schwierig sein.

Das Leiden auf der Bank ist kaum in Worte zu fassen. Wir springen alle auf, als Toni ins Tor trifft, aber ich hatte aus dem Augenwinkel die gehobene Fahne bemerkt, folglich hält sich die Enttäuschung in Grenzen. Wir nehmen wieder Platz. Ich sitze zwischen Perrotta und Peruzzi, wir feuern das Team hemmungslos an. Die Dezibel steigen …

Als noch wenige Minuten fehlen, ruft Lippi Del Piero vom Aufwärmen zu sich. Ich warte darauf, dass sich unsere Blicke kreuzen, damit ich ihn aufmuntern kann, indem ich die Fäuste balle. Ich bin glücklich darüber, dass auch er im Finale zum Zug kommt. Und das gar nicht so kurz: Nach 90 Minuten steht es noch immer 1:1, es folgt die Verlängerung. Als Elizondo abpfeift, springe ich auf, nehme ein paar Wasserflaschen und gebe sie den Kollegen, die zur Bank kommen. Ich lache, ermutige, muntere auf – so wie alle anderen, die nicht spielen, oder besser gesagt, die auf eine andere Weise „spielen“. Lippi hat schon alle drei Wechsel in Anspruch genommen, es ist nicht mehr notwendig, dass sich die Ersatzspieler aufwärmen, die elf bleiben unverändert, den anderen bleibt die Aufgabe, sie anzufeuern. Der drastische Rückgang des Adrenalins infolge der Auswechslung ist eine weit entfernte Erinnerung, ich bin von Neuem aufgeregt und „auf Touren“, als ob ich selbst spielen würde.

Die Verlängerung steht im Zeichen von Zidane. Erstens wegen des glänzenden Kopfballs, den kein anderer Tormann der Welt, abgesehen von Gigi, pariert hätte, und wenn ich daran denke, zittern mir heute noch die Knie. Und zweitens wegen des unglaublichen Kopfstoßes, den er Materazzi verpasst, und des daraus resultierenden Ausschlusses. Der letzte Akt in seiner Karriere. Auf der Bank nimmt es zunächst niemand wahr, denn der Ball wird weitergespielt, und wir schauen alle zu den Stürmern. Es ist Del Piero, der in Richtung Tor losstürmt, aber ein Foul begeht. Die Franzosen kontern, Wilford erhält auf der Mittelauflage den Ball, und in jenem Moment erkennen alle, dass Materazzi am Boden liegt: Das Spiel wird unterbrochen, Elizondo läuft in die Zone des Geschehens – wo azurblaue und weiße Trikots in einer Situation zunehmender Nervosität aneinandergeraten. Ich erkenne am Gesicht von Buffon, der offensichtlich alles gesehen hat und ununterbrochen zwischen Schiedsrichter und Linienrichter hin und her läuft, dass es sich um etwas Schwerwiegendes handeln muss. Gigi gestikuliert wild in Richtung des Assistenten, greift sich ans Auge, wie um zu deuten, dass es nicht sein kann, dass der nichts gesehen hat. Gattuso suggeriert Elizondo, dass er sich doch von jemandem helfen lassen soll, der einen Monitor vor sich hat. Und das passiert auch – mit der Zidane präsentierten roten Karte und der Wut der Franzosen, die versiegt, als der Riesenbildschirm im Stadion die Bilder des Kopfstoßes zeigt. Ein erstauntes „Oh" geht durchs Stadion, denn alle hatten einen Stoß oder höchstens einen Ellbogencheck vermutet, gewiss nicht diese verrückte Geste.

Zidane geht beim Verlassen des Platzes an uns vorbei, niemand wagt es, etwas zu ihm zu sagen. Reden wir Klartext: In diesem Moment bin ich glücklich, dass Frankreich diesen Spieler verliert, der unbestritten ihr bester ist. Ihr Star. Die eine Sache ist die, dass wir aufatmen können, weil es für uns nun sicher weniger schwierig wird. Eine andere Sache ist es aber, nicht daran zu denken, wer dieser Mann ist, der da den Platz verlässt, wie bitter dieser letzte Gang in die Kabine sein muss, an einem Pokal vorbei, der nun nicht seiner sein wird. Wie ungerecht es ist, dass ein derartiger Champion mit einem derart beschämenden Ausschluss seine fantastische Karriere beenden muss. Es fehlen noch zehn Minuten, aber in der Praxis wird nicht mehr gespielt. Der Vorfall mit Zidane hat alle dermaßen geschockt, dass für den Rest der Partie schlichtweg nur noch auf das Elfmeterschießen gewartet wird.

Und hier sind wir schließlich angelangt. Diesmal hat Lippi die Mannschaft nicht damit beauftragt, die Partie zu einem Ende zu bringen, wie es im Semifinale passiert war. Das Motiv liegt auf der Hand: Deutschland war uns unterlegen, das Elfmeterschießen hätte ihnen eine Gelegenheit geboten, die sie nicht verdienten. Mit Frankreich hingegen sind wir auf Augenhöhe: Indem wir die Situation erzwingen, hätten wir uns dem Risiko ausgesetzt, ein Tor zu kassieren. Die Wahrheit ist, dass wir in einem derart dramatischen Umfeld relativ unaufgeregt sind: In der Mannschaft gibt es einige Elfmeterschützen aus den jeweiligen Klubs, und so sehr die emotionale Situation nicht vergleichbar ist – sie sind es gewohnt, zu schießen. Buffon schafft es nicht, stillzuhalten, denn er weiß als bester Torhüter der Welt, dass Elfmeter nicht seine Stärke sind. Ich übernehme den Part, ihn aufzumuntern, erinnere ihn daran, dass er Buffon heißt und jeder Schütze von der Vorstellung verängstigst sein wird, ihn vor sich zu haben. Gigi deutet mir mit nach oben gezogenen Mundwinkeln an: „Komm schon, du übertreibst etwas zu sehr“, doch ich habe ihm sein Lächeln zurückgegeben, und genau das war mein Ziel. Lippi hat eine präzise Strategie: gleich zu Beginn ein „sicherer“ Schütze, um die Serie bestmöglich zu starten. Es ist eine Situation, wie wenn man im Tennis den fünften Satz mit Aufschlag eröffnet.

Pirlo bricht mit erkennbarer Kaltblütigkeit in Richtung Elfmeterpunkt auf. Ich betrete den Mittelfeldkreis, schaffe es nicht mehr, auf der Bank zu sitzen. Ich bleibe in der zweiten Reihe hinter den Schützen, rede kein Wort. Die Intensität des Moments ist zu stark, niemand hat die Kraft, auch nur irgendetwas von sich zu geben. Zentraler Schuss, aber Barthez ist vorab abgetaucht. Tor. Andrea küsst seinen Ehering und kehrt zur Mittelauflage zurück, mit stoischer

Miene. Er hat eine Hammer-WM gespielt, war das Herzstück der Mannschaft, der Direktor des azurblauen Orchesters: Auf dem Platz haben er und ich uns immer instinktiv gefunden, Klasse erkennt Klasse. Mir hat es gefallen, dass er, als ich ihm den Ball zum Tor gegen Ghana aufgelegt habe – alles sein Verdienst, mein Beitrag war nur eine „Lieferung" –, zu mir sagte, ich sei ein Kurier im FedEx-Stil. Er zuckt nicht einmal nach einem verwandelten Elfmeter in einem WM-Finale, kehrt in den Kreis zurück und gibt auf die Gratulationen aller ein kurzes Nicken von sich. Zeit, um sich umzudrehen, und Wiltord, der übliche Wiltord, hat ausgeglichen.

Materazzi legt einen raschen Start hin, als ob er die Tortur abkürzen wolle. 15 Minuten zuvor hatten ihn der französische Sektor des Stadions und die Bank – mit Domenech an der Spitze – mit Beleidigungen überschwemmt. Sie dachten, er hätte simuliert oder den Ausschluss Zidanes provoziert. Der Riesenbildschirm hat für Gerechtigkeit gesorgt, aber die Antipathie ist geblieben. Es bedarf eines starken Charakters, um dem standzuhalten, und Marco fehlt es nicht daran. Während es den Anschein hat, dass die Bausubstanz des Stadions von der Intensität der Pfiffe erzittert, schießt er scharf ins Eck, über den ausgestreckten Arm von Barthez. Fantastisch. Bei der Rückkehr zur Mittelauflage berührt er sein Ohr mit einer Hand – eine Nachricht an die Franzosen, die ihm nach wie vor mit allen möglichen Ausdrücken ihre Meinung sagen. Seit dieser WM liebe ich ihn von ganzem Herzen, in der Meisterschaft hat er mich aber weiter bekämpft, als ob nichts gewesen wäre. Doch die Person Marco ist viel sanfter als der Fußballer Marco. Nachdem du ihn gründlich kennengelernt hast, kannst du nicht mehr aufhören, ihn zu mögen.

Trezeguet ist an der Reihe, für viele Jahre Teamkollege von Buffon bei Juve. Die Tatsache, dass sich Torhüter und Schütze sehr gut kennen, kann sich in entscheidender Weise auf das psychologische Gleichgewicht des Duells auswirken. In der Tat versucht der Franzose eine zu schwierige Ausführung, hoch und ins Kreuzeck, trifft dabei die Latte. Der Adrenalinspiegel nach einem Fehler eines Gegners ist dreimal so hoch im Vergleich zum gelungenen Versuch eines Teamkollegen, denn jetzt spürst du, wie der Sieg näher rückt. Nun hängt sehr viel von unserem dritten Schützen ab. Ich erinnere mich nicht an die definitive Reihenfolge von Lippi, schaue mit Besorgnis auf die Reihe der Kandidaten wenige Meter vor mir. Mir bleibt das Herz stehen, als ich sehe, dass Daniele losgeht.

Eine logische Entscheidung, zumal er bei Roma die zweite Option nach mir ist, und sein Rechtsschuss ist stark und präzise. Dennoch beeindruckt es mich – auch aus einem Schutzmechanismus heraus –, dass er sein Ja dazu gab. Als ich sehe, wie der Ball im Kreuzeck einschlägt, eine schöne Kopie des Schusses von Trezeguet, juble ich insgeheim wie bei keinem anderen Elfmeter. Ich war lange Zeit ein Vorbild und Bezugspunkt für Daniele, ich fühle mich wie sein älterer Bruder. Es ist einer von vielen Momenten – wahrscheinlich der berühmteste –, in dem ich stolz auf ihn bin. Ich umarme ihn bei seiner Rückkehr in die Spielfeldmitte, während Abidal zum Elfmeterpunkt schreitet und nicht danebenschießt. Die Franzosen bleiben an uns dran.

Del Piero klatscht in die Hände und macht sich auf den Weg. Nun ist er dran. Er kann nicht danebenschießen. Erstens, weil Alessandro nie danebenschießt – viele Male habe ich ihn vergeblich bei Juve verflucht. Zweitens, weil es an der Zeit ist, dass er uns hilft. Bei der EURO 2000 ließ ihn Zoff als letzten Schützen zurück, und die Fehler der Holländer ließen uns bereits davor feiern. Daher hat ihn Lippi, um nicht Gefahr zu laufen, unseren besten Schützen zu vergeuden, als vierten eingesetzt. Und in der Tat enttäuscht Alessandro nicht, verlädt Barthez und ballt die Fäuste in unsere Richtung.

Pirlo umarmt Cannavaro, während Grosso vom erfolgreichen Versuch Del Pieros am meisten begeistert ist, das Warum ist rasch erzählt. Von diesem Moment an ist jeder Elfmeter ein Matchball. Sollte Buffon den nächsten parieren, wäre es vorbei, und Fabio Grosso würde sich den letzten, ungemein schwierigen Schuss ersparen. Er ist nämlich der Fünfte auf der Liste. Sagnol, ein Außenverteidiger, geht los, und ich denke mir, dass er wahrscheinlich jener Mann ist, der Zidane im Quintett der Schützen ersetzt. Da wollen wir mal sehen, ob ... Nein, es gibt nichts zu sehen: Sagnol verwandelt sicher, und alle Blicke richten sich unweigerlich auf Fabio Grosso.

Seine Frau auf der Tribüne ist im achten Monat schwanger. Ilary wird mir später erzählen, dass drei oder vier der Spielerfrauen sie umzingelt haben, um sie zu unterstützen – sie war sehr aufgeregt, drehte sich vor lauter Angst weg. Sie wollte ihn nicht schießen sehen. Fabio hingegen hatte nicht mit der Wimper gezuckt, als ihn Lippi gefragt hatte, ob er sich bereit fühle, den fünften Elfmeter zu treten. Ein Soldat. Und jetzt, wo es entscheidend wird, schaut genau, wie er geradeaus losgeht, ohne auch nur einen Zentimeter vom kürzesten Weg abzuweichen. Schaut, wie er den Ball in die Hand nimmt und ihn vorsichtig am Elfmeterpunkt ablegt. Schaut, wie er für den Anlauf um einige Schritte nach hinten geht, stehen bleibt und den Schiedsrichter in Erwartung des Pfiffes aus dem Augenwinkel beobachtet. Es dabei tunlichst vermeidet, dass sich sein Blick mit jenem von Barthez kreuzt. Grosso hat schon den halben Elfmeter gegen Australien besorgt und das erste Tor gegen Deutschland erzielt. Kann er auch den entscheidenden Elfmeter zum WM-Titel beisteuern? Zu Beginn des Turniers hätte ich ehrlich gesagt mit „Nein" geantwortet. Doch nach und nach, als ihm Verantwortung übertragen wurde und er immer besser damit klarkam, reifte in uns Teamkollegen das Gefühl, dass Fabio der Mann unseres Schicksals wäre. Tatsächlich. Anlauf. Linksschuss. Tor.

Mein Kopf explodiert. Ich erinnere mich nicht daran, wen ich als Ersten umarmt habe. Ich erinnere mich nur daran, dass Pirlo an mir vorbeirannte, verfolgt vom FIFA-Kameramann, der während der Ausführung der Elfmeter neben uns stand und uns diskret filmte. Auf den Bildern, die ich unzählige Male angeschaut habe, klammere ich mich an Daniele und Vito, und dieses gänzlich römische

Fest – Perrotta stößt einen Augenblick später dazu – bleibt mir für immer eingebrannt. Der einzige Gedanke, der in meinem Kopf kreist, während Cannavaro den WM-Pokal in die Höhe stemmt, ist, dass ich nun ein Teil der Fußballgeschichte bin. Aber es ist alles sehr diffus, und jedes Mal, wenn ich mir die Bilder wieder anschaue, fällt mir ein neues Detail auf: Lippi mit Zigarre bei der Siegerehrung ist beispielsweise eine neue Entdeckung. Von der berühmten Absenz des FIFA-Präsidenten Sepp Blatter, die ein großes Thema war, nimmt niemand Notiz. Du glaubst doch nicht wirklich, dass sich jemand in einem solchen Momenten fragt, warum man Blatter nicht sieht …

In der Kabine ist die Hölle los. Ein Chaos an Leuten, von denen sich nicht einmal dann jemand verzieht, als die Kübel mit Eiswasser durch die Gegend fliegen. Ich denke mir, dass es ein Statussymbol von außergewöhnlicher Wichtigkeit darstellt, in jenem Moment hier zu sein. Das Problem ist, dass auch Präsident Napolitano beim Erscheinen in der Kabine ein paar Tropfen davon abbekommt und auch Sportministerin Melandri – eine wahrlich schöne Frau – begossen wird. Zum Glück haben beide die richtige Einstellung, und ich denke mir, dass es auch für sie eine Genugtuung ist, Teil jener Fotos zu sein. Vito, der stets die Augen offen hält, stößt einen Agenten der Wache des Präsidenten zur Seite, der gerade dabei ist, ein paar Trikots zu klauen.

Danach geht's zum Flughafen, denn vor der Rückkehr nach Italien müssen wir in Duisburg vorbeischauen. Wir schulden es den Leuten im Hotel, die uns mit Tränen in den Augen empfangen. Außerhalb des Hotels stehen Italiener, so weit das Auge reicht, es ist ein Wahnsinn. Ich verbringe die Nacht mit Ilary, dem dösenden Cristian, Vito und seiner Frau. Wir reden, lachen, haben alle das Gefühl, dass nach diesem Sieg nichts wie früher sein wird. Niemand fragt mich danach, aber bei Sonnenaufgang – als der Himmel sich zu verfärben beginnt – kommt mir ein Gedanke: Ich habe mein letztes Spiel fürs Nationalteam bestritten. Ja, genauso war es. Wenn ich noch einen

Zweifel gehabt hätte, so gefällt mir nun die Möglichkeit, am Höhepunkt abzutreten. Denn es ist immer besser loszulassen, wenn es noch jemanden gibt, der dir nachweint.

Der nachmittägliche Flug führt von Düsseldorf zum Militärflugplatz Pratica di Mare. Ich bin gestriegelt und rasiert, sie erwarten uns zunächst beim Palazzo Chigi und später im Circus Maximus für das große Volksfest. Ich reise gemeinsam mit Ilary und mit Cristian auf dem Arm, die WM ist vorbei, und ich will auch nicht nur eine Minute mehr von ihnen getrennt sein. Während des Fluges erklären wir Römer den anderen, was es bedeutet, in unserer Stadt zu feiern. Wohl wissend, dass diese Feier eindrucksvoll sein wird, vor allem für die Juve-Spieler, die es gewohnt sind – es ist eine Hänselei seit Ewigkeiten, ein scherzhafter und überaus magerer Trost angesichts ihrer Anhäufung an Erfolgen –, den Meistertitel gut 20 Minuten lang zu feiern. Höchstens. Buffon lacht jedes Mal genüsslich, wenn wir das Thema zur Sprache bringen. 20 Minuten vor der Landung gesellen sich die *Frecce Tricolori* zu unserem Flugzeug, um uns zu eskortieren.

Die Soldaten, die uns auf dem Rollfeld erwarten, geben uns sofort zu verstehen, was uns erwartet. Sie scheinen übergeschnappt. Ich will damit sagen: Es sollte eine Zeremonie sein, doch in dem Moment, als wir das Flugfeld betreten, startet die Jagd auf Fotos und Autogramme. Ich denke, das ist okay so. Der erste Termin steigt im Zentrum Roms, Ministerpräsident Romano Prodi erwartet uns im Regierungsgebäude auf der Piazza Colonna. Es werden zehn Jahre gewesen sein, seit ich nicht mehr in der Via del Corso gewesen bin, und die Sache ruft in mir leichte Aufregung hervor: Ich habe die Gelegenheit, einige Ecken meines geliebten Roms wiederzusehen, was mir aus verständlichen Gründen lange verwehrt geblieben ist. Eine weitere, kleine Zugabe zu der riesigen Freude. Die Fahrt auf der Pontina und dann auf der Cristoforo Colombo ist von unbeschreiblicher Schönheit. Denn entlang der Straßen stehen Abertausende feiernde Menschen, jeder mit einer Fahne, einige entrollen, als wir vorbeifahren, ein Spruchband. Alle sind von Müdigkeit gezeichnet– in jener Nacht hat nicht einmal in Italien jemand geschlafen – und von Glückseligkeit. Schnell wird der Autobus gezwungen, langsamer zu werden, denn vor uns fahren Hunderte von Motorrädern, und die Fahrt in Richtung Palazzo Chigi ist zu einem Konvoi geworden. Entlang der Via dei Fiori Imperali kommen wir nur im Schritttempo voran, so viele Menschen auf den Straßen habe ich nur bei der Feier unseres Meistertitels gesehen. Wir kommen um 21 Uhr auf der Piazza Colonna an, mit einer ordentlichen Verspätung. Prodi ist auf die Straße gekommen, um uns zu empfangen, hinter ihm eine Reihe von Ministern, und ich weiß bereits, dass dies bei Gigi Riva einen Juckreiz auslösen wird. Er mag keine Politiker, vor allem jene nicht, die vor der WM Interviews gaben, in denen sie sich fragten, ob es nach *Calciopoli* nicht besser wäre, zu Hause zu bleiben. Der Empfang im Palazzo Chigi ist jedenfalls angenehm, auf der Piazza Colonna wimmelt es nur so vor feiernden Fans, an einem gewissen Punkt nehme ich den Pokal und lasse mich bei einem Fenster blicken, um ihn den Leuten zu zeigen. Der Jubel gleicht jenem bei einem Treffer im Derby.

Trotz der absolut feierlichen Stimmung spüre ich, dass etwas nicht stimmt. Ich frage Vito, ob ihm etwas zu Ohren gekommen sei, und er erzählt mir, dass es Probleme mit Riva gebe: Als er gehört hat, dass nicht nur die Mannschaft und der Staff, der sie bei der WM unterstützt hat, in dem großen, offenen Bus zum Circus Maximus mitfahren würden, sondern auch einige Verbandsangestellte und vor allem auch Politiker, hat er die Fassung verloren. Ich sehe ihn am Ende des Saales mit finsterer Miene: Sie versuchen ihn zurückzuhalten, aber er hat schon eine Entscheidung gefällt. Er eilt das Treppenhaus hinunter, taucht auf dem Platz neben dem geparkten Bus auf, lässt sich vom schockierten Busfahrer den Gepäckraum öffnen, nimmt seinen Trolley und geht davon, ich denke, auf der Suche nach einem Taxi. Wenn ich ihn schon davor für seine Vergangenheit als Champion und seine Bereitschaft, sich stets auf die Seite der Kicker zu stellen, bewundert habe – auch als es schwierig war, wie für mich nach der Spuckaffäre mit Poulsen –, so spüre ich nun, wie ich ihn geradezu liebe. Seine Fähigkeit, nicht zu vergeben, halte ich für unbezahlbar, ganz im Gegensatz zu uns, die in dieser Feierstimmung um des Friedens willen so tun, als ob sie sich nicht daran erinnern würden, was der eine gesagt, der andere vorgeschlagen hat, und wie sehr uns der dritte beleidigt hat. Gigi Riva hatte hingegen klargestellt, dass er bereit dazu sei, einige Hände zu schütteln, aber nicht alle in den Bus steigen zu lassen. Und so haut er ab, nachdem ihm klar geworden ist, dass jene, die uns Steine in den Weg gelegt haben, nun auch unter der Feiernden und mit am Foto gewesen wären.

Die Fahrt von der Piazza Colonna zum Circus Maximus ist eine langsame Prozession entlang blockierter Straßen, so verstopft, dass einige Teamkollegen – jene, die noch einen Flug nach Hause nehmen müssen –am liebsten aussteigen würden. Mir gelingt es, sie zu überreden, indem ich ihnen ein Fest verspreche, wie sie es noch nie zuvor erlebt hätten, und zu meiner Unterstützung treffen gerade die Vorräte im Bus ein, darunter reichlich Champagner: Bevor wir am Ziel ankommen, sind wir alle halb betrunken, und das übliche Trio – ich, Daniele und Vito – heckt einen weiteren Plan aus, um Buffon zu Roma zu lotsen. „Schau, wie viele Leute, schau, welch eine Freude", belästigen wir ihn. „Stell dir einen Meistertitel hier vor, du würdest ihn einen Monat lang feiern."
Um einen Euphemismus zu verwenden: Gigi hält sich beim Anstoßen nicht zurück, lacht den ganzen Abend lang in der Tat wie ein Esel und antwortet auf unsere scharfsinnigen Überlegungen mit einem kräftigen Nicken: „Ja, ja, ich muss wirklich zu Roma kommen, ich darf mir solch ein Ambiente einfach nicht entgehen lassen."
Und schon bricht alles in Gelächter aus. Wir drei schauen uns ratlos an: Ist es uns am Ende gelungen, ihn zu überzeugen, oder macht er sich über uns lustig? Offensichtlich Zweiteres: Nach der Feier im Circus Maximus und dem abschließenden Buffet im Parco dei Principi umarmt uns Gigi und wünscht uns schöne Ferien. Und das war's, leider. Ich schlafe auch die zweite Nacht in Folge nicht, und

das ist gut so. Denn tags darauf habe ich, mit Cristian auf der Brust, auf dem Flug nach Bora Bora süße Träume.

Als ich nach einer Stunde beim WM-Finale vom Platz ging und De Rossi Platz machte, habe ich nicht nur ein großes Spiel verlassen. Ich habe – zum Glück ruhmvoll – meine Zeit im Nationalteam beendet. Ich bin noch nicht einmal 30 Jahre halt, verspüre aber das Bedürfnis, mehr Zeit mit meiner Familie zu verbringen: Mit Ilary, Cristian und den zwei Schwesterchen, die noch folgen würden und die wir uns schon zu jener Zeit von ganzem Herzen wünschten. Von jetzt an würde ich mich zwischen Roma und der Familie aufteilen, während ich die Trainingslager, Freundschaftsspiele, Qualifikationsmatches und die großen Turniere im azurblauen Trikot aus meinem Leben streiche: viel gewonnene Zeit in einem Alter, wenn es beginnt, dir nicht mehr endlos zu erscheinen. Bereits auf dem Rückflug von Deutschland habe ich die Verantwortlichen über meine Entscheidung informiert, die ich im Übrigen bereits vor der WM getroffen hatte: Als mich der neue Teamchef Roberto Donadoni im November in dem Hotel in Mailand aufsucht, wo ich mich vor einem Meisterschaftsspiel befinde, bekräftige ich ihm gegenüber mein Nein. Mit Bedauern, denn es ist nicht leicht, einem Teamchef abzusagen, der dir zu verstehen gibt, wie sehr es ihm gefallen würde, dich trainieren zu können. Donadoni ist ein guter Mann, schade, dass wir nicht ein Stück des Weges gemeinsam beschritten haben. Aber in jenem Moment hatte ich dafür nichts mehr übrig.

Auch bei weiteren Gelegenheiten war ein mögliches Comeback im Nationalteam ein Thema. Alle glaubten zwei Jahre später daran, als Lippi als Teamchef zurückkehrte. Angesichts unseres Verhältnisses ergab diese Vorstellung durchaus Sinn. Just deshalb bot ich ihm nie die Gelegenheit, über ein paar Floskeln hinauszugehen. Hätte ich es ihm gestattet, mich explizit zu fragen, wäre es schwierig geworden, nochmals abzusagen. Und schließlich rief Cesare Prandelli einige Monate vor der WM 2014 Vito an, um ihn zu fragen, ob sich etwas geändert habe: Die Vorstellung, in Brasilien zu spielen, gefiel mir in der Tat, wenn der Teamchef persönlich mit mir darüber gesprochen hätte, hätten wir vielleicht etwas zustande gebracht. Aber das passierte nicht: Prandelli rief kein zweites Mal an, und es war auch besser so. Ich hätte mich unwohl dabei gefühlt, im letzten Moment zu einer Mannschaft zu stoßen, die die Mühen der Qualifikation auf sich genommen hat, und weil ich den Platz im Kader jemanden weggenommen hätte, der sich den Arsch dafür aufgerissen hat, um dabei zu sein.

Ich habe als Weltmeister aufgehört. Als ich mich dazu entschloss, Roma den Vorzug zu geben, habe ich meine Zugehörigkeit zur Stadt in einer Art und Weise gezeigt, die keine Zweifel offenließ. Selbst heute reagieren noch viele überrascht, wenn ich erkläre, dass der Meistertitel für mich einen leicht höheren Stellenwert hat als der WM-Titel. Sie halten mich für verrückt und schaffen nicht, es zu akzeptieren, denn natürlich ist die WM der Gipfel einer jeder Karriere. Aber er ist es für jemanden, der jedes Jahr triumphiert – wie zum Beispiel die Juve-Spieler –, mehr als für jemanden, der fast nie triumphiert. Für uns ist der Meistertitel das Größte, mein großer Schmerz besteht darin, ihn nicht ein zweites Mal gewonnen zu haben. Das Nationalteam, nun ja ... Jedes Mal, wenn ein großes Turnier steigt, wäre ich instinktiv gerne dabei: Die Hymnen erklingen, der Kameramann schreitet die Reihe der italienischen Spieler ab, ich rufe Cristian, und wir werfen uns auf die Couch, um die Partie anzuschauen. Ich habe einen leichten Kloß im Hals, aber niemand bemerkt es.

Die Entscheidung, das Nationalteam im Alter von 30 Jahren zu verlassen und mich gänzlich der AS Roma zu widmen, beschreibt sehr gut meine Beziehung zum Klub und zur Stadt. Innig könnte das passende Wort sein. Symbiotisch, suggeriert mir ein Freund, der es wissen muss. Ja, die Vorstellung einer Symbiose zwischen mir und meinem natürlichen Lebensraum beschreibt die Gegebenheiten treffend. Rom ist weltweit als die schönste Stadt der Welt bekannt, aber mein Verlangen nach ihr entspringt großteils einem Verzicht. Ich kann sie nicht durchqueren, so wie ich es gerne tun würde. Seitdem ich zum Umzug von der Via Vetulonia nach Casal Palocco gezwungen war, weil fetischistisch veranlagte Fans die Fußmatten des Mehrparteienhauses, in dem ich wohnte, stahlen, bin ich in meiner Bewegungsfreiheit stark eingeschränkt. Ich beklage mich nicht darüber: Es ist der Preis, den ich für all die enorme Liebe, die ich erhalten habe und weiterhin erhalte, zahle. Doch die Beziehung zwischen mir und Rom ist ambivalent: Die Stadt ernährt sich von mir bis zur Sättigung – die Spiele, die Interviews, die öffentlichen Begegnungen –, während mir höchstens ein Bissen vom Apfel gewährt wird, danach muss ich untertauchen. Und nachts vielleicht quer durch den Park eines Klosters fliehen, wie es nach dem Meistertitel geschah.

Zu Weihnachten des Jahres 2011 realisiere ich im letzten Moment, dass ich nichts für Ilary gekauft habe. Es kommt Panik auf, denn die Geschenke unter dem Baum liegen ihr sehr am Herzen ... Ich rufe bei *Hermès* in der Via Condotti an, wo sie oft etwas kauft, und wir finden ein Seidentuch als passendes Präsent. Doch es ist der Nachmittag des 24. Dezember, und sie können es mir nicht mehr nach Hause liefern. Ich muss jemanden dorthin schicken oder es selbst erledigen. Aber ja doch, warum nicht einmal verrückt sein? Ich nehme Cristian mit, verhülle mich gut mit Haube und Kapuzenjacke, steige in den Smart und los geht's. Einzige Vorsichtsmaßnahme: Ich rufe einen Freund an, der ein Geschäft auf der Via del Corso hat, und frage ihn, ob ich den Smart dort stehen lassen kann, mit Warnblinkanlage, nur für fünf Minuten. Also genügend Zeit, um zu *Hermès* zu gehen, das Geschenk abzuholen, zu zahlen und zum Wagen zurückzukehren. Eine Blitzaktion im Stil eines Sondereinsatzkommandos.

Um 17 Uhr 30 am Heiligen Abend komme ich auf der Via del Corso an. Ich parke vor dem Geschäft meines Freundes, der neben dem Auto stehen bleibt, um alles zu überwachen, und mache mich zügig auf den Weg. Ich bin sehr gut getarnt, und inzwischen ist es dunkel, doch ich habe nicht an Cristian gedacht, der ohne Kopfbedeckung unterwegs ist. Na gut, beeilen wir uns: Ich gehe zu *Hermès* rein, das Paket ist schon fertig, ich händige ihnen die Kreditkarte aus. Dabei werfe ich einen Blick auf die Straße und stelle fest, dass sich draußen eine kleine Versammlung gebildet hat. Komm schon, schneller, wie lange braucht es bloß für diese Zahlung ... Das Gerät druckt die beiden Belege aus, ich unterschreibe den ersten und verabschiede mich von den Verkäufern mit einem immer breiteren Grinsen: Wir müssen uns beeilen.

Ich gehe auf die Straße hinaus, und los geht das Gebrüll. Rund 100 Personen haben sich vor dem Geschäft versammelt, ich nehme an, es war wie üblich: Einer sagt, dass er mich gesehen hat, zwei bleiben aus Neugier stehen: „Warum seid ihr hier?" Und so geht es dann weiter ...
Ich kenne diese Dynamik, habe mir aber eingebildet, sie zumindest am Heiligen Abend austricksen zu können. Cristian muss mich wohl auffliegen haben lassen, denn auch er ist den Fans bestens bekannt. Ich drücke seine kleine Hand – er ist gerade mal sechs Jahre alt – und stürze die Via Condotti entlang, durch die Menge hindurch. Die Leute lassen mich durch, folgen mir aber. Es ist wie eine Szene aus dem Film *Forrest Gump* – als er durch die Wüste läuft, mit einer wachsenden Gefolgschaft an Menschen im Schlepptau. Lege ich die ersten 50 Meter noch schnellen Schrittes zurück, so beginne ich danach zu laufen, darauf achtend, dass ich die Hand von Cristian noch fester drücke. Er ist zum Glück bereits ein kleiner Athlet und hält mühelos mit meinem Tempo mit. Kaum sind wir wieder auf der Via del Corso, folgt die nächste Überraschung: Der Smart ist hinter einer Menschentraube verschwunden. Es muss uns also auch hier jemand entdeckt haben, als wir aus dem Auto gestiegen sind. Und hat hier gewartet, in dem Bewusstsein, dass wir zurückkehren müssen. Einige der Leute, die uns umzingeln, hätten gerne ein Selfie, aber auch nur einem einzigen Foto zuzustimmen, wäre das Ende, denn dazu müsste ich stehen bleiben und würde folglich überrannt werden. Meine Angst besteht in jenem Moment aber vorwiegend darin, die kleine Hand von Cristian zu verlieren. Die Menschenmasse begnügt sich

damit, die Szene mit dem Smartphone festzuhalten. Alle verfolgen nur ein Ziel: den Videobeweis dafür zu haben, Totti am 24. Dezember im Zentrum von Rom begegnet zu sein.

Neben dem Auto warten neben meinem Freund bereits zwei Polizisten. Als sie uns sehen, beginnen sie, weit ausholende Gesten zu machen. Die drei Mutigen wollen mir dabei helfen, eine Pufferzone zwischen uns und dem Auto zu schaffen – kein leichtes Unterfangen. Es fehlt der Platz, um die Wagentür zu öffnen, zu viele Leute stehen dicht gedrängt rundherum. Ich kämpfe mich Zentimeter um Zentimeter vorwärts, letztlich gelingt es uns, Cristian einsteigen zu lassen. Mit Unterstützung der Polizisten schlüpfe auch ich ins Auto, aber erst nach gut fünf Minuten. Ich starte den Motor und fahre los, mit höchster Vorsicht, denn die Gefahr, jemanden zu überfahren, ist enorm. Als wir letztlich die Via del Corso hinter uns lassen und in Richtung Lungotevere fliehen, sage ich zu Cristian: „Nie wieder."
Er dagegen schaut mich an, als ob er sich amüsiert hätte.

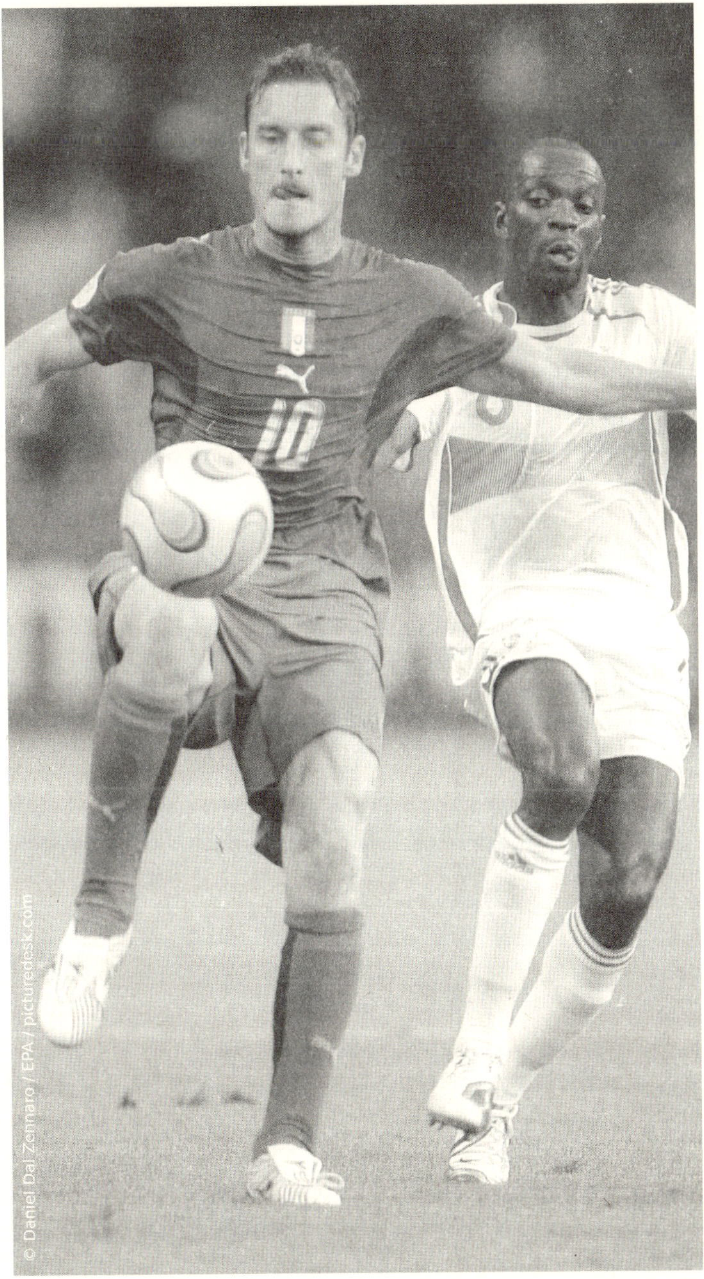

14

IL PRIMO MAGICO SPALLETTI

DER ERSTE, MAGISCHE, SPALLETTI

Im Laufe meiner Karriere hatte ich es mit zwei Versionen von Luciano Spalletti zu tun. Und trotz der enormen Probleme mit der zweiten – wovon ich später erzählen werde –, kann ich nicht leugnen, wie sehr ich die erste geschätzt habe, ungeachtet seiner nächtlichen Besuche in der *Villa Stuart*. Spalletti ist ein großartiger Trainer, vielleicht der beste, den ich je hatte – und das gilt für beide seiner Amtszeiten bei Roma. Aber in der ersten war da etwas mehr, speziell mir gegenüber: Denn er war der Trainer, mit dem man Abendessen gehen und ungezwungen sprechen konnte, ohne sich darüber Sorgen machen zu müssen, seine Meinung, auch wenn sie vielleicht unangemessen sein könnte, zu verschweigen. Ein verrückter und unterhaltsamer Typ. Verrückt, weil er jeden Morgen in seinem Büro ein Schweizer Taschenmesser in den Schreibtisch rammte – doch wie geschickt er damit umging, erweckte Eindruck. Und unterhaltsam, weil er sich immer wieder bühnenreife Szenen ausdachte, etwa wenn er nackt durch den Kabinengang lief. Unterm Strich war er eine Persönlichkeit, die sich sehr vom Bild des konventionellen Trainers abhob. Daher kam er sofort bei allen gut an.

Spalletti ist die Wahl von Rosella Sensi für die Saison 2005/06, nach jener dramatischen Saison mit vier Trainern. Da sich ihr Vater, der 2008 versterben sollte, die Strapazen nicht mehr antun kann und die Führung eines Klubs wie die AS Roma Energien erfordert, die er nicht mehr besitzt, sitzt sie nun auf der Kommandobrücke des Klubs. Bruno Conti und Daniele Pradé greifen ihr natürlich unter die Arme, und Rosella informiert mich stets im Vorhinein – aber natürlich in dem Sinne, dass sie mir ihre Entscheidungen mitteilt, nicht vorschlägt. Wobei ich ohnehin nie etwas gefordert oder erzwungen habe. Mit Rosella bin ich gemeinsam aufgewachsen, zu Carlo Mazzones Zeiten tauchte sie mit ihrem Vater beim Trainingslager in Kapfenberg auf. Aus nachvollziehbaren Altersgründen verstand sie sich sofort mit mir und Daniele Berretta, zwei der jüngsten Kaderspieler. Rosella und ich sind ähnliche Charaktere, zielstrebig, aber schüchtern, und in der Tat habe ich sie aufgeregt in Erinnerung, wenn es darum ging, mit dem Trainer oder manch schon „erwachsenem" Spieler zu sprechen.

Ich hatte bis zuletzt nicht daran geglaubt, dass sich Spalletti von Udinese, mit denen er sich gerade fürs Play-off der Champions League qualifiziert hatte, losreißen könnte. Zumal Roma die schwierigste Zeit der Klubgeschichte durchmachte. Um den Meistertitel zu erobern und für den Versuch, ihn zu verteidigen, gab die Familie Sensi ein Vermögen aus. Die große Herausforderung bestand inzwischen nicht darin, neue Spieler zu verpflichten, sondern die Gehälter zu bezahlen. Spalletti ist aber nicht gekommen, um eine kostengünstige Mannschaft zusammenzustellen. Sein Traum, den er seit Jahren verfolgt, ist, mit mir zu arbeiten, darauf weist er auch ausdrücklich hin. So kommt er, da er von der Mannschaft überzeugt ist, letztlich nach Rom, und ich bin ein zentraler Punkt seiner Reorganisation. Seine Arbeit im ersten Jahr beginnt mit einem 4-2-3-1-System, das mich in einer Position hinter dem Mittelstürmer sieht. Im Dezember werde ich dann – auch aufgrund einer Serie von Verletzungen – selbst zum Mittelstürmer umfunktioniert. Es folgt ein Lauf mit elf Siegen in Serie, wobei ich bei den ersten acht Erfolgen ebenso viele Tore erziele – ein Beweis, wie sehr mir die neue Rolle liegt. Die zehnte Partie dieser Siegesserie lautet Roma gegen Empoli – ihr wisst inzwischen, was passiert ist. Da sich dann auch noch Montella verletzt, erfindet Spalletti eine Mannschaft ohne Stürmer. Wir schließen die Saison als Fünfte ab, nach den Urteilen im *Calciopoli*-Skandal wird es letztendlich Platz zwei.

Der WM-Titel verändert so einiges. Ich werde auf dem Platz weiterhin abgeklopft, aber mit größerem Respekt: Als Mittelstürmer verbringe ich nun mehr Zeit im Strafraum – einer Freizone für die Knöchel, da die Verteidiger hier wesentlich vorsichtiger sind. Ein schönes Leben im Vergleich zu den Tritten davor. Das Klima in der Kabine ist gut, die Stimmung stets positiv, das Spiel, das wir praktizieren, liegt uns. Spalletti hat mir den Spaß am Toreschießen, den ich als Kind hatte, zurückgebracht. Daraus entwickelt sich für mich eine großartige Saison mit dem völlig unerwarteten Gewinn des *Goldenen Schuhs*. Ich erziele 26 Tore, eines mehr als Van Nistelrooy. Die Meisterschaft verläuft angesichts des Zwangsabstiegs von Juventus in die Serie B und der Strafen für Milan, Fiorentina und Lazio abnormal: Wir beenden die Saison auf dem zweiten Platz, aber mit einem großen Rückstand auf Inter.

Mit Spalletti fahren wir auch wieder einen Titel ein, was uns seit sechs Jahren – seit dem Supercup-Gewinn 2001 – nicht mehr gelungen ist. Am Ende seiner zweiten Saison triumphieren wir im italienischen Cup dank eines außergewöhnlichen Hinspiels: 6:2 gegen Inter, das den Meistertitel gewonnen hatte. An jenem Tag sind die Mailänder mit dem Kopf nicht bei der Sache, haben einige Wochen mit Feiern verbracht. Wir hingegen haben an einem gewissen Punkt in der Meisterschaft aufgegeben – zu weit entfernt von Platz eins –, um uns auf den Cup zu konzentrieren. Wir brauchen bloß 50 Sekunden, um Toldo erstmals zu bezwingen, führen nach 15 Minuten bereits 3:0. Wir nehmen den Fuß aber nicht vom Gaspedal, denn im Sommer davor hatte Inter im italienischen Supercup gegen uns ein 0:3 aufgeholt und nach Verlängerung 4:3 gewonnen. Was in Spalletti zu Recht einen der heftigsten Wutausbrüche auslöste, an den ich mich erinnere.

Beim Rückspiel eine Woche später schlägt Inter nach einer verschlafenen ersten Halbzeit mit Crespo und Cruz im Doppelpack zu. Ein heikler Moment, wir riskieren den totalen Einbruch: Recoba vergibt eine Viertelstunde vor Schluss die große Chance aufs 3:0. Hätte Inter da getroffen, wäre ihnen bestimmt auch noch das vierte Tor gelungen. Kurz vor Spielende, als wir wieder die Kontrolle übernommen haben, lenkt Perrotta einen Schuss von mir zum 2:1 ab. Es ist geschafft! 12.000 Fans haben uns ins San Siro begleitet, und nun sind alle da, um mit uns in der Kurve zu singen und zu tanzen. Am Flughafen Fiumicino empfangen uns mitten in der Nacht 20.000 begeisterte Anhänger.

Es ist die Nacht vom 17. auf den 18. Mai. Rund fünf Wochen davor war uns am 11. April eine andere Art von Empfang bereitet worden. Nach der Rückkehr aus Manchester, wo wir das Viertelfinal-Rückspiel zur Champions League gegen United 1:7 verloren hatten, warteten in Trigoria mehrere Stapel Obstkisten mit Karotten auf uns. Hasenfutter! Aber wir haben nicht aus Angst 1:7 verloren. Wir sind keine Angsthasen. Wir haben so hoch verloren, weil Manchester bärenstark war, einen jener Abende erwischte, an dem jeder Schuss im Tor landet, und weil wir uns nach dem 2:1-Hinspielsieg im Olympiastadion etwas vorgemacht hatten.

Die Feiern rund um den Cupsieg dauern nicht so lange wie jene beim Meistertitel, aber sie färben für eine ganze Weile das Stadion in Rot und Gelb ein. Die Saison ist so gut wie vorbei, mein letztes Ziel persönlicher Natur: Im Heimspiel gegen das längst abgestiegene Messina muss ich jene zwei Tore erzielen, die mir noch zum Gewinn des *Goldenen Schuhs* fehlen. Mir liegt viel daran, ich bin aber auch überzeugt davon, es zu schaffen, da die Aufgabe eine einfache ist und wir am Saisonende in großartiger Verfassung sind. Die Kasernierung vor dem Spiel ist freiwillig, Samstag essen wir bei *Checco* zu Abend, um nochmals vereint zu sein. Nichts, was man nicht machen könnte. Aber was dann passiert, entpuppt sich als Trailer zur zweiten, für mich so bitteren Amtszeit Spallettis.

Wir Spieler waren alle immer krankhaft verrückt nach Kartenspielen, und in jener Saison ganz besonders: Turniere in *Scopa* und *Briscola*, Herausforderungen, Rivalitäten, unterm Strich das klassische Menü in einer Zeit, als noch keine Smartphones existierten und nicht alle in unserem Quartier mit einem Laptop auftauchten. Das Saisonfinale für *Scopa* ist noch ausständig, da der Endstand noch nicht zur Gänze feststeht: Daher schlage ich am Ende des Abendessens vor, dass wir die Kartensaison in Trigoria zu Ende bringen sollten. Die Truppe ist nahezu einstimmig dafür: Um Mitternacht sind wir alle auf meinem Zimmer, das Spiel beginnt. Die generell sehr entspannte Situation lässt uns die Uhrzeit vergessen: Als jemand an die Tür klopft, wird uns plötzlich bewusst, dass es 5.30 Uhr ist. Alle werden ganz blass und versuchen sich zu verstecken.

„Wer ist da?“

„Spiel nicht den Klugscheißer, Francesco!“

Ich öffne langsam die Tür, und da steht Spalletti und zeigt mit dem Zeigefinger auf die Uhr: „Habt ihr eigentlich gesehen, wie spät es ist?“

„Mister, wir gewinnen morgen dennoch, ich mach das schon.“

Doch Spalletti lässt sich nicht austricksen. Er schiebt mich dezent mit einer Hand zur Seite und betritt das Zimmer, erkennt sofort Aquilani, Okaka und Rosi hinter dem Bett, die – einmal ertappt – mit gesenktem Blick aus dem Versteck auftauchen. Und er nimmt auch das unterdrückte Gelächter der anderen wahr, die ins Bad geflüchtet sind. Er zählt uns durch, wir sind zu zwölft. Ich versuche ihn zu besänftigen, aber in seinem Gesicht bleibt jener Ausdruck zwischen Überraschung und Empörung.

„Scheint das für euch normal, am Vortag eines Spiels?“

Er wartet die Antwort nicht ab und kehrt auf sein Zimmer zurück, mit der Grimasse eines Professors, der sich mit einer Klasse von lauter Eseln konfrontiert sieht.

Am darauffolgenden Tag – es wäre besser, vom selben Tag zu sprechen – schlagen wir Messina am Ende einer lockeren und unterhaltsamen Partie 4:3. Ich vergebe den fünften Elfmeter im Saisonverlauf – es ist jenes Jahr, in dem ich am meisten Strafstöße verschossen habe –, erziele aber dennoch jene zwei Tore, mit denen ich meine Quote auf 26 Treffer erhöhe. Damit gewinne ich die Torjägerwertung in der Serie A und auch den *Goldenen Schuh* als bester Torschütze Europas. Ende gut, alles gut? Fast. Die Episode rund ums Kartenspiel hat ein Nachspiel, ich erfahre, dass Spalletti mit Rosella darüber spricht und eine Strafe fordert. Möglicherweise hat seine Phobie gegen das Kartenspiel, das seinen Anteil an den Polemiken rund um meinen Rücktritt haben wird, just hier seinen Ursprung.

Die folgende Saison wird mit einem Erfolg im San Siro und mit dem Gewinn eines weiteren Pokals eröffnet: im nun schon gewohnten Duell mit Inter (in der Phase nach *Calciopoli* sind wir wie Federer und Nadal, die um jeden Titel rittern). Wir zeigen erneut eine starke Partie, die Mannschaft hat Chivu – er hat gerade zu Inter gewechselt – verloren, aber das von Spalletti aufgebaute Team funktioniert ungeachtet dessen auf Hochtouren. Vor allem zu Beginn der Saison, als er die Früchte seiner Vorbereitung erntet. Wir gewinnen dank eines Elfmeters, bei dem ich – da angeschlagen – De Rossi den Vortritt lasse, mit 1:0.

Das dritte Jahr unter Spalletti ist eine Saison, geprägt von Wehmut, denn im Vergleich zum Vorjahr kämpfen wir bis zum letzten Spieltag um den Meistertitel. Aber Inter ist nach wie vor stark, und in Spielen, in denen dies weniger zutrifft, kommt den Mailändern so manch ein Schiedsrichterpfiff zugute. Wenn es darauf ankommt, fehlt uns aber auch das gewisse Etwas. Wie zum Beispiel im direkten Duell im San Siro am 25. Spieltag: Wir sind klar am Drücker, gehen dank meines Drehschusses 1:0 in Führung und verabsäumen es mehrfach, Inter mit dem zweiten Tor den K.-o.-Schlag zu verpassen. Wir müssten bereits mit zwei Toren voranliegen, als es Schiedsrichter Rosetti mit den Karten übertreibt, Mexes für ein eher harmloses Foul die zweite gelbe Karte zeigt. Und wir müssten noch immer mit zwei Toren voranliegen, als Zanetti – einer, der sonst nie trifft! – im Finish zum 1:1 ausgleicht. Verrückt, so zwei Punkte liegen zu lassen.

Es ist eine Saison, die ich nicht zu Ende spiele, denn am 34. Spieltag ereilt mich die zweite schwere Verletzung meiner Karriere: Im Heimspiel gegen Livorno erleide ich einen Kreuzbandriss im rechten Knie. Wir liegen zu dieser Zeit vier Punkte hinter Inter, das tags darauf spielt. Wir können uns keine Niederlage erlauben. Doch das ersehnte Tor durch Vučinić nach der Pause reicht nicht, wenige Minuten vor Schluss fixiert Diamanti mit einem spektakulären Freistoß den 1:1-Endstand. Livorno steigt als Letzter ab, Inter siegt tags darauf beim FC Turin und hat wieder sechs Punkte Vorsprung.

Eine Woche zuvor hatte ich in Udine ein Schlamassel angerichtet: Schiedsrichter Rizzoli steht in meiner Schussbahn, als ich vor dem nahezu sicheren Torabschluss stehe. Um ihn nicht zu treffen, muss ich mich verbiegen, schieße übers Tor. Der Moment ist von starker Nervosität gekennzeichnet, Udinese ist eben in Führung gegangen, und der Boden droht uns unter den Füßen weggezogen zu werden. Nach der verpassten Chance wende ich mich mit dem „F-Wort" an Rizzoli und wiederhole es kurz darauf als Antwort auf seinen verblüfften Gesichtsausdruck. Gelbe Karte, und damit habe ich es noch gut erwischt. Vielmehr sehr gut, denn im Moment der Verwarnung rutscht mir das „F-Wort" zum dritten Mal raus. Rizzoli fühlt sich ein bisschen schuldig, versteht den Grund meiner Wut – die gegen die Umstände und nicht gegen die Person gerichtet ist – und zieht nicht Rot, wie es das Reglement vorsieht. Er verzeiht mir somit.

Wir siegen letztlich 3:1, die Polemiken über die nicht gegebene rote Karte füllen eine ganze Woche lang die Zeitungen. Rizzoli wird kritisiert und gesperrt, steht kurz vor dem Rücktritt. Was angesichts dessen, was ihm noch bevorstehen sollte, ein Blödsinn gewesen wäre: 2014 leitete Nicola Rizzoli im Maracanã-Stadion in Rio di Janeiro das WM-Finale zwischen Deutschland und Argentinien. Das Paradoxe, was mich betrifft, ist, dass, wenn er mich an jenem Tag in Udine ausgeschlossen hätte, mich die folgende Sperre vielleicht vor dem Kreuzbandriss bewahrt hätte. Und wer weiß, wie es dann ausgegangen wäre: Inter ist ausgepowert, verliert in den letzten Runden das Derby und kommt zu Hause gegen Siena nur zu einem Remis. Vor dem letzten Spiel in Parma beträgt der Vorsprung somit nur noch einen Punkt.

Der Kalender ist nicht auf unserer Seite: Wir müssen nach Catania, zu einer Mannschaft, die uns abgrundtief hasst. Zudem braucht unser Gegner einen Punkt für den Klassenerhalt. Trotz dieser nachteiligen Ausgangslage gehen wir dank Vučinić rasch in Führung, überholen damit Inter in der Live-Tabelle. Der große Traum dauert über eine Stunde: Dann betritt im sintflutartigen Regen von Parma Ibrahimovic, der, obwohl angeschlagen, für den Fall der Fälle auf der Bank Platz genommen hatte, den Rasen und löst die Aufgabe im Stil eines Ausnahmekönners. Als wir vom 2:0 der *Nerazzurri* erfahren, sind wir psychologisch am Boden. Catania gleicht aus, und wir müssen uns mit einem weiteren zweiten Platz zufriedengeben. Auch diesmal trösten wir uns am Saisonende mit dem Gewinn der Coppa Italia, die wir natürlich gegen Inter in diesmal nur einem Spiel im Olympiastadion für uns entscheiden. Ich stemme den Pokal in Badeschuhen – als Kapitän, nicht als Spieler – in die Höhe. Nach der Operation am Knie ist der Wiedereinstieg im Sommertrainingslager geplant.

Doch in Wirklichkeit bleibt diese schnelle Rückkehr ein frommer Wunsch. Ich kehre im Endeffekt erst im August auf den Platz zurück, gerade rechtzeitig, um einen Elfmeter zu vergeben, der uns einen weiteren Supercup-Titel beschert hätte und nun der erste Titel für José Mourinho bei Inter wird. Aber von Kontinuität kann man zumindest bis zum Jahreswechsel nicht sprechen: Ich spiele eine Partie, lasse drei aus, habe einen Kurzeinsatz, um danach einen Monat zu pausieren. Es ist zum Verzweifeln! Die Gründe dafür sind verschieden, haben nicht alle mit dem Knie zu tun, aber es ist offensichtlich, dass mein Körper etwas von seiner Fähigkeit, schnell zu regenerieren, verloren hat. Mit 32 Jahren brauche ich jene Zeit, die andere auch benötigen – wenn ich zu schnell zurückkehre, ist das Risiko einer erneuten Verletzung sehr groß. Bitter, dass die Mannschaft meine Achterbahnfahrt schlecht aufnimmt und einen Start in der Abstiegszone hinlegt. Erst nach etwa zehn Spieltagen kommen wir auf Touren, aber zu diesem Zeitpunkt ist die Chance auf einen Spitzenplatz bereits dahin.

Von jener desaströsen Saison bleiben mir 13 Tore in Erinnerung – ein Elend nach dem *Goldenen Schuh* davor – und ein sich verschlechterndes Klima in der Kabine. Die Spieler finden Wege, um den Trainer auf den Arm zu nehmen: eine körperliche Besonderheit, eine Redensart, die er oft verwendet, sein Gang, ein Tick. Eine Sache, die nichts an der Wertschätzung ihm gegenüber ändert. So wie die Schulklasse einen Professor verspottet, lacht die Kabine über den Trainer, natürlich in seiner Abwesenheit. Derartige Dinge dürfen nicht nach außen dringen, auch weil sie – aus dem Zusammenhang gerissen – das eine oder andere Mal hässlich erscheinen könnten. In jenem Jahr kommt bei vielen der Verdacht auf, dass jemand Spalletti von unseren Witzen erzählt. Denn wir spüren, wie er sich schrittweise von uns distanziert. Der Verdacht fällt auf Daniele Baldini: Da die Verarschungen harmlos sind, machen wir uns nie Gedanken darüber, sie zu verheimlichen, auch nicht in seiner Anwesenheit. Die vierte Saison von Spalletti ist gewiss die schlechteste, auch weil er offenkundig das Gefühl hat, am Höhepunkt unserer Leistungskurve angekommen zu sein, und fürchtet, dass die Mannschaft zu keiner Steigerung mehr fähig ist. Vor allem in einer Periode magerer Jahre, in denen es schwierig ist, sich über den Transfermarkt zu helfen.

Spalletti beginnt auch die fünfte Saison, 2009/10, aber die Luft rund um ihn wird sofort dünn. Nach zwei Niederlagen in den ersten zwei Spielen – die erste in Genua und die zweite im Olympiastadion gegen Juventus – entschließt er sich zum Rücktritt. Eine Entscheidung, die auch von seiner enormen Korrektheit zeugt, denn der Klub hat nicht die finanziellen Mittel, um ihn zu feuern. Aber angesichts dessen, was danach passiert – er wirft mir vor, dass ich nicht eingeschritten wäre –, ist es vielleicht auch als Provokation zu verstehen. Jedenfalls ist er nach seinem Rücktritt zwei Tage lang unauffindbar: Niemand erreicht ihn. Danach, zur Wiederaufnahme des Trainings kommt Pradé in die Kabine, um uns offiziell mitzuteilen, dass Spalletti nicht mehr unser Trainer ist und eine Ankündigung bezüglich seines Nachfolgers bevorsteht. Kaum hat er dies gesagt, geht er aus der Kabine, und wenige Sekunden später kommt Spalletti herein.

Es ist ein unheimlicher Abschied. Ich habe viele davon erlebt und sie immer ertragen – speziell in Fällen von erklärter Feindschaft wie bei Carlos Bianchi. Doch Spalletti steht da, ohne ein Wort zu sagen. Er schweigt, starrt lange auf den Boden und geht dann plötzlich wieder hinaus, als ob die Ergriffenheit es ihm unmöglich machen würde, auch nur eine Sekunde länger zu bleiben. Nach einigen Minuten, in denen wir uns alle nur betroffen anschauen, betritt Spalletti wieder die Kabine. Diesmal versucht er den Blick hoch zu halten, zwei- oder dreimal setzt er zu einer Rede an, aber die Tränen schnüren ihm die Kehle zu. Es endet damit, dass er bei seiner Abschiedsrunde jedem die Hand reicht, aber ohne ein Wort zu sagen. Ich bin der Letzte, der Kapitän, und erhalte eine innige Umarmung von jener Sorte, die einem das Herz bricht. Eine Umarmung, die ich mit der gleichen Intensität erwidere, denn auch ich habe feuchte Augen. Von all den Abschieden, denen ich beigewohnt habe, ist dieser vom menschlichen Gesichtspunkt her betrachtet der berührendste.

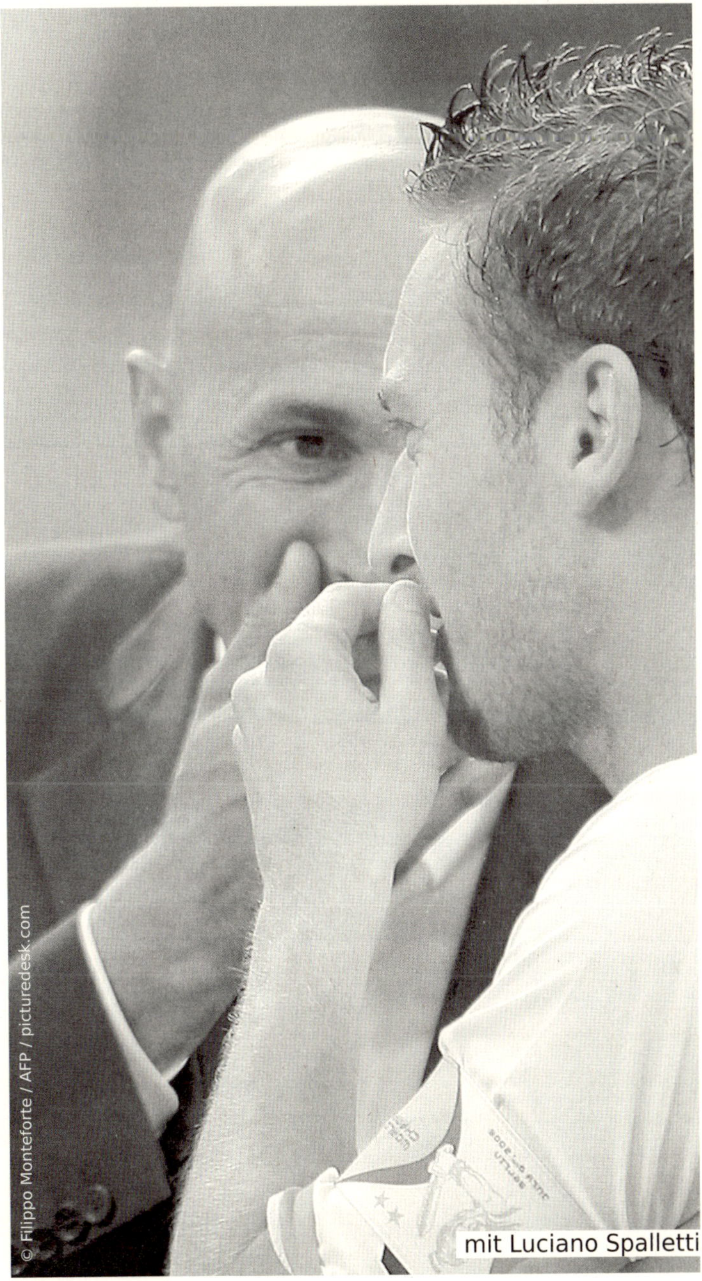

© Filippo Monteforte / AFP / picturedesk.com

mit Luciano Spalletti

15

FACCE DA SCUDETTI SOGNATI

AUSGETRÄUMTE TITELTRÄUME, LANGE GESICHTER

Die Einberufung erfolgt am Nachmittag: Rosella erwartet die älteren Spieler in der Villa Pacelli. Mit mir brechen De Rossi, Pizarro und Perrotta auf, wir finden dort Conti und Pradè an der Seite der Präsidentin vor. Sie erklären uns, dass sie nach dem Rücktritt Spallettis unentschlossen seien, ob sie Mancini oder Ranieri als Trainer verpflichten sollten, und bitten uns um unsere Meinung. Ohne uns beraten zu müssen, votieren wir alle für Mancini, der erst kürzlich die Meistertitel mit Inter gewonnen hat und ein deutlich internationaleres Profil hat. Er wäre eine Wahl von Format, er hat die Wertschätzung aller. Die Klubbosse bedanken sich, wir verlassen die Villa in der Überzeugung, dass der Klub beide Trainer zur Hand hat und unser Hinweis dazu gedient hat, die Pattstellung aufzubrechen. Ich kehre nach Hause zurück, spiele ein bisschen mit Cristian, beim Abendessen schalte ich den Fernseher ein: „Roma hat Claudio Ranieri als neuen Trainer offiziell bekannt gegeben. Der Trainer aus Testaccio hat für zwei Jahre unterschrieben." Ich bin einen langen Moment lang nur erstaunt, ehe der Ärger in mir hochkommt: Warum fragt ihr mich, was ihr tun sollt?

Ich rufe Bruno Conti an, aber ehe ich ein Wort sagen kann, fährt er mich an: „Ihr Spieler seid verrückt. Lest ihr denn keine Zeitungen? Wir haben nicht einen Euro zum Ausgeben, der Klub steht zum Verkauf, und ihr wählt einen berühmten Trainer, der die teuersten Spieler am Markt kaufen will. Rainieri hat von uns niemanden verlangt und ist daher derzeit die perfekte Lösung für uns."

„Nichts gegen ihn, aber warum bezieht ihr uns dann ein?"

„Weil der Klub in einer Situation ist, in der es von allen höchster Verantwortung bedarf. Wir wollten den Austausch mit euch, weil ihr ein wichtiger Teil für die Leute seid. Wir dachten, ihr hättet es verstanden. Es fehlte nicht viel, und uns hätte der Schlag getroffen, als ihr mit Mancini geantwortet habt ..."

Die Arbeit mit Ranieri war aber letztlich eine schöne Erfahrung: Er ist eine grundehrliche Person, als Römer kapiert er die Witze auf Anhieb, macht auch selbst welche, hält die richtige Distanz, aber in entspannter Atmosphäre. Dies bedarf es auch, denn die Mannschaft hat Mühe, wieder in Fahrt zu kommen. Ich verletze mich am im Jahr zuvor operierten Knie: Es passiert gegen Napoli, in einem Match, in dem ich zwei Tore gegen meinen Freund Morgan De Sanctis erziele, das zweite ist ein Diagonalschuss zum Einrahmen. Einen Monat lang bin ich außer Gefecht, bei meinem Comeback liegen wir 14 Punkte hinter Mourinhos Inter. Ehe die Abstiegszone erneut näher rückt, nehmen wir Fahrt auf, und diesmal so richtig.

Die Meisterschaft verläuft unglücklich für mich, mit unregelmäßigen Einsätzen, weil mir immer etwas fehlt. Doch Vučinić ist vorne, unterstützt von Julio Baptista, eine Wucht, im Jänner kommt Toni leihweise von den Bayern – eine extrem wertvolle Ergänzung. Mit seinem Gespür für Tore gewinnt man Spiele, aber er weiß sich auch nützlich zu machen, wenn es in der Abwehr brennt. Toni ist einer der Hauptdarsteller unserer Aufholjagd, denkt an sein Tor beim 2:1 gegen Inter sieben Spieltage vor Schluss, das uns bis auf einen Punkt an die *Nerazzurri* heranbringt. Am 33. Spieltag ziehen wir, einen Tag nach Inters 2:2 bei Fiorentina, mit dem 2:1 über Atalanta vorbei. Doch das 1:2 am 35. Spieltag zu Hause gegen Sampdoria macht uns einen Strich durch die Rechnung, dazwischen stieg das kontroversiellste Derby von den vielen, die ich gespielt habe – wobei Lazio selbst wenig damit zu tun hat.

An jenem Nachmittag – am 18. April 2010 – betritt Roma als frischgebackener Tabellenführer den Platz, während Lazio nur knapp über der Abstiegszone rangiert. Zwischen uns liegen unglaubliche 31 Punkte. Dennoch droht das Derby zur Falle zu werden: Rocchi bringt Lazio in der 14. Minute in Front, wir legen eine grausame erste Hälfte hin und wissen, dass alles verändert werden muss. Aber das ist eine Floskel, während uns in der Kabine die Wirklichkeit erwartet. Womöglich die schockierendste Entscheidung, an die ich mich während einer Halbzeitpause erinnern kann.

„Francesco und Daniele werden ausgetauscht." Ranieris Stimme löst absolute Stille aus. Ich spüre, wie alle auf uns starren: Die beiden Römer werden ausgewechselt, die, denen es am wichtigsten ist, das Derby zu gewinnen. Ranieri geht damit ein nie zuvor gesehenes Risiko ein. Wir beiden bewegen keinen Muskel, sind zunächst vor lauter Überraschung, dann vor lauter Enttäuschung wie paralysiert. Während die anderen auf den Platz zurückkehren, lassen wir unter der Dusche unsere Wut an Ranieri aus: Denn wenn der Umschwung nicht gelingen sollte, bliebe an ihm für ewig das Etikett des Verrückten haften, der zur Pause eines römischen Derbys Totti und De Rossi vom Platz nahm. Wir lassen uns beim Umziehen Zeit, in der Zwischenzeit wird Lazio ein Elfmeter zugesprochen, den aber Júlio Sérgio gegen Floccari pariert. Wenig später sind wir vom Elfmeterpunkt an der Reihe, Vučinić verwandelt in der 53. Minute zum 1:1. Nun haben es De Rossi und ich, da auch der Meistertitel auf dem Spiel steht, eilig und kommen gerade rechtzeitig, als Vučinić in der 63. Minute mit einem herrlichen Freistoß das 2:1 erzielt.

Ranieri hatte Eier, da gibt es wenig einzuwenden. Wir waren alle schlecht vor der Pause, doch sein Urteil – auf den Römern lastet das Derby zu sehr – hat sich als richtig herausgestellt. Als ihn Rosella in der Pause auf den Wechsel ansprechen wollte, antwortete er der Präsidentin entschlossen: „Sag nichts!" Seine Reaktion auf ihren Konter („Aber ich bin die Präsidentin!") war, dass er die Finger auf die Lippen legte. Nach diesem Derbysieg schien sich der erste Meistertitel seiner Karriere zu konkretisieren. Ich habe mit ihm in der folgenden Partie gegen Sampdoria, die uns den Titel kostete, mitgelitten. Nicht nur das. Um euch meine Zuneigung für Ranieri deutlich zu machen: Ich denke, ich habe nie zuvor derartig mit einer ausländischen Mannschaft mitgefiebert wie einige Jahre später mit Leicester in der Premier League. Eine SMS vor jeder Partie, und am Tag des Triumphs seine Erkenntnis: „*Grazie*, Francesco! Dieses Mal hast du mir Glück gebracht."

Diese Saison beinhaltet auch das hässlichste Foul, das ich jemals in meiner Karriere begangen habe: der Tritt von hinten gegen Mario Balotelli im Finale der Coppa Italia. Schon sehr unruhig aufgrund meiner Rolle als Ersatzspieler – Ranieri hat mir erklärt, dass er mich für die letzten beiden Spiele in der Meisterschaft schonen will, doch ein Finale bleibt ein Finale –, verfolge ich von der Bank den Verlauf einer sehr ruppigen Partie, in der Balotelli noch unangenehmer und provokanter ist als sonst. Wir sprechen hier von einem starken Spieler, dem aber niemand eine sportliche Erziehung beigebracht hat. Auch dieses Mal beleidigt er wieder die römischen Spieler, De Rossi muss von den Mitspielern zurückgehalten werden. Ich lasse meine Sitznachbarn auf der Bank wissen: „Wenn ich reinkomme, trete ich ihn zusammen."

Zu Beginn der zweiten Halbzeit wechselt mich Ranieri ein, wir liegen mit einem Tor zurück, ich versuche, das Spiel neu zu organisieren, aber Inter ist zu stark. Das führt zu Frust. Drei Minuten vor Schluss zucke ich aus. Balotelli fragt mich bei einem ruhenden Ball: „Wann schnappst du mich jetzt?", gewürzt mit einer Beleidigung. Das Maß ist voll. Als das Spiel fortgesetzt wird, hat er entlang der Outlinie den Ball am Fuß, ich verfolge ihn entschlossen, nicht bloß, um ihn zu treffen, sondern um ihm richtig wehzutun. Ich dränge mich zwischen Taddei und Marco Motta, die in dieser Situation für ihn verantwortlich sind, während ich hier nichts zu suchen habe. Ich verpasse Balotelli einen entsetzlichen Tritt, ziele auf das Fußgelenk, er krümmt sich am Boden vor Schmerzen. Ein hässliches Foul. Ich warte die rote Karte von Rizzoli nicht einmal ab, mache mich schon in Richtung Kabine auf. Ich begegne Inters Maicon, er klopft mir auf die Schulter. Wobei die Reaktion der Inter-Spieler das Bemerkenswerte ist: Sie müssten auf mich losstürmen, mich mit Worten und Stößen attackieren. Aber es passiert nichts. Was in mir das Gefühl hervorruft, dass ihn auch seine eigenen Mitspieler am liebsten vermöbelt hätten.

In der Saison 2010/11 legen wir erneut einen schlechten Start hin. Trotz eines 1:0-Sieges über Inter sind wir nach sechs Runden bloß Drittletzter. Die Leistungen werden dann stabiler, wir klettern in der Tabelle nach oben, kommen aber nie wirklich auf einen Spitzenplatz. In der Champions League läuft es besser, wir besiegen Bayern nach einem 0:2-Rückstand im Olympiastadion mit 3:2. Mein Elfmeter zum 3:2 ist eine schöne Erinnerung, auch weil ihn ihr Torhüter Kraft beinahe pariert hätte. Doch im Februar verlieren wir das Achtelfinal-Hinspiel zu Hause gegen Schachtar Donezk und eröffnen damit auch eine schwarze Serie in der Meisterschaft. Beim FC Genua verlieren wir nach 3:0-Führung 3:4. Eine Schande, Ranieri ist nicht mehr zu halten. Er tritt unmittelbar darauf zurück, und zum letzten Mal beruft Rosella Sensi die Gruppe der Veteranen ein, um sich über den Namen des nächsten Trainers auszutauschen. Ich habe die Betonung auf „letztes Mal" gelegt, weil der sowohl von der Klubführung als auch von uns Spielern bevorzugte Vincenzo Montella der letzte Roma-Trainer des Sensi-Clans ist. Der Verkauf des Klubs steht unmittelbar bevor, und das Erste, was die neuen Eigentümer klarstellen, ist ihre exklusive Verantwortung bei der Auswahl der Trainer.

Also Montella. Er ist schon im Klub tätig, trainiert die ganz Kleinen, die *Giovanissimi*, und zeigt sofort, dass er es mit uns draufhat. Er forciert mich wieder als Spitze, und ich treffe wieder, am Ende belegen wir in der Liga den sechsten Platz. Wir alle hoffen, dass Montella bleibt. Aber der Klub ist verkauft, und die neuen Eigentümer wollen ein Zeichen der Veränderung setzen. Der neue Trainer heißt Luis Enrique. Das erste Signal, das er an mich sendet, ist kein positives: Beim 0:1 im Hinspiel der Qualifikation für die Europa League bei Slovan Bratislava komme ich nicht zum Einsatz. Im Rückspiel gehen wir dank meines Treffers bald in Führung, aber eine Viertelstunde vor Schluss nimmt mich Enrique für Okaka vom Platz. Bratislava gleicht kurz vor Schluss aus, wirft uns aus dem Bewerb. Und vor lauter Wut stürmen die Fans fast den Platz.

Doch in Wahrheit schätzen Enrique viele von uns, angefangen bei Daniele und mir: Er bringt neue Ideen ein und erklärt sie mit der Leidenschaft eines Propheten. Er führt ein 4-3-3-System ein, keine langen Zuspiele mehr, viel Kurzpassspiel. Doch die Mannschaft kommt nie in recht in Schwung, auf jedes gute Resultat folgt unweigerlich ein Rückschlag. Nach dem siebenten Endrang und folglich der verpassten Qualifikation für den Europacup und dem Viertelfinal-Aus in der Coppa Italia erklärt Enrique seinen Rücktritt. Wir versuchen vergebens, ihn umzustimmen, indem wir ihm erklären, dass die zweite Saison eines Trainers im Vergleich zur ersten die leichtere ist.

Auf Enrique folgt Zeman: 90 Prozent der Fans wollten ihn, schätzen sein rebellisches und polemisches Wesen. Das Problem ist, dass wir nicht mehr so jung sind wie während seiner ersten Amtszeit, die Anziehungskraft des unflexiblen Professors nicht mehr wirkt. Die Entwicklung der Mannschaft, die kein Kandidat für den Titel, aber für einen Europacup-Platz ist, erlebt Höhen und Tiefen. Ich versuche, Zeman in Gesprächen von seinem Offensivdenken abzubringen – vergebens. So steuert das Schiff mit hoher Geschwindigkeit dem Untergang entgegen. Nach dem 2:4 bei Cagliari wird er gefeuert. Es ist Februar, der Klub will sich nicht langfristig binden und befördert Aurelio Andreazzoli, seit Jahren Teil des Trainerstabs, zum neuen Cheftrainer. In der Meisterschaft verbessern wir uns noch vom neunten auf den fünften Platz, nach dem 0:1 im italienischen Cupfinale gegen Lazio rückt Andreazzoli aber wieder ins zweite Glied.

Rudi Garcia ist nach Luis Enrique der dritte von den amerikanischen Eigentümern ausgewählte Trainer. Er hatte ein paar Jahre zuvor mit Lille die französische Ligue 1 gewonnen und das große Talent Eden Hazard hervorgebracht. Doch die Zweifel bleiben: Die Jahre ziehen an mir vorbei, und der Traum von einem weiteren Meistertitel erscheint mir immer weniger realistisch. Doch Rudi Garcia ist ein feiner Mensch, zudem schlau: Dass er auf eine weniger intensive Vorbereitung setzt – viel Ball, wenig Grundlagen , kommt bei vielen Spielern gut an. Angesichts der Hitze sind sie glücklich, wenn es im Sommer nicht allzu intensiv zur Sache geht. Dass man dafür im Saisonverlauf die Rechnung präsentiert bekommen könnte, fürchten etwa ich und Daniele, dies führt aber in der Mannschaft zu keiner wirklichen Besorgnis. Garcia weiß auch mit den Fans, die noch immer wütend über die Niederlage im Cupfinale gegen Lazio sind, umzugehen und bringt wie kein anderer zuvor die Freude und den Stolz zum Ausdruck, bei Roma zu sein.

Ich muss auch sagen, dass der Klub in jenem Jahr hervorragend arbeitet, denn der Sommer-Transfermarkt bringt viele Klassespieler nach Trigoria: De Sanctis im Tor, Benatia in der Abwehr, Strootman im Mittelfeld, Ljajić und Gervinho im Angriff sowie mit Nainggolan eine fundamentale Ergänzung im darauffolgenden Jänner. Der Start Garcias fällt überwältigend aus: zehn Siege in Serie, ein neuer Rekord! Ich treffe weniger – vergesst nicht, dass ich bereits 37 bin –, merke aber, dass ich als Offensivregisseur erneut der Schlüsselspieler im Team bin. Auch ein Verdienst Garcias: Ich spiele nicht immer, nehme in Absprache mit ihm öfter auf der Bank Platz, um für die wichtigen Partien Kraft zu sparen. Während des anfänglichen Siegeslaufs gibt es davon zwei, das Derby am vierten und Inter auswärts am sechsten Spieltag, und meine Leistungen erinnern dabei an meine besten Jahre. Alles zu schön, um wahr zu sein. Leider.

Ich verletze mich am achten Spieltag gegen Napoli. Eine seltsame Verletzung im Bereich der Sehne des Gesäßmuskels. Ich kann nur abwarten, Professor Mariani sieht keine chirurgische Lösung: „Wenn ich dich operiere, kann es sein, dass es dein Karriereende bedeutet." Mir bleibt nichts anderes übrig, als zu warten, es ist eine lange Leidenszeit, denn ich komme erstmals Mitte Dezember, nach weniger als zwei Monaten, zurück, doch das Bein spielt letztlich nicht mit, wie es sollte. Ich halte bis Mitte Februar durch, muss dann einen weiteren Monat pausieren, ehe eine Radiographie bestätigt, dass sich die Sehne um sechs Zentimeter verschoben hat. In der Zwischenzeit ist der Kampf um den Meistertitel auch bereits Geschichte.

Die ersten zehn Siege bescherten uns nur fünf Punkte Vorsprung auf Juventus und Napoli. Nun passiert genau das, was ich seit Juli befürchtet habe: Als die physische Brillanz dahin ist, lässt Roma sichtlich nach, leistet sich zu viele Unentschieden. Bis zum klaren 3:0 für Juve im direkten Duell. Dennoch ist die Bilanz eine positive: Nach drei Jahren ohne Europacup-Teilnahme belegen wir Platz zwei und kehren damit in die Champions League zurück. Mannschaft und Trainerstab sind ein zusammengeschweißtes Team, das sich nach dem vielen Ärger der vorangegangenen Saisonen mit den Fans wieder versöhnt hat. Es gibt reichlich Grund, die Saison 2014/15 mit Zuversicht zu planen.

In der Zwischenzeit hat sich Rudi Garcia verliebt. Ich erzähle diese Geschichte, weil sie sehr gut beschreibt, wie schwierig es ist, in Rom zu arbeiten. Eine Stadt, in der die Gerüchte und das mediale Tamtam nie verstummen, nicht einmal in der Nacht. Wir sprechen von der Verlobung Garcias: Ich bin quasi live dabei, denn Rudi isst oft mit uns „Älteren". Als er am Buffet Francesca, eine schöne Frau von Roma TV, erblickt, verharrt er unweigerlich mit der Gabel halb in der Luft. „Wie elegant sie ist, was für ein schönes Lächeln!"
Garcia zeigt offenbar alle Symptome des Verliebtseins, und sie machen ihre Beziehung mit dem berühmten Bild im Colosseum offiziell. Was solange gut geht, bis die Mannschaft zu schwächeln beginnt. Was zu Schlagzeilen wie „Jetzt pfeift der Trainer drauf" oder „Sie ist es, welche die Aufstellung festlegt" führt. Sobald etwas nicht funktioniert, wird der Grund außerhalb des Platzes gesucht, direkt im Privatleben der Hauptdarsteller. Entweder gewinnst du, oder du bist ein Nachtschwärmer. Eine lächerliche, aber leider weit verbreitete Denkweise.

Unsere Saison kreist um einige wenige, ganz spezielle Partien. In der Meisterschaft gehen Juventus und wir am sechsten Spieltag jeweils ohne Punkteverlust ins direkte Duell, wir verlieren 2:3. Zwei Elfmeter werden für die Turiner gepfiffen, einer für uns, und in diesem Match erziele ich das allerletzte Tor gegen Buffon. Es ist aber nicht dieses Spiel, das den weiteren Saisonverlauf vorgibt, denn einige Wochen später sind wir nach Juves Niederlage in Genua wieder gleichauf. Die Hinrunde schließen wir mit fünf Punkten Rückstand ab. Von da an remisieren wir aber zu viele Spiele, die uns letztlich den Titel kosten. Wir werden erneut Zweiter – was noch immer ein gutes Resultat ist –, aber ohne den Rückstand auf Juve verringert zu haben: erneut 17 Punkte und das, obwohl wir beide im Vergleich zur Vorsaison 15 Punkte weniger gesammelt hatten.

In der zweiten Saison von Garcia erleben wir an einem Oktoberabend die totale Enttäuschung. Das Debüt in der Gruppenphase der Champions League verlief mit dem 5:1 über ZSKA Moskau wie im Traum. Das zweite Spiel steigt gegen Manchester City. Da wir in der Meisterschaft unbesiegt sind und groß aufspielen, ist Garcia davon überzeugt, auch dort gewinnen zu können. Nachdem wir wegen eines Elfmeters früh in Rückstand geraten sind, formieren wir uns neu. Auch dank mir: Mitte der ersten Halbzeit überhebe ich Hart zum 1:1. Zwei Spiele, vier Punkte, in der Kabine erwarten mich die Glückwünsche der UEFA-Offiziellen und dann von allen, denn mit 38 Jahren und drei Tagen bin ich nunmehr der älteste Torschütze der Champions League. Ein Rekord, den ich knapp zwei Monate später in Moskau nochmals nach oben schraube, indem ich gegen ZSKA zum zwischenzeitlichen Ausgleich treffe.

Die Partie, die die Saison kennzeichnet und die Erfahrungen von Garcia in Rom ins Negative abdriften lässt, ist die dritte in der Gruppenphase. Bayern gastiert mit Guardiola im Olympiastadion und ist noch ohne Punkteverlust. Alle sind überzeugt, dass wir auch diese Hürde meistern, es gibt keinen Fan, der dir nicht das Victory-Zei-

chen entgegenstreckt, keinen Freund, der nicht eine große Zahl an Tickets verlangt: „Denn es wird ein historischer Abend."
Auch ich bin angesichts der vielen positiven Vorzeichen sehr zuversichtlich. Wir legen auch nicht schlecht los, doch mit dem ersten Schuss trifft Robben ins Tor, und von da an artet das Spiel rasch zum Albtraum aus. Wie in jener Nacht in Old Trafford landet praktisch jeder Schuss in unserem Tor, das 1:7 ist am Ende das schlimmste Debakel meiner Karriere – das schlimmste, weil es im Olympiastadion passierte, während uns alle andere europäischen Abfuhren auswärts unterliefen.

Die Zuschauer pfeifen nicht einmal, vielmehr muntern sie uns auf, da sie die Gefahr des psychischen Absturzes erkennen: Es wird nicht einfach werden, solch eine Abfuhr zu vergessen. Garcia ist dermaßen erschüttert, dass er viel von seiner Selbstsicherheit verliert. Anstatt die Partie als „Betriebsunfall" zu den Akten zu legen, grübelt er monatelang darüber, verbreitet damit in einer Organisation, die ihr taktisches Gleichgewicht gefunden hat, Konfusion. Seine Francesca kommt nicht mehr nach Trigoria, nimmt sich so eine Atempause vom Bombardement in den sozialen Medien, wo sie als Grund des Übels bezeichnet wird.

Garcia kommt am Saisonende bereits auf den Knien daher, schon im Sommer macht das Gerücht die Runde, dass seine Position trotz zweier zweiter Plätze in Folge vakant sein könnte. Am Transfermarkt passiert einiges: Es kommen Szczęsny, Džeko, Salah und Rüdiger, ohne dass uns ein Leistungsträger verlässt. Auf dem Papier erscheint mir die Mannschaft so stark wie seit Jahren nicht, nach einem Fehlstart von Juve (vier der ersten zehn Spiele verloren) duellieren wir uns an der Spitze einzig mit Inter. Das Problem ist, dass ich mich am 26. September gegen Carpi verletze, zehn Minuten nach meiner Einwechslung und einem Assist für Salah. Alle feiern das Tor, während ich den Arzt herbeirufe, da ich einen Stich an der üblichen Sehne verspüre. Es endet damit, dass ich bis Jahresende ausfalle, bei meiner Rückkehr hat sich die Situation unweigerlich verschlechtert.

Garcia hat mit viel Mühe die Gruppenphase der Champions League gemeistert, in der Meisterschaft sind wir sieben Punkte hinter Napoli Fünfter, in der Coppa Italia wurden wir sensationell von Spezia eliminiert. Die Gerüchte um Garcias Rauswurf sind nun nicht mehr zu stoppen, aber der Klub gibt ihm noch eine Chance nach Neujahr. Ich denke hauptsächlich deshalb, weil die Bosse im Frühling in Ruhe den neuen Trainer auswählen möchten.

Es sind schmerzvolle Tage, denn es ist erkennbar, dass eine Entscheidung getroffen, das Urteil bloß hinausgeschoben worden ist. Garcia hat aufgegeben und nicht mehr die mentalen und physischen Energien, um die Situation zu steuern. Nach dem 1:1 am 9. Jänner 2016 gegen Milan wird der Rauswurf offiziell: Die Mannschaft erhält zwei freie Tage und findet bei der Rückkehr um 10 Uhr am Dienstag Garcia vor, der sich verabschieden will. „Wir haben uns alle gemocht, es hat mir sehr viel Genugtuung bereitet. Danke an alle, und arbeitet hart, denn ihr könnt viel besser spielen, als man es mit mir gesehen hat.“
Um 12 Uhr kommt die Eilmeldung: Luciano Spallettis Rückkehr nach Trigoria.

16

IL SECONDO TRAGICO SPALLETTI

DER ZWEITE, TRAGISCHE, SPALLETTI

Ich bin glücklich, dass Spalletti zurückkehrt. Am Ende seiner ersten Trainertätigkeit war ihm auch der eine oder andere verbitterte Satz mir gegenüber ausgekommen. Doch jedes Mal, wenn wir uns danach wiedersahen – zum Beispiel in Florenz – gab es Küsse und Umarmungen. Verbunden mit einem guten Gefühl und dem Wunsch, wieder gemeinsam zu arbeiten. Im Vergleich zu Zeman, der stets an seinen athletischen Prinzipien festhält, ist Spalletti flexibler: Er weiß, was mein Körper braucht, damit er die maximale Leistung erbringt, und er wird dies gewiss auf eine Weise machen, damit mir ein guter Abgang ermöglicht wird. Denn es ist bereits davon die Rede: Ich habe es mir zum Ziel gesetzt, mit 40 Jahren noch in der Serie A zu spielen und dann aufzuhören. Das heißt, die laufende Saison zu beenden und eine weitere anzuhängen. Beim ersten Treffen mit der Mannschaft – wir sind nur noch wenige von seiner alten Truppe – reicht er mir der Hand und fragt, wie es Mama und Papa gehe, die er damals, weil er im Stadtviertel Axa wohnte, kennengelernt hat. Doch seltsamerweise befragt er mich nicht zu meiner Verletzung, die mich drei Monate außer Gefecht gesetzt hatte. Es ist zu früh, um sich Sorgen zu machen, aber ich hatte mir eine andere Form der Kontaktaufnahme erwartet. Wärmer, mit mehr Anteilnahme.

Am Abend vor dem ersten Spiel gegen Verona teilt er uns einige Verhaltensregeln mit. „Ich habe erfahren, dass es einige von euch beim letzten Auswärtsspiel gegen Milan beim Kartenspielen spät werden ließen. Ich will nicht, dass ihr Karten spielt, und so steht es auch in euren internen Regeln."

Ich fühle mich persönlich angesprochen, denn ich bin der leidenschaftlichste Kartenspieler in der Gruppe, an der Grenze zum

Zwanghaften. Ich lasse es nie spät werden, aber wenn wir vor Spielen kaserniert werden, spiele ich sehr wohl.
„Diese Regeln haben nicht alle unterschrieben“, versuche ich mich zu verteidigen.
Spalletti antwortet lapidar: „Geh mir nicht auf den Sack, Checco.“
Er verwendet die vertrauliche Kurzform meines Namens, jene, mit der mich meine Freunde rufen. Ich widerspreche nicht. Es ist die erste Diskussion, die er gewinnt.

Die zweite ist halb privat. Ich sage „halb“, denn seit Beginn seiner zweiten Amtszeit macht es Spalletti so, dass bei jeder unserer Diskussionen zwei Zeugen anwesend sind, einer auf jeder Seite. Vito ist immer zugegen, Spalletti ergänzt die Runde um ein Mitglied des Trainerstabs oder der Presseabteilung. Kein großes Signal. Vor dem zweiten Spiel bei Juventus haben wir eine Auseinandersetzung, weil ich im Training einige Fehlpässe fabriziert habe. Dafür kritisiert er mich hart, und an einem gewissen Punkt schicke ich ihn zum Teufel. Ich erkläre ihm, dass ich länger brauche, um wieder auf 100 Prozent zu kommen, und mir die Tatsache nicht hilft, dass er mit allen außer mit mir darüber spricht, besonders da ich immer noch der Kapitän sei. Er antwortet mit ungewöhnlicher Schärfe und geht nicht auf die Ängste eines 40-Jährigen ein.
„Damals habe ich dir alles erlaubt, Francesco. Jetzt nicht mehr. Du musst wie die anderen laufen, auch wenn du Totti heißt.“
Was mich sehr verärgert, zumal ich nie auf Privilegien gepocht habe. Nach einer Weile erkennen die Kollegen, dass es Spalletti auf mich abgesehen hat. Denn die ständigen Vorwürfe im Training richtet ein Trainer normalerweise an junge Spieler, denen etwas zu Kopf gestiegen ist. Sie an einen Kapitän zu richten, ist eher ungewöhnlich. Manch einer fragt mich, was ich Spalleti angetan habe – auch Ilary: „Bist du sicher, dass es dir nicht mal an Respekt ihm gegenüber gefehlt hat? Ein Wort oder eine Geste, die er schlecht interpretiert haben kann?“
Mein Ärger ist groß, noch größer aber die Ungläubigkeit darüber, wie er mich behandelt. Ehe einige seiner Antworten auf Journalis-

tenfragen zu verstehen geben, dass er noch immer davon überzeugt ist, dass ich bei seinem Abgang von Roma 2009 eine Rolle gespielt habe.

Das schwierige Verhältnis zu Spalletti geht mit der Verbesserung meiner physischen Beschwerden einher – das aber nur langsam und mühsam. Ich komme nur zu kurzen Einsätzen, habe am 20. Februar 2016 vor dem Spiel gegen Palermo einen TV-Interviewtermin mit der RAI aus Anlass „Zehn Jahre WM-Titel". Bei dem auch meine aktuelle Situation bei Roma zum Thema wird. Erst später erfahre ich, dass Spalletti zur selben Zeit in der Pressekonferenz sagt, dass ich gegen Palermo erstmals seit seiner Rückkehr in der Startelf stehen werde. Es ist ein Interview, in dem ich sage, dass ich mir von ihm ein anderes Verhalten erwartet hätte. Dass er mir besser einige Dinge ins Gesicht gesagt hätte, von denen ich aus den Zeitungen erfuhr. Ich fordere keine Einsätze, kritisiere ihn nicht, verlange aber vom Klub mehr Respekt und Klarheit, da mein Vertrag mit Saisonende ausläuft und ich noch Lust habe zu spielen. Zumal es an Angeboten aus dem Ausland nicht mangelt. Die Nachwirkungen des Interviews führen zur ersten großen Krise, von meiner Attacke auf den Trainer ist die Rede. Was ich absolut nicht verstehen kann.

Am Spieltag wirft er mich nach dem Frühstück aus dem Kader, schickt mich nach Hause. Es folgt der nächste Schlagabtausch.
„*Molto bene*, ich akzeptiere Ihre Strafe. Wir werden sehen, wer von uns beiden die Konsequenzen zu tragen haben wird."
„Willst du mir drohen? Du bist nun wie alle anderen, nicht mehr unersetzlich."
Ich schließe zunächst aus, zum Spiel ins Stadion zu gehen, ehe Ilary das Kommando übernimmt: „Wir gehen alle ins Stadion: wir, Freunde, Verwandte, einfach alle. Du hast nichts zu verbergen oder wiedergutzumachen."
Im Stadion gehe ich an der Kabine vorbei. Spalletti scheint überrascht, dass ich hier bin, sein Name wird beim Verlesen der Mannschaft ausgepfiffen. Während ich, als ich auf der Tribüne erscheine,

Standing Ovations erhalte. Wir gewinnen locker 5:0. Im folgenden Monat komme ich, obwohl ich inzwischen wieder bei 100 Prozent angelangt bin, kaum zum Einsatz. Ich muss mich bis zum 11. April und dem Spiel gegen Bologna gedulden, ehe mich Spaletti zu Beginn der zweiten Halbzeit – wir liegen 0:1 zurück – aufs Feld schickt. Mit dem ersten Ballkontakt lege ich Salah das Tor zum 1:1-Endstand auf, in Summe gelingen mir gute 45 Minuten.

Unser nächstes Spiel im Kampf um Platz zwei – Napoli lässt nicht locker – führt uns nach Bergamo. Spalletti nimmt vor Auswärtsspielen im Hotel stets ein Zimmer, das an meines grenzt, und ich frage ihn, ob das ein Zufall sei.
„Ich will dich besser kontrollieren", antwortet er.
Ein für die Logistik zuständiger Angestellter bestätigt mir, dass der Trainer darauf besteht, ein Zimmer zwischen Nainggolan, Pjanić und mir zu beziehen. Sein Vorbehalt bleibt der gleiche – das Kartenspiel, das seiner Meinung nach Energie und Konzentration raubt. Im Wissen um seine Phobie haben wir aber ohnehin damit aufgehört.

Samstagabends sind Mire Pjanić, Radja Nainggolan und ich gemeinsam auf meinem Zimmer, als Spalletti gegen 23.30 Uhr angeschlichen kommt und sich im schwarzen Trainingsanzug vor meiner Tür auf den Boden setzt, den Rücken an die Wand gelehnt. Er ist praktisch unsichtbar, da der Gang kaum beleuchtet ist. Er hat aber seine Rechnung ohne das Zimmer der Physiotherapie gemacht, das immer offen steht und neben meinem ist. Kurz vor Mitternacht kommt De Rossi da raus und traut seinen Augen nicht: „Mister, sind Sie es? Was machen Sie hier?"
Spalletti antwortet leise: „Nichts, rein gar nichts, doch ich weiß, dass du nun deine Freunde informieren wirst."
Am Zimmer retour, schickt Daniele eine WhatsApp an Pjanić: „Aufgepasst, der Trainer liegt vor eurer Tür auf der Lauer."
Es ist 0.15 Uhr, 15 Minuten nach der verordneten Bettruhe, nichts sonderlich Schlimmes, dennoch erwägen Radja und Mire, über das Fenster die Flucht zu ergreifen. Doch wir sind im zweiten Stock, es

ist zu hoch. Die Situation hat etwas Komisches, dennoch versuchen wir, keinen unnötigen Lärm zu erzeugen. Letztlich verlassen die beiden mein Zimmer, ich höre beim Schließen der Tür Spallettis sarkastische Stimme: „Spielt nicht auf Klugscheißer, ich weiß, was ihr in Francescos Zimmer gemacht habt – Karten gespielt."
Mire kontert: „Welche Karten? Wir waren am Computer."
Der Trainer: „Wir rechnen morgen ab."

Am Spieltag weist Spalletti in der Besprechung erneut darauf hin, dass das Kartenspielen verboten ist und einige das Verbot vergangene Nacht missachtet hätten. Pjanić fehlt in der Startelf – was wohl als Strafe zu verstehen ist. Das Spiel verläuft verrückt, Atalanta dreht ein 0:2 zunächst in ein 3:2 um. Zehn Minuten vor Schluss werde ich eingewechselt, erziele das 3:3, Džeko fixiert letztlich unseren 4:3-Sieg. Nach dem Spiel legt sich Spalletti in der Kabine vor allen anderen einmal mehr mit mir an: „Es reicht, du hast mich genug genervt. Wenn du weiter das Kommando haben willst, solltest du besser von hier verschwinden. Du spielst trotz des Verbots Karten. Du bist erledigt."

Da wir nicht noch mehr Öl ins Feuer gießen wollen, entschuldigen wir drei uns tags darauf bei Spalletti. Für mich steht fest: Mit Saisonende verlasse ich die Mannschaft. Doch zugleich hat sich eine gewisse Dynamik in Bewegung gesetzt: die Torvorlage gegen Bologna, der Ausgleichstreffer gegen Atalanta – was kann der nächste Schritt sein? Vielleicht ein Doppelpack, mit dem ich ein Spiel drehe? Drei Abende später kommt der FC Turin ins Olympiastadion, nach 86 Minuten liegen wir 1:2 zurück. Spalletti wirft mich als letzten Wechsel in die Schlacht, ich komme bei einem ruhenden Ball auf den Platz, verlängere den Freistoß prompt ins Tor. Dann schenkt uns Schiedsrichter Calvarese auch noch einen Elfmeter, den ich flach zum 3:2 verwerte. Die Teamkollegen, die mich umarmen, sind außer sich, die Fans in der Kurve weinen.

Nach diesem Doppelpack spiele ich die letzten Minuten gegen

Napoli und leite jene Aktion ein, die zum 1:0 durch Nainggolan führt. In der Woche darauf erziele ich wenige Minuten nach meiner Einwechslung in Genua mit einem Freistoß das 2:2, El Shaarawy legt noch das 3:2 drauf. Auch wenn Napoli letztlich in der Tabelle vor uns bleibt, wir als Dritter in die Qualifikation für die Champions League müssen, scheint die AS Roma unter Spalletti wie neu geboren. Der Trainer hat wahrlich gute Arbeit geleistet, ich habe mir eine Rolle als phasenweiser Hauptdarsteller zurückerobert. Im Wissen, dass ich nicht mehr jeden Sonntag 90 Minuten einfordern kann.

Während ich dieses Buch schreibe, bin ich mir bezüglich einer Sache im Klaren: Ich hätte an jenem Abend nach dem Spiel gegen den FC Turin meine Karriere beenden sollen. Mir werden nur vier Minuten gewährt, aber sie reichen, damit ich mit einem Doppelschlag das Resultat auf den Kopf stelle, ich laufe zur *Curva Sud*, die Mannschaft siegt, die Mitspieler tragen mich auf Schultern. Es wäre das perfekte Ende gewesen. Der Gedanke hat mich tatsächlich auch kurz beschäftigt, aber letztlich ließ ich davon ab, weil ich in jenem Moment nicht wusste, wie ich es sagen oder tun hätte sollen. Ich hätte improvisieren müssen, was vielleicht die beste Wahl gewesen wäre, zumal die Leute an mir immer meine Spontaneität geschätzt haben.

Vor dem Saisonende treffe ich mich mit Sportdirektor Mauro Baldissoni und erkenne, dass mein brillantes Finale auch etwas am Verhalten des Vereins geändert hat. Man steht meiner Vertragsverlängerung nun nicht mehr ablehnend gegenüber. In der Tat legt Präsident Pallotta im Juni einen unterschriftsreifen Vertrag vor. Es ist der Moment des großen Zweifelns, denn ich habe zahlreiche Angebote aus dem Ausland – von China über Japan bis hin zur Major League Soccer und Abu Dhabi –, unterschreibe aber letztlich für Roma.

Die letzte Saison beginnt und endet praktisch mit dem Interview, das Ilary der *Gazzetta dello Sport* aus Anlass meines 40. Geburtstags gibt und in dem sie Spalletti als *piccolo uomo*, als „kleinen Mann"

bezeichnet. Nur wer ein gestörtes Verhältnis zur eigenen Frau hat, kann glauben, dass ich etwas machen hätte können oder müssen, um dieses Interview zu stoppen. Ilary ist eine Frau mit einer starken Persönlichkeit, sie trägt leidend meine Bitternis mit und hat dafür gesorgt, dass sie nicht zur Depression wird. Sie hat unseren Kindern, besonders Cristian, öfters erklärt, dass Dinge nicht für immer sind, dass es einen Anfang und ein Ende gibt und dass ihr Vater, ein Champion, in der Abendröte seiner Karriere steht. Wenn sie den Moment für richtig hielt, ihre Meinung zu sagen, hat sie es stets getan. Am Vorabend des Erscheinungstermins dieses Artikels hat sie mir die wichtigsten Passagen des Interviews mitgeteilt. Ich war perplex. „Bist du verrückt? Der wird mich umbringen …"
Spalletti sagt mir tags darauf, dass solch eine Situation nicht normal sei. Entweder ich solle das Ganze regeln oder er würde mit ihr sprechen. Doch da gibt es wenig zu regeln: Ilary ist gewiss nicht die Frau, die ihre Meinung 24 Stunden, nachdem sie diese geäußert hat, revidiert. Doch Spalletti hat auch eine andere, lustigere Seite, er schenkt mir ein DeLorean-Modellauto, das Fahrzeug aus *Zurück in die Zukunft*, und meiner Frau eine Single der Sängerin Mia Martini. Er möge ihr Lied *Piccolo uomo* so gern, versichert er. Ich lade Spalletti zu meiner Geburtstagsfeier ein, auch weil Ilary darauf beharrt.
„Francesco, willst du wirklich, dass ich zu deinem Fest komme?"
„Trainer, Ihre Entscheidung. Ich habe Sie eingeladen …"
„Aber wenn ich komme, riskiere ich Prügel von deinen Freunden."
„Wenn Sie diese bekommen, wird es schon einen Grund dafür geben…"

Der Dialog in Trigoria ist freundschaftlicher als andere Diskussionen zwischen uns beiden in der Saison zuvor. Jedenfalls – um wieder zum Sportlichen zu kommen – erziele ich in Turin mein 250. und letztes Tor in der Serie A, komme aber letztlich nur noch zu Kurzeinsätzen, was mir Ilary schon vor der Saison prophezeit hatte: „Das ist deine allerletzte Saison, Francesco, und da ein Jahr wie im Flug vergeht, beginne dich schon jetzt darauf vorzubereiten."
Bei meiner letzten Vertragsunterzeichnung hatte Pallotta noch ge-

sagt, dass ihm ein Abschied im Stil von Kobe Bryant vorschweben würde – mein langer Abschied von Stadt zu Stadt. Ich hatte ihm gesagt, dass Italien nicht Amerika sei. Die Idee als solche gefiel mir natürlich, und im Nachhinein betrachtet ist es schade, dass ich nicht versucht habe, sie in die Realität umzusetzen. Aber das einzige Mal, als der Verein dann meinen Rücktritt zum Thema machte, war fünf Spieltage vor Saisonende. Als ich vor meinem letzten Derby gegen Lazio gefragt wurde, ob ich dazu in der Pressekonferenz etwas sagen wolle.

Seit Februar war ich auch im Training kürzergetreten, und es war klar, dass ich meine Karriere beenden würde. Doch vom Verein erfuhr ich es auf diese Art und Weise.

Ich denke, dass es keine leichte Aufgabe ist, einer Person wie mir sagen zu müssen: Es ist vorbei. Später in diesem Jahr, im Juni, reisen Ilary und ich nach London, um Pallotta zu treffen und die Eckpunkte des neuen Arbeitsverhältnisses zu definieren. Ehe sie sich zurückgezogen hatte, hatte mir Rosella Sensi einen Vertrag als Funktionär angeboten, der nunmehr mit den neuen Eigentümern besprochen werden musste. Bei diesem Treffen war auch Franco Baldini dabei. Unser Gespräch ist wie die letzte Seite eines Krimis – die Enthüllung des Täters.

„Ich bin's gewesen, Francesco."

„Was hast du gemacht, Franco?"

„Die zurücktreten zu lassen."

„Was?!"

„Ich wollte Spalletti als Trainer und habe ihm auch immer den Rücken gedeckt, weil ich wusste, dass er wie ich dachte. Vor Jahren habe ich dir gesagt, dass ich dich gern verkaufen würde, aber jeder Trainer, den wir kontaktierten, wollte die Garantie, dass du beim Klub bleibst."

„Ich erinnere mich."

„Spalletti hat dies nicht gefordert, im Gegenteil. Und im Übrigen wissen wir alle, dass deine Anwesenheit in den letzten Jahren ein Hemmschuh für Roma war."

„Und die Millionen, die ihr mit meinen Fan-Trikots verdient habt? Und die Entlohnung für Freundschaftsspiele, die je nach meiner An- oder Abwesenheit höher oder niedriger war?“

„Alles wahr. Aber du wirst sehen, dass sich ab der kommenden Saison ein neues Kapitel für den Verein öffnet. Denn dann ist er frei von einer dermaßen platzraubenden Persönlichkeit, der selbstverständlich tiefste Dankbarkeit entgegengebracht wird. Und in diesem neuen glücklichen Kapitel bist auch du mit dabei.“

„Ich möchte Vizepräsident werden. Nicht, weil mir die Stellung etwas bedeutet, doch in Trigoria möchte ich derjenige an der Spitze der Hierarchie sein.“

„Du brauchst das nicht, Francesco.“

„Warum nicht?“

„Weil du Totti bist und immer sein wirst. Die Menschen hören dir zu, glauben an dich, mögen dich. Wir Funktionäre werden als notwendiges Übel wahrgenommen, die echte Roma bist du.“

17

SPERAVO DE MORÍ PRIMA

ICH HABE GEHOFFT, VORHER ZU STERBEN

Das letzte Spiel meiner Karriere ist eine so große Angelegenheit, dass man sie nur schwer realisieren kann. Ich versuche, nicht daran zu denken, schiebe es in den Hintergrund, gut einen Monat lang … Aber es rückt näher.

Vier Spieltage vor Schluss fügt mir Spalletti die letzte Demütigung zu, denn ich möchte mich gern auf dem Platz von San Siro verabschieden, dem mythischen Stadion, das mich stets mit Respekt und Bewunderung behandelt hat. Ich weiß, dass die Milan-Fans eine Choreographie für mich vorbereitet haben –, und das ist eine riesige Ehre, denn generell, wenn du einen denkwürdigen Gegenspieler wertschätzt, applaudierst du ihm – und als El Shaarawy zehn Minuten vor Schluss das 3:1 für uns erzielt, denke ich mir, dass der letzte Wechsel nun mir zufällt. Doch Spalletti ruft in der 84. Minute Bruno Peres zu sich und bringt ihn anstelle von Džeko.
„Ich fürchtete ihre Konter", wird er später auf die empörten Fragen vieler Journalisten, die diesen verpassten Wechsel ebenfalls als Demütigung empfinden, antworten. Als ob dies nicht genug wäre, holen wir in diesen letzten und unbedeutenden Minuten auch einen Elfmeter heraus. Daniele schießt ihn, aber wenn ich auf dem Feld gewesen wäre, wäre ich an der Reihe gewesen: San Siro mit dem letzten Tor meiner Karriere abzuschließen, was für eine tolle Geschichte!

Immer noch in Richtung zweiter Platz unterwegs, der die direkte Qualifikation für die Champions League bedeutet, schlagen wir am 36. Spieltag im Olympiastadion Juventus mit 3:1. Damit verschieben wir ihre Meisterfeier und halten Napoli, das nun keine Punkte mehr liegen lässt, auf Distanz. Ich werde in der 93. Minute eingewechselt – zumindest Zeit genug, um Buffon auf dem Platz zu grüßen. Es sind diese kleinen Dinge, die mir aber in dem Moment sehr wichtig erscheinen. Den siebenten Sieg in Folge feiern wir mit Mühe in Verona, und nun bleibt nur noch das Heimspiel gegen den FC Genua. Roma muss die drei Punkte holen, um ohne Qualifikationsspiele in die Champions League zu gelangen, was ein großartiges Ergebnis wäre. Dennoch spricht niemand in der Stadt davon: Das Spiel Roma gegen FC Genua im Olympiastadion wird aus einem ganz anderen Grund ausverkauft sein.

Dass es eine spezielle Woche ist, erkenne ich auch an dem Umstand, das Spalletti die Konfrontation sucht. Er kommt zu mir und legt ein Verhalten an den Tag, das an seine erste Amtszeit erinnert. Aber er muss meiner Kaltblütigkeit ins Auge blicken, das Klima der letzten eineinhalb Jahre kann nicht vergessen werden.

„Francesco, finden wir gemeinsam einen guten Weg, um dich diese letzte Partie spielen zu lassen."

„Was schwebt Ihnen vor, Mister?"

„Sag du es mir. Willst du vom Start weg spielen?"

„Hmm, das gefällt mir nicht … Wenn wir dann nicht gewinnen, ist es meine Schuld."

„Aber ich bitte ich dich."

„Mister, machen Sie es wie immer in diesem Jahr. Denken Sie an das Wohl der Mannschaft, schützen Sie sie vor mir. Wenn wir dann in der letzten Minute dabei sind, 4:0 zu gewinnen, komme ich rein und verabschiede mich von allen."

„Okay, ich wusste, dass man mit dir nicht vernünftig darüber reden kann ..."

Ich bin verbittert, was normal ist. Doch ich höre ihm gut eine Stunde zu, denn er fragt mich, was ich nun zu tun gedenke, und mir wird klar, dass es ihn nicht mehr betreffen wird, da er schon entschieden hat, Roma zu verlassen. Vito behauptet, dass die großen Champions jemanden brauchen, der ihnen sagt: „Es ist vorbei!" Denn andernfalls würden sie ewig weiterspielen: Sie sind sich dessen nicht bewusst, dass die Zeit abgelaufen ist. Spalletti war für mich dieser Jemand, aber am Ende hat auch er für die Art und Weise, wie er es gemacht hat, seinen Preis bezahlt. Er sagt es selbst im TV: Wenn er das Rad der Zeit zurückdrehen könnte, würde er sich die zweite Amtszeit bei Roma nicht noch einmal antun – zu viel Stress. Wir verständigen uns am Ende der langen Diskussion darauf, dass ich in der zweiten Halbzeit zum Einsatz kommen würde, den Zeitpunkt entscheide er, auch auf Grundlage dessen, wie sich die Partie entwickeln würde. Ich bin 40 Jahre und acht Monate alt, seit Februar trainiere ich nicht mehr mit dem nötigen Eifer. Ich darf nicht vergessen, dass für Roma am Sonntag eine Menge auf dem Spiel steht.

Es ist eine komplizierte Woche. Um zum Beispiel alle Tickets zu beschaffen, um die ich gebeten werde. Ich habe immer viele aufgetrieben, aber unter gewöhnlichen Umständen haben sich Freunde und Bekannte immer mit zwei oder drei Karten begnügt. Diesmal brauchen sie ganze Pakete davon, jeder 10 bis 15, denn niemand will meinen Abschied verpassen, und wer mir nahe ist – im Sinne von dass er an mich rankommt – wird mit Anfragen buchstäblich belagert. Ich möchte nicht zu viel an Sonntag denken; aber es ist unmöglich. Egal, wen ich treffe – ich höre nur: „Ich glaube es nicht, du kannst nicht aufhören." Was natürlich eine Höflichkeitsformel, aber Salz auf die offene Wunde ist. Denn selbst in diesen Tagen möchte der innerste, tiefste Teil von mir nicht aufhören. Ilary, die es weiß, versucht mich mit den Vorbereitungen für die Zeremonie – ist es richtig, sie so zu bezeichnen? Schließlich ist es kein Fest … – und anderen Aufgaben zu beschäftigen. Als guter Freund, der er ist, schickt mir Walter Veltroni, der ehemalige Bürgermeister, den Entwurf für eine Abschiedsrede – voller Poesie und Erinnerungen, aber mir erscheint es zu ernsthaft.

„Du musst sie selbst schreiben, ich kann dir helfen", urteilt Ilary, und wir werfen uns aufs Bett, um die wichtigsten Punkte zu notieren. Ab und zu stocke ich, denn ich habe einen Knoten im Hals.

„Nicht weinen, he!", bittet sie mit der üblichen Entschlossenheit.

Ich weiß nicht. Oder ich weine nur ein bisschen, so, dass man es nicht merkt. Ich habe eine Allergie. Ich habe Schnupfen. Eine Mücke im Auge. Der letzte Brief, den ich geschrieben habe, war für sie, ein Liebesbrief vor unserer Hochzeit. Ich sage ihr, dass mich der Gedanke daran berührt, und vielleicht glaubt sie mir.

Aber werde ich überhaupt in der Lage sein, eine Rede vor 80.000 Leuten zu halten? Dieser Zweifel kommt mir schlagartig, denn letztlich bin ich es gewohnt, vor solch einer Menge von Menschen zu spielen, nicht jedoch zu sprechen. Natürlich kam es vor, dass ich bei diversen Anlässen vor Publikum geredet habe, aber nicht vor diesem Publikum. Und wenn ich es nicht schaffen würde, weiterzulesen?
Ilary hat eine Idee: „Wenn du stockst, machen die Kinder weiter. Eine Art Übergabe, wie in einer Staffel.“ Cristian winkt sofort entschieden ab: „Denkt bloß nicht daran!“
Meine Tochter Chanel dagegen ist mehr als nur verfügbar. Sogar erpicht darauf. Wenn es nach ihr ginge, würde sie das Geschriebene sofort an meiner Stelle lesen. Wir besprechen mit Vito auch die grundlegenden Aspekte des Nachmittags durch. Es gibt Momente, in denen es mir vorkommt, als würde ich das Karriereende von jemand anderem organisieren. Ich kann mich auf nichts länger als fünf Minuten konzentrieren: ein TV-Programm, ein Telefonat, den Computer. Ich versuche mich abzulenken, indem ich auf YouTube die Abschiede der großen englischen Fußballer suche: Beckham, Gerrard, Terry. Ich schaue mir all diese Videos an, auch auf der Suche nach Inspiration. Ich empfinde für das, was passiert, keinen Schmerz. Die richtige Beschreibung für den Gemütszustand, in dem ich mich befinde, ist Melancholie.

Samstagabend. Wir essen zu Hause, in der Küche. Ich stelle fest, dass Cristian und Chanel, anstatt wie sonst um diese Uhr im Pyjama zu sein, zum Ausgehen angezogen sind. Sie wirken unruhig, das Kindermädchen der kleinen Isabel ist noch unterwegs, lauter Seltsamkeiten, die ich jedoch nicht hinterfrage. Ich habe ein unangenehmes Gefühl in der Magengrube, das mich bedrückt. Nach dem Essen werfe ich mich auf die Couch, um ein Spiel anzuschauen, zur Halbzeit sind noch immer alle wach und lebhaft.

„Warum geht ihr nicht ins Bett?“
Ehe ich eine Antwort erhalte, stelle ich aus dem Augenwinkel eine Bewegung auf dem Überwachungsbildschirm fest. Ein Motorrad vor dem Haus. Seltsam, um diese Zeit. Ich sage es Ilary, die das Ganze wie immer herunterspielt: „Er wird zum Nachbarn gehen.“
Ich bleibe sitzen, und im Laufe weniger Minuten fährt ein zweites Moped ein, dann ein drittes, am Ende sind es rund zehn.
„Ilary, ruf die Security, das ist eine Bande!“
Sie geht zum Telefon (wo ich sie sie nicht sehen kann), und zwei Minuten später kehrt sie mit einem spöttischen Gesichtsausdruck zurück: „Beim Nachbarn steigt ein Fest, bleib ruhig. Schau doch, wie gestresst du bist!“
Ein Moment der Ruhe, ich weiß nicht, was ich ihr antworten soll.
Sie lässt nicht locker. „Hör zu, holen wir uns alle ein Eis, vielleicht beruhigt dich das etwas, okay?“
Cristian unterdrückt ein Lächeln. Ich beende morgen meine Karriere, und sie nehmen mich gerade auf den Arm.

Wir schnappen unsere Mopeds. Cristian fährt mit mir, denn er fährt nicht gern mit seiner Mutter. Das hofseitige Tor öffnet sich … und die Karawane, die ich am Überwachungsmonitor gesehen habe, erwartet uns dort. Hupen, Applaus, Scherze, Heiterkeit. Meine liebsten Freunde stehen da, mit ihren Helmen im Arm. Ich schaue Ilary an.
„Viel wirst du heute Nacht nicht schlafen. Wir fahren eine Runde durch Rom“, lässt sie mich wissen.
Ich bin überrascht, glücklich und aufgeregt, obwohl ich wenige Minuten zuvor noch traurig war. Ich liebe diese Frau.

Es ist ein warmer Abend Ende Mai, die Zeit im Jahr, in der der Glanz von Rom seinen Höhepunkt erreicht. Ich betrachte die Fahrgemeinschaft entlang der Cristoforo Colombo, wir fahren in Richtung Testaccio, denn ich habe erfahren, dass die Fans am Schild der Piazza di Santa Maria Liberatrice einen Aufkleber angebracht haben, und kann mir ein Foto mit der neuen Aufschrift

– „Piazza Francesco Totti, achter König von Rom" – nicht entgehen lassen. Ein Wunderwerk. Von dort geht es weiter auf dem Lungotevere, und als wir auf Höhe des Zentrums sind, stürzen wir uns rein, denn mich überkommt die große Lust, nach vielen Jahren wieder die Piazza Navona zu sehen, dass ich es kaum erwarten kann. Wie wunderbar! Wir fahren zwei- oder dreimal im Kreis. Ich kann nicht genug davon kriegen, aber wir müssen weiter, denn die Leute haben mich erkannt (obwohl ich den Helm trage, ich frage mich, wie sie das machen), und trotz der späten Stunde – es wird ungefähr 23 Uhr sein – kommt es zu einem ordentlichen Menschenauflauf. Wir durchstreifen die Via del Corso, ein weiterer Ort, den ich seit Langem vermisse, und holen uns auf der Terrasse des *Pincio*, über der Piazza del Popolo, ein Eis. Besser gesagt, die Freunde bringen es Ilary und mir, denn so können wir auf einer Bank im Hintergrund bleiben, um die Dächer des erleuchteten Roms zu sehen, ein perfekter Moment. Ich erzähle allen von der Rede, die ich vorbereitet habe. Sie sind begeistert von der Vorstellung, sie im Olympiastadion zu hören. Dann weitere Runden, weitere Starts bei noch roter Ampel, denn die Leute in den Autos erkennen mich, weitere Panoramablicke, weitere Schönheiten. Als wir nach Hause zurückkommen, ist es 4 Uhr früh, und während der gesamten Zeit habe ich nie daran gedacht, dass ich tags darauf meine Karriere beenden werde. Vielleicht kam es mir vor, als hätte ich nochmals die Nacht des Meistertitels erlebt. Ich bin müde. Schlafe sofort ein, wie ein Engelchen.

Sonntag früh. Ich fahre wie immer nach Trigoria zum Frühstück, aber dass es ein besonderer Anlass ist, daran erinnern mich die Fans auf der Straße und neben dem Eingangstor zum Sportzentrum. Das Spiel ist unglaublich wichtig, aber ihre Gesänge betreffen einzig und allein mich. Alle sind traurig, aber auch aufgeregt – von der Vorstellung eines Spektakels in einem vollen Stadion, was bereits selten ist. Alle erwarten einen Nachmittag mit großen Tränen und Gefühlen.

„Denk daran, was für ein Tag!", sagen alle zu mir. „Dein Abschied

vom Fußball, und noch dazu im Olympiastadion: Stell dir das Pech vor, wenn die letzte Partie auswärts gewesen wäre."
Ich hatte nicht daran gedacht, aber es ist nun mal so.

Wir spielen um 18 Uhr. Nach dem Essen steigt die Spielbesprechung, ich verfolge zerstreut die kurze Analyse der Spielzüge von Genua bei ruhenden Bällen. Die Nervosität steigt. Seit ich aufgewacht bin, stand alles unter einem einzigen Motto: Das letzte Mal, dass ich dies mache, das letzte Mal, dass ich jenes mache ... Aber jetzt, da der Augenblick der Abfahrt im Bus zum Olympiastadion näher rückt, schaffe ich es nicht, stillzuhalten. Vor der Besprechung hat mich noch meine Mutter angerufen: „Ich komme nicht, ich schaffe es nicht. Genieß den Abend, ich werde vor dem TV weinen."
Ich bin das ganze Leben wegen dir, Mama, bei Roma geblieben. Insbesondere wegen dir. Wenn die Leute heute Abend von ihren Emotionen überwältigt werden, wie ich es annehme, wird es auch dein Verdienst sein.

Vito ruft mich, als ich mich nach der Dusche anziehe: „Da sind einige Jugendliche draußen, die gern ein Foto machen würden."
„Ich komme, ich komme, aber schnell, wir fahren gleich ab."
Sogar heute Selfies? Vielleicht könnte man das verhindern ... Ich gehe auf den Platz raus, wo ein Bus steht. Eine unkontrollierbare Wut steigt in mir hoch: „Hallo, der Bus hat mindestens 50 Plätze. Muss ich mit denen allen ein Foto machen? Du bist verrückt!"
Vito antwortet nicht. Er lacht. Im Inneren des Busses springen alle im selben Moment auf. Ilary erscheint vorn, und es genügt ein schneller Blick, um zu erkennen, dass dort drinnen alle meine Freunde sind. Sie singen, tanzen und zeigen ihre „Uniform" – ein weißes T-Shirt mit der Aufschrift *„6 unico"*. Ein brillantes Zitat. Ich weiß nicht, was ich sagen soll.
„Was die Anzahl betrifft, warst du knapp dran", sagt mir Vito, „denn es sind 48. Die Armen, schau, wie verschwitzt sie sind. Sie warten seit dem Mittagessen hier draußen auf dich in der Sonne."
Ein Kuss und eine Umarmung für jeden, Angelo, Giancarlo und Gi-

ancarlo, Bambino, Silvia und Melory. Die wichtigste Unterstützung ist eingetroffen, jetzt muss ich es allein hinkriegen.

Auf dem Weg zum Stadion schalte ich die auf mich – für eine Dokumentation – gerichtete Kamera aus: De Rossi und Florenzi haben sich hinter mich gesetzt und schneiden Grimassen, verdammt. Daniele hat es mir schon zuvor mitgeteilt: „Ich werde dir das Geschenk der Mannschaft überreichen, aber denk nicht daran, etwas zu mir zu sagen. Vor lauter Emotion werde ich es nicht einmal schaffen, dir ins Gesicht zu blicken, es ist wichtig, dass du das weißt."
Als wir im Stadion ankommen, glaube ich, Fieber zu haben, denn es läuft mir ein kalter Schauer den Rücken entlang, obwohl es sehr warm ist. Der Weg vom Bus zur Kabine gleicht einem Spießrutenlauf: Alle halten mich auf, Leute, die ich kenne, und Leute, die ich noch nie gesehen habe. Ich vermute, dass jemand einige Plätze in der ersten Reihe verkauft hat, denn auch einige für Nichtberechtigte verbotene Zonen sind voll mit mir nicht bekannten und sichtlich aufgeregten Gesichtern. Als die Fotografen mich darum bitten, für das eine oder andere schöne Abschiedsfoto eine Runde im Stadion zu drehen, sage ich gern zu. Die Kabine ist zu überfüllt für Aufnahmen.

Die Partie verläuft merkwürdig. Der junge Pellegri trifft sofort, zum Glück gleicht Džeko ebenso rasch aus. Roma hat natürlich das Heft in der Hand, kommt zu Chancen, nützt sie aber nicht zu weiteren Toren. Zur Pause steht es 1:1, während Napoli bei Sampdoria bereits 2:0 voran liegt. Wir wussten es, aber das ist nun die Bestätigung: Es gibt keine andere Option, wenn wir Zweiter bleiben wollen, müssen wir gewinnen. Bei der Rückkehr in die Kabine fordert mich Spalletti auf, mit dem Aufwärmen zu beginnen.

In diesem Moment höre ich einen Lärm, der sich von dem üblichen im Olympiastadion unterscheidet. Eine Art Tosen, wie von einem starken Motor, der sich von Weitem nähert und folglich langsam an Dezibel zunimmt, und sobald er da ist, wie ein Donner wirkt.

Bei meiner Platzrunde vor dem Anpfiff habe ich gesehen, dass die Leute überall Fahnen und Spruchbänder angebracht haben, dir mir gewidmet sind. Ein Prolog auf das – denke ich mir –, was nach den 90 Minuten geschehen wird. Ich bin nahezu gelähmt, als mich Spalletti ruft, um mich anstelle von Salah – nebenbei, der Abschied eines Champions aus Rom, der im Jahr darauf zum Thema für den *Ballon d'Or* wird – einzuwechseln, zittern mir die Knie. Wären wir in Brescia im März anstatt in Rom Ende Mai, bin ich sicher, dass sich meine Trainingshose beim Ausziehen in den Stollenschuhen verfangen würde, wie an jenem Nachmittag im Jahr 1993. Es wäre der perfekte Abschluss des Kreises zwischen der ersten Partie in der Serie A und der Nummer 719, jener, zu der mich Schiedsrichter Tagliavento nun einlädt, als er mir das Zeichen gibt, auf den Platz zu kommen. Es ist die 54. Minute, dieses Mal gewährt mir Spalletti viele Minuten, und er bringt mich zu einem Zeitpunkt in Stellung, als das Spiel längst nicht entschieden ist.

Körperlich bin ich fit, das weiß ich, und der Platz liefert die Bestätigung. Ich komme sofort in Schwung, nutze meine Technik aus: Ich öffne für Strootman den Weg zum Distanzschuss, der knapp sein Ziel verfehlt. Wenig später versuche ich, den Ball mit rechts zu treffen, aber De Rossi – an jenem Tag ist er eine Furie – kommt dazwischen und jagt mir den Ball ab: Es ist das Tor zum 2:1. Einige Minuten später gleicht Lazović, der von einem missglückten Ausflug Szczęsnys profitiert, zum 2:2 aus. Und im darauffolgenden Konter trifft Lazović die Stange. Panik. Die Leute sind wegen mir hier, aber damit der Tag vollkommen wird, ist der Sieg unumgänglich. Aus 30 Metern platziere ich eine Flanke auf den Kopf von El Shaarawy, der aber den Ball übers Tor setzt. Jetzt spielt sich alles nur noch in der Hälfte von Genua ab, der Lohn folgt in Minute 90: Kopfballvorlage von Džeko und großartiger Volleyschuss von Perotti aus kurzer Distanz: 3:2, und alle sind aus dem Häuschen. Perotti hat einige Werbebanden übersprungen und ist zur *Curva Sud* gelaufen, ich bin als einer der Letzten bei ihm, weil ich vorsichtig drüberspringe, ich will mich jetzt nicht verletzen. Die Angst ist nahezu verschwunden.

Nahezu. Tagliavento zeigt fünf Minuten Nachspielzeit an und verwarnt Perotti wegen übertriebenen Jubels.

Fünf Minuten. Nun erfasst mich die Lawine. Solange Roma ein Resultat verfolgt hat, war der Geist auf anderes konzentriert. Jetzt, wo das Resultat erreicht ist und die Mission darin besteht, nur mehr fünf Minuten durchzuhalten, erscheint mir die Situation plötzlich in ihrer ganzen Tragweite. Und in ihrem Paradoxon: Ich muss die letzten fünf Minuten meiner Karriere vergeuden. Ich, der, wenn er könnte, weitere 5000 Spiele bestreiten würde. Der Gedanke quält mich, bis ich mich, warum auch immer, bei der Cornerfahne wiederfinde, bereit zur Flanke, mit Laxalt vor mir. Ich treffe den Ball, und in diesem Augenblick pfeift Tagliavento drei Mal. Es ist vorbei. Einige Genua-Spieler kommen auf mich zu, um mich als Erste zu umarmen.

É finita. Ich falle in ein tiefes Loch, einen Krater, der einem den Atem raubt. Ich feiere kurz mit den Teamkollegen, denn wir haben unser Ziel erreicht, und das ist eine große Sache. Aber dann beeile ich mich, in die Kabine zu gelangen. Ich hatte mir Folgendes geschworen: Wenn du das Gefühl hast, emotional die Kontrolle zu verlieren, vertraue dem Programm, das du dir angeeignet hast. Folglich muss ich zu diesem Zeitpunkt verschwinden und mich umziehen, während die anderen auf dem Platz bleiben.

Der erste, beinharte Moment ist folgender: In der leeren Kabine, in der die Stadiongeräusche nur dumpf zu hören sind, bin ich, dazu Vito und unsere fünf Klubangestellten – wichtige Personen, schon ein Leben lang verrückt nach mir, eigentlich viel länger als ein Leben lang, denn davor gab es schon ihre Väter, was diese außergewöhnliche familiäre Geschichte von Roma einmal mehr bekräftigt. Denkt bloß an Giannini, dessen Papa Leiter der *Giovanili* war. Denkt an De Rossi, dessen Vater Trainer der *Primavera* ist. Denkt an Bruno Conti und die Beziehung zu seinem Sohn, von der ich euch erzählt habe. Die fünf Klubbediensteten beginnen wie Schlosshunde zu

weinen, und ich muss einen Schrei loslassen – mit von den ersten Tränen gebrochener Stimme: „Wenn wir so anfangen, kommen wir hier nie raus".
Sie drehen sich weg, um mich nicht anzuschauen, ich drehe mich weg, um sie nicht zu sehen. Vito erzählt mir, dass er einer Ohnmacht nahe war, als ich mir hinter seinem Rücken das Trikot ausgezogen habe. Er dachte daran, dass es das letzte Roma-Trikot war, das ich mir auszog, das letzte von meinem Schweiß durchtränkte, und er fühlte, wie es ihm den Boden unter den Füßen wegzog. Ein Messerstich. Ich wanke einen Augenblick, als ich mir die Fußballschuhe ausziehe. Dann verlasse ich die Kabine. Ich setze mich auf die Stufen davor und warte auf den Moment, in dem ich die Bühne betreten soll. Es vergehen viele Minuten, rund 20, es gibt Fotos, auf denen mein starrer Blick ins Leere zu sehen ist. In Wirklichkeit denke ich nicht an die Zukunft, sondern an die Vergangenheit. Durchlebe Siege, Niederlagen und Verletzungen. Als man mir signalisiert, dass es so weit ist – alles ist bereit und das Stadion erwartet mich –, breche ich auf und denke daran, wie schön es wäre, wenn Pallotta mich mit einem neuen Vertrag in Händen erwarten und sagen würde, dass alles nur ein gewaltiger Scherz sei. Ein Unsinn, der mir kurz in den Sinn kommt. Ich weiß sehr gut, dass es vorbei ist, und das reicht. Ich gehe ins Licht hinaus, und der Aufschrei im Stadion erinnert an jenen beim Meistertitel. Alle stehen auf, um mir zu applaudieren. In der Luft schwebt die Musik des Gladiators.

Ich habe mir die Bilder dieser Momente unzählige Male angeschaut. Ich mache es auch heute noch, und jedes Mal entdecke ich ein neues Detail: ein Spruchband, das ich zuvor noch nicht bemerkt habe, ein Gesicht, das in mir Emotionen von höchster Intensität hervorruft. Das, was an jenem Abend im Olympiastadion passiert, ist beispiellos, denn Abertausende Leute weinen, als ob ein naher Angehöriger verstorben wäre, interpretieren meinen Rückzug vom Fußball als Abschied von einem wichtigen Teil ihres Lebens. Ohne mir etwas vormachen zu wollen – es war mir immer bewusst, dass es eine spezielle Zeremonie werden würde, eine Gratwanderung zwischen einer Feier und einer Trauerfeier Roms. Aber so, nein. Das Ausmaß an Zuneigung und Anerkennung, mit dem ich überschüttet werde, ist derart groß, dass ich wieder auf meine übliche Frage zurückkomme: Habe ich genug getan, um mir das zu verdienen? Ich kann nur auf eine Art antworten: Ich liebe all diese Menschen, aus dem Innersten meines Herzens heraus, und all das, was ich gemacht habe, hat immer nur einen Zweck gehabt: sie in dem Moment vor Freude und Stolz jubeln zu hören, wenn Roma ein Tor erzielt. Ich bin eine umgängliche Person, sage so gut wie nie Nein. Ich würde alles wieder tun, ohne den kleinsten Zweifel, um mich erneut als Objekt einer solch ausufernden Leidenschaft zu fühlen. Das berühmteste Spruchband jenes Tages – „Ich habe gehofft, vorher zu sterben" – regt zwar zum Lachen, aber auch zum Nachdenken an: Wenngleich es nur zum Spaß war, versehen mit diesem etwas bitteren, typisch römischen Humor, hat derjenige, der es geschrieben hat, den Schmerz über meinen Rücktritt über seinen eigenen Tod gestellt … Ich schaffe es noch immer nicht, das zu begreifen.

Pallotta ist der Erste, der auf mich zukommt, er umarmt mich, spricht mir lange auf Englisch ins Ohr. Ich verstehe nahezu nichts, der Tonfall ist herzlich und respektvoll. Die Leute pfeifen ihn aus, was mir aufrichtig leidtut. Genauso, wie es mir leidtut, dass Unmutsbekundungen zu vernehmen sind, als ich die anderen Klubverantwortlichen begrüße. Es ist vorbei, das müssen auch die einsehen, die mich lieben. Der zweite, beinharte Moment ist die Ankunft von Ilary und unseren Kindern auf dem Rasen. Es war eine Bedingung von mir: Während meiner Stadionrunde will ich nur die Familie an meiner Seite. Aber als die Kinder auf mich zugelaufen kommen, sind alle meine Strategien, die ich mir überlegt habe, um bloß keine Rührung zu zeigen, mit einem Schlag zunichte. Wir umarmen uns lange, sehr lange. Man sieht, dass ich diesen kleinen Gefühlsausbruch brauche, denn durch diese Tränen werde ich wieder gefasster. Ich nehme Isabel auf den Arm, und wir starten die Runde.

Es weinen wirklich alle. Einige laut, andere schluchzen, viele Paare stehen Arm im Arm da, es gibt sogar welche, die sich wegdrehen, weil sie es nicht schaffen, mich anzuschauen, sie haben nicht die Kraft dazu. Es ist nicht bloß ein unvergesslicher Moment. Es ist viel mehr. Ich gehe langsam zur *Curva Nord*, gelegentlich verbeuge ich mich, denn ist die einzige Art meinerseits, um dieser großen Zuneigung die Ehre zu erweisen. Ich liebe euch. Ich liebe euch alle, jeden Einzelnen. Als ich unter der *Tevere* ankomme, bleibe ich stehen, lehne mich an ein Werbeplakat und suche – denn ich weiß, dass sie dort sind – die alten Fans der *Curva Sud*, jene, die mich vor einem Vierteljahrhundert aus der Taufe gehoben und sofort zum Publikumsliebling erkoren haben, indem sie mich unterstützt und verteidigt haben. Es sind Erinnerungen, die in diesem Moment brennen, ich fahre mir mit einer Hand durchs Haar, zeige erneut Emotionen. Vito muss kommen, um mich wegzuführen, wie gewöhnlich mit Sanftheit und Entschiedenheit zugleich, denn andernfalls bliebe ich weiß Gott wie lange im Auge dieses Wirbelsturms von Emotionen. Gelegentlich streichle ich mit einer Hand den blonden Kopf von Cristian, als ob ich seine jugendliche Energie suchen würde. Es braucht sehr viel, für diese anstrengendste Platzrunde meiner Karriere. Die, einmal bei der *Curva Sud* angekommen, zum Everest wird.

Das Programm sieht vor, dass ich dort einen Ball hinaufschießen soll, aber ich hatte eine weit verrücktere Idee, wenn mir das Schicksal die Gelegenheit dafür geboten hätte: Wenn ich an jenem letzten Sonntag einen Elfmeter getreten hätte – sagen wir, bei bereits entschiedenem Spielausgang –, hätte ich ihn direkt in die Kurve gefeuert, eine Art krasses Geschenk an meine Leute. Jedenfalls kam es nicht zu diesem Elfmeter, und der Ball, den ich der Kurve schenke, ist der, den Vito mir reicht, zusammen mit einem Stift. Ich schreibe „Du wirst mir fehlen" drauf, unterschreibe ihn, und ehe ich ihn weit hinaufschieße, betrachte ich ihn lange, will mich nicht von ihm trennen. Mir kommt alles symbolisch vor, und dieser letzte Schuss hat eine elektrisierende Bedeutung. Den entscheide ich. Eine halbe Drehung, um Anlauf zu nehmen, und dann jage ich ihn in die

höchsten Sektoren des Stadions. Dort, wo er landet, sehe ich ein ordentliches Gedränge, und für einen Moment frage ich mich, wer ihn mit nach Hause nehmen wird. Das finde ich bald heraus, ein paar Tage später, denn der Junge, dem es gelang, ihn zu fangen, wird nach Trigoria kommen, um es mich wissen zu lassen. Er zeigt mir auch ein Video – aufgenommen mit seinem Handy –, auf dem man den Ball losfliegen und immer näher kommen sieht, ehe er auf dem Display des Smartphones landet. Ja, ich habe es getroffen, mit dem Ergebnis, dass das Glas zu Bruch ging. Aber nach allem, was mir der Junge erzählt, gibt es kein Problem mit der Erstattung: „Sie haben mir schon 100.000 Euro für den Ball geboten, ich würde ihn nicht einmal für zehn Millionen hergeben."
„Ach, komm, das ist doch keine Reliquie."

Unter der Ehrentribüne steht die Mannschaft. De Rossi ist der Letzte in der Reihe, er tritt vor, um mir das Geschenk zu übergeben, und blickt wie versprochen zu Boden, denn er hat nicht die Kraft, um mir in die Augen zu schauen. Er schafft es, Cristian zu streicheln, aber als er mir dann den Teller mit den Unterschriften aller Teamkollegen überreicht, umarme ich ihn, und er schmilzt dahin. Er kehrt auf seinen Platz zurück, und ich beginne die Danksagungen am anderen Ende der Reihe. Wo mich Spalletti erwartet. Ich überwinde meine Unschlüssigkeit, indem ich ihm die Hand reiche, aber ohne dass sich unsere Blicke treffen. Während meiner Runde haben ihn die TV-Kameras mehrmals eingefangen, und das Stadion hat ihn laut ausgepfiffen. Ich weiß, dass er in weiterer Folge eine angeregte Diskussion mit einem Journalisten von Sky haben wird und denkt, dass dieser die Aufnahmen angeordnet hat. Ich gehe zu Fazio, bleibe stehen, um Emerson Palmieri, der auf Krücken hier ist, zu umarmen. Er ist ein guter Junge, ich möchte, dass er stark zurückkommt. Ich umarme auch Lobont, den alten Lobont, ein außergewöhnlicher Junge. Viele weinen, Alisson sagt „Danke" zu mir und hat ein paprikarotes Gesicht, selbst ein Hartgesottener wie Manolas hält die Tränen nicht zurück, bis ich am Ende der Reihe ankomme, wo mich jene Teamkollegen erwarten, die mir aus verschiedenen Gründen am nächsten stehen. Radja Nainggolan ist kein Taschentuch-Typ, kann aber seine Gefühle nicht verbergen. Florenzi ist gebrochen vor lauter Tränen. De Rossi, nun ja ..., er hatte es mir gesagt. Nicht einmal jetzt schaut er mich an. Wie viel wir uns bedeuten, Daniele!

Sie reichen mir das Mikrofon, während im Olympiastadion der Chor *„Un capitano, un capitano, un capitano"* erklingt. Ich lese die gemeinsam mit Ilary verfasste Rede vor, mache öfters eine Pause, aber nicht vor Rührung, sondern vielmehr, um den Ganzen einen Rhythmus zu geben. Nun bin ich ziemlich ruhig, was auch notwendig ist angesichts der herzlichen Gedanken, die ich aufgeschrieben habe. Einen gibt es im Besonderen, den ich zum Ausdruck bringen will – den von der Angst, was jetzt passieren wird, wo ich nicht mehr meine Beine arbeiten lassen kann. Dank meiner Beine wurde mir immer verziehen. Ich lernte unglaubliche Personen kennen – dank ihnen. Ich habe 25 Jahre wunderbare Jahre verbracht – dank ihnen. Denn ich habe als Kind die Roma-Kabine betreten und gehe heute als Mann da raus. Ich erinnere alle daran, dass es ein Privileg ist, als Römer und Roma-Spieler geboren zu werden, und viele Jahre lang als Kapitän für meine Leute gedient zu haben, ist eine riesige Ehre. Nun wird auf den Tribünen schon weniger geweint, der Riesenbildschirm zeigt zwar weiterhin sehr gerührte Fans, aber auf einigen Wangen bemerke ich bereits getrocknete, salzige Streifen. Viele hätten gewollt, dass ich die Kapitänsbinde, nachdem ich sie abgestreift habe, an Cristian übergebe. Doch daran habe ich nie gedacht, ich will ihm weder Druck noch eine Hypothek auferlegen. Der Fußball bereitet ihm viel Spaß, und er spielt auch ganz gut, aber er wird es sein, der – im richtigen Moment und auf Grundlage seiner Fähigkeiten, die er entwickeln wird – über sein Leben entscheidet. Und ich denke, dass diese Freiheit das größte Geschenk ist, das ein Vater seinen Kindern machen kann. Die Kapitänsbinde landet folglich auf dem Arm von Mattia, dem Kapitän der *Esordienti*, Jahrgang 2006, das Jahr meines WM-Titels. Er bindet sie ganz fest um den Arm, denn er hat Angst vor der Vorstellung, sie zu verlieren. Ich weiß, dass heute, wenn er auf den diversen Plätzen der Stadt spielt, viele auf ihn zeigen: „Er ist es, der die Kapitänsbinde von Totti erhalten hat."

Die Mitspieler werfen mich in die Luft – ich mache gute Miene zum bösen Spiel, denn diese Art von Feierlichkeiten hat mir immer Angst gemacht –, es folgt die letzte Dusche mit ihnen, dann unzählige Fotos auf und außerhalb des Platzes, denn jeder hat einen Verwandten, der „diese Gelegenheit keinesfalls verpassen will", die Kommentare darüber, was man eben im Olympiastadion gesehen hat, während wir auf dem Weg zurück nach Trigoria sind, wo mein Auto steht. Ich bin nun sehr ruhig. Ich hatte Angst vor diesem Tag, habe befürchtet, dass etwas passieren könnte, etwas zerstört werden könnte, doch es ist alles reibungslos verlaufen. Ich fühle mich gut, aber leer. Die Unruhe betrifft nun das Danach. Mein Leben verläuft seit 25 Jahren immer gleich, es wird nicht einfach sein, einen neuen Rhythmus zu finden, neue Dinge, die mich begeistern. Aber daran werde ich morgen denken, jetzt will ich nur nach Hause.
Ilary hingegen hat eine andere Idee: „Gehen wir zu Claudio, dieser Abend ist nicht dazu da, um ihn auf der Couch zu verbringen."
„Na gut, aber wir hätten ihn informieren müssen. Es wird jetzt geschlossen sein."
„Versuchen wir es."
Wir kommen bei der Pyramide an, von Weitem sehe ich, dass das Schild und auch die Lichter im Restaurant ausgeschaltet sind. In mir kommt schlechte Stimmung auf. Ein Anruf hätte genügt.
„Gehen wir näher, um besser zu sehen, komm schon."
Im Gedanken an die Runde quer durch Rom in der vergangenen Nacht vermute ich, dass auch hier etwas heimlich organisiert worden war. Ich täusche vor, sie nicht zu verstehen. „Wenn du unbedingt willst, dann gehen wir hin. Aber ich sehe, dass alles geschlossen ist."
Wir nähern uns der *Villetta*, drinnen ist alles dunkel und ruhig. Die Tür lässt sich öffnen. Es ist das Zeichen. Die Lichter gehen an, Leute tauchen hinter den Tischen auf, es sind Freunde und Verwandte, in größerer Anzahl als im Bus in Trigoria, 150 Leute mit demselben T-Shirt mit dem nunmehr sprichwörtlichen *„6 unico"*. Es ist

ein herrlicher Abend voller Gesänge und Tänze. Man lacht, scherzt und spricht noch immer vom Nachmittag im Olympiastadion. Man stößt aus Tausenden Gründen an, die Lautstärke bleibt hoch, um zu verhindern, dass die Ruhe und Einsamkeit mich dazu verleiten, nachzudenken. Und mich traurig zu stimmen.

Wir kehren um 2.30 Uhr nach Hause zurück, Cristian und Chanel sind hundemüde, das Tor öffnet sich, und Ilary bemerkt sofort, dass in der Küche die Lichter brennen. Was ist da los? Ich lasse sie aussteigen, bevor ich das Auto in die Garage stelle, und als ich das Haus zwei Minuten später betrete, ist die Aufregung groß. Isabel hat Mühe zu atmen. Was machen wir bloß? Ilary ruft ihre Mutter an, die neben uns wohnt, und gemeinsam fahren sie zur Notaufnahme des *Bambino Gesù*. Ich bringe die beiden Großen zu Bett und werfe mich in Erwartung von Neuigkeiten auf die Couch. Die Angst ist derart groß, dass ich plötzlich alles vergessen habe, den Tag, die vergangenen Monate, meine Karriere: Die Sorge um Isabel überlagert alles, oder besser gesagt: Die Verlagerung des Scheinwerfers auf sie nimmt all meinen Geschichten, die auch zu lange andauerten, das Licht weg. Ich will nur, dass es ihr gut geht, es ist das Einzige, worum ich bitte. Und mein Aufatmen nach der SMS von Ilary, die mir schreibt, dass Isabel gut auf die Behandlung anspricht, muss ganz Italien gehört haben. Nach zwei weiteren Nachrichten herrscht Klarheit: Der Arzt hat erklärt, dass es sich um einen Laryngospasmus – einen Krampf in der Kehlkopfmuskulatur, der die Atmung erschwert – handelt, aufgrund einer Allergie oder eines Virus. Als er realisiert, dass es sich um mein Kind handelt und sie folglich den ganzen Nachmittag auf dem Rasen des Olympiastadions herumgetollt ist, meint er, dass sie es sich sicher dort eingefangen hat. Nichts, was ein Antibiotikum nicht heilen könnte.

Jetzt, wo ich ruhiger bin, komme ich nicht umhin, daran zu denken, dass das wahre Leben mir ein Signal geschickt hat, dass die Party nun vorbei ist: Francesco, du hast dich genug vergnügt. Der längste Tag meines Lebens kann nun als abgeschlossen betrachtet werden.

Drei Monate Ferien, während derer das Treffen mit Pallotta und Baldini in London steigt, von dem ich euch bereits erzählt habe. Und dann Sportdirektor Monchi, ein Spanier, der in Sevilla große Dinge vollbracht und vom ersten Moment seine Freude gezeigt hat, seine Arbeit mit mir zu teilen. Roma ist in diesen Jahren ein sehr solider Klub geworden, ist keinen finanziellen Turbulenzen ausgeliefert, hat sich zu einem normalen Klub entwickelt. Und als ich dann die Welt bereise, um Roma zu repräsentieren – zum Beispiel bei der Auslosung zur Champions League –, spürt man den generellen Respekt. Für den Klub und offenbar für mich. Wenn ich einmal meine Lehrzeit abgeschlossen habe, denke ich, dass die beste Rolle jene im technischen Bereich sein wird, im Kontakt mit dem Trainer und der Mannschaft, denn ich weiß sehr gut, was es braucht, um ein Maximum abrufen zu können. Und ich kann euch sagen, dass ich die Champions im Nu erkenne, oder zumindest früher wie andere. Mir genügt es, wenn ich sehe, wie jemand den Ball stoppt, einen Schuss ausführt oder ein Dribbling, um zu wissen, wie viel Fußball in einem Jungen steckt. Wenn sein Talent groß genug ist, wird es ihm gelingen, mit meinem Talent zu kommunizieren. Es ist eine Art von Magie.

Ich bin entschlossen, meinen Einfluss auch in meiner neuen Karriere geltend zu machen. Doch die alte Karriere wird nie vergessen werden, auch weil sie zu weiten Teilen aufgezeichnet wurde. Mir genügt die Fernbedienung, um eine schöne Zeitreise zu machen. Doch ich muss Cristian zu einem guten Augenarzt bringen: Neulich am Abend hat er mich auf der Couch dabei erwischt, wie ich mir einen alten Mix an Toren angeschaut habe, zu Zeiten von Zeman. Und er hat mich gefragt, ob ich weinen würde. Was für ein Gedanke. Eine banale Allergie. Ich war verkühlt. Und zu guter Letzt war auch noch eine Mücke in meinem Auge gelandet.

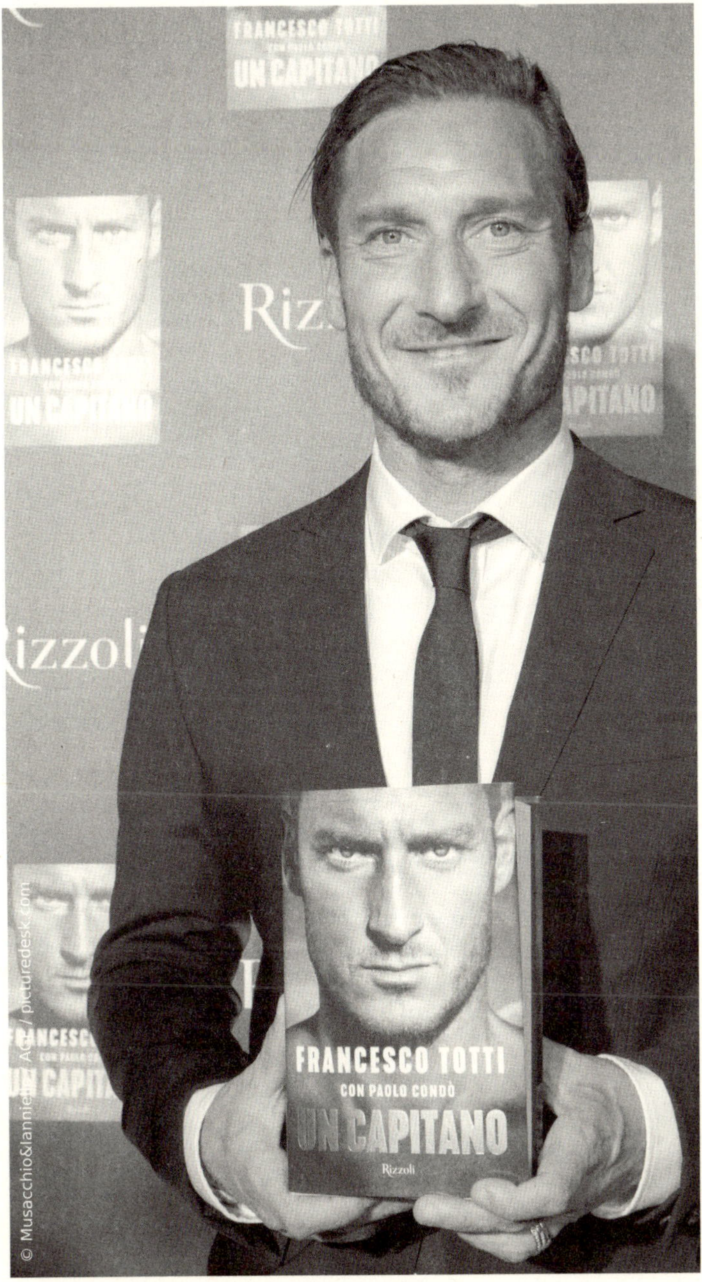
FRANCESCO TOTTI
CON PAOLO CONDÒ
UN CAPITANO
Rizzoli

EPILOG

Francesco Totti und Roma – eine Liebe, die ewig währt. Eine Liebe, die folglich auch heute, knapp drei Jahre nach seinem Rücktritt, Bestand hat, aber vorerst Risse abbekommen hat. Woran Francesco keine Schuld trifft. Totti hatte nach seinem Karriereende 2017 eine Funktion im Klub übernommen, wurde als Botschafter und sportlicher Administrator installiert. Knapp zwei Jahre später, am 17. Juni 2019, verkündete er im Rahmen einer Pressekonferenz seinen Rücktritt: „Ich trete zurück, aber es ist nicht meine Schuld. Der Klub hat mich aus allem draußengehalten. Bevor ich Roma verlasse, wäre ich lieber gestorben", fand die Klublegende klare Worte.

Der heute 43-Jährige führte an jenem 17. Juni weiters aus: „Heute um 12 Uhr 41 habe ich eine Mail an CEO Guido Fienga geschickt, in der ich meinen Rücktritt erklärt habe. Das ist ein Tag, von dem ich geglaubt habe, dass ich ihn nie erleben würde. Doch angesichts der Umstände bleibt mir nichts anderes übrig, als diesen Schritt zu setzen."

Was war passiert? Totti beklagte sich darüber, während seiner Funktionärstätigkeit in wesentliche Entscheidungen des Klubs – wie etwa die Verpflichtung neuer Spieler oder die Trainerfrage – nicht eingebunden worden zu sein: „Ich hatte nie die operative Möglichkeit, mich im sportlichen Bereich einzubringen. Ich war immer eine Last für diesen Klub, sowohl als Spieler als auch als Funktionär haben sie in mir eine platzraubende Person gesehen. Viele Versprechen wurden gemacht, aber kein einziges davon gehalten."

In der längsten Pressekonferenz seiner Karriere, die fast 90 Minuten dauerte, sprach Totti ohne Umschweife über die aufsehenerregendste Trennung in der Geschichte von AS Roma. Und begann bei den Meinungsverschiedenheiten mit Präsident James Pallotta und seinem Berater Franco Baldini – sie galten als hauptsächlich Verantwortliche für seinen Abgang: „Ich hatte einen Sechs-Jahres-Vertrag unterschrieben, aber nie die Möglichkeit, mich einzubringen. Sie haben mich nie in ein Projekt eingebunden. Im ersten Jahr war es okay, im zweiten Jahr war mir klar, was ich machen wollte. Doch es gab nie eine gegenseitige Unterstützung. Sie wussten von meinem Willen, diese Mannschaft zu unterstützen, wollten aber nichts davon wissen. Sie hielten mich von allem fern."

Das Bild, das Totti vom Klub zeichnete, war ernüchternd: Er schreckte nicht davor zurück, die Verantwortlichen als inkompetent und arrogant zu bezeichnen: „In Trigoria gibt es Personen, die für das Schlechte der Roma verantwortlich sind. Pallotta weiß viele Dinge nicht, vertraut aber genau jenen Personen. Das ist sein größter Fehler. Ich kenne Trigoria wie meine Westentasche, bin dort drinnen aufgewachsen. Ich weiß um die Probleme und auch die Ressourcen. Leider kommt bei Pallotta in Boston nur ein Zehntel der Wahrheit an."

Ein weiterer Vorwurf Tottis bezog sich auf den Umgang mit Klublegenden: „Das Ziel der amerikanischen Eigentümer war es von Anfang an, Roma von den Römern zu säubern." Was sich darin ausdrückte, dass Klubikonen wie er und De Rossi laut dem 43-Jährigen schlicht rausgeworfen wurden: „Am Ende haben sie geschafft, was sie wollten. Wenn ich Präsident von AS Roma wäre und zwei Aushängeschilder wie Totti und De Rossi im Klub hätte, würde ich allein aufgrund ihrer Verdienste und aus Respekt vor ihnen alles in ihre Hände legen."

So endete die Liebesbeziehung zwischen Totti und AS Roma nach 30 Jahren auf dramatische Art und Weise. Eine Rückkehr zu einem späteren Zeitpunkt schließt die Ikone jedoch nicht aus: „Ich sage hiermit auf Wiedersehen, das ist nicht als Abschied zu verstehen. Denn es erscheint mir unmöglich, Totti auf lange Sicht nicht bei

Roma zu sehen. In dem Moment, wo andere Eigentümer auf mich zählen, werde ich bereit sein."

Fans und Medien sind damals wie heute überzeugt, dass Tottis Abschied von Roma nicht von allzu langer Dauer sein wird. Dafür liebt er diesen Klub zu sehr, genießt einen zu großen Kultstatus. Seine Rückkehr scheint nur eine Frage der Zeit zu sein – und dann wird der Verein ganz nach seinen Vorstellungen geführt werden.

FRANCESCO TOTTI EIN LEBEN IN ZAHLEN

Geboren am 27. September 1976 in Rom
Mutter Fiorella, Vater Enzo (1944-2020/verstarb an COVID-19), Bruder Riccardo

Verheiratet seit 19. Juni 2005 mit Ilary Blasi, drei Kinder: Chanel, Cristian und Isabel
Seine Autobiografie wurde in Italien über 100.000 Mal verkauft.

Größe: 1,80 m
Gewicht: 82 kg
Positionen: offensives Mittelfeld, Sturm

Bei den Junioren:

1983–1984	Fortitudo Luditor
1984–1986	Smit Trastevere
1986–1989	AS Lodigiani
1989–1993	AS Rom

In der Serie A:

1993–2017	AS Rom (619 Spiele, 250 Tore)

2001 Italienmeister
2007, 2008 Pokalsieger
2007 Gewinner des „Goldenen Schuhs“

Nationalmannschaft

1991–1992	Italien U16	(13 Spiele, 2 Tore)
1992	Italien U15	(6 Spiele, 3 Tore)
1993–1995	Italien U18	(14 Spiele, 7 Tore)
1995–1997	Italien U21	(8 Spiele, 4 Tore)
1997	Italien U23	(4 Spiele, 2 Tore)
1998–2006	Italien	(58 Spiele, 9 Tore)
	2000 EM-Zweiter	
	2006 Weltmeister	

DER AUTOR

Paolo Condò, geboren 1958 in Triest, ist seit Jahrzehnten als Sportjournalist tätig, berichtete für „La Gazzetta dello Sport" u.a. von sieben Fußball-Weltmeisterschaften, fünf Fußball-Europameisterschaften und zwei Olympischen Sommerspielen. Seit 2015 arbeitet er für Sky Sport und ist Autor von mehreren Büchern.

A. Hofstetter, S. Illek, M. Pircher

MARCEL HIRSCHER
DIE BIOGRAFIE

Marcel Hirscher prägte über ein Jahrzehnt lang die Skiwelt und eroberte die Herzen der Sportfans im Sturm. Es war eine Karriere in atemberaubender Geschwindigkeit und mit unglaublichen Triumphen; die Marke von acht Gesamt-Weltcup-Siegen in Serie bei den Herren wird wohl für alle Zeiten unangetastet bleiben. 67 Rennsiege im Weltcup, siebenmal WM-Gold und zur Krönung auch zweimal Olympia-Gold.
In diesem Werk, der offiziellen Biografie Marcel Hirschers, erzählt der Protagonist selbst, blickt zurück, erinnert sich, klärt, wo es notwendig ist, auch auf. Weggefährten und Konkurrenten wie Aksel-Lund Svindal, Felix Neureuther, Mikaela Shiffrin oder der legendäre Ingemar Stenmark beschreiben Marcel und helfen mit, das Phänomen Hirscher greifbarer machen zu können. Somit nimmt Sie dieses (mit den persönlichen Aufzeichnungen von Marcels Trainer Michael Pircher gespickte) Buch mit auf einen wilden Slalom durch eine außergewöhnliche Karriere. Mit vielen, vielen Höhen, aber auch mit einigen Tiefen.

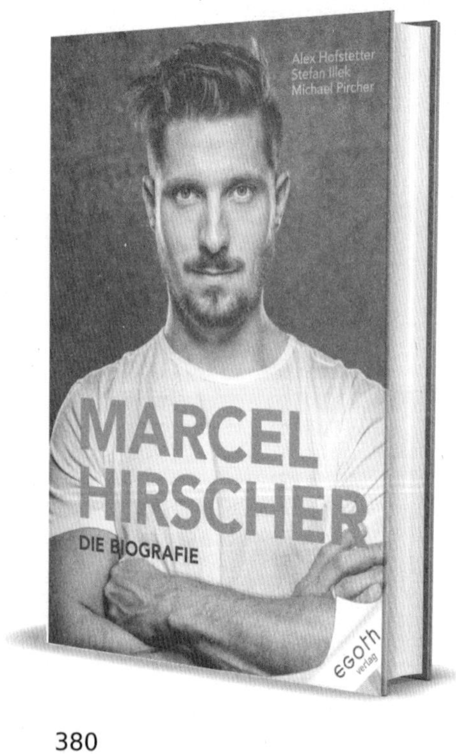

Marcel Hirscher. Die Biografie

Hardcover, 14 x21 cm,
320 Seiten, reich bebildert

ISBN: 978-3-903183-30-8
Preis: 29,90 €

E ISBN 978-3-903183-80-3
Preis: 26,99 €

Egon Theiner

DOMINIC THIEM

ZWISCHENBILANZ

Wenn der wohl bekannteste Sportler Österreichs in drei Adjektiven beschrieben werden soll, dann würden diese wohl lauten: erfolgreich, sympathisch, intelligent. Dominic Thiem, 27, hat sich nicht nur hierzulande, sondern international einen Namen gemacht und zählt zu den weltbesten Tennisspielern. Die großen Drei, wie Novak Djokovic (SRB), Rafael Nadal (ESP) und Roger Federer (SUI) bezeichnet werden, hat er allesamt schon geschlagen, in der Weltrangliste rangiert er gar vor dem „Maestro" aus der Schweiz. Tendenz: steigend.

Denn spätestens mit Thiems Triumph Ende August in New York bei den US Open hat der Niederösterreicher nicht nur ein Lebensziel erreicht, sondern seine unbestrittene Klasse eindrucksvoll unter Beweis gestellt. Es ist ein Sieg mit Ansage, ein Erfolg, der Lust auf mehr macht.

Doch woher kommt Dominic Thiem? Welche Stationen seiner Karriere haben ihn geprägt und zu das gemacht, was er heute ist? „Zwischenbilanz" wirft einen Blick zurück, beschreibt den Werdegang, lässt die wichtigsten Matches Revue passieren, setzt sich mit dem Menschen hinter dem Spieler auseinander und versucht, Schlüssel des Erfolgs ausfindig zu machen.

Ein Buch für Sport-Interessierte über einen der Größten im Weltsport Tennis.

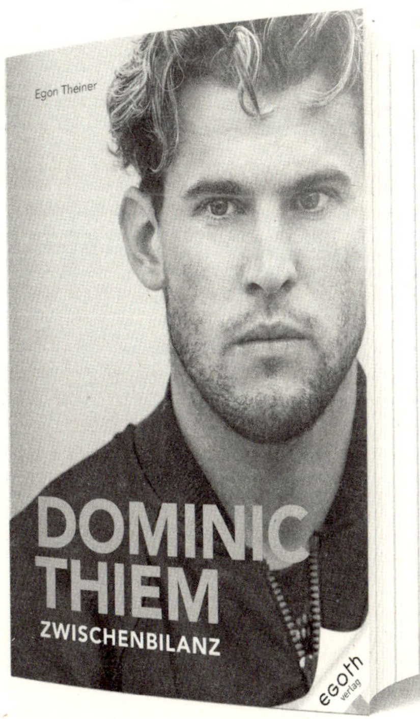

Dominic Thiem. Zwischenbilanz

Hardcover, 14 x21 cm,
256 Seiten, reich bebildert

ISBN: 978-3-903183-39-1
Preis: 24,90 €

E-ISBN: 978-3-903183-79-7
Preis: 23,99 €

Roland Lazenby

KOBE BRYANT

DER BESTE DER NBA

Wenige Athleten prägen ihre Sportart so sehr wie die großen Legenden der US-amerikanischen National Basketball Association (NBA), Spieler wie beispielsweise Julius Erving, „Magic" Johnson oder Michael Jordan. Der im Januar 2020 bei einem Hubschrauberabsturz tödlich verunglückte Basketball-Superstar Kobe Bean Bryant gehört zu diesen Legenden – dank seines einzigartigen Charismas und seiner herausragenden Fähigkeiten.

Das Buch Kobe Bryant – Der beste der NBA beschreibt die Laufbahn eines der schillerndsten Showmänner in der amerikanischen Sportgeschichte, von seiner Kindheit bei den Vorstadtmannschaften Philadelphias bis hin zu seinem fünften NBA-Meistertitel als Shooting Guard mit den Los Angeles Lakers 2016 und seinen Goldmedaillen mit der U.S.-amerikanischen Mannschaft bei den Olympischen Spielen in Beijing 2008 und London 2012.

Getrieben durch extremen Ehrgeiz, Selbstvertrauen und Talent, aber aufgrund seiner Arroganz und seines Egoismus oft unbeliebt bei seinen Mitspielern, erreichte Kobe Bean Bryant den Gipfel des Erfolgs, zerstörte jedoch dabei seine Familie und viele Freundschaften, die ihn auf seinem Weg begleiteten.

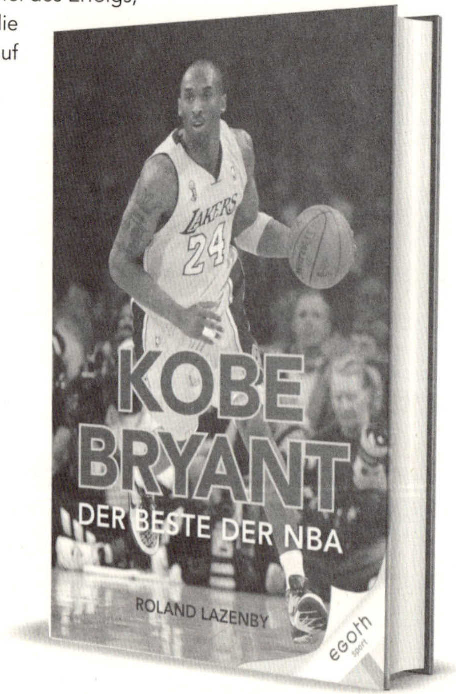

KOBE BRYANT

Der Beste der NBA

Hardcover, 14 x 21 cm,
ca. 400 Seiten, bebildert

ISBN: 978-3-903183-40-7
Preis: 29,90 €

E-ISBN: 978-3-903183-81-0
Preis: 26,99 €

Rahaman Ali mit Fiaz Rafiq

MEIN BRUDER, MUHAMMAD ALI

Laut. Stark. Kämpferisch. Wenige Sportler haben die Welt so sehr geprägt wie „der Größte". Ob als Cassius Marcellus Clay, als er 1960 Olympisches Gold in Rom erkämpfte, oder als Muhammad Ali in New Orleans 1978, wo er seinen dritten unumstrittenen Weltmeisterschaftstitel im Schwergewichtsboxen gewann.
Es gibt bereits viele Bücher, die sich mit dem Leben des größten Sportlers des 20. Jahrhunderts befassen, aber nur eines stammt von seinem Bruder. Rahman Ali teilte die gleichen bescheidenen Kentucky-Wurzeln wie sein größerer Bruder. Dadurch gibt er uns einen einzigartigen Einblick in Muhammad Alis Aufstieg bis zu seiner globalen Dominanz im Boxen, vom „Thrilla in Manila", dem „Rumble in the Jungle" und darüber hinaus. „Mein Bruder: Muhammad Ali – Die definitive Biografie" erzählt die Geschichte „des Größten" aus der Sicht von jemandem, der ein Leben lang neben Ali am Ring stand.
Als Zeitzeuge des Ali-Familiendramas – Kinder, Scheidung, Rückschläge, Krankheit – und den Kampf seines Bruders gegen Parkinson und den Tod beobachtete Rahman Ali das Leben einer Sportlegende aus einzigartiger und exklusiver Nähe.

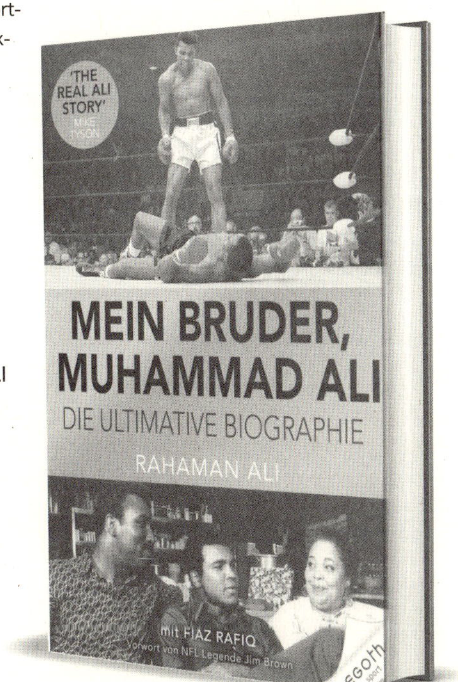

Mein Bruder, MUHAMMAD ALI

Hardcover, 14 x 21 cm,
ca. 400 Seiten, bebildert

ISBN: 978-3-903183-41-4
Preis: 29,90 €

E-ISBN: 978-3-903183-82-7
Preis: 27,99 €

Erscheinungstermin:
November 2020

€